L'ŒIL-DE-BŒUF

DES THÉATRES

PAR

FÉLIX ROUBAUD.

Première Livraison.

OPÉRA.

A PARIS
CHEZ JONAS-LAVATER, ÉDITEUR,
43, RUE VIVIENNE;
ET A LA PAPETÉRIE DE PARIS, NERAUDAU,
16 ET 18, RUE DES FOSSÉS-MONTMARTRE.

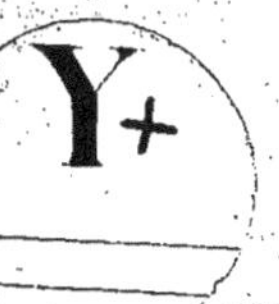

L'Œil-de-Bœuf des Théâtres forme un gros volume composé de douze livraisons, contenant chacune 1° une nouvelle-roman, dont le sujet est emprunté à la vie intime d'un acteur, d'une actrice ou d'un auteur dramatique; 2° le plan gravé de l'intérieur d'un théâtre de Paris, avec le numéro des stalles et des loges, et le nombre de places de chaque loge; 3° une notice historique concernant le théâtre qu'elle accompagne, suivie du personnel administratif et artistique et du prix des places de ce théâtre.

Toutes les livraisons sont en vente et ont paru dans l'ordre suivant :

	Gravures.	Titre de la Nouvelle-Roman.
1re livraison.	Opéra.	L'Amour d'une Sirène.
2e —	Théâtre-Français.	Une Conspiration à For-l'Évêque.
3e —	Opéra-Comique. .	Un Moment d'erreur.
4e —	Odéon	Un Comédien en pénitence.
5e —	Italiens.	Une Vengeance d'outre-tombe.
6e —	Vaudeville	Un Amour impossible.
7e —	Variétés.	Ce que rapporte la poésie.
8e —	Porte St-Martin. .	Une Vendetta.
9e —	Gymnase.	Deux Cœurs pour un amour.
10e —	Historique	Une Fleur de Bal.
11e —	Montansier. . . .	Les Diamants de la Marquise.
12e —	Ambigu	Une passion à bord.

Chaque livraison forme séparément un tout complet; réunies entre elles, ces 12 livraisons composent un fort volume dont *une demi-livraison* supplémentaire donne le titre, le prologue, l'épilogue et la table des matières. Cette demi-livraison se trouve chez l'éditeur, 43, rue Vivienne, et chez tous les libraires et marchands de nouveautés de Paris.

L'AMOUR D'UNE SIRÈNE.

I.

Le régent, duc d'Orléans, en venant habiter le Palais-Royal, avait donné à ce quartier la vogue la plus grande. Ce prince, ami des plaisirs, avait nécessairement entraîné à sa suite toute la jeunesse dorée de la capitale, et lui avait inspiré le goût effréné des aventures amoureuses. Mais les roués s'étaient bientôt lassés de courir les alcôves des marquises et des comtesses; ils avaient tourné leurs regards vers le théâtre, soit que les déesses de la scène flattassent davantage leur amour-propre par la célébrité dont on les entoure, soit qu'elles leur offrissent des jouissances plus faciles. Aussi tous les jeunes seigneurs tenaient-ils à fréquenter assidument les coulisses et à se poser comme les plus heureux des hommes auprès des *dames* de la Comédie-Française, ou des *demoiselles* de la Comédie-Italienne, ou des *filles* de l'Opéra. Chacun de ces théâtres avait ses admirateurs particuliers, et il était toujours facile de les reconnaître selon le quartier qu'ils fréquentaient.

L'Opéra, à l'époque où se passe notre récit, c'est-à-dire en 1757, était au Palais-Royal, et tout alentour s'élevaient des établissements où les jeunes seigneurs venaient se distraire de leur oisiveté; le plus renommé de ces lieux de réunion était sans contredit le *Cabaret de l'Opéra*. Ce cabaret, rendez-vous ordinaire de poëtes, de musiciens, de nobles et riches seigneurs, était journellement témoin de ces orgies galantes, de ces petits soupers libres mais toujours de bon ton, que le régent avait mis à la mode et qui se sont continués pendant tout le règne du voluptueux Louis XV. Là se sont longtemps conservés dans leur pureté les bons mots de Sophie Arnould, les méchancetés de Poinsinet, les critiques de Grimm, etc., etc.; là s'étalaient les grâces de toutes les nymphes de l'Opéra: Mlle Lemaure, Camille Fel, fêtaient toutes les nuits le bonheur de l'inconstance; Mlle Defresne y échangea son nom contre celui de la marquise de Fleury; Mlle Clairon se souvenait parfois qu'elle avait chanté à l'Opéra avant d'aller au Théâtre-Français; en un mot, toutes les reines de la danse et du chant se pressaient en foule dans ce bienheureux cabaret de l'Opéra.

L'établissement était vaste et magnifiquement décoré avec tout ce luxe des mignardises du temps de Louis XV. Des colonnes en bois, peintes avec art, soutenaient le plafond de distance en distance. Sur l'une d'elles étaient tracés les statuts que le poëte Barthe avait rimés pour l'Opéra; et tout autour de la salle s'élevaient des tables en marbre blanc, où venaient causer, jouer, mais surtout souper les nobles désœuvrés de la capitale.

Dans les derniers jours de l'année 1757 se trouvaient assis autour d'une de ces tables trois jeunes gens richement vêtus, que l'on reconnaissait facilement pour faire partie de la cour. Ils touchaient à la fin d'un somptueux repas, où les vins les plus recherchés avaient coulé en abondance. Leurs figures empourprées, la vivacité de leurs gestes, et l'animation de leur entretien, laissaient voir que les libations avaient été un peu trop copieuses. Cependant l'un d'eux paraissait moins excité que ses deux camarades, et il n'était guère permis de croire que ce fût un effet de l'habitude du vin, si l'on avait égard à sa jeunesse, à ses manières réservées et à ses paroles timides. Georges de Cahuzac avait à peine atteint sa vingtième année. Un léger duvet blond ombrageait sa lèvre supérieure, et une royale imperceptible dénonçait les précoces prétentions que le jeune homme avait à la barbe; mais en revanche, de longs cheveux blonds tombaient en boucles pressées sur le collet de son riche pourpoint, et concouraient à donner à sa figure pâle quelque chose de triste et de langoureux que complétait le regard mélancolique de ses yeux bleus. Le reste de sa personne était en harmonie parfaite avec ces traits presque féminins : sa stature était moyenne, mais sa taille, souple et flexible se dessinait élégamment sous un justaucorps serré avec art au-dessus des hanches. Une chaîne d'or, passée sur sa poitrine comme une bandoulière, soutenait un poignard dont la poignée était admirablement ciselée. C'est que Georges de Cahuzac était officier dans la marine du roi et se trouvait à Paris à la suite du maréchal duc de Richelieu, qui s'en était revenu après la prise de la citadelle de Port-Mahon.

Les deux compagnons de Georges, bien qu'un peu plus âgés que lui, étaient cependant ses amis d'enfance : l'un s'appelait le duc de Syvré et l'autre le comte de Lorgues, tous deux menant joyeuse vie et courant les aventures. Nobles, riches, jeunes et beaux, ils pouvaient prétendre à l'amour des plus hautes dames; mais ils disaient qu'à leur âge ils n'avaient ni le temps, ni la patience de suivre les développements d'une passion sérieuse, et qu'ils se trouvaient parfaitement heureux avec les nymphes de l'Opéra.

— Pardieu! s'écria le comte de Lorgues en vidant son verre plein de Malvoisie, je veux que le diable m'emporte si je comprends l'idée du maréchal duc de Richelieu, de marier déjà notre ami Georges de Cahuzac.

— Les vins du Midi portent à la tête, répondit en riant le duc de Syvré.

— Je ne comprends pas mieux tes paroles que je n'ai compris l'idée du maréchal.

— Il ne faut cependant pas faire de grands efforts d'imagination pour voir que Georges, en épousant mademoiselle de Laudun, une parente de M. le duc de Richelieu, fait un mariage de convenance, de fortune et de position.

— Vous vous trompez, monsieur de Syvré, interrompit tout à coup de Cahuzac, la fortune de mon père et ma position sur les vaisseaux du roi sont assez brillantes pour que je ne vende pas ma liberté à ce prix. J'aime Marie, Je crois en être tendrement aimé, et en l'épousant je n'obéis qu'à l'impulsion de mon cœur.

— Il ne fallait pas de grands efforts d'imagination pour voir cela, duc de Syvré, s'écria avec ironie le comte de Lorgues.

— Tout le monde, ajouta Georges, s'animant au souvenir de sa fiancée, connaît l'affection que je porte à Marie et le mariage que nos parents avaient arrêté depuis notre naissance.

— J'ignorais toutes ces circonstances, dit le duc de Syvré en remplissant son verre. Mais quoi qu'il en soit, il est de notre devoir de t'initier à des plaisirs que ton grade dans la marine du roi t'a empêché de connaître, et te mettre en rapport avec des déesses que ton prochain mariage te défendra d'approcher. Qu'en pense M. le comte de Lorgues?

— Nous ne pouvons rendre un plus grand service à notre ami Georges, répondit celui-ci, ni être plus agréables à sa future femme.

— Chacun à son tour de ne pas comprendre, messieurs, s'écria de Cahuzac; je ne vois pas en quoi vous pouvez être agréables à Marie en m'offrant l'occasion de lui être infidèle.

— Parbleu! s'exclama le comte, ce serait le cas de t'expliquer ma grande théorie des passions, pour te mettre en lumière ce grand axiome: *Il faut que jeunesse se passe.* Mais le temps me manquerait sans doute.

— Dis donc la puissance, interrompit le duc de Syvré en riant, car tes idées nagent dans des flots de Malvoisie.

— Puisque tu m'en défies...

— De grâce, nous te connaissons aussi philosophe que Descartes et M. de

Voltaire, et nous te saurions plus de gré de nous conter une aventure galante.

— Que le diable m'emporte! s'écria le comte de Lorgues, en frappant la table de son verre, je ne sais ce que je fais depuis deux heures, quand j'ai à vous narrer la plus charmante histoire que je connaisse.

— Voyons, répondirent les deux autres jeunes gens riant de la colère burlesque de leur compagnon.

— Mais d'abord, duc de Syvré, dans tes pérégrinations amoureuses, as-tu jamais rencontré cette jeune chanteuse, protégée par madame de Pompadour, qui débuta l'an dernier sous le nom de Sophie Arnould?

— Par ma foi, comte de Lorgues, j'ai vainement tenté de séduire la belle. Sa mère la surveille comme une petite fille et ne la quitte pas plus que son ombre. Je défie qui que ce soit de l'approcher, tant qu'elle sera sous la surveillance de cet Argus sévère.

— Eh bien, cher ami, la conquête est faite, et l'oiseau est déniché.

— Déjà? s'écria le duc.

— Déjà, répondit le comte.

— Poursuis, fit de Syvré en remplissant son verre.

— Comme tu le disais tout à l'heure, madame Arnould ne quittait pas un instant sa fille : elle la menait à l'Opéra et la reconduisait chez elle avec une constance et une sévérité vraiment désespérantes. Le comte de Lauraguais résolut de l'affranchir et de la faire jouir de sa liberté. Il déguisa son rang et sa fortune, alla prendre un modeste logement dans l'hôtel Lizieux, demeure de la virtuose, et se fit connaître, sous le nom de Dorval, comme un poëte arrivant de province pour faire jouer une tragédie. Son air candide, sa pauvreté apparente, sa conversation honnête, tout en lui charma la mère de Sophie, qui l'admit dans l'intimité de la famille. La jeune fille fut vite séduite, et hier soir, après une lecture attendrissante, les deux amants trop émus allèrent cacher et fondre ensemble leurs doux épanchements. C'est ce qui t'explique, duc de Syvré, l'absence de Sophie et de son Argus à la répétition générale de ce matin.

— Ce que je trouve de plus admirable dans ton histoire, mon cher comte, c'est la prétention de madame Arnoud à vouloir priver la noble jeunesse de France des charmes de sa fille.

— Cependant, ajouta de Cahuzac, l'honneur est chose assez grave pour que chacun y veille et veuille le conserver.

— Pardieu, mon cher ami, riposta en riant aux éclats le comte de Lorgues, on voit bien que tu es peu au courant des affaires de ce monde; le plus grand honneur qu'aient les filles de l'Opéra n'est-il donc pas de nous appartenir?

— Pas toujours, comte, pas toujours; ne te souvient-il plus de Camille

Fel, qui ne consentit à recevoir les hommages de notre roi bien-aimé que comme la plus insigne des faveurs?

— Caprice de jolie femme!

— Et le pauvre baron de Grimm, qui se morfond d'amour pour la cruelle?

— Quant à celui-là, répondit en riant le comte, je jure qu'il n'aura jamais les bonnes grâces de la divine Camille.

— Parbleu, mes amis, savez-vous le stratagème que ce bon Allemand met en usage pour fléchir le cœur de son inconstante? Régulièrement deux fois par jour il tombe dans des attaques de catalepsie que ne font jamais cesser, je vous assure, les soins de Camille, car la belle en a peur et fuit dès qu'il l'approche.

Et le duc de Syvré se renversa sur son siége en éclatant de rire.

— Cette chanteuse est donc une vertu imprenable? dit Georges, quelque peu étonné de l'hilarité de son camarade.

— Loin de là, répondit le duc sans cesser de rire, c'est une de nos plus fameuses courtisanes. Mais que veux-tu? c'est une femme à caprice et belle comme les amours. Eh! ma foi, puisque ta vie de jeune homme doit si peu durer, je veux cette nuit te faire souper avec elle. Qu'en pense le comte de Lorgues?

— L'idée est excellente, mais il faut nous presser de prévenir Camille, si nous voulons jouir de sa présence.

— Où la trouver à cette heure?

— Pardieu, monsieur le duc, vous n'êtes pas au courant des jours de la semaine. C'est aujourd'hui samedi, nous rencontrerons Camille au concert spirituel.

— Le comte a raison. Partons.

Les trois jeunes gens firent approcher leurs chaises à porteurs, et, après avoir réparé le désordre de leur toilette, ordonnèrent de les conduire aux Tuileries, où se donnaient d'ordinaire les concerts spirituels.

II.

Les concerts spirituels, établis en 1725, brillèrent d'un vif éclat jusqu'à la retraite de mademoiselle Fel, en 1758. Remis en honneur en 1763, après l'incendie de l'Opéra, ils remplacèrent ce spectacle pendant tout le temps que dura la construction de la nouvelle salle; mais ce n'était *qu'un onguent pour la brûlure*, comme disait spirituellement Sophie Arnould; car il était impossible que les concerts spirituels de 1763, auxquels manquaient mademoiselle Saint-Huberti, Girardin, et surtout mademoiselle Camille Fel, eussent le succès de ceux de 1725; mademoiselle Fel était si admirable dans ce genre de spectacle, qu'il était bien difficile de supporter une autre chanteuse, quand on l'avait une fois entendue; et l'on ne saurait dire si Camille avait été créée pour les concerts spirituels, ou si les concerts spirituels avaient été inventés pour elle. Après des symphonies et des motets religieux, mademoiselle Fel chantait ordinairement quelques paraphrases des psaumes de David, et il était curieux de la voir interpréter ces cantiques dans les poses les plus voluptueuses et le costume le plus mondain. Un portrait du temps nous la représente dans sa toilette habituelle; elle portait presque toujours une robe de soie bleue, brochée à fleurs d'or et montée sur un panier qui laissait voir une jupe de satin *cuisse de nymphe émue*, légèrement glacée d'argent. Sa tête était couverte d'un bonnet à papillons, en riches dentelles, qui avait pour unique ornement un nœud de ruban d'or et d'argent; une civière à cinq rangs, formée de gros chatons, des boucles d'oreilles en forme de moulin à vent, et une agrafe à la Jeanne d'Arc, c'est-à-dire très évasée, complétaient cette riche et élégante toilette, relevée par l'éclat de la beauté de la chanteuse. C'est qu'en effet Camille Fel était une des plus remarquables reines de l'Opéra. Sa stature moyenne donnait à sa taille cette finesse, cette légèreté et cette souplesse dont sont ordinairement dépourvues les femmes trop grandes ou trop petites. Sa figure surtout était admirablement belle: sa peau blanche se confondait insensiblement avec les boucles nombreuses de sa chevelure poudrée, et ses yeux noirs donnaient à sa physionomie une expression étrange d'exquise sensibilité et de rudesse, de béatitude céleste et de passion. Camille possédait à un haut degré l'art de placer les mouches, et plus d'une coquette marquise la prenait pour modèle. Elle n'en mettait ordinairement que deux; une au coin de l'œil, et l'autre au milieu de la joue, connues, la première, sous le nom de *passionnée*, et la seconde sous celui de *galante*. Ces mouches désignaient ordinairement les qualités de la personne qui les portait, ou du moins, étaient l'indication de celles qu'on voulait momentanément se donner. Tout le monde connaît le quiproquo dont fut victime une comtesse pour une mouche qu'elle avait placée, par mégarde, au coin de la bouche, et qui la fit prendre pour une aventurière. Mais revenons à notre récit.

Quand les trois gentilshommes, dont nous avons fait connaissance au cabaret de l'Opéra, entrèrent dans la salle des Suisses, où se tenaient les concerts spirituels, l'orchestre exécutait un morceau de Rameau; Camille Fel, assise dans le fond entre Girardin et mademoiselle Saint-Huberti, échangeait complaisamment un sourire avec quelques seigneurs placés au premier rang.

— Nous serons arrivés trop tard, s'écria le comte de Lorgues, qui avait remarqué le jeu de Camille, notre belle reine fait des signes d'intelligence au marquis d'Epagny.

— Elle veut passer en revue toutes les armes, répondit le duc de Syvré; car, si je me trompe, le marquis est un officier de marine arrivé avec le cardinal.

— C'est mon compagnon d'armes, ajouta Georges, nous étions au même bord à la prise de Port-Mahon.

— Peu importe, répliqua le duc, nous ne devons point nous avouer vaincus; Camille peut tenir tête à un régiment tout entier.

La symphonie qu'exécutait l'orchestre venait de finir. La chanteuse quitta sa place et s'avança majestueusement aux bords de l'estrade pour dire son morceau. Des applaudissements frénétiques l'accueillirent, et lui prouvèrent, chose qu'elle savait déjà, combien elle était aimée et appréciée par ce public d'élite.

Georges de Cabuzac, peu habitué aux splendeurs de la capitale, n'avait pas d'abord remarqué la chanteuse; toute son attention s'était concentrée sur la salle royalement décorée, et illuminée de mille bougies que reflétaient encore, dans un nombre infini de couleurs, les diamants et les pierres précieuses des parures. Le luxe des toilettes, la beauté des femmes, tout l'avait séduit et charmé de prime abord; et quand son imagination et ses sens se furent un peu remis de cette fascination passagère, il chercha au milieu de la foule sa jeune et belle fiancée. Les bravos qui avaient accueilli mademoiselle Fel le tirèrent de sa préoccupation et le forcèrent à diriger son attention vers la personne à qui s'adressaient ces applaudissements. Il fut frappé de sa beauté et de ses grâces, et touchant avec familiarité, après un moment de contemplation muette, l'épaule du comte de Lorgues :

— Comte, lui dit-il, quelle est donc cette chanteuse que l'on fête tant à son entrée?

— Pardieu! répondit celui-ci, c'est la sirène que nous venons chercher.

Et Georges se prit à l'examiner plus attentivement encore.

— Elle est en effet admirablement belle, ajouta-t-il après un moment de silence.

— C'est ce que tout le monde dit.

— Parce que tout le monde a pu en juger par lui-même, ajouta en riant le duc de Syvré.

— J'ai peine à comprendre, dit Georges, qu'une âme aussi vulgaire se cache sous une forme aussi divine.

— Eh! mon cher ami, les philosophes du jour ont surabondamment prouvé que nous n'avions point d'âme. Demande plutôt au comte, qui est savant comme quatre.

— Pardieu! ami, répondit de Lorgues, l'homme est fait pour protéger la femme, et la femme est belle pour récompenser l'homme de sa protection, et comme il n'est personne qui ne voulût être le défenseur de Camille, Camille nous récompense tous de notre bon vouloir.

— La maxime est excellente si les principes sont mauvais, dit de Cahuzac en souriant du bout des lèvres et sans cesser de regarder la chanteuse.

Pendant ces quelques mots échangés rapidement, le silence s'était rétabli dans la salle, et chacun se prépara à écouter religieusement cette femme dont on disait partout : *C'est un rossignol qui chante, un ruisseau qui murmure et un zéphir qui folâtre.*

La vie de marine n'avait pas habitué Georges à toutes ces séductions, et son âme était encore vierge de ces plaisirs et de ces voluptés que les sociétés décrépites achètent à si haut prix; il se laissa aller à cet enivrement, et toutes ses facultés participèrent à l'exaltation de son imagination. Depuis que ses yeux s'étaient arrêtés sur Camille, quelque chose d'étrange s'était passé en lui : le cou tendu et la bouche béante, il restait immobile comme sous l'influence d'une force inconnue mais puissante; le regard seul semblait vivre dans cette organisation, où cependant il y avait alors exubérance de vitalité; il suivait chaque mouvement de la chanteuse, et pendant tout le temps que dura son morceau, sa respiration parut s'être suspendue; toutes ses fonctions s'étaient concentrées dans ses yeux et ses oreilles, et toutes ses facultés s'étaient anéanties pour ne laisser subsister que l'attention. Quand la dernière note du chant de Camille se fut perdue au milieu des applaudissements sans nombre de la foule, Georges, sortant tout à coup de son anéantissement extatique, ne put traduire son admiration que par ces mots : Sublime ! sublime !

Le comte de Lorgues, depuis longtemps blasé sur tous ces plaisirs, sourit de l'exclamation de son ami et lui prenant la main :

— Quel jeu ! quelle animation ! ! lui dit-il; vos sirènes de mer ne valent pas, à ce qu'il paraît, nos sirènes de terre ! !

Ces paroles tirèrent de son extase le jeune officier de marine; il passa la main à son front comme pour y rappeler sa mémoire égarée, et secouant tout à coup ses membres engourdis :

— Non, répondit-il, je n'ai jamais vu de femme plus belle, ni de cantatrice plus admirable.

— Nos leçons commencent à porter leurs fruits, fit le duc de Syvré en souriant, et tu n'es pas loin, mon ami, de faire une première infidélité à ta fiancée.

— Je puis rendre justice à la beauté et au talent sans cesser d'aimer Marie, répondit Georges un peu piqué de l'observation de son ami.

— Cela n'est peut-être pas aussi facile que tu le crois, ajouta le duc, car voir Camille, c'est la désirer, et le désir est le frère cadet de l'amour.

— Je me ris de vos craintes, s'écria de Cahuzac, et je veux jusqu'au bout supporter l'épreuve. Je vous montrerai que l'image de Marie ne cède la place en mon cœur à aucune autre image... Allons inviter Camille à souper avec nous.

— Prends garde, Georges, dit le comte de Lorgues, tu ne connais pas la puissance de mademoiselle Fel. Le marquis de Clermont est mort pour elle l'an passé, le baron de Grimm tombe dans des attaques de catalepsie et le vicomte de Cassac s'est fait moine. Dans le martyrologe de la chanteuse il ne manque qu'un fou ; veux-tu remplir la place vacante?

— Devenir fou pour une courtisane, comte, mais vous me faites injure... allons, trève de plaisanteries, et courons inviter Camille.

Et Georges de Cahuzac entraîna ses deux camarades.

Derrière l'estrade se trouvait une salle assez vaste, qui servait de foyer aux artistes. Là, tous les samedis, alors que l'Opéra faisait relâche, se réunissaient les amateurs de musique et les admirateurs des cantatrices. Pendant longtemps Sophie Arnould y régna en souveraine; mais à l'époque dont nous parlons, cette chanteuse n'avait point encore acquis la réputation de bel esprit qu'elle se fit plus tard. Mademoiselle Fel était alors l'actrice la plus recherchée; et quand nos trois jeunes gens arrivèrent, elle était entourée d'un cercle assez compacte de jeunes seigneurs, accueillant avec son sourire divin toutes les galanteries qu'on répandait profusément autour d'elle. Parmi les plus empressés et les plus flatteurs, on distinguait le marquis d'Epagny, le compagnon d'armes de de Cahuzac.

Georges alla droit à lui, et lui prenant amicalement la main :

— Marquis, lui dit-il, je vois avec plaisir que tu ne perds pas ton temps à terre.

— Mon ami, répondit d'Epagny, je presse depuis ce soir la divine Camille d'accepter un souper que j'ai commandé en son honneur, et l'ingrate me refuse sur je ne sais quel prétexte.

— Nous serons peut-être plus heureux que toi, marquis, car nous venons faire les mêmes offres et proposer de plus grands plaisirs.

Pendant ce temps, le duc de Syvré s'était approché de Camille et n'avait pu la décider à accepter ses brillantes propositions.

— Je suis malade, disait-elle, il m'est impossible de répondre ce soir à votre aimable invitation.

— Pardieu ! ma toute belle, dit le comte de Lorgues en s'avançant avec Georges, vous perdez l'occasion de faire l'acte le plus méritant de votre vie. Vous ne trouverez pas toujours un tendre cœur à arracher à l'amour d'une jeune fille. Cette conquête vous ferait le plus grand honneur, je vous jure.

— Il n'est pas besoin de revoir mademoiselle pour oublier toutes les autres femmes, répartit Georges, qui voulait se donner une contenance après les paroles que venait de prononcer le comte de Lorgues.

— Les vaisseaux de Sa Majesté sont une école de galanterie, répondit la chanteuse en arrêtant sur Georges un regard plein de mélancolie et de volupté, car je vois à votre uniforme que vous appartenez à la marine du roi.

— La galanterie est toute naturelle auprès de vous, mademoiselle, et je ne dois point en avoir le mérite.

— Je voudrais pouvoir répondre dignement à l'invitation flatteuse que vous m'adressez, mais une indisposition passagère me privera de vos plaisirs, et pour vous prouver combien j'ai à cœur de vous revoir, monsieur, je serai demain visible toute la journée.

La beauté et la jeunesse de Georges avaient frappé la chanteuse; elle avait éprouvé à sa vue un saisissement étrange et qu'aucun des jeunes seigneurs qui composaient sa cour ne lui avait encore fait ressentir. Georges, de son côté, n'avait pu supporter sans en être ému la puissance magique de son regard. Toute la soirée il ne rêva qu'à Camille, et en se couchant sa dernière pensée s'arrêta sur elle; il n'eut pas un souvenir pour sa fiancée.

III.

Quelques jours après les événements que nous avons rapportés dans les deux chapitres précédents, se trouvaient dans un riche appartement d'un hôtel de la rue de Verneuil deux jeunes femmes assises près du feu et causant familièrement entre elles. La plus âgée, qui paraissait avoir à peine vingt-cinq ans, était de ces beautés que les passions altèrent à peine et dont l'âge respecte longtemps les grâces et la fraîcheur; l'autre au contraire venait d'atteindre sa dix-huitième année, et sur ce visage si jeune il était facile de prévoir combien la moindre infortune y laisserait de traces. Une riche perruque à la mode du temps cachait complétement ses cheveux, dont la couleur se laissait deviner, tant la peau de la figure était blanche et transparente. Ses yeux bleux de ciel avaient quelque chose de si tendre et de si mélancolique, qu'on n'en eût pas supposé d'autres chez un ange ou un séraphin, et s'il est vrai que le regard soit l'expression la plus fidèle des sentiments de l'âme, cette femme devait par sa nature morale appartenir plutôt au céleste séjour qu'être soumise aux infirmités de ce monde. Tout concourait à confirmer cette opinion: sa parole était douce et mielleuse, ses gestes réservés et touchants, et son sourire avait quelque chose de si suave, que l'homme le plus insensible eût donné tout au monde pour se le voir adresser.

Ces deux femmes étaient sœurs. L'aînée, mariée depuis six ans au vicomte de Gattière, servait de mère à la plus jeune, qui était Marie de Laudun, la fiancée de Georges de Cahuzac.

Depuis deux jours l'officier de marine n'était point venu, contre son habitude, présenter ses hommages à l'hôtel de la rue de Verneuil. Ces dames ne pouvaient s'expliquer cette longue absence, et la vicomtesse parvenait difficilement à faire accepter à sa sœur des excuses qu'elle repoussait elle-même.

Marie était trop jeune et avait trop peu la connaissance du monde et du cœur humain pour porter contre son fiancé l'accusation d'infidélité. Dans son âme naïve et pure elle jugeait l'amour de Georges sur le sien propre, et la pensée ne lui vint même pas que de Cahuzac pût mentir à ses serments. Elle redoutait davantage quelque malheur ou quelque fâcheuse rencontre; et quand son esprit trop inquiet voulait se reposer sur une idée moins pénible, elle aimait à s'expliquer l'absence de Georges par les plaisirs de chasse, de promenade ou de soupers dans lesquels ses camarades l'avaient certainement entraîné. Cependant une larme furtive voilait quelquefois ses beaux yeux, et alors sa sœur était impuissante à calmer sa douleur.

Elles s'entretenaient ainsi de l'absence de de Cahuzac, quand on vint leur annoncer la visite du duc de Syvré.

— Voici qui nous donnera de ses nouvelles, dit la vicomtesse de Gattière en se levant et en allant au-devant du visiteur.

Marie suivit l'exemple de sa sœur, moins par imitation que pour obéir à l'impulsion secrète de son âme.

— Vous arrivez à temps, monsieur le duc, pour faire cesser nos peines et nos incertitudes, dit la vicomtesse en offrant sa main à baiser.

— Le bonheur de vous voir, répondit celui-ci, sera donc doublé par celui de vous être agréable. Je suis tout à vous, madame.

Marie était tremblante, et son cœur palpitait au moindre mouvement du duc.

— Vous qui êtes l'ami de Georges, poursuivit la vicomtesse quand tous les trois furent assis, ne pourriez-vous nous dire ce qu'il est devenu depuis deux grands jours que nous ne l'avons pas vu?

— Histoire de jeune homme, répondit le duc en souriant, il apprend à soupirer pour mieux aimer sa fiancée.

Cette confidence, bien que faite sous la forme de la plaisanterie, fut un coup de poignard pour le cœur de la pauvre Marie. Je ne sais ce qui se passa en elle, mais la rougeur de ses joues disparut subitement, et des larmes abondantes s'échappèrent de ses paupières.

Sa sœur, qui avait remarqué ce changement rapide, s'approcha vivement, et la serrant dans ses bras :

— Pauvre enfant! dit-elle, il n'est pas temps encore de pleurer l'amour de ton fiancé.

Et la vicomtesse voulut entraîner la jeune fille hors de l'appartement.

— Laisse-moi rester, répondit Marie en se dégageant des bras de sa sœur, je me sens assez forte pour écouter jusqu'au bout les confidences de M. le duc.

Celui-ci, peu habitué à rencontrer sur sa route un amour véritable, n'avait point calculé toute la portée de ses paroles : il voulut en atténuer l'effet.

— La conduite de Georges, dit-il, n'a rien que de très naturel et qui puisse vous affliger. Un caprice pour une fille de théâtre n'est point chose sérieuse, et mademoiselle Camille Fel ne peut retenir longtemps un cœur voué pour toujours à mademoiselle Marie de Laudun.

— Cependant, objecta celle-ci, ce que vous appelez un caprice a été assez fort pour le tenir éloigné pendant deux jours de chez lui et des lieux qu'il fréquentait d'habitude !

— Cela ne doit point vous étonner, mademoiselle, car un caprice est comme la paille qui brûle vivement, mais qui s'éteint bien vite. D'ailleurs, la manière dont s'est nouée la liaison de Georges avec la chanteuse de l'Opéra doit complétement vous rassurer sur l'avenir.

— Parlez, monsieur le duc, dirent à la fois les deux femmes.

— Il y aura huit jours demain, le comte de Lorgues et moi, nous entraînâmes Georges au concert spirituel ; nous avions fait devant lui un pompeux éloge de la chanteuse à la mode, nous lui avions vanté ses grâces, ses talents et ses amours faciles. Excité par nos paroles, il voulut connaître mademoiselle Fel, et sans défiance aucune, je me fis un plaisir de le lui présenter. Il a subi l'influence à laquelle nous avons tous été soumis, et, comme nous tous, il se détachera bientôt d'une femme qui ne peut supporter une liaison de plus d'un jour ; et je croirais vous faire injure, mademoiselle, si je regardais la fille de l'Opéra comme une rivale sérieuse.

— Monsieur le duc a raison, interrompit la vicomtesse de Gattière, cette intrigue de théâtre n'a rien qui doive nous alarmer, et je suis, ma foi ! de l'avis de Messieurs les roués, qu'un homme ne peut être un mari parfait si les plaisirs n'ont un peu mûri son caractère et amorti le premier feu de la jeunesse.

Marie n'acceptait point ces consolations et ces excuses ; dans son ignorance des choses du monde, elle ne pouvait concevoir que l'amour n'absorbât pas tous les autres sentiments, et qu'à côté de lui surgît un caprice pour une femme, quelle qu'elle fût. La rivalité de mademoiselle Fel ne soulevait dans son cœur ni le mépris ni l'outrage, mais elle le remplissait de craintes et d'inquiétudes. Elle avait comme un pressentiment secret que cette rivalité lui serait fatale, et anéantirait pour toujours le bonheur de sa vie. Poursuivie par cette pensée cruelle, elle voulut se convaincre par elle-même de la supériorité de la chanteuse et, peut-être sans se l'avouer et sans pouvoir s'en rendre compte, comparer sa beauté avec celle de sa rivale. Elle espérait, la pauvre jeune fille, l'emporter facilement sur une femme de trente ans, et dont les passions et la vie désordonnée avaient dû ternir les grâces et la fraîcheur; mais elle ne savait pas que l'homme voit sa maîtresse à travers le prisme des illusions, et que pour notre cœur la femme aimée a tous les prestiges que notre imagination peut rêver.

Quand elle se fut arrêtée à cette idée étrange, mais cependant naturelle chez une jeune personne, Marie essuya ses larmes, affermit autant qu'elle put sa voix émue, et s'adressant au duc de Syvré :

— Monsieur le duc, dit-elle, où pensez-vous que nous puissions ce soir rencontrer Georges?

— A l'Opéra, répondit-il, mademoiselle Fel chante la *Rosière de Salency*, de Favart.

— Voulez-vous, monsieur le duc, nous y accompagner, ma sœur et moi?

— Cette faveur m'est trop rarement offerte pour que je ne la considère pas comme un très grand bonheur.

La vicomtesse de Gattière, prévoyant combien Marie aurait à souffrir au théâtre, combattit vivement son désir; mais la jeune fille fut inébranlable, et, comme depuis la mort de sa mère tout fléchissait devant sa volonté, elle s'exprima de manière à ne laisser aucun doute sur la fermeté de sa résolution; force fut donc à la vicomtesse de céder au caprice de sa sœur, et toutes deux allèrent revêtir un costume de soirée.

Le duc, resté seul, se mit à réfléchir profondément, et malgré les idées qui lui vinrent en foule, il ne put comprendre le désespoir de Marie, tant il était ignorant des choses du cœur, et tant il partageait le scepticisme de son siècle incrédule. Cependant la conduite de Georges avait à ses yeux un caractère étrange; il ne pouvait s'expliquer la ténacité de son caprice et de sa liaison avec la chanteuse; tout cela était si en dehors de ses habitudes et de sa manière de voir, que, désespérant d'élucider les idées qui bouillonnaient confusément dans sa tête, il se reposa complétement sur l'avenir pour avoir le mot de cette énigme.

Malgré les soins minutieux que Marie apporta à sa toilette, ces dames furent bientôt prêtes et partirent pour l'Opéra.

Quand elles y arrivèrent, suivies du duc de Syvré, Georges, placé dans une loge d'avant-scène, était tellement plongé dans ses méditations qu'il semblait être étranger à toute la salle; aucun bruit, aucun cri ne pouvait détacher ses yeux fixés sur le rideau; il n'aperçut point les nouveaux venus, mais du premier coup d'œil Marie sut le distinguer au milieu de la foule, tant le cœur a d'intelligence dans son instinct. Quelque temps elle le considéra muette et pensive, craignant de communiquer ses pensées à ceux qui l'accompagnaient; mais bientôt la douleur déborda son âme, et prenant la main de la vicomtesse, et la serrant contre son cœur dont les pulsations soulevaient fortement la poitrine :

— Hélas ! dit-elle en faisant de vains efforts pour retenir les larmes qui voilaient ses yeux, je ne m'étais pas trompée, il ne m'aime plus.

— A quel signe reconnais-tu cet abandon? répondit madame de Gattière avec un sourire feint.

— Ah ! s'il m'aimait encore, son cœur ne lui eût-il pas dit que nous sommes là? Et tu le vois, ma sœur, il me refuse même l'aumône d'un regard.

— Ne lui imputez pas à crime si le ciel ne l'a pas fait devin, objecta en riant le duc de Syvré; sa position l'empêche complétement de vous apercevoir, et je cours l'avertir.....

— De grâce, monsieur le duc, dit la jeune fille en retenant l'ami de Georges, laissons-lui le mérite de nous remarquer.

Marie mentait évidemment, car elle aurait donné tout au monde pour avertir de Cahuzac de sa présence.

Cependant le rideau s'était levé, et Georges, plus attentif encore, ne pouvait détacher ses regards de la scène, attendant avec anxiété l'entrée de sa maîtresse. Camille remplissait le rôle de la rosière dans l'ouvrage de Favart, et le costume simple d'une fille de la campagne répandait sur sa beauté quelque chose de jeune et de virginal qui faisait oublier ses trente ans et sa vie désordonnée. Il était difficile de reconnaître dans la chasteté de ce rôle la courtisane de l'Opéra.

Marie, qui pour la première fois examinait attentivement cette reine de théâtre, s'avoua intérieurement sa défaite, et crut que, pour lui rendre l'espoir, on l'avait trompée sur l'âge et les mœurs de mademoiselle Fel. Cependant elle n'osait abandonner la partie sans combattre, et ne pouvant supporter plus longtemps l'indifférence de Georges, elle résolut de mettre fin à ses incertitudes, et de recevoir tout d'un coup l'arrêt de sa condamnation.

— Monsieur le duc, dit-elle à l'ami de son fiancé, seriez-vous assez bon pour prévenir Georges que je désire lui parler ?

— Vos désirs sont des ordres, mademoiselle, et je cours les exécuter.

Le premier acte venait de finir, et avant que le duc fût arrivé à la place qu'occupait de Cahuzac, celui-ci était allé trouver la chanteuse dans sa loge. Son ami l'y rencontra, et, malgré ses instances et ses prières, Georges refusa toujours de se rendre auprès de Marie.

Quand le duc revint près des deux femmes, il prétendit avoir longtemps cherché son ami et ne l'avoir pas rencontré.

Soit que Marie eût pénétré ce mensonge, soit qu'elle crût à la véracité du duc, elle demanda à se retirer pour donner un libre cours à ses larmes.

Au moment où le duc prenait congé de ces dames, la vicomtesse de Gattière le menant à l'écart :

— Monsieur le duc de Syvré, lui dit-elle, venez me voir demain. J'ai à causer avec vous de la conduite de Georges.

Le duc baisa respectueusement la main de la vicomtesse et se retira en promettant d'être fidèle au rendez-vous donné.

IV.

Le duc de Syvré tint parole, et se rendit exactement chez madame de Gattière. Celle-ci, qui avait passé la nuit auprès de Marie, l'attendait avec impatience. Quand le laquais vint annoncer le visiteur, elle se leva vivement, et courant au-devant de lui :

— Monsieur le duc, dit-elle, il faut de toute nécessité rompre la liaison de Georges et de mademoiselle Fel; le bonheur et peut-être la vie de ma sœur en dépendent; il faut que cela finisse, monsieur le duc, entendez-vous.

De Syvré était loin de s'attendre à cet exorde *ex-abrupto*; cependant il se remit bientôt, s'assit tranquillement et se prépara à soutenir une conversation qui, par le début, menaçait de devenir orageuse.

— Madame, répondit-il en s'inclinant, Georges est encore dans le premier feu de la passion, et je crains qu'il me soit impossible de lui faire entendre raison.

— L'affaire est trop grave pour agir si lentement : ayez une lettre de cachet afin d'enfermer cette courtisane.

— Cette courtisane, madame, est la maîtresse secrète de notre bien-aimé roi Louis XV, et ce serait s'exposer grandement que de porter les mains sur elle.

— Il faut alors dénoncer à S. M. les intrigues de cette méchante femme!!!

— Dieu nous en garde! ce serait exposer Georges à la colère de S. M., et attirer sur sa tête des dangers qui l'éloigneraient pour toujours de mademoiselle de Laudun.

— Aux grands maux les grands remèdes, lançons une lettre de cachet contre de Cahuzac lui-même.

— Impossible, madame; Georges est officier sur les vaisseaux du roi, et demain, ce soir peut-être, le maréchal duc de Richelieu peut le réclamer pour le service, et alors comment expliquer son incarcération?

— Cependant, monsieur le duc, il importe que cette liaison finisse; et, d'une manière ou de l'autre, il faut rendre de Cahuzac à l'amour de Marie.

— Il est un moyen, madame, qui me paraît seul praticable : c'est d'éteindre violemment dans le cœur de Georges la passion qui le domine, en brisant le prisme trompeur à travers lequel il admire mademoiselle Fel.

— Et vous croyez, monsieur le duc...

— L'amour vit d'illusions, et quand il en manque, il meurt à coup sûr faute de nourriture. Laissez-moi faire, madame, et puisqu'en cette occasion j'ai été le premier coupable, je réclame le droit de réparer ma fatale erreur.

— Je compte sur vous, monsieur le duc, et venez au plus tôt me donner des nouvelles de votre entreprise.

De Syvré prit congé de la vicomtesse, et se dirigea d'un air méditatif vers le cabaret de l'Opéra.

La première personne qu'il y rencontra fut le marquis d'Epagny, le compagnon d'armes de Georges, et celui-là même avec qui souriait mademoiselle Fel lors du dernier concert spirituel. Le jeune officier attendait joyeuse compagnie, et tout en se promenant de long en large dans la vaste salle du cabaret, il fredonnait les airs qu'avait chantés la divine Camille. Le duc de Syvré alla droit à lui, et le touchant familièrement sur l'épaule :

— Monsieur le marquis, lui dit-il, je suis aise de vous voir pour m'informer de votre compagnon d'armes, Georges de Cahuzac.

— Ah! ne m'en parlez pas, monsieur le duc, répondit d'Epagny en portant la main à son feutre, il mène une conduite déloyale et tout à fait indigne d'un bon gentilhomme.

— N'y a-t-il donc aucun remède à cette position désespérée?

— Hélas! je crains à tout instant que le maréchal ne vienne à apprendre sa manière de vivre; et je donnerais tout au monde pour prévenir cette catastrophe.

— Je m'intéresse aussi vivement que vous, monsieur le marquis, à la fortune de Georges, et je crois qu'à nous deux nous pourrions l'arracher à la tutelle avilissante de la chanteuse.

— Parlez, duc de Syvré; de Cahuzac est mon frère d'armes, je dois tout faire pour le sauver.

— Asseyons-nous, et vidons un flacon de Malvoisie.

Les deux gentilshommes se placèrent à une table isolée afin de n'être entendus de personne, et, après avoir rempli leurs verres, le duc de Syvré commença en ces termes :

— Comme à peu près tous les jeunes seigneurs qui fréquentent l'Opéra, j'ai eu à mon tour les faveurs de mademoiselle Fel; il ne me sera donc pas difficile de m'introduire chez la chanteuse et d'obtenir encore ces mêmes faveurs. Il faut, monsieur le marquis, mettre Georges au courant de mes démarches, lui dévoiler la conduite infâme de Camille et remplacer en son cœur l'estime par le mépris, l'amour par la haine, et briser violemment tous les liens qui unissent aujourd'hui les deux amants. J'ai pensé à vous, marquis d'Epagny, parce que Georges ajoutera plus de confiance aux paroles d'un compagnon d'armes, et aura plus de foi dans les conseils d'un homme dont la franchise et la loyauté lui sont depuis longtemps connues. Je m'expose à la colère de notre ami, mais un temps viendra, je l'espère, où, grâce à vous, il rendra justice à la bonté de ma conduite. En conséquence, marquis, il vous faut signer une lettre que je ferai remettre à l'instant même.

D'Epagny acquiesça volontiers à la proposition du duc, et après s'être fait apporter tout ce qui était nécessaire pour écrire, le marquis rédigea la lettre ainsi qu'il suit :

« *A mon frère d'armes et ami Georges de Cahuzac.*

» L'amitié qui nous lie et qui m'a fait battre à tes côtés à la prise de » Port-Mahon, m'impose un devoir difficile, mais pourtant nécessaire. Ta » folle passion pour mademoiselle Fel te rend la risée de tous les gentils- » hommes. Nul ne peut comprendre qu'un jeune seigneur, riche et beau » comme toi, use la sève de ses vingt ans et la fraîcheur de ses premières » années aux pieds de la plus indigne courtisane de l'Opéra. Repoussée par » tous pour sa vie désordonnée et ses mœurs infâmes, elle trouve chez » toi l'amour qu'un laquais lui refuserait sans doute. Le ciel et l'enfer sont » donc unis, et les anges pactisent avec les démons? Hier, un pari a été » ouvert : le duc de Syvré a proposé de te ravir Camille et de la baffouer » cette nuit dans une orgie au cabaret. Au nom de l'honneur, de ta famille » et de notre amitié, reviens à des sentiments dignes de ton rang et de ta » position; songe à ta fiancée, à Marie, que ton abandon mine sourde- » ment. Quel fatal génie t'a donc poussé aux pieds de cette femme indigne » de toi, indigne de ton attachement; de cette femme depuis longtemps » vendue à tous les vices, prostituée à tous les dérèglements. Ah! si déjà » cette horrible courtisane n'a pas éteint tout ce qu'il y a de noble et de » loyal dans ton cœur, reviens à nous; viens effacer au milieu de tes amis » et dans la religion d'un amour sans tache, les souillures que le contact » de la comédienne a imprimées sur toi. Oh! viens, nous t'attendons cette » nuit, pour que tu jettes à ton tour l'ignominie à la face de la prosti- » tuée.

» Ton frère d'armes et ton ami,
» Le marquis d'Epagny. »

Le duc envoya cette lettre à l'hôtel où demeurait Georges, avec ordre de la porter chez mademoiselle Fel elle-même, si de Cahuzac était absent.

Depuis sa liaison avec la chanteuse, l'officier de marine vivait presque maritalement avec sa maîtresse. Il avait abandonné l'appartement qu'il occupait dans l'hôtel de son père et partagait avec Camille un logement somptueux aux environs de l'Opéra.

Comme l'avait prévu le duc de Syvré, Georges était près de la nymphe du théâtre. Tous deux assis sur une riche bergère, ils savouraient au milieu de mille baisers les délices d'un amour heureux.

— Ah! je t'aime, Camille, disait Georges en appliquant ses lèvres brûlantes sur la bouche de la chanteuse, et si tu voulais, notre amour serait infini.

— Qu'importe qu'un prêtre bénisse notre union, répondait mademoiselle Fel, notre amour est-il moins suave? Ne crains-tu pas que le mariage en coupant les ailes à l'amour ne le défigure et ne le tue peut-être?

Et elle couvrit de baisers la bouche de son amant.

Un laquais s'annonça avec discrétion et remit à de Cahuzac la lettre du marquis d'Epagny. Georges, l'ayant rapidement parcourue des yeux, ne put continuer ses tendresses, tant la colère avait subitement paralysé ses sens et ses facultés. Camille, le voyant pâlir et rougir tour à tour, ne sentant plus sur sa bouche les caresses brûlantes de son ami, et autour de sa taille le bras amoureux qui la serrait, prit la missive des mains de Georges pour y découvrir la cause de ce brusque changement. Sa métamorphose fut aussi complète que celle de son amant; les injures du marquis firent tout d'un coup refluer vers la tête tout le sang du cœur, et longtemps après, alors que la circulation reprit son cours ordinaire, la parole et la conscience de tout ce qui se passait lui revinrent peu à peu.

De Cahuzac était anéanti sous le coup qui le frappait, il n'osait regarder Camille en face, et cependant il avait dans le cœur une force inconnue et suscitée par la colère et le désespoir. Mais se levant tout d'un coup, et saisissant dans ses bras sa maîtresse éplorée :

— Le lâche! s'écria-t-il, t'accuser ainsi, toi la plus pure et la plus belle des femmes. Ah! mais je ne le crois pas, Camille, vois-tu, c'est par jalousie, c'est pour se venger de tes dédains qu'il m'a écrit cette infâme lettre... ah! je t'aime toujours, et pour leur prouver que tu es digne de moi, accepte ma main, et viens briller au milieu de cette noblesse où t'appellent tes grâces, tes talents et ta pureté.

— Moi, devenir ta femme quand de pareils soupçons pèsent sur moi! répondit Camille en fondant en larmes, non Georges, jamais. Oh! ils ont traîné dans la boue une pauvre femme sans soutien, sans défense, ils lui ont jeté le mépris en retour de ses dédains, ah! les lâches...

— Les insultes du marquis d'Epagny m'atteignent aussi bien que toi, Camille, s'écria de Cahuzac en essuyant les larmes de la chanteuse, il a été bien imprudent de porter la main à ce qui m'est le plus sacré; oh! l'injure demande une réparation, et la haine demande la vengeance.

Et se dégageant tout à coup des bras de Camille, il courut à la recherche du marquis d'Epagny.

V.

Le duc de Syvré, après sa conversation au cabaret de l'Opéra, avait quitté le marquis d'Epagny pour donner suite à ses desseins et surveiller la conduite de Georges. D'Epagny qui, par son caractère insouciant et ses habitudes de joyeuse vie, ne pouvait longtemps conserver une idée triste, se mêla aux plaisirs des gentilshommes et apporta sa part de gaieté à la gaieté déjà si grande des habitués du cabaret.

Georges connaissait les goûts et les tendances de son compagnon d'armes; il ne s'arrêta point à le demander à son hôtel, il alla directement au cabaret de l'Opéra, où il était presque sûr de le rencontrer. Quand il y arriva, les jeunes seigneurs, réunis autour d'une grande table, jouaient bruyamment une partie de lansquenet. A la vue du nouvel arrivant, le jeu fut suspendu, et le comte de Lorgues prenant le premier la parole :

— Vive Dieu! messeigneurs, s'écria-t il en élevant les cartes qu'il tenait à la main, voici notre ami Georges de Cahuzac que le diable nous renvoie. Il pourrait venir dans un moment moins opportun, car je ne connais personne qui perde mieux galamment tout l'or de son escarcelle. Allons, Georges, poursuivit-il, viens tenter la fortune et confier ta bourse à la dame de cœur.

— Pardieu! s'exclama un des joueurs en riant, le favori de mademoiselle Fel ne peut que gagner sous un pareil patronage.

Dans sa course rapide du logement de Camille au cabaret de l'Opéra, de Cahuzac n'avait rien perdu de sa colère et de son emportement; le bouleversement de sa figure, la pâleur de ses joues et le tremblement nerveux de tout son corps dénotaient assez les sentiments terribles auxquels son âme était en proie. De tous les jeunes seigneurs réunis autour de la table de jeu, le marquis d'Epagny fut le seul à s'apercevoir de l'état horrible de son ami. Afin de ne pas augmenter son irritation, le marquis eût donné tout au monde pour prévenir l'exclamation du comte de Lorgues et la réponse d'un de leurs compagnons; mais le temps lui avait manqué. Néanmoins la colère de Georges avait atteint sa dernière limite, et rien ne pouvait l'accroître, pas même les paroles ironiques des joueurs. Aussi, répondant à l'interpellation qui lui avait été adressée, l'amant de Camille se précipita d'un air égaré au milieu des jeunes gens, et réunissant toutes les forces que la colère n'avait point paralysées :

— Je ne viens point ici chercher la fortune, s'écria-t-il, mais je viens y trouver un lâche calomniateur.

A cet exorde si inattendu, les jeunes seigneurs, ignorant le complot du duc de Syvré, se regardèrent tous avec étonnement, et s'aperçurent alors de l'altération qui régnait dans les traits de Georges; celui-ci poursuivit sans leur donner le temps de répondre :

— Marquis d'Epagny, c'est à toi que s'adressent mes paroles, et si dans ton âme vile il reste encore quelques traces d'honneur et de loyauté, nous laverons dans notre sang l'injure que tu m'as faite et l'insulte que je te jette à présent à la face.

Georges avait parlé avec tant d'animation et de volubilité, que ses forces parurent s'anéantir sous cet effort terrible.

Le marquis d'Epagny n'avait point prévu cette attaque, et cependant il ne pouvait ne pas répondre à une insulte aussi directe et aussi publique. Sans doute il lui répugnait de se battre avec un ami d'enfance et un compagnon d'armes, mais pourtant son honneur était trop fortement engagé, il crut nécessaire de le défendre; il accepta donc le duel proposé, pensant l'emporter facilement sur un homme aveuglé par la fureur, et se promettant de n'user de cet avantage que pour sauver la vie à son adversaire, et rendre par là illusoires sa vengeance et sa colère.

Deux amis communs les accompagnèrent au bois de Boulogne, et lorsque les combattants se trouvèrent en présence, de Cahuzac parut avoir retrouvé sa tranquillité et sa présence d'esprit habituelles. Cependant, en observant attentivement ses coups, il était facile de voir que la fureur agitait encore son sang et troublait la netteté de son coup d'œil.

Le marquis, suivant la règle qu'il s'était tracée, s'attachait exclusivement à parer les coups de son adversaire, et s'étudiait quelquefois à le désarmer.

Cette tactique n'échappa point à de Cahuzac; irrité de cette espèce de commisération, il fondit avec impétuosité sur son antagoniste en s'écriant :

— Pas de grâce, marquis, car entre nous deux c'est la mort.

Et comme d'Epagny ne s'attendait point à cette attaque violente, il reçut dans la poitrine l'épée de Georges, qui s'y brisa.

Le coup avait porté dans la région du cœur, et le blessé expira avant même que son meurtrier fût revenu de l'espèce d'étonnement où l'avait plongé la mort de son compagnon d'armes. . . . .

. . . .

Dès que la lettre du marquis d'Epagny avait été portée à son adresse, le duc Syvré s'était mis à espionner les démarches de Georges, et comme peu d'instants après il l'avait vu sortir de la demeure de Camille, il ne douta pas que de Cahuzac ne courût le chercher afin d'avoir une explication franche et nette de toute ce qui se passait. Il n'eut garde d'aller au-devant de lui, et se félicita de la tournure que prenait l'affaire. Il redoutait de se trouver en présence de Georges dans les premiers moments de sa colère, non qu'il craignît ses emportements, mais parce qu'il pensait avec juste raison qu'il serait par trop difficile de lui faire comprendre son inconduite et le stratagème dont on s'était servi pour la faire cesser. D'ailleurs, il n'était pas fâché de savoir la chanteuse seule, afin de s'introduire auprès d'elle, et par là donner au retour de son amant plus de poids aux assertions du marquis d'Epagny. Il monta donc chez mademoiselle Fel, bien décidé à y attendre l'officier de marine et à braver son courroux, si le temps et le grand air ne l'avaient point calmé.

La cantatrice fut on ne peut plus surprise à la vue du duc; elle commença à croire à la vérité du défi dont parlait la lettre du marquis, et dans sa terreur, elle pensa que le visiteur venait l'engager pour l'orgie du cabaret. Malgré son assurance ordinaire, elle ne put conserver une contenance ferme, et sa figure exprima l'effroi dont elle était saisie. Le duc s'en aperçut, et s'avançant galamment vers elle :

— Camille, lui dit-il, ne craignez rien, mes intentions sont toutes pacifiques, et si vous voulez me servir, vous vous serez assuré en moi le plus fidèle défenseur.

— Parlez, monsieur le duc, je vous écoute.

Avant de commencer, de Syvré alla fermer à clef la porte de l'appartement, et comme mademoiselle Fel paraissait étonnée de cette conduite :

— Ce que j'ai à vous dire est très important, fit-il, et il m'importe que personne ne vienne troubler notre entretien.

La chanteuse accepta cette réponse, mais ne parut pas y ajouter foi, et le duc en se rasseyant, se dit à lui-même : Il peut maintenant revenir, il croira facilement à l'infidélité de sa maîtresse.

— Camille, commença le duc en prenant la main tremblante de la comédienne, j'aime à croire que vous aimez Georges un peu mieux que vous ne nous avez aimé, car lui brûle pour vous l'encens le plus pur de son âme. Eh bien, si vous lui portez une véritable affection, une affection d'amante et non de maîtresse, il faut que vous brisiez à jamais le nœud qui vous unit, car votre liaison lui est fatale et causera votre perte à vous deux.

— Je ne vois pas trop, monsieur le duc....

— Vous ignorez sans doute que Georges a depuis longtemps promis sa main à mademoiselle Marie de Laudun, nièce du maréchal duc de Richelieu; si ce mariage ne se fait pas, votre amant est à jamais perdu dans l'esprit du maréchal, l'exil sera la punition de sa désobéissance, et vous, mademoiselle Fel, serez enfermée pour toujours à Saint-Lazare ou aux Madelonettes.

— Vous oubliez donc qui je suis et quelle est mon influence auprès de Sa Majesté?

— Je n'oublie rien, mademoiselle, et vous avez tort de compter sur la clémence de notre roi bien-aimé, alors qu'il apprendra le prix que l'on attache à ses faveurs.

— Cependant ce que vous me demandez est au-dessus de mes forces, car j'ai réuni sur la tête de Georges tout le feu de ma jeunesse et toute la puissance de mon amour.

— Mais, enfin, Camille, où voulez-vous en venir? Vous n'oseriez prétendre à la main de Georges?

— Peut-être,...

— Vous! s'écria en riant aux éclats le duc de Syvré, vous, la femme de Georges de Cahuzac! vous! Camille Fel, une fille de l'Opéra, une chanteuse de théâtre!!! ah! la prétention est aussi neuve que plaisante.

Et le duc se renversa sur son siége pour donner un plus libre cours à son hilarité.

— Riez tant qu'il vous plaira, monsieur de Syvré, mais la chose est telle que je vous le dis. Tout à l'heure encore Georges me pressait de m'unir à lui pour répondre dignement à certaine lettre injurieuse... .

— Ah! oui, signée par le marquis d'Epagny et que nous avons rédigée ensemble.

— Mon amant aura donc deux coupables à punir, car sans doute en ce moment le marquis d'Epagny doit avoir reçu le châtiment dû à ses calomnies?

— Que dites-vous, Camille?

— Je dis que Georges est allé demander réparation au marquis, et que si vous l'attendez un instant encore, il la réclamera de vous aussi.

— Et moi je dis que vous êtes une infâme courtisane sans cœur et sans amour, s'écria le duc en se levant avec emportement; vous avez laissé s'égorger deux gentilshommes, et vous n'avez pas arrêté votre amant qui courait à la mort, — non vous n'avez point d'amour pour Georges, et vous n'avez été pour lui que ce que vous aviez été pour nous, c'est-à-dire une femme vile, vendant à prix d'or quelques moments de voluptés.

Et comme il se précipitait vers la porte pour prévenir la rencontre de ses deux amis, s'il en était temps encore, des pas précipités se firent entendre sur l'escalier. La voix de Georges retentit au même instant, et le duc, changeant tout à coup de résolution, se rapprocha de Camille, et lui prenant convulsivement le bras :

— Le marquis est peut-être mort, il faut que j'épargne à Georges de nouveaux crimes. Taisez-vous! si vous dites un mot, je vous tue.

Et élevant la voix de manière à être entendu du dehors :

— Camille, s'écria-t-il, combien nos instants de volupté sont courts; mais cette nuit de Cahuzac ne te poursuivra plus de sa jalousie, et notre bonheur sera sans bornes.

Georges, au son de cette voix bien connue, avait suspendu sa respiration

THÉATRE DE LA NATION.

OPÉRA.

ACADÉMIE NATIONALE DE MUSIQUE.

Le drame chanté ou opéra fut introduit en France sous le règne du grand roi. Ce genre, populaire au delà des Alpes, fut inauguré au Petit-Bourbon près du Louvre, en l'année 1645, par des Italiens qu'avait fait venir le cardinal Mazarin pour distraire les ennuis de la reine Anne d'Autriche.

Ces essais informes ne furent guère régularisés qu'en 1669, époque à laquelle l'abbé Perrin obtint de Louis XIV des lettres patentes pour l'établissement, en la ville de Paris et autres villes du royaume, d'*Académies de musique*. Mais la naturalisation du nouveau genre ne fut véritablement réelle, que lorsque Lulli remplaça l'abbé Perrin et ouvrit, en 1672, rue de Vaugirard, un théâtre où il eut pour poëte le célèbre Quinault, et pour machiniste Viganoni, de Modène.

Lulli ne fit pas un long séjour à la salle de la rue de Vaugirard, car nous le trouvons l'année suivante, c'est-à-dire en 1673, dans la salle du Palais-Royal, qui venait de recevoir le dernier soupir de Molière.

Ce fut sous la direction de Lulli, en 1681, que les femmes furent introduites dans la danse; cette innovation eut lieu dans le *Triomphe de l'amour*.

Quelques années après, en 1687, Lulli étant mort, son fils, Lulli jeune et son gendre, Nicolas de Francinet, obtinrent sa survivance; mais ils furent remplacés, en 1704, par Guyennet, payeur des rentes; celui-ci ne resta pas longtemps à la tête de l'Opéra, et, en 1712, le compositeur Destouches fut créé inspecteur général de la régie de l'Académie de musique.

Ce fut sous cette administration que les bougies furent substituées aux chandelles dont on s'était jusqu'alors servi; ce fut encore à la même époque, à peu près, qu'eut lieu le premier bal masqué.

Depuis la mort de Molière, l'Opéra occupait la salle du Palais-Royal, quand, le 16 avril 1763, un incendie le força à chercher ailleurs un asile, qui lui fut donné au théâtre des machines du château des Tuileries; il inaugura la nouvelle salle le 24 janvier 1764 par *Castor et Pollux*.

La salle du Palais-Royal fut reconstruite, et l'Opéra y entra le 26 janvier 1770; mais, onze ans après, pendant lesquels Paris avait assisté à la grande lutte de Gluck et de Piccini, un nouvel incendie dévora pour la seconde fois ce théâtre.

L'Opéra chôma 75 jours, qui suffirent, ô prodige ! pour bâtir et décorer une nouvelle salle, non loin de la porte Saint-Martin. Cette salle vit les succès de Grétry, de Piccini, de Sacchini, de Salieri, de Mozart ; les ballets de Gardel, et les triomphes dans le chant de Lays, de Chardini, de mademoiselle Saint-Huberty, et dans la danse, de Vestris II et de mademoiselle Guimard.

Au début de la révolution, la municipalité de Paris prit la direction de l'Opéra, dont les acteurs, en 1793, se chargèrent comme sociétaires.

En 1795, l'Opéra transporta ses pénates dans une salle de la rue Richelieu, que la Montansier venait de faire construire en face des bâtiments de la Bibliothèque royale (théâtre Louvois).

Le 13 février 1820, le duc de Berri ayant été assassiné à la sortie de ce théâtre, la salle fut fermée et l'Opéra forcé de déménager de nouveau. Fatigué sans doute de ses nombreuses pérégrinations, il prit, pour éviter à l'avenir ces sortes d'embarras, le parti de s'établir dans une salle provisoire, sachant bien que le provisoire, en France, est ce qui dure le plus. C'est cette salle, élevée sur l'emplacement du jardin de l'hôtel Choiseul, entre la rue Grange-Batelière et la rue Lepelletier, qu'il occupe encore aujourd'hui. Le provisoire dure depuis 29 ans.

Le théâtre actuel de l'Opéra, construit sur les dessins de l'architecte Debret, aidé de MM. de Guerchy et Grignon, s'ouvrit le 19 août 1821, sous la direction de M. Sosthène de La Rochefoucault.

Après lui vint M. Lubbert, qui décida Rossini à travailler pour la scène française, et qui facilita les débuts d'Adolphe Nourrit, de madame Cinti-Damoreau, et des demoiselles Noblet et Taglioni.

La révolution de 1830 appela au trône de l'Opéra M. Véron, qui eut l'insigne avantage de représenter les œuvres de Meyerbeer, d'Halévy et d'Auber.

M. Duponchel, qui lui succéda, vit les débuts de MM. Duprez et Barroilhet, et ceux de mademoiselle Elssler.

M. Léon Pillet vint ensuite, qui compta parmi ses pensionnaires la délicieuse Carlotta Grisi.

Enfin M. Duponchel est revenu depuis trois ans à l'Opéra, en compagnie de M. Nestor Roqueplan, qui, pour cette moitié de sceptre, a abandonné la direction des Variétés.

Nous sommes redevables à l'administration actuelle d'avoir attiré à Paris mademoiselle Alboni, et de nous avoir donné une œuvre nouvelle de Meyerbeer.

THÉATRE DE LA NATION (Opéra).

Administration.

Directeurs	MM. Duponchel et Nestor Roqueplan.
Administrateur.	Leiris.
Régisseur général.	Deligny.
Inspecteur général	Guillet.
Commis comptable et contrôleur en chef.	Courtin.
Commis de la direction et inspecteur de la salle.	Leduc.
Caissier	Sausseret.
Préposé à la location des loges.	Lanjalley.
Bibliothécaire	Leborne.
Concierge de la salle	Charpentier.

Orchestre.

1er chef	MM. Girard.	1er hautbois . . .	MM. Verroust.
2e chef	Battu.	1re clarinette. . .	Buteux.
3e chef	Deldevez.	1re flûte	Dorus.
1er violon solo . .	Leudet.	1er cor.	Mengal.
1er second violon.	Millault.	1er basson	Cokken.
1er alto	Blondeau.	1re trompette . .	Dauverne.
1er violoncelle . .	Desmarets.	1er trombone. . .	Dieppo.
1re contrebasse. .	Poisson.	Harpiste	Lambert.

Chant.

Chefs de chant. . MM. Benoist, Laty, Dietsch. — Souffleur. . M. Robin.

Artistes.

Les artistes sont placés par ordre alphabétique.

MM. Barbot.	MM. Koenig.	Mmes Castellan.
Brémond.	Molinier.	Courtot.
Donzel.	Paulin.	Dameron.
Ducellier.	Porthéaut.	Duclos.
Génibrel.	Poultier.	Hébert-Massy.
Goyon.	Prévost (Ferdinand).	Julienne.
Gueymard.	Robert.	Laurent.
Guignot.	Roger.	Viardot-Garcia.
Hens.		

Danse.

Maitres de ballets. . MM. Coralli, Mabille, Perrot.

MM. Addice.	M. Théodore.	Mmes Galbi.
Berthier.	Mmes Aline.	Grisi.
Corally fils.	Barré.	Jams.
Cornet.	Caroline.	Laurent.
Fuchs.	Ceritto.	Marquet.
Lenfant.	Delacquit.	Paulus.
Mérante.	Drouet.	Plumkett.
Petipa.	Emarot.	Robert.
Quériau.	Franck.	Taglioni.
Saint-Léon.	Fuoco.	Théodore.

OPÉRA.

Prix des places.

	Bureau.	Location.
Avant-scènes du rez-de-chaussée Avant-scènes des premières Premières avec salon	10 »	12 »
Premières de face	» »	» »
Avant-scènes des secondes	9 »	12 »
Deuxièmes de face Balcon Stalles de balcon Orchestre Stalles d'orchestre Stalles de galerie	7 50	10 »
Baignoires de côté Loges de la galerie Premières de côté Stalles d'amphithéâtre	6 »	8 »
Deuxièmes de côté	5 50	6 50
Troisièmes de face	5 »	6 »
Parterre	4 »	5 »
Troisièmes de côté Quatrièmes de face	3 50	4 50
Quatrièmes de côté Loges du cintre	2 50	3 »

Paris. — Imprimerie de L. Martinet, rue Mignon, 2.

pour mieux entendre. Quand il ne lui fut plus permis de douter, il voulut s'élancer pour punir du même coup sa maîtresse infidèle et son ami trompeur; mais la porte résista à cette première tentative.

— Ouvrez, s'écria-t-il hors de lui et en secouant la porte avec fureur.

Camille voulut faire un mouvement, mais le duc la contint de son bras nerveux.

— A nous deux, maintenant, poursuivit de Syvré, les délices et les voluptés! à nous les plaisirs de la terre et les joies immenses du ciel!!

Et Georges ébranlait toujours la porte sous ses coups et ses convulsions.

— O ma bien-aimée, continua le duc, que nos baisers sont doux et nos caresses suaves.

Camille voulut crier, mais un poignard appliqué sur sa poitrine lui imposa silence.

La fureur de Georges redoubla; elle semblait puiser de nouvelles forces à chaque parole du duc. Enfin, dans un mouvement terrible, de Cahuzac donna une secousse si violente que la porte céda, et le malheureux, tant ce sublime effort l'avait anéanti, tomba la face contre terre aux pieds de sa maîtresse et du duc de Syvré.

Quelques instants après on le releva : il était fou.

VI.

Depuis quelques mois Georges de Cahuzac avait été amené à Charenton dans la maison royale de santé. Son état, loin de s'améliorer, semblait au contraire s'aggraver tous les jours davantage, et l'absence de ses facultés intellectuelles réagissait fatalement sur sa constitution déjà débile. Hélas! il était difficile de reconnaître dans ce corps amaigri l'élégant officier de marine si beau de jeunesse et de fraîcheur. Ses longs cheveux blonds avaient été coupés, et sa tête presque rasée faisait encore ressortir l'excavation de ses orbites et la proéminence de ses pommettes. Sa figure avait pris cet air d'hébétation, si commun chez les fous tranquilles; son regard incertain ne se fixait nulle part, c'était l'expression fidèle du manque de son intelligence. Quelquefois cependant des souvenirs confus semblaient lui revenir, et alors des paroles entrecoupées de soupirs s'exhalaient de sa poitrine, plutôt comme un lourd fardeau qui lui était à charge, que comme un besoin de son esprit.

Pourtant les soins ne lui manquaient pas : une jeune sœur de charité s'était exclusivement consacrée à lui; pleine d'abnégation et de dévouement, elle s'étudiait à prévenir les moindres désirs du malade, et à obéir en esclave aux plus petites volontés du pauvre fou... Celui-ci parut comprendre peu à peu tout ce que la conduite de la sœur renfermait de courage et de généreux sacrifice, et, chose assez ordinaire chez les insensés, il répondit par une affection sincère aux douces prévenances de son gardien; cette affection devint si exclusive que l'approche de toute autre personne suffisait pour le faire sortir de sa tranquillité ordinaire et le faire tomber dans des attaques de fureur.

Depuis le jour fatal où Georges était devenu fou, le duc de Syvré avait dit adieu à sa vie joyeuse de gentilhomme, et avait renoncé pour toujours à ce monde qui ne lui avait offert qu'amertume et dégoût; il voulait dévorer dans la solitude les remords de son âme et pleurer à jamais deux jeunes amis qu'il avait précipités, bien involontairement il est vrai, l'un dans la tombe et l'autre dans les cabanons de Charenton.

Il n'était pourtant pas sans demander souvent des nouvelles de Georges, et comme un jour il était allé chez le docteur qui soignait de Cahuzac, celui-ci lui dit :

— L'état de votre ami est presque désespéré; il n'est plus qu'un moyen qui puisse le rendre à la raison.

— Parlez, monsieur, et si ce moyen est en ma puissance, rien ne me coûtera pour vous le fournir.

— L'amour seul, vous le savez, a porté le trouble dans l'intelligence de Georges, l'amour seul pourra remettre en équilibre ses fonctions intellectuelles. Il faut frapper un coup violent, plus violent encore que celui qui l'a rendu fou; il faut que sa maîtresse rappelle, à force de baisers, sa mémoire perdue.

— Et vous croyez, docteur...

— C'est la seule chance de guérison qu'il nous reste à tenter. Venez demain à Charenton avec la maîtresse de Georges, et moi aujourd'hui je le préparerai à cet événement.

Le duc courut chez mademoiselle Fel et lui exposa brièvement le but de sa visite.

La chanteuse des concerts spirituels avait gardé une fâcheuse impression de la scène à la suite de laquelle de Cahuzac était devenu fou, et plus d'une fois, au milieu de ses rêves, le spectre égaré de Georges lui apparaissait menaçant et terrible. Dans les premiers temps elle ne s'était point senti la force de reprendre sa vie de débauche et de galanterie; le souvenir de son amant était toujours présent à sa mémoire, non pour lui rappeler un temps heureux ou pour lui arracher des larmes de regrets et de repentirs, mais plutôt pour troubler son sommeil et faire naître en son cœur une terreur insurmontable. Néanmoins le temps, ce grand médecin de tous les maux, avait peu à peu apporté plus de calme en son âme, et à l'époque où le duc de Syvré se présenta chez elle, elle était sur le point de rentrer dans ses habitudes et ses mœurs de courtisane. Bien que la proposition qu'on venait lui faire eût lieu de la surprendre, elle se prêta volontiers aux désirs du duc et à l'expérimentation du médecin, car dans le fond Camille avait un excellent cœur et ressemblait en cela à toutes les femmes qui, comme elle, aiment et poursuivent les plaisirs.

Le lendemain donc, le duc et la chanteuse partirent pour Charenton. Afin que l'expérience fût complète, Camille avait revêtu le costume dans lequel Georges l'avait vue pour la première fois, c'est-à-dire, sa riche toilette des concerts spirituels dont nous avons tâché d'esquisser l'élégance dans un de nos précédents chapitres.

De Cahuzac, assis sur une bergère, entre la sœur de charité et le médecin, semblait ne pas comprendre ce que ce dernier lui disait.

La religieuse, prenant alors la main du malade, l'attira doucement à elle, et lui murmura tout bas à l'oreille :

— Ne vous souvenez-vous plus de cette pauvre jeune fille à qui vous deviez vous unir et dont l'amour consume le cœur? Oh! Georges, Marie de Laudun vous attend pour aller à l'autel. Aimez-vous toujours Marie de Laudun?

— Marie de Laudun, répondit lentement de Cahuzac en s'arrêtant après chaque mot, oui, ma fiancée... Ah! celle-là est un ange... mais, Camille... je l'aime... et, pourtant, le duc de Syvré... ce soir, au cabaret de l'Opéra... Non, non, ce n'est pas possible, n'est-ce pas, Camille... Viens, viens, je t'aime toujours... A nous le bonheur.... Ah! Camille..., Camille....

Au même instant la chanteuse se présenta, et se jetant dans les bras du pauvre insensé :

— Me voilà, Georges, ne reconnais-tu pas ta Camille bien-aimée?

La sœur de charité fondit en larmes, et de Cahuzac, se débarrassant de l'étreinte de mademoiselle Fel, se leva de dessus la bergère, fit deux pas en arrière et se mit à considérer attentivement son ancienne maîtresse; puis courant tout à coup vers elle et l'enlevant convulsivement dans ses bras :

— Oh! je te reconnais, s'écria-t-il; tu es bien la sublime Camille que j'ai vue aux concerts spirituels. Oh! je t'aime toujours.

Mais portant subitement la main à son front comme pour rappeler quelque souvenir égaré :

— *A nous deux maintenant*, poursuivit-il plus bas, comme se parlant à lui-même, *les délices et les voluptés! à nous les plaisirs de la terre et les joies immenses du ciel!!*

Puis, après une pause, et en continuant à passer la main sur son front :

— *O ma bien-aimée! que nos baisers sont doux et nos caresses suaves!* Arrière, infâme!... Voilà les paroles que vous échangiez avec le duc de Syvré, et c'est pour vous, horrible courtisane, que j'ai abandonné Marie, cet ange que le ciel m'avait donné sur la terre.

Le médecin crut que la raison revenait à Georges, il voulut compléter l'expérience et fit signe au duc d'approcher.

Celui-ci, tout ému de cette scène, entra sans mot dire et alla se placer aux côtés de la chanteuse.

Le pauvre fou était brisé; il se laissa tomber sur la bergère; et à le considérer attentivement, on eût dit qu'il réunissait toutes ses forces pour appeler à lui un éclair de raison. Comme l'entrée du duc n'avait pu attirer son attention, et que des pleurs voilaient ses yeux, le médecin crut le moment favorable pour achever la médication en frappant un grand coup. Il prit le bras du malade, et cherchant à diriger son regard vers les personnes qu'il lui montrait :

— Voici le duc de Syvré, dit-il, qui vient vous demander pardon de l'insulte qu'il vous a faite. Lui pardonnez-vous, monsieur de Cahuzac?

Le nom du duc de Syvré tira Georges de sa préoccupation; il releva tout à coup la tête, essuya de sa main les larmes qui sillonnaient ses joues amaigries, et, réunissant dans un effort suprême le peu de forces que lui avait laissées la maladie, il s'avança vers la chanteuse et le duc; quand il fut assez près d'eux, il les examina tour à tour attentivement durant quelques minutes; puis élevant la voix, il s'écria :

— Duc de Syvré, vous avez été un ami infidèle et un gentilhomme déloyal. Pourtant, je vous pardonne, car vous m'avez montré toute l'astuce et les infamies de cette femme. Et vous, courtisane horrible et sans cœur, je vous maudis et vous chasse... Mais, avant, rendez-moi l'amour de ma fiancée que vous m'avez ravie; rendez-moi mon compagnon d'armes, le marquis d'Epagny, que vous m'avez tué... Ah! rendez-les moi, je le veux .. mon frère... Marie... ah! venez!... je suis fou... venez!

Et il retomba lourdement sur la bergère.

Le médecin courut à lui; son pouls avait baissé de moitié.

Cependant le malade, dans son anéantissement, répétait toujours les noms de Marie et du marquis d'Epagny. Les spectateurs de cette scène étaient terrifiés; la religieuse seule pleurait en embrassant la main du pauvre insensé. Mais tout à coup, se précipitant aux pieds de Georges pour mieux être vue, elle étreignit fortement ses deux mains dans les siennes, et, au moment où le malade murmurait tout bas le nom de la jeune fille :

— Ah! Marie t'aime encore! s'écria-t-elle. Vois, Georges, Marie est à tes genoux; ta fiancée t'appelle et te supplie de revenir à toi. Georges, mon bien-aimé, reviens! Reviens à ta fiancée, Marie de Laudun?

Aux accents de cette voix, le duc de Syvré resta frappé d'étonnement. Il reconnut dans la sœur de charité la noble parente du maréchal duc de Richelieu.

Georges, dont les battements du cœur se ralentissaient de telle sorte qu'on eût dit que la raison revenait à mesure que la vie s'en allait, souleva péniblement la tête, et, comprenant sans doute sa fiancée, il voulut s'élancer vers elle; mais la force lui manqua, il resta anéanti sur la bergère.

Marie se précipita sur lui, couvrit sa figure de baisers, et, dans son délire, ne sentit pas s'exhaler le dernier soupir de Georges de Cahuzac.

. . . .

Quelque temps après ces événements, mademoiselle Marie de Laudun mourut sœur de charité à l'Hôtel-Dieu de Paris. . . . .

. . . .

La scène de Charenton avait douloureusement affecté mademoiselle Fel; huit jours après, elle quittait l'Opéra pour se vouer dans la solitude aux larmes et aux regrets. Bien que Sophie Arnould ait dit d'elle à cette époque : *Ne vous y fiez pas, cette fille ressemble à Pénélope, elle défait la nuit ce qu'elle a fait le jour*, elle répandit en aumônes toute la prodigalité de ses anciens amants, et mourut quelques années après dans la plus affreuse misère.

Paris. — Imprimerie de L. MARTINET, rue Mignon, 2.

UNE

CONSPIRATION A FOR-L'ÉVÊQUE.

I.

Madame Dubarry régnait en souveraine sur le cœur de notre roi *bien-aimé* Louis XV. Pour plaire à cette *déesse de la volupté*, Versailles avait à peine assez de plaisirs, de splendeur et de fêtes; tous les genres de divertissements avaient été appelés dans la demeure fastueuse de Louis XIV, et les comédiens ordinaires du roi comptaient en première ligne parmi les distractions qu'on procurait à la royale favorite.

A cette époque, deux actrices célèbres se disputaient le sceptre de la tragédie: mademoiselle Clairon et mademoiselle Dumesnil, toutes deux arrivées à l'apogée de leur talent et de la gloire. La première, hautaine, capricieuse, amoureuse des plaisirs faciles et de la vie dissolue de cette époque, était soutenue à la cour par madame la duchesse de Villeroi qui l'aimait tendrement et qui l'appelait avec orgueil *notre Melpomène*. Mademoiselle Dumesnil, dont les mœurs n'étaient certainement pas plus sévères que celles de mademoiselle Clairon, était patronée par madame Dubarry elle-même, qui l'attira au théâtre de la cour à Versailles et lui procura l'occasion d'un éclatant succès dans le rôle de *Sémiramis*.

Ce fut à la suite de cette représentation qui empruntait son éclat aux fêtes données à la cour pour le mariage de Louis XVI, qu'un courtisan, dans le but sans doute de plaire à madame Dubarry, fit circuler les petits vers suivants:

De la cour tu voulais en vain
Expulser, ô Clairon, ton illustre rivale;
Dumesnil paraît, et soudain
D'elle à toi l'on voit l'intervalle.
Renonce, crois-nous, au dessein
De surpasser cette héroïne;
Ton triomphe le plus certain
Est d'avoir en débauche égalé Messaline.

Cette méchanceté, lancée sur la scène aux pieds de mademoiselle Dumesnil, fut bientôt connue de tout le monde. Fleury se trouvait dans la coulisse au moment où elle y fut apportée et lue; indigné de cette épigramme injurieuse pour une de ses camarades, il en manifesta tout haut son déplaisir, et se tournant vers Lekain :

— *On ne sait que faire à Versailles*, dit-il, *on se fabrique de grosses haines sur de minces sujets, afin de s'occuper. Les rivalités de théâtres sont à la hauteur de nos hommes d'Etat, et tu conviendras que le dictionnaire de Jeanne Vaubernier doit fournir souvent de pareilles rimes.*

— Imprudent, interrompit Lekain, nous sommes au milieu des amis de madame Dubarry.

— Des amis ! reprit le premier interlocuteur avec un sourire ironique, dis donc des flatteurs et des courtisans.

Lekain jugea prudent de mettre un terme à cette conversation compromettante et entraîna son camarade, avec lequel il devait précisément souper en compagnie de mademoiselle Clairon. Celle-ci les attendait déjà au domicile de Fleury, chez qui le rendez-vous avait été donné.

Soit que l'âme de Fleury ne pût longtemps garder un sentiment de colère, soit que le grand air et la marche eussent ramené le calme dans son esprit, le comédien, avant même d'arriver chez lui, avait repris son caractère enjoué et ses manières gracieuses et légères.

— Clairon, dit-il en entrant à l'actrice, que donnerais-tu pour faire une méchanceté à Dumesnil?

— Je ferai tout mon possible, au contraire, pour la lui épargner, répondit la protégée de madame de Villeroi.

— Penses-tu que Dumesnil partage tes sentiments à cet égard ?

— J'en suis sûre; elle est ma rivale, mais elle n'a jamais été mon ennemie.

— Vous avez même peut-être, Dieu me pardonne ! chassé sur les mêmes terres ? dit Fleury en souriant.

— Monsieur Fleury ! répondit l'actrice en prenant un air tragico-comique.

— Si vous continuez sur ce ton de souveraine en courroux, poursuivit l'acteur en imitant mademoiselle Clairon, vous me permettrez de me taire, n'ayant jamais aspiré au rôle d'Agamemnon.

Un domestique vint annoncer que le souper était servi.

L'amphitryon, avec les manières de gentilhomme qui le distinguaient, offrit son bras à l'actrice, et pendant qu'il la conduisait dans la salle à manger :

— Si tu me promets de ne pas bouder contre l'alicante et les truffes qui nous attendent et surtout de ne pas chausser le cothurne de Melpomène, je te dirai une épigramme que l'on a lancée contre toi.

— Contre moi? s'écria mademoiselle Clairon étonnée.

— Tu n'es pas fidèle à ta promesse, le seras-tu davantage à tes serments?

Et prenant une bouteille de madère :

— Jure sur ce flacon, dit-il, de ne pas troubler des accents de ta colère l'hospitalité que je t'offre ce soir.

— Je le jure! dit Clairon en prenant un air grave et sévère.

Les trois acteurs de la Comédie-Française se mirent à table et pendant que Lekain s'occupait à dépecer une volaille, Fleury récita à sa camarade les vers que nous avons rapportés plus haut.

— Ces insultes, dit mademoiselle Clairon avec la plus profonde indifférence, ne peuvent exciter ni mon mépris, ni ma colère. Si elles sortent de la plume d'un courtisan, je désire qu'elles lui attirent les bonnes grâces de la favorite; et si elles sont le cri de rage d'un amant évincé, je les regarde comme des preuves de ma vertu.

— Voilà de la philosophie, observa Lekain, et notre ami Fleury eût peut-être bien fait de prendre tes conseils avant d'émettre son opinion, comme il l'a fait ce soir.

— Par la sambleu! s'écria Fleury, on n'est pas toujours maître d'un premier mouvement d'indignation.

— Dieu veuille, reprit gravement le tragédien, que ce mouvement-là ne te mène pas à la Bastille.

— Du moins, s'écria mademoiselle Clairon en tendant la main à son défenseur, il n'irait pas seul, et je jure de partager sa captivité.

— Si bien, observa Lekain avec un demi-sourire, que je n'aurai point de rôle dans cette tragédie que l'on pourrait appeler *Iphigénie à la Bastille?*

— Mais, s'exclama Fleury en riant, la complicité dont tu t'es rendu coupable en te faisant mon confident, te désigne tout naturellement pour être mon Pylade.

— Il a raison, dirent à la fois les deux convives, et nous jurons par les dieux infernaux, de suivre la destinée de notre Oreste.

Et les trois acteurs consacrèrent leur serment par un verre d'alicante.

Tout à coup un domestique effaré entra dans la salle :

— Un capitaine des gardes, s'écria-t-il vient arrêter monsieur Fleury.

— Permettez-moi, dit celui-ci en se levant et en s'adressant à ses camarades, d'aller recevoir monsieur l'ambassadeur de Cotillon III.

— Et notre serment? dit Lekain presque effrayé de la perspective que lui promettait l'annonce du visiteur.

— Je le tiendrai, répondit résolument mademoiselle Clairon.

— Et moi aussi, répliqua Lekain, qui ne voulut pas paraître avoir moins de courage que sa compagne.

— C'est le moyen, observa celle-ci, de rendre plus vite à la liberté notre cher Fleury, car messieurs les gentilshommes de la chambre ne pourront vous dignement remplacer dans les fêtes de la cour.

— Mes amis, s'écria Fleury en rentrant et en présentant le capitaine des gardes, monsieur veut bien nous faire l'honneur d'accepter un verre d'alicante en retour de la promenade toute gracieuse qu'il vous propose.

— Mais, monsieur, répondit le capitaine, je vous ai déjà fait observer que je ne dois arrêter que vous seul.

— Dans ce cas, dit mademoiselle Clairon, vous pourrez aller demander à madame Dubarry l'ordre de conduire également à la Bastille monsieur Lekain et la rivale de mademoiselle Dumesnil; ce dernier ordre surtout, je vous l'assure, ne vous sera point refusé.

— C'est possible, madame, répondit en s'inclinant le militaire, mais je n'ai l'ordre d'arrêter ce soir que monsieur Fleury.

— Il n'y a qu'à s'entendre, dit celui-ci en présentant un verre au capitaine, la Bastille doit avoir demain une cellule de plus occupée; peu importe qu'elle le soit par une ou par plusieurs personnes, l'essentiel est qu'elle ne reste pas vide. Si nous vous proposions, monsieur le capitaine, de laisser vide la cellule, vous auriez raison de vous récrier et d'en appeler à votre devoir de militaire; mais, par la sambleu! nous savons assez ce qu'on doit à l'honneur des gentilshommes pour ne point vous faire une semblable proposition.

— D'autant mieux, observa l'actrice, que nous sommes tous les trois coupables et vous serez loué de cettre triple arrestation.

— Pour moi, dit Lekain, j'ai juré de ne point abandonner mon ami dont je suis le complice.

Et il passa sous son bras une main de son camarade.

— Et moi aussi, s'écria mademoiselle Clairon en suivant l'exemple de Lekain.

— Et maintenant, s'écria Fleury sur un ton tragique, osez, monsieur le capitaine, briser ce tableau vivant de l'amitié la plus parfaite.

— S'il en est ainsi, dit le capitaine après avoir réfléchi que l'arrestation de la rivale de mademoiselle Dumesnil pourrait être agréable à la royale favorite, je vous arrête tous les trois et vous requiers au nom de Sa Majesté de me suivre à For-l'Évêque.

— Rien n'est changé que le titre de la pièce, s'écria gaiement Fleury.

Et les trois acteurs allèrent prendre place dans une voiture qui les mena rapidement à la prison habituelle de messieurs les comédiens ordinaires du roi.

II.

Une cellule avait été donnée pour chambre à chacun de nos trois reclus, mais une salle commune les réunissait aux heures des repas, ou lorsque la fantaisie les prenait d'être ensemble. Lekain, homme de travail et d'étude, s'était tout d'abord acclimaté à l'air de la prison, et ayant fait venir ses livres, il méditait, dans les ouvrages des Grecs et des Latins, les sentiments dont s'étaient inspirés Racine et Corneille. Mademoiselle Clairon s'associait quelquefois aux recherches de son camarade, et partageait le reste du temps en causeries légères et en occupations féminines. Fleury ne faisait rien, ou plutôt, la tête penchée sur la poitrine et arpentant à grands pas le corridor intérieur de For-l'Évêque, il semblait se livrer à des pensées profondes sur un sujet ardu et difficile.

Pendant les premières heures, Lekain et sa compagne mirent sur le compte du désappointement la conduite taciturne de Fleury, et respectèrent cette douleur, d'autant plus grande qu'elle ne se traduisait pas au dehors. Cependant ce mutisme et cet isolement prolongés étaient si peu en harmonie avec le caractère enjoué du comédien, que ses deux compagnons furent amenés à en concevoir une véritable inquiétude et à s'informer de la cause d'une métamorphose aussi complète et aussi radicale.

Mais Fleury, opposant le silence le plus obstiné à toutes les questions qui lui étaient faites, continuait sa promenade taciturne et méditative. Cette obstination piqua vivement la curiosité de mademoiselle Clairon :

— Fleury, lui dit-elle tout à coup en l'arrêtant par le bras, tu as dans le monde une belle renommée de gentilhomme, mais je commence à croire que tu as payé des flatteurs pour te fabriquer cette réputation.

— Un grand projet me préoccupe, répondit enfin le comédien tâchant de se débarrasser de l'étreinte de Clairon, et pendant l'enfantement de ce grand dessin, je ne puis descendre aux petites choses de la terre.

— Et pourrait-on connaître, demanda l'actrice moitié souriant, le but et le plan de ton entreprise ?

— Parlons bas, répondit Fleury en se penchant à l'oreille de sa compagne, je conspire.

Mademoiselle Clairon recula de trois pas ; mais après le premier moment de stupeur :

— Tu conspires, dit-elle en éclatant de rire, toi, le comédien le plus jovial et le plus gai de tous les comédiens ordinaires du roi !

— Il est dans la vie des circonstances graves, répondit majestueusement Fleury, où la légèreté doit faire place au sérieux, et l'esprit à la raison. Nous sommes dans une de ces graves circonstances, et je conspire.

— Contre qui donc sont dirigés tes projets criminels ?

— Que t'importe ?

— Je te devine : contre Cotillon III, par la grâce de laquelle nous sommes ici.

— Je ne descends pas jusqu'à conspirer contre Jeanne Vaubernier ; un comédien ordinaire du roi dédaigne une courtisane et ne se mesure pas avec elle.

— Conspiration d'amour, alors....

Fleury fit un mouvement d'épaules négatif. Soit qu'elle ne vît pas ce mouvement, soit qu'elle cédât au plaisir de l'indiscrétion, l'actrice continua :

— Et le jeune marquis de Vaudreuil n'a qu'à bien être sur ses gardes.

A ce nom, Fleury releva précipitamment la tête, et saisissant avec vivacité le bras de mademoiselle Clairon :

— Oui, oui, s'écria-t-il avec un air de triomphe, c'est cela, le problème est résolu.

Et il entraîna sa camarade dans la cellule de Lekain.

Celui-ci, arraché tout à coup à ses travaux, ne put comprendre les sentiments divers qui se peignaient sur la figure de ses deux visiteurs. Mademoiselle Clairon était sous l'empire de l'étonnement, et Fleury manifestait la satisfaction la plus grande.

—Mes amis, s'écria celui-ci après avoir fermé la porte de la cellule, dans deux jours vous serez libres.

Ses deux auditeurs firent un signe d'incrédulité. Fleury continua :

— Depuis que nous sommes enfermés à For-l'Évêque, le remords est entré dans mon âme, et étant la cause de votre incarcération, je veux être l'instrument de votre délivrance.

Lekain essaya de calmer les scrupules de son camarade ; celui-ci poursuivit :

— Les longues et silencieuses méditations auxquelles je me suis livré n'avaient pas d'autre but ; je conspirais contre nos geôliers et pour la liberté.

L'orateur promena ses regards sur l'auditoire, comme pour recueillir un signe d'encouragement ou un sourire de satisfaction.

— Le moyen de sortir d'ici promptement et sans coup férir, continua-t-il, est trouvé ; le succès n'est pas douteux si vous avez en moi une entière confiance et si vous me promettez d'obéir aveuglément à toutes mes volontés.

— Mais c'est une obéissance d'eunuque que tu demandes, observa mademoiselle Clairon.

— La liberté est à ce prix, répondit gravement Fleury.

— Tu ne veux même pas de confident ? dit Lekain avec un sourire.

— Ce rôle est inutile, répliqua Fleury; votre concours doit se borner à une obéissance aveugle et à une discrétion à toute épreuve.

Après que ce pacte bizarre eut été conclu, Fleury agita violemment le cordon de la sonnette. Un petit homme au nez bourgeonné et à la figure ouverte se présenta.

— Père Bernard, dit le comédien, nous voulons faire ce soir un repas splendide, quelque chose comme le dîner de Balthasar.

— Je suis à l'entière disposition de monsieur, répondit le père Bernard.

— Il nous faudra quatre couverts; j'attends une visite.

— Avec la permission de M. l'intendant de la police?

— Diable! dit Fleury se parlant à lui-même, je n'avais pas prévu cette difficulté.

Mais, après une courte réflexion, tirant une bourse de sa poche, il la glissa furtivement dans la main de son interlocuteur et lui dit à demi-voix :

— Pour les premiers frais de la table.

Et reprenant sur le ton ordinaire, tout en faisant un signe d'intelligence au père Bernard :

— Je pensais, dit-il, que les prisonniers de For-l'Évêque avaient le droit de communiquer librement avec leurs femmes, et j'espérais ce soir pouvoir souper avec la mienne?

Cet argument était peu de nature à convaincre le père Bernard, mais, beaucoup plus sensible à celui de la bourse, il répondit :

— La visite de votre femme est chose trop naturelle pour que j'y mette obstacle, surtout, ajouta-t-il à voix basse, quand le gouverneur aura fini son inspection du soir.

— Très bien, père Bernard, répliqua Fleury; je reconnais là votre cœur de geôlier sensible, et si vous voulez passer dans ma cellule, je vous ferai le menu du repas.

Fleury fit signe à ses camarades qu'il voulait être seul avec le geôlier, et sortit avec ce dernier, laissant Lekain et Clairon se demander mutuellement quel pouvait être le convive qu'ils auraient le soir à leur table. Il ne les tint pas longtemps dans l'incertitude. A son retour, prenant un air radieux.

— Tout marche à merveille, s'écria-t-il, et si des obstacles que je ne puis prévoir ne surgissent pas d'ici à demain, dans deux jours nous serons libres.

— Voudras-tu pas nous initier... hasarda mademoiselle Clairon.

— Silence, interrompit majestueusement Fleury. Vous m'avez investi de votre confiance et de toute autorité; quand j'aurai besoin de vous, je vous transmettrai mes ordres.

— Admirable! dit Lekain en riant; Orosmane ne parle pas mieux à ses esclaves

— Au moins, reprit Clairon, peux-tu nous faire connaître le convive que tu attends ?

— Je ne vois aucun inconvénient à satisfaire ta curiosité ; mais je t'avertis d'avance que l'amour est entièrement étranger au but de cette visite.

— Ah ! ah ! dit l'actrice en riant, nous dînerons ce soir avec ta maîtresse !

— Ainsi que demain ; mademoiselle Besse vient partager les ennuis de notre captivité.

— Tu vas donc, observa Lekain, enfermer à For-l'Évêque toute la Comédie Française ?

— Et prendre la cour par la famine de plaisirs, ajouta Clairon, manière ingénieuse de rompre notre captivité.

— Le moyen serait excellent, répondit Fleury, s'il n'était trop long, et je vous ai promis la liberté pour après-demain.

Et s'assurant si aucune oreille indiscrète ne pouvait les entendre du corridor, il ferma à clef la porte de la cellule, et se rapprochant de ses deux camarades :

— Mademoiselle Besse, dit-il, sera introduite ce soir dans la place par le père Bernard, que j'ai acquis à ma cause moyennant quelques louis et l'espérance de quelques bouteilles de vin vieux. Le difficile est de la soustraire deux nuits et un jour à la surveillance du gouverneur. Nous n'avons rien à craindre de l'inspection de ce soir ; la nuit prochaine nous la passerons à table, sans redouter la visite de monseigneur, qui, une fois rentré dans ses appartements, se livre sans réserve aux douceurs du foyer domestique. A l'inspection de demain matin, nous dresserons ainsi nos batteries : la captive innocente sera d'abord enfermée dans la cellule de Lekain, visitée ordinairement la dernière. A la sortie de ma cellule, qui a les honneurs de la primauté, le gouverneur passe dans celle de Clairon ; notre camarade aura soin d'être à son poste, et, usant des grâces de sa figure et des charmes de son amabilité, elle occupera le visiteur, en ayant soin de pousser la porte ; Clairon est même autorisée à abuser de tous ses heureux attributs pour retenir monseigneur.

— Et ma vertu ? fit l'actrice en riant.

— Si monseigneur va trop loin, répondit gravement Fleury, tu appelleras à ton aide ; mais il t'est sévèrement défendu d'ouvrir la porte sous quelque prétexte que ce soit. Pendant ce temps, mademoiselle Besse passera dans ma cellule, et monseigneur n'en trouvera plus aucune trace dans celle de Lekain.

— Je ne sais, dit celui-ci, ce que je dois le plus admirer dans notre camarade, ou de son talent d'inventeur, ou de sa connaissance parfaite des habitudes du gouverneur ?

— Oh ! pour ce dernier point, répliqua Fleury, je n'ai que le mérite d'avoir parfaitement compris la leçon du père Bernard.

— Mais la journée de demain, observa Clairon, sera remplie par des tribulations de tous les genres?

— Nullement, répondit le chef de la conspiration, nous ferons alternativement sentinelle à la porte de nos cellules; Lekain portera ses pénates dans la mienne, et laissera sa chambre à mademoiselle Besse, qui l'occupera seule, prête à fuir des lieux devenus inhospitaliers. A l'inspection du soir, nous emploierons l'heureuse stratégie du matin.

— Et la nuit, observa malicieusement mademoiselle Clairon, quel poste nous assigneras-tu, car nous serons quatre pour trois cellules?

— La nuit, répondit Fleury à voix basse et en prenant un air plein de mystère, la nuit verra éclater la conspiration.

III.

La place de gouverneur de Fort-l'Évêque était une sinécure réservée à un cadet de famille qui s'était distingué dans le service des armées du roi. La personne qui occupait ce poste, à l'époque où se passe notre récit, méthodique comme un vieux militaire, inspectait régulièrement deux fois par jour, le soir et le matin, les lieux soumis à sa surveillance. Mais au milieu de ses fonctions rigides, il s'étudiait à rendre son autorité légère, et prisonniers et employés se louaient de la mansuétude et de l'indulgence de son pouvoir.

Il était surtout d'une complaisance extrême pour les personnages qui nous occupent; il savait par expérience que MM. les comédiens du roi, enfermés à For-l'Évêque, n'étaient pas d'habitude de grands coupables, et qu'on n'avait probablement à reprocher à ceux-ci que quelques intrigues, ou quelques plaisanteries, peccadilles habituelles aux gens d'esprit et de théâtre.

La conspiration dont Fleury était l'âme ne risquait donc pas de rencontrer des obstacles sérieux de ce côté, et si quelque crainte l'eût encore agité à cet égard, l'inspection que nos prisonniers eurent à subir le soir dut entièrement le rassurer. Cette inspection fut une visite amicale pendant laquelle le gouverneur déplora plus d'une fois la retenue à laquelle le condamnaient ses fonctions, et qui l'empêchaient de prendre part au souper projeté pour la nuit.

Cependant, malgré ces dispositions bienveillantes, Fleury n'avait eu garde de l'entretenir de la visite qu'il attendait et de l'augmentation du personnel soumis à sa surveillance.

Aussi à peine le gouverneur eut-il pris congé de ses pensionnaires, qu'excitant ses camarades de la voix et du geste :

— Allons vite, dit-il, le quatrième couvert... tout marche à souhait... le père Bernard va bientôt amener notre convive de contrebande... Clairon, fais les honneurs de céans, et toi, Lekain, débouche les bouteilles!

Le geôlier entrebâilla la porte et passa au travers sa figure bourgeonnée.

— Entrez, père Bernard, s'écria Fleury en l'apercevant, et dites-nous votre avis sur cette bouteille de chambertin.

Et le comédien lui offrit un verre rempli de vin.

— Excellent, dit le père Bernard en dégustant la liqueur, je voudrais ma vie durant être au régime de cette tisane.

— Tu t'y tiendras du moins cette nuit et demain, répondit Fleury.

Et il glissa dans ses poches trois bouteilles de chambertin.

Évidemment le père Bernard oubliait dans sa satisfaction le motif de sa visite. Le comédien le lui rappela :

— Ma femme est-elle venue? lui demanda-t-il à demi-voix.

— Votre chambertin fait perdre la mémoire, répondit le geôlier en vidant son verre, je venais vous prévenir que depuis une heure votre femme est dans ma loge à attendre le bon plaisir du gouverneur.

— Aucun accident ne lui est arrivé?

— Grâce à ma perspicacité, répondit le geôlier en se rengorgeant, et votre femme est bien imprudente de se présenter comme votre femme.

— Comment voulais-tu donc qu'elle se présentât? demanda Fleury en riant.

— Comme ma nièce ou ma filleule, et non pas affublée de riches falbalas de cour. Les grandes toilettes, voyez-vous, attirent l'attention et éveillent le soupçon, et sans ma sage prévoyance, votre femme serait actuellement aux Madelonnettes.

— Un pareil service, dit Fleury souriant, mérite récompense.

Et il glissa dans la poche du geôlier une nouvelle bouteille de chambertin.

— J'avais encore par hasard, dit le père Bernard, une robe et un bonnet de ma pauvre défunte, dont le ciel veuille avoir l'âme!

Et il fit un signe de croix en levant les yeux vers le plafond.

— De sorte que ma femme, poursuivit Fleury en riant, a revêtu le costume de feu madame Bernard?

— Et bien lui en a pris, ajouta le geôlier, car monseigneur le gouverneur, l'ayant trouvée gentille, s'est contenté de lui caresser le menton, parce que je l'ai fait passer pour ma nièce.

— Ce trait d'esprit vaut bien une bouteille, dit Fleury.

Et il ajouta cette nouvelle offrande à la provision du père Bernard.

— Monseigneur, dit celui-ci en saluant profondément, vous faites les choses en véritable gentilhomme.

— Mieux qu'en gentilhomme, en comédien ordinaire du roi.

A ce mot le père Bernard s'inclina avec respect.

En ce moment le cuisinier de For-l'Évêque apporta le souper qui lui avait été commandé, et se retira sans mot dire, après avoir chargé la table de mets de toute sorte et de toute grandeur.

— Maintenant, dit Fleury en s'adressant au geôlier, nous n'avons plus à craindre la ronde du gouverneur ni l'indiscrétion des importuns, fais entrer ma femme.

Le père Bernard salua, et revint quelques instants après suivi de mademoiselle Besse.

Celle-ci, sous le costume de la femme du peuple, n'avait rien perdu de sa grâce et de sa beauté; la jeunesse était toute sa parure, et le bonnet rond de madame Bernard était insuffisant à cacher la vivacité de son regard et la fraîcheur de ses joues.

A la première vue les trois comédiens ne purent retenir un éclat de rire, et la pauvre jeune femme, toute honteuse, alla cacher sa rougeur dans le sein de Fleury; celui-ci la récompensa de son dévouement par un tendre baiser, et, pour prévenir tout commentaire, donna le signal de se mettre à table.

Quand les premiers besoins de l'estomac eurent été satisfaits, Fleury prit la parole, et s'adressant à sa maîtresse :

— Depuis, dit-il, que madame Dubarry m'a dégagé du soin de ta surveillance, quels prétendants à ma succession as-tu inscrits sur ton carnet?

A cette question bizarre mademoiselle Besse rougit, et prenant un petit air d'indignation qui lui allait à ravir :

— Je pensais, dit-elle, vous avoir inspiré plus de confiance dans mes sentiments et une meilleure opinion de ma conduite!

— Sans doute, répondit Fleury, j'ai en ton amour une foi pleine et entière, mais quand on a pour rival un homme comme le marquis de Vaudreuil...

— Lui, interrompit tout à coup mademoiselle Besse, sera le dernier à qui j'accorderai mes faveurs.

— Cependant, observa le comédien, il est jeune, beau, riche et passionné.

— Si je te connaissais moins, s'écria Clairon en riant, je penserais que tu es à ses gages et payé pour faire son éloge.

— Ta conduite, ajouta Lekain, est en effet bizarre.

— Peut-être, répondit Fleury, n'est-il pas sage de connaître à fond son ennemi afin de le mieux combattre?

— Vous ne serez jamais dans ce cas, observa mademoiselle Besse, et je me sens assez forte par moi-même pour repousser toutes ses attaques.

— Il est entreprenant et plein d'audace, répliqua Fleury, et on le dit capable de toutes sortes de folies.

— Je ne crains pas plus ses folies que ses menaces, s'écria avec triomphe mademoiselle Besse.

— Des menaces! s'exclamèrent à la fois les trois comédiens.

— Oui, il m'a écrit hier qu'il me posséderait avant son mariage, dût-il aller me chercher jusqu'au fond des enfers.

— Par la sambleu! s'écria Fleury en riant, je voudrais bien savoir quel gâteau enchanté il jettera à ton cerbère!

— Mais ce jeune marquis de Vaudreuil, observa Clairon, est un homme excessivement dangereux, et à la place de notre camarade.....

— Tu l'adoucirais, interrompit Fleury souriant.

— Pour moi, dit mademoiselle Besse, je lasserai sa patience et me rirai de ses efforts.

— Mais s'il tente quelque folie? observa Lekain.

— On demandera son interdiction, répondit mademoiselle Clairon.

— Et son incarcération à For-l'Évêque, ajouta Fleury.

— Par Dieu! s'écria Lekain, s'il savait la belle sous les verroux, il réclamerait le premier l'arrêt de sa condamnation.

— Il serait piquant, dit Clairon, de voir le loup et la brebis habiter côte à côte.

— Par la sambleu! s'écria Fleury, le monde a été témoin de bien d'autres merveilles, et si le ciel nous protége, il nous enverra pour divertissement le marquis de Vaudreuil.

— Nous ne sommes plus au temps des miracles, répondit Clairon.

— Peut-être, riposta Fleury.

Et remplissant les verres à la ronde :

— A la santé du marquis de Vaudreuil, dit-il, et à sa prompte arrivée parmi nous.

Les verres se choquèrent au milieu des éclats de rire des quatre comédiens.

IV.

Le repas se prolongea jusqu'au jour. Quand les premières lueurs de l'aurore vinrent lutter contre la pâle lumière des bougies, Fleury donna le signal de la retraite et annonça que, pendant la journée, chacun des trois prisonniers ferait sentinelle à tour de rôle, afin de prévenir toute visite imprévue du gouverneur ; il s'offrit à remplir le premier cette surveillance, et ses trois compagnons se retirèrent respectivement dans leurs cellules.

Fleury suivit mademoiselle Besse dans sa retraite, et tout en l'engageant à se livrer au repos :

— Je suis le plus malheureux des hommes, dit-il, et je voudrais toujours étourdir, comme cette nuit, les remords qui m'assiégent.

A ces mots, prononcés avec un accent de tristesse profonde, mademoiselle Besse se rapprocha de son amant et s'informa avec intérêt du sujet de sa peine.

— Je ne puis me pardonner, répondit mélancoliquement Fleury, d'être la cause de l'emprisonnement de Clairon et de Lekain, et je donnerais tout au monde pour leur ouvrir les portes de For-l'Évêque.

— Parmi les nobles seigneurs de la cour, demanda la jeune femme sur un ton qui en disait beaucoup plus que ses paroles, ne comptes-tu aucun dévouement, aucune amitié véritable ?

— Depuis l'attaque que j'eus à subir à Versailles, répondit l'acteur, de la part des six gentilshommes qui te poursuivaient de leur assiduité, j'ai acquis l'estime du marquis de Foudras, auquel je puis, sans crainte de refus, demander toutes sortes de services (1).

— Eh bien, dit vivement mademoiselle Besse, pourquoi ne t'adresserais-tu pas à lui pour obtenir ton élargissement et celui de nos camarades ?

— Je crains de le compromettre par une lettre, car le gouverneur a le droit de lire tout ce que nous écrivons.

— Cependant, observa malicieusement la jeune femme, ta lettre d'hier m'est parvenue sans encontre !

— C'est une heureuse chance, répondit Fleury sans hésiter ; d'ailleurs mon billet d'hier était sans importance, et je n'oserais confier au hasard la sécurité et la liberté de mon ami.

Après un court silence, l'actrice reprit tout à coup :

— En observant les précautions que j'ai prises pour arriver jusqu'ici, je pourrais moi-même remplir de vive voix ta commission auprès du marquis de Foudras.

— Nenni, ma toute belle, répondit précipitamment Fleury, j'ai eu à supporter pendant ton voyage de trop poignantes inquiétudes, pour t'exposer de nouveau au hasard d'être découverte.

— Que faire alors ?

Fleury garda le silence et sembla s'abîmer dans de profondes réflexions. Mais après quelques instants de muette concentration, relevant la tête et prenant la main de sa maîtresse :

— Tout peut s'arranger, dit-il, si tu veux m'aider dans mon expédient ?

— Je suis prête, répondit avec assurance la jeune femme.

— Dans ce temps d'intrigues et de jalousies de cour, poursuivit Fleury,

(1) Voir pour l'explication et la vérité de cette aventure que nous ne pouvons rapporter ici, les *Mémoires de Fleury* publiés par M. J.-B.-P. Lafitte, tom. I, pag. 88 et suivantes.

le plus honnête homme est exposé à des coups imprévus et à des vengeances ténébreuses. Pour déjouer les uns et les autres, nous nous sommes promis, le marquis de Foudras et moi, de nous porter secours au premier signal de détresse. Mais pour ne pas rendre ce secours inefficace en nous compromettant mutuellement, il a été convenu que nous nous annoncerions le danger par une lettre énigmatique et compréhensible seulement à notre amitié. Je te propose donc d'écrire cette lettre dans les termes que je te dicterai.

— Moi? demanda avec étonnement mademoiselle Besse, mais je n'ai jamais vu le marquis de Foudras.

— Qu'importe! il sait le lien qui nous unit, et sous ta signature il lira le nom de son ami.

L'actrice n'ayant plus aucune objection à faire, et désirant d'ailleurs prouver à son amant toute son affection, s'approcha de la table, et prenant une plume et du papier, elle commença, sans attendre la dictée de Fleury, à écrire la première formule de la lettre : *Monsieur le marquis de Foudras.*

Le comédien ayant jeté les yeux sur ce que venait de faire sa maîtresse :

— Enfant, lui dit-il, dans une conspiration on n'écrit jamais le nom de ses complices.

— Folle que je suis! s'écria mademoiselle Besse en riant et en déchirant le papier, je prenais le moyen le plus sûr pour rendre parfaitement inutile le mystère de cette épître.

Et choisissant une autre feuille, elle attendit les ordres de Fleury.

— Commençons, dit ce dernier.

Et il dicta la lettre suivante, que sa maîtresse écrivit sans réflexion.

« Monsieur le marquis,

« Je suis depuis hier enfermée à For-l'Évêque; la solitude à laquelle je » suis condamnée m'a permis de réfléchir aux propositions que vous m'avez » faites; je suis décidée à les accepter, tout autant qu'elles ne pourront » nuire ni à vos intérêts ni à votre avenir. Notre position respective nous » condamne à de grands ménagements; la moindre indiscrétion pourrait » nous perdre, et je pense que mon séjour à For-l'Évêque est une occa» sion favorable pour déjouer tous les regards. Vous introduire furtivement » dans la place est un moyen qui m'a souri, et j'ai prévenu le concierge de » la prison que j'attendais ce soir une grande caisse remplie de perruques » et de falbalas. Je vous indique cet expédient comme un des plus sûrs que » je connaisse; à votre empressement à l'adopter, je jugerai la force de » vos sentiments. »

— Mets ta signature au bas, ajouta Fleury dès qu'il eut fini de dicter.

L'actrice obéit.

— C'est bien, ajouta Fleury en prenant la lettre et en la pliant, il est inutile que je t'explique le sens de mes paroles, il suffit que je sache ce que j'ai voulu dire, et que le marquis de Foudras pénètre à son tour ma pensée.

— C'est votre affaire, répondit gaiement mademoiselle Besse en présentant son front pour y recevoir un baiser.

Fleury en déposa deux, et se dirigeant vers la porte :

— Il est temps que tu dormes, dit-il, et que tu répares la veille de cette nuit :

Et il s'éloigna en se dirigeant vers l'aile du bâtiment occupée par le père Bernard.

Celui-ci était déjà sur pied et vidait une première bouteille.

— Dieu vous tienne en joie, dit Fleury en lui tendant amicalement la main.

— Ah ! c'est vous, monseigneur, répondit le geôlier qui se rappelait encore la générosité du comédien ; déjà levé à cette heure ?

— Une affaire grave me préoccupe, répondit Fleury sur le ton de la confidence, et m'éloigne de toute idée de repos.

— Grand Dieu ! s'écria le père Bernard en vidant son verre comme pour ne se laisser aucune distraction.

— Je me suis aperçu avec effroi cette nuit, continua Fleury toujours sur le même ton, que ma provision de vin touchait à son terme. Je frémis à la seule pensée de la disette qui me menace.

— Juste ciel ! s'exclama le père Bernard en se versant une rasade pour se prouver sans doute qu'il n'avait point à craindre un semblable malheur.

— Il ne tient qu'à vous, poursuivit l'acteur, qu'une pareille calamité ne fonde sur moi.

— A moi, monseigneur ? Et que faut-il faire ?

— Porter simplement cette lettre chez un de mes amis à qui je donne la commission de m'envoyer ce soir une provision complète de ses meilleurs crus.

— Rien n'est aussi facile, monseigneur.

— Vous me rendez la vie, père Bernard, voici la lettre que j'ai préparée pour le marquis de Vaudreuil.

— Le marquis de..., demanda le geôlier qui, en vidant son verre, n'avait pas entendu le dernier mot prononcé par Fleury.

— Le marquis de Vaudreuil, rue de Varennes, répéta le comédien.

— Suffit, monseigneur, le temps d'aller à Paris et votre lettre sera à son adresse.

— Merci, père Bernard.

Et Fleury glissa deux louis dans la main du geôlier.

Comme il allait s'éloigner, il ajouta :

— La caisse renfermera aussi quelques effets pour ma femme.

— Tout ce que vous voudrez, monseigneur.

— Soyez prudent si vous inspectez la caisse, car vous pourriez défriser quelques perruques et abîmer quelques falbalas.

— Je sais le respect que l'on doit à ces choses et à mille autres encore, répondit le geôlier en faisant un signe d'intelligence.

— C'est bien, père Bernard, je compte sur votre zèle et votre discrétion. Pour ne compromettre personne, la caisse sera adressée à mademoiselle Besse, un nom d'emprunt.

— Très bien, monseigneur,

Et Fleury regagna sa cellule.

V.

La journée se passa sans encontre, et l'inspection du soir n'offrit aucune circonstance extraordinaire; mademoiselle Besse n'avait point été découverte, et les quatre prisonniers s'en félicitaient gaiement à table, quand le père Bernard vient annoncer que la caisse de vins et de perruques était introduite dans la citadelle.

Fleury se leva suivi du geôlier et fit déposer la caisse dans sa cellule.

— Ce sont des vêtements pour mademoiselle, dit-il en revenant auprès de ses camarades, et en désignant sa maîtresse, mademoiselle Besse ne pouvait plus longtemps usurper les habits de feu madame Bernard.

La jeune pensionnaire de la Comédie-Française comprenait à peine les paroles de son amant, mais sur un signe de celui-ci, elle ne hasarda aucune observation, pensant que de son silence dépendait le salut de tous.

Le repas menaçait de se prolonger indéfiniment comme celui de la veille, quand Fleury, en sa qualité de régulateur en chef des actions de ses camarades, annonça que le moment décisif était venu, et que chacun, dans la sphère de ses attributions, devait concourir au grand acte qui les rendrait à la liberté.

— Jusqu'à présent, ajouta Clairon, tu ne nous as donné aucun rôle.

— Nous sommes comme les grands seigneurs, ajouta Lekain, nous profiterons de tout sans courir aucun risque.

— Peut-être, répondit Fleury, car c'est au moment suprême que sont les plus grands dangers.

— Quels sont donc les périls que tu nous prépares? demandèrent à la fois ses trois auditeurs.

— Écoutez et retenez bien mes ordres, répondit Fleury sur le ton de l'autorité.

Et s'assurant que personne ne pouvait l'entendre :

— Aucun de vous, poursuivit-il en baissant la voix et avec un air de mystère, aucun de vous ne devra quitter cette pièce; moi, je me retire dans la cellule voisine où doit éclater la conspiration, et quel que soit le bruit qui vous parvienne, il vous est défendu d'en rechercher les motifs et d'intervenir par votre présence. Vous entendrez probablement des éclats de voix, des cris de colère, des trépignements de fureur, et peut-être le cliquetis des armes.

— Oh ciel! interrompit mademoiselle Besse effrayée des dangers que pouvait courir son amant.

— Quelque bruit que vous entendiez, poursuivit Fleury sans s'arrêter à l'exclamation de sa maîtresse, vous devez rester muets et immobiles; seulement, si je vous crie : *à moi, camarades!* vous vous précipiterez en toute hâte dans ma cellule, et votre présence seule fera plus d'effet que les plus terribles engins de guerre.

— C'est une conspiration infernale que tu as ourdie, fit mademoiselle Clairon peu rassurée par la confidence de Fleury, et nous ne pouvons te laisser affronter seul les dangers qui te menacent.

— Silence, répondit Fleury en regardant sa montre, l'heure d'agir est venue; obéissance et discrétion, voilà votre consigne.

Et avant qu'on eût le temps de lui faire une nouvelle observation, on l'entendit ouvrir la porte de la cellule voisine.

Ses camarades se résignèrent au rôle pour ainsi dire passif qu'il leur avait assigné, et tous les trois tremblants de peur, autant pour eux-mêmes que pour leur compagnon, prêtèrent une oreille attentive afin de saisir un bruit qui les mît au courant du complot.

Fleury, pour sa part, après avoir fermé la porte de la cellule dans laquelle il était entré, s'était résolument dirigé vers la caisse introduite par le père Bernard à l'adresse de mademoiselle Besse, et en ayant soulevé le couvercle :

— Vous pouvez maintenant sortir, monsieur le marquis, dit-il à haute voix, nous sommes seuls.

Aucun mouvement ne se fit dans l'intérieur de la caisse.

— Aurait-il manqué au rendez-vous! se dit le comédien.

Et il tira de la caisse quelques robes et quelques perruques qui en remplissaient la partie supérieure. Tout à coup le coffre s'agita et un homme en sortit sous un riche costume de l'époque.

— M'expliquerez-vous, monsieur, ce qui se passe en ce moment? dit-il avec un accent de colère et en portant la main à la garde de son épée.

— Monsieur le marquis de Vaudreuil, répondit le comédien sans s'émouvoir, la fureur va mal à votre caractère, et il sied peu à un gentilhomme comme vous de s'emporter contre un homme sans défense.

— Si je ne me trompe, demanda le marquis rappelé à la raison par le sang-froid de son adversaire, vous êtes Fleury, un des comédiens ordinaires de Sa Majesté?

— Lui-même, monsieur le marquis ; vous comprenez à présent qu'il n'était pas digne de vous de me provoquer.

— Je commence à entrevoir le motif de cette affaire, dit le jeune de Vaudreuil.

— Peut-être, monseigneur.

— C'est une vengeance de votre jalousie ?

— Monsieur le marquis me permettra de n'en rien croire.

— Eh bien ! alors, demanda de Vaudreuil avec un mouvement d'impatience, pourquoi la lettre de mademoiselle Besse, et pourquoi votre présence au lieu de la sienne ?

— Tout va s'expliquer, monseigneur, si vous voulez me faire la grâce d'un moment d'entretien.

Et offrant un siége au marquis, il poursuivit en s'asseyant lui-même :

— Deux de mes camarades bien-aimés, Lekain et Clairon, sont enfermés à For-l'Évêque par ma faute, et il est de mon devoir de galant homme d'employer tous les moyens pour les rendre à la liberté. Après avoir longtemps réfléchi aux choses et aux hommes de ma connaissance, j'ai pensé à vous, monsieur le marquis, pour que vous fassiez cesser notre captivité.

— A moi, s'écria de Vaudreuil étonné.

— A vous-même, monseigneur, continua Fleury sans se déconcerter, et afin de vous mieux attacher à nos intérêts, j'ai cru nécessaire de vous faire juger par vos propres yeux notre malheureuse position.

— Il suffisait dans ce cas, objecta de Vaudreuil, de me demander ouvertement ce service, et je suis un assez galant homme...

— Je n'en doute pas, monseigneur, interrompit le comédien avec la même tranquillité, mais il fallait se mettre en garde contre tout obstacle imprévu, et en vous introduisant dans la place de la manière dont vous y êtes entré, je me suis irrévocablement assuré votre concours.

— Mais ce stratagème dont vous vous êtes servi pourrait m'être au contraire un motif suffisant de refus.

— C'est impossible, monseigneur, tout a été parfaitement calculé.

— C'est donc un piége que vous m'avez tendu ?

— Pas tout à fait, monseigneur, et si vous le permettez, nous allons jouer cartes sur table.

Le marquis jeta un regard de colère sur Fleury qui, sans s'en émouvoir, continua :

— Monseigneur, vous êtes jeune, beau, noble et puissant en cour ; votre amour pour mademoiselle Besse a dû, vous en conviendrez, m'occasionner plus d'une insomnie. Je n'ai point cherché à m'en venger, mais j'ai pensé qu'en retour de toutes les inquiétudes que vous m'avez données, j'étais en droit de vous forcer à me rendre service. Pour arriver à cette fin je n'ai trouvé rien de mieux que de tenir suspendus sur votre tête, le ridicule, le scandale et la perte totale de votre position.

— Misérable! s'écria de Vaudreuil en se levant.

— Monseigneur, les insultes ne prouvent rien, et je vous conseille de contenir votre colère, car vous êtes entre mes mains.

Le marquis chiffonna son jabot de dentelle et se rassit.

—Monseigneur, poursuivit Fleury en accentuant chaque parole, que dirait Versailles et surtout que ferait votre futur beau-père, le riche comte de Bandol, si demain on savait que le marquis de Vaudreuil, gentilhomme ordinaire de la chambre du roi, a, pour arriver jusqu'à une comédienne, une petite fille de rien, consenti à se cacher dans une caisse à perruques?— Monseigneur, vous seriez déshonoré, tué par le ridicule, et le comte de Bandol, provincial dévot et peu fait aux scandales de cour, vous refuserait à coup sûr la main de sa fille. Ruiné et déshonoré tout à la fois, que deviendriez-vous, monsieur le marquis de Vaudreuil?

— Et vous croyez, s'écria celui-ci contenant avec peine sa colère, que je serai assez lâche pour supporter un tel affront? mais votre vie.....

— Arrêtez, monseigneur, interrompit Fleury que rien ne pouvait émouvoir, vous oubliez toujours que mes précautions sont admirablement prises : au moindre geste de votre part, tout le personnel de For-l'Évêque viendra à mon secours, et vous serez seulement parvenu à ébruiter une affaire qui peut rester secrète entre nous deux.

— Vous m'avez joué, monsieur Fleury, murmura le marquis avec rage, et.....

— Ah, monseigneur! interrompit l'acteur avec un sourire presque ironique, je vous ai seulement offert l'occasion de faire une bonne œuvre.

— Mais enfin, quelles sont vos conditions? demanda de Vaudreuil, dont le sang bouillonnait dans les veines.

— Voici, monseigneur : En votre qualité de gentilhomme de la chambre du roi, vous avez à la cour une influence considérable, et je ne doute pas que vous n'obteniez notre mise en liberté, si vous voulez nous faire l'honneur d'intercéder pour nous.

— Eh bien, demain à mon retour à Versailles.....

— Pardon, monseigneur, votre présence à For-l'Évêque est ma seule garantie de réussite, et vous êtes pour moi ce que vous autres gens de guerre appelez un otage.

— Vous prétendez faire de la violence à mon égard? s'écria le marquis.

— De la violence! monseigneur, cette pensée est si loin de mon esprit que je vous abandonne entièrement à votre libre arbitre : vous pouvez refuser ce que je vous propose, mais dans ce cas, Versailles et votre futur beau-père sauront demain que le marquis de Vaudreuil, gentilhomme de la chambre du roi, s'est enfermé pour une comédienne dans une caisse à perruques.

Si vous obtenez notre liberté, au contraire, je vous jure que jamais personne ne connaîtra votre aventure. Tout est secret encore, et nul à cette heure, pas même mademoiselle Besse, ne sait votre présence à For-l'Évêque.

Le marquis s'était mis à réfléchir profondément.

— Demain, poursuivit Fleury, qui voyait la victoire pencher de son côté, quand arrivera l'ordre de notre élargissement, vous paraîtrez devant mes camarades, et vous aurez le mérite à leurs yeux d'apporter vous-même notre grâce.

De Vaudreuil, après avoir longuement pesé les conditions qui lui étaient faites, se décida à les accepter pour sauvegarder son honneur et ne pas briser le mariage sur lequel reposaient toutes ses espérances de fortune.

Sur l'invitation de Fleury il rédigea pour le roi une lettre pressante, dans laquelle il lui demandait, au nom des plaisirs de la noblesse, la mise en liberté des trois pensionnaires de la Comédie-Française.

Malgré l'heure avancée, mais grâce à l'obligeance du père Bernard, la lettre partit la nuit même pour Versailles.

Fleury, en véritable gentilhomme, voulut tenir compagnie au marquis de Vaudreuil, mais avant de commencer une partie d'échec qui avait été proposée et acceptée, il se rendit auprès de ses camarades pour lever la consigne qu'il avait donnée et les engager à prendre du repos.

— Demain, nous serons libres, leur dit-il, tout a parfaitement réussi.

VI.

Par suite des incidents divers que nous avons racontés, le personnel de nos prisonniers à For-l'Évêque s'était accru d'une manière notable, tandis que le nombre des cellules mises à leur disposition était constamment resté le même. Fleury s'en était réservé une et avait annoncé à ses camarades qu'il n'y pouvait recevoir personne. Mademoiselle Clairon éleva bien quelques réclamations contre ce despotisme accapareur, mais, liée par son traité d'obéissance passive, elle ne put que protester contre ce qu'elle appelait la tyrannie de Fleury.

— Ton sort n'est pas si misérable que tu le penses, lui dit celui-ci en riant, tu as l'alternative de coucher avec Lekain ou avec mademoiselle Besse, et, quel que soit le compagnon de lit que tu choisisses, tu auras des envieux qui voudraient bien être à ta place.

— J'aime peu à me créer bénévolement des ennemis, répondit Clairon avec un air piqué, et pour te prouver que je n'en suis pas réduite à l'alternative que tu me proposes, je n'opte ni pour Lekain ni pour mademoiselle Besse; je ne me coucherai pas de la nuit.

— Ni moi non plus, ajouta vivement la maîtresse de Fleury, espérant pénétrer ainsi le mystère dont s'enveloppait son amant.

— Si Lekain, demanda Clairon, veut nous tenir compagnie, nous écoulerons assez gaiement notre nuit, et nous saurons nous passer de notre affreux tyran.

— Ah! ah! ta colère est superbe, s'écria Fleury en riant aux éclats, jamais sur la scène tu n'as prononcé avec une telle dignité ce mot de tyran.

Et, sans cesser de rire, il alla retrouver le marquis de Vaudreuil.

Celui-ci, pendant l'absence du comédien, avait disposé les pièces du jeu d'échec. En le voyant entrer sous l'empire d'une hilarité presque convulsive, il en demanda la cause.

— Clairon, répondit Fleury toujours riant, m'appelle despote et affreux tyran, parce qu'en me réservant cette cellule je la mets dans la nécessité de coucher avec Lekain ou mademoiselle Besse.

— Mademoiselle Besse est donc aussi à For-l'Évêque? demanda de Vaudreuil sur un ton d'intérêt.

— Sans doute, répondit le comédien en fixant sur le marquis un regard scrutateur, et vous ne vous attendiez pas, monseigneur, à vous trouver en aussi agréable compagnie?

— Mais le nom de mademoiselle Besse, observa le gentilhomme, ne se trouve pas parmi ceux que j'ai recommandés à la clémence du roi?

— Ce n'était point nécessaire, répliqua Fleury, examinant toujours avec attention la figure de son interlocuteur, mademoiselle Besse est ici comme vous, par contrebande, elle est venue à For-l'Évêque y trouver son amant, comme vous y venez, vous, monseigneur, pour y chercher une maîtresse.

— Elle est sans doute dans le secret de votre conspiration? demanda le marquis avec anxiété.

— Non, répondit l'acteur, elle a été mon instrument, mais jamais ma complice.

Et il raconta dans tous ses détails le stratagème dont il s'était servi pour obtenir le concours de mademoiselle Besse.

Pendant ce temps, les trois autres prisonniers laissés dans la cellule s'évertuaient à chercher les moyens les plus convenables pour employer gaiement le reste de la nuit.

— Pour moi, dit Lekain, l'âge et la santé ne me permettent plus de veiller deux nuits de suite; nous avons passé la dernière à fêter l'arrivée de mademoiselle Besse, c'est bien, je ne m'en plains pas; mais je demande pour celle-ci le repos et le sommeil.

— Hélas! s'écria Clairon sur un air piteux, qu'allons-nous devenir, pauvres femmes abandonnées au milieu de la nuit?

— A For-l'Évêque, répondit le tragédien en riant, les voleurs ne se hasardent guère.

— Et les amoureux? demanda Clairon.

— Ils y regarderaient à deux fois avant de venir se casser le cou dans les fossés de la prison.

— Cependant, observa mademoiselle Besse, le marquis de Vaudreuil est capable de tout.

— Le marquis de Vaudreuil, répondit Lekain en se levant, te cherche ailleurs qu'à For-l'Évêque.

— Le cœur, observa Clairon, a des instincts qui trompent rarement, et je ne serais pas étonnée de voir bientôt le marquis partager les joies de notre captivité.

— Qu'il se presse, dit Lekain en riant, puisque Fleury nous a promis notre élargissement pour demain.

— C'est pourquoi, répliqua mademoiselle Besse, nous avons des craintes pour cette nuit.

— Enfant, répondit le tragédien, je raillerais tes frayeurs, si je ne savais qu'elles sont un prétexte pour me décider à rester avec vous; mais, e vous le répète, j'ai besoin de repos, et si vous avez pour moi quelque amitié, n'insistez pas davantage.

Ces paroles, dites avec bonté, mirent un terme aux pressantes sollicitations des deux femmes. Celles-ci, obéissant aux désirs de Lekain, se retirèrent ensemble dans la troisième cellule.

Ni l'une ni l'autre n'avaient envie de dormir; après le festin de la veille, elles étaient restées couchées une partie du jour, et avaient pour longtemps éloigné le sommeil de leurs paupières.

— Qu'allons-nous faire? demanda Clairon en se jetant dans un fauteuil.

— Fais-moi dire un de tes rôles, répliqua mademoiselle Besse, et initie-moi à l'art sublime où tu brilles d'un si vif éclat.

— L'art veut être libre, répondit Clairon avec dignité, ne l'enfermons pas à For-l'Évêque. Cherchons autre chose.

Mademoiselle Besse n'ayant rien ajouté, les deux actrices se mirent à réfléchir.

Tout à coup, mademoiselle Clairon se leva, et s'approchant de sa compagne d'une façon discrète :

— Allons surprendre Fleury, dit-elle, et pénétrer le mystère de sa conspiration.

Ce projet plut tout d'abord à mademoiselle Besse, mais se rappelant bientôt les ordres de son amant, elle éleva diverses objections que la rivale de mademoiselle Dumesnil combattit et surmonta. La maîtresse de Fleury se rendit aux désirs de sa camarade, et il fut convenu qu'on irait frapper à la cellule du comédien, et que leur conduite ultérieure se réglerait sur l'accueil qui leur serait fait.

Elles sortirent avec précaution de leur retraite, et s'acheminèrent dis-

THÉATRE DE LA RÉPUBLIQUE.

THÉATRE-FRANÇAIS.

COMÉDIE FRANÇAISE.

Les premiers essais des spectacles en France remontent, au dire des historiens, à la race des Mérovingiens, et l'on apporte comme preuve de cette opinion l'ordonnance de Charlemagne, à la date de 789, qui supprimait les histrions, à cause de l'indécence de leurs jeux. Durant une longue suite de siècles, les représentations scéniques furent l'apanage de la religion, qui les produisait à l'occasion de la fête des saints ou des solennités de l'Église; puis se montrèrent les troubadours, les trouvères et les jongleurs que persécutèrent et protégèrent tour à tour les successeurs de Philippe-Auguste; plus tard, à la suite des croisades, des pèlerins venus de la Palestine, sous le titre de *Confrères de la Passion*, représentèrent des drames tirés de la religion et dont on retrouve encore des traces dans le Midi, à l'époque de la Noël.

Enfin, en 1402, les confrères de la Passion, ayant régularisé leurs spectacles, obtinrent le privilége exclusif de représenter les *Mystères* et *Moralités*, et s'établirent dans une salle de l'hôpital de la Trinité, rue Saint-Denis.

Ce fut le premier théâtre établi en France.

Les religieux occupèrent cet emplacement pendant plus d'un siècle, et, pour satisfaire le goût de plus en plus prononcé du public pour ces sortes de divertissements, ils achetèrent, en 1548, dans la rue Mauconseil, l'ancien hôtel des ducs de Bourgogne.

C'est ici que commence véritablement l'histoire du théâtre français. Le sujet des pièces n'est plus exclusivement tiré du *Nouveau-Testament*, et les confrères de la Passion eux-mêmes cèdent bientôt la place à des comédiens de profession. Les spectacles se régularisent, et l'hôtel de Bourgogne, qui brille d'un si vif éclat dans l'histoire de l'art dramatique français, ouvre la liste des dramaturges nationaux par Hardy, Théophile, Racan, Mairet et Gombauld.

Le succès qu'obtenaient les comédiens de l'hôtel de Bourgogne leur suscita, ainsi qu'il arrive d'ordinaire, des concurrences redoutables. Des troupes rivales se formèrent, parmi lesquelles deux surtout acquirent bientôt de la réputation : la première, établie au Louvre et au Palais-Royal, sous le nom de *Théâtre de Monsieur*, était dirigée par notre grand Molière; la seconde se logeait au Marais, à l'Hôtel d'Argent, au coin de la rue de la Poterie, ayant à sa tête Beaumarchais.

Molière, dont les chefs-d'œuvre immortalisaient la scène française, obtint pour sa troupe le titre de *royale*, et à sa mort, survenue en 1673, parut une ordonnance de police qui fermait le théâtre du Marais, et qui réunissait les comédiens des deux troupes en une seule, dont les représentations devaient avoir lieu dans une nouvelle salle de la rue des Fossés-de-Nesle, aujourd'hui rue Mazarine.

Restait toujours la troupe de l'hôtel de Bourgogne; un ordre du roi, à la date du 25 août 1680, lui enjoignit de se fondre avec celle de la rue Mazarine, et cette union fut le commencement de la société de la Comédie-Française, que nous voyons encore aujourd'hui.

Après un séjour de seize années au théâtre de la rue Mazarine, la société passa dans la rue des *Fossés-Saint-Germain-des-Prés*, aujourd'hui *Ancienne-Comédie*, qu'elle occupa pendant près de cent ans, et se réfugia ensuite dans la salle où est maintenant l'Odéon.

Ce fut là que, surpris par la révolution de 89, les comédiens se dispersèrent et rompirent le lien qui les unissait les uns aux autres.

Vers la fin du Directoire, les anciens membres de la Comédie-Française se rapprochèrent et constituèrent entre eux une véritable société en commandite, par un acte notarié à la date du 22 germinal an XII. On remarquait parmi les signataires : Monvel, Dugazon, Dazincourt, Fleury, Saint-Prix, Saint-Fal, Talma, les deux Baptiste; mesdames Raucourt, Thénard, Mars, les deux Contat, auxquels vinrent se joindre, le 16 thermidor de la même année, mesdames Bourgoin, Georges et Duchesnois.

La nouvelle troupe s'établit rue Richelieu, dans la salle qu'elle occupe encore aujourd'hui.

Le 15 octobre 1812, pendant la dure campagne de Russie, Napoléon régularisa l'acte de société du 22 germinal par un décret impérial, connu dans l'histoire sous le nom de *Décret de Moscou*.

Ce décret ne changea rien aux dispositions essentielles qui réglaient l'association de germinal. Deux ordonnances postérieures (1816 et 1822) ont modifié quelques règles de détail, mais on y trouve toujours le respect pour le pacte qui garantit les intérêts privés des artistes.

Un commissaire représente le gouvernement auprès des comédiens. Le produit des recettes, déduction faite des dépenses, doit être partagé entre les comédiens sociétaires. Les intérêts de la société sont gérés par un comité de six membres, choisis par le ministre de l'intérieur et présidé par le commissaire du gouvernement.

Il n'a été dérogé qu'une fois aux prescriptions du décret de Moscou; ce fut en 1833. A cette époque, on nomma successivement deux directeurs, M. Jouslin de la Salle et M. Vedel. En 1840, le Théâtre-Français est rentré sous l'empire du décret de Moscou, qui, jusqu'aujourd'hui, n'a plus été transgressé.

THÉATRE DE LA RÉPUBLIQUE (Théatre-Français).

M. Bazenerye, commissaire du gouvernement, président du comité.

Comité.

MM. Samson.	MM. Beauvallet.	MM. Régnier.	M. Maillart.
Ligier.	Geffroy.	Provost.	

MM. Edmond Seveste, régisseur général de la Société du Théâtre-Français.
Loraux, secrétaire.

Sociétaires par rang d'ancienneté.

MM. Samson.	MM. Regnier.	M. Maillart.	Rachel.
Ligier.	Provost.	Mmes Desmousseaux.	Mélingue.
Beauvallet.	Brindeau.	Anaïs Aubert.	A. Brohan.
Geffroy.	Leroux.	Noblet.	Denain.

Acteurs pensionnaires.

MM. Mirecour.	MM. Raphaël (Félix).	M. Volnys.	Mmes Bonval.
Mathieu.	Bouchet.	Mmes Thénard.	Allan.
Mainvielle.	Delaunay.	Mirecour.	Bertin.
Maubant.	Chéry (Louis).	Worms.	Favart.
Got.	Randoux.	Rimblot.	Luther.
Fonta.	Micheau.	Rébecca Félix.	Nathalie.
Chéry.	Louis Monrose.	Judith.	Maria Lopez.

Sociétaires retirés.

MM. Dupont.	MM. David.	M. Guyon.	Mmes Rose Dupuis.
Armand.	Desmousseaux.	Mmes Talma.	Brocard.
Michelot.	Saint-Aulaire.	Desbrosses.	Hervey.
Cartigny.	Menjaud.	Thénard.	Dupont.
Firmin.	Périer.	Demerson.	Tousez.

Employés de l'administration et services divers.

MM. Maisonnier, caissier.
Laurent, inspecteur-général.
Verteuil, secrétaire de l'administration.
Achille Baucheron, régisseur.

MM. Félix, secrétaire souffleur.
Loiseau, chef d'orchestre.
Mitaine, contrôleur en chef.
Varnout, machiniste en chef.
Dancé, costumier en chef.

Conseil judiciaire.

MM. Ripault, avocat.
Charrié, *id.*
Boinvilliers, *id.*
Denormandie, avoué de 1re instance.
Lebert, notaire.

MM. Petitjean, agréé au tribunal de com.
Benoist, avocat.
Marie, *id.*
Duvergier, *id.*
Durmont, ancien agréé.

Service de santé (1).

MM. Thévenot de Saint-Blaise (le baron), chirurgien, président.
Bourgeois, chirurgien.
Rousseau, *id.*
Coqueret, *id.*
Florence, médecin.
Aussandon, *id.*

MM. Vidal (de Poitiers), médecin.
Pouget, *id.*
Piétri, *id.*
Roux, chirurgien consultant.
Velpeau, *id.*
Bousquet, *id.*
Cadet-Gassicourt, pharmacien.

(1) Un médecin, membre du service de santé, assiste tous les soirs aux représentations.

THÉATRE FRANÇAIS.

Prix des places.

	Bureau.	Location.
Avant-scènes du rez-de-chaussée	6 60	9 »
Baignoires de côté	6 60	7 »
Loges de la galerie Balcon	6 60	8 »
Premières de face	6 »	8 »
Orchestre	5 »	7 »
Stalles de galerie Première galerie	5 »	6 »
Premières de côté	4 50	6 »
Avant-scènes des secondes Deuxièmes de face Deuxièmes de côté	3 50	5 »
Galerie des secondes	2 50	4 »
Parterre	2 50	» »
Troisièmes de face Troisièmes de côté	2 »	3 »
Deuxième galerie	1 50	» »
Deuxième amphithéâtre	1 »	» »

Paris. — Imprimerie de L. Martinet, rue Mignon, 2.

crètement et sans bruit vers la cellule occupée par Fleury. Arrivées à la porte, elles prêtèrent l'oreille à une conversation qu'il leur sembla entendre.

— Il n'est pas seul, dit Clairon.

— Est-ce une voix de femme? demanda mademoiselle Besse, craignant pour son amour.

— Je ne puis encore distinguer les voix; écoutons.

Et les deux femmes redoublèrent d'attention

— Echec au roi ! s'écria le marquis de Vaudreuil.

— Échec à la reine ! répondit Fleury sur le même ton.

A ces paroles, qu'elle avait saisies distinctement, mademoiselle Besse respira avec plus de facilité.

— Ce n'est pas une femme, observa Clairon en se tournant vers sa compagne, autrement Fleury jouerait à un autre jeu.

Mademoiselle Besse, blessée de cette observation, allait répondre quand la voix de son amant la força à écouter.

— Le hasard, dit Fleury, se permet quelquefois de curieux rapprochements; tandis qu'au jeu je fais échec à la reine, je mate à la cour madame Dubarry, cette reine de Versailles.

— Et moi, répondit le marquis en riant, je fais également échec au roi à For-l'Évêque et à Versailles.

— Et moi, ajouta tout bas mademoiselle Clairon, je vais mater du même coup Fleury et son compagnon nocturne.

Et elle frappa discrètement à la porte.

Les deux joueurs se levèrent en même temps; le marquis s'approcha du comédien, et lui dit d'un ton sévère :

— Vous m'avez trompé, monsieur, en m'assurant que personne ne connaissait ma présence à For-l'Évêque.

— Je vous renouvelle mon serment, répondit gravement Fleury, et je suis étonné comme vous du bruit que nous venons d'entendre.

Mademoiselle Clairon, impatiente de recevoir une réponse, répéta son signal.

— Il faut répondre, dit tout bas Fleury à de Vaudreuil, en connaissant le visiteur nous saurons mieux ce que nous avons à faire.

— Répondez, fit le marquis, mais n'ouvrez pas.

— Qui est là? demanda l'acteur en grossissant sa voix.

— Mademoiselle Besse; répondit sa maîtresse, à qui Clairon avait ordonné de parler.

— Je ne puis te recevoir, à demain, répliqua Fleury à travers la porte.

— Fais de la jalousie, dit tout bas Clairon à sa compagne.

— Tu refuses de m'ouvrir, ajouta mademoiselle Besse, parce que tu me trompes avec une autre femme; j'ai assez d'amour au cœur pour vouloir connaître toute la vérité ; je me couche au travers de ta porte, et jusqu'au jour j'attendrai ma rivale.

— Elle est capable de le faire, dit Fleury au marquis, il n'est qu'un moyen de nous en débarrasser, c'est de lui faire constater la vérité par elle-même.

— Mais pour rien au monde, répondit de Vaudreuil avec anxiété, je ne veux qu'elle sache ma présence en ces lieux; la vengeance et l'indiscrétion sont de doux plaisirs pour les femmes.

— Je ne vois pour vous cacher, monsieur le marquis, que la caisse....

— Ah ! jamais, interrompit vivement le gentilhomme.

— Je puis garder le secret de deux folies comme d'une seule, observa le comédien en souriant; dans ces sortes de choses, le second pas n'aggrave pas le premier.

Le marquis se mit à réfléchir.

Mademoiselle Besse interpella de nouveau son amant.

— Décidez-vous, dit Fleury, si je n'ouvre pas, vous compromettez notre secret, et demain vous ne pouvez manquer d'être découvert; heureux si par son tapage mademoiselle Besse ne donne pas auparavant l'éveil au gouverneur.

— Hélas ! s'écria le marquis.

— Il le faut, répondit Fleury, et je vous jure que nul ne saura jamais la retraite que vous allez chercher.

Le marquis se décida enfin à suivre le conseil du comédien, et, pour la seconde fois, il se cacha dans la caisse à perruques.

Fleury alla ouvrir.

A la vue de mademoiselle Clairon, il comprima un mouvement de colère, et, s'adressant sévèrement à sa maîtresse :

— Que veux-tu ? lui dit-il, je t'avais prié de me laisser seul cette nuit.

— Une préoccupation chagrine..., murmura la jeune femme.

— Je comprends, interrompit le comédien, Clairon aura excité ta jalousie.....

— Tu es fou, dit Clairon, nous venons en riant surprendre le secret de ta conspiration, et tu nous reçois presque avec colère.

Et, s'approchant de la caisse où était le marquis :

— Ah ! ah ! dit-elle avec un sourire, c'est là qu'est le mystère.

Fleury accourut rapidement vers la caisse, et, avant que l'actrice en eût soulevé le couvercle, il s'y assit dessus comme un artilleur sur un caisson.

Les deux femmes s'unirent pour vaincre la résistance du comédien; celui-ci fut inflexible, et, comme il avait hâte de se débarrasser de tant d'obsessions et de tenir sa parole vis-à-vis du marquis :

— Mademoiselle Besse, dit-il, sait ce que contient cette caisse.

— Moi, répondit la jeune femme, mais j'ignore.....

— N'as-tu pas, ce matin, écrit une lettre à un marquis que je ne puis nommer? interrompit Fleury en lançant à sa maîtresse un regard d'intelligence.

— Ah! fit l'actrice avec étonnement.

— Fidèle à sa promesse, répondit le comédien, le marquis m'a fait parvenir les instruments nécessaires à notre délivrance, et ces instruments, renfermés dans cette caisse, je ne puis encore vous les montrer.

— C'est une évasion que tu nous prépares? demanda Clairon; je t'avertis que je ne veux pas me laisser poursuivre par la maréchaussée.

— Sois sans crainte, répondit Fleury riant de l'idée de sa camarade, tu ne seras poursuivie que par tes adorateurs.

— Hélas! dit mademoiselle Besse en pensant au secret que lui avait confié son amant, combien je regrette notre démarche inconsidérée!

— Il est un moyen de réparer votre enfantillage, dit l'acteur avec une certaine gravité, c'est de me laisser seul encore.

— Oui, répondit mademoiselle Besse.

Et, s'approchant de Clairon :

— Viens, lui dit-elle, je sais maintenant tous les mystères de Fleury.

Et elle entraîna sa compagne.

Resté seul, le comédien alla refermer la porte; et, tirant le marquis de sa cachette :

— Par la sambleu! monseigneur, dit-il, le diable s'était incarné ce soir dans Clairon; mais soyons tranquilles à présent, la nuit se passera sans de nouveaux incidents, je l'espère, et demain.....

— Et demain, interrompit de Vaudreuil rajustant sa toilette froissée; demain ce sera à recommencer, car votre grâce ne pourra être arrivée avant l'inspection du gouverneur.

— Ah! de ce côté, répondit Fleury en souriant, vous n'avez rien à craindre : le gouverneur, simple et loyal comme un vieux soldat, n'a ni la perspicacité de Clairon, ni la finesse jalouse de mademoiselle Besse, etje me charge entièrement de votre affaire avec lui.

— En m'offrant sans doute encore ce refuge?...

— Je ne veux pas, interrompt l'acteur, mettre votre courage à une nouvelle épreuve, et j'ai les moyens d'expliquer tout naturellement au gouverneur votre présence à For-l'Évêque.

— Comment cela? demanda avec vivacité le marquis.

— Pemettez-moi, monseigneur, de vous ménager le plaisir de la surprise, d'autant mieux que j'ai besoin d'un auxiliaire, dont je vais m'assurer le concours.

Et comme Fleury allait sortir, de Vaudreuil le retint :

— Vous allez mettre quelqu'un, dit-il, dans la confidence de votre secret?

— Monseigneur, répondit gravement le comédien, je vous ai promis que hors vous et moi personne ne saurait votre aventure.

— Mais alors voudrez-vous m'expliquer...

— Il serait trop long interrompit Fleury, de vous dérouler toutes les phases de la conspiration que j'ai ourdie; le temps est précieux, car l'aube rougit à l'horizon.

— Cependant..., fit le marquis impatienté des réticences de son interlocuteur.

— Vous n'êtes pas seul à vous trouver ici par contrebande, continua le comédien en se dirigeant vers la porte. Mademoiselle Besse n'est pas sur la liste des prisonniers de For-l'Évêque, et je n'ai nullement la fantaisie de la laisser en otage. Abandonnez-moi le soin de vous assurer honorablement une sortie, comme j'ai protégé votre incognito à votre entrée.

Et, sans attendre de réponse, Fleury se dirigea vers le logement du père Bernard.

Celui-ci dormait du sommeil du juste; son matinal visiteur le réveilla.

— Ah çà, monseigneur, dit le geôlier après s'être frotté les yeux, vous avez donc l'habitude de ne jamais dormir?

— Les lits de For-l'Évêque sont un peu durs, répondit Fleury en souriant; cependant je ne serais point venu vous déranger de si bonne heure s'il ne s'agissait de vos intérêts.

— De mes intérêts? fit le père Bernard en se soulevant tout à coup.

— Écoutez-moi, dit le comédien en s'asseyant près du lit de son interlocuteur.

— Je vous écoute, répondit le geôlier en prenant une position convenable.

— Aujourd'hui, continua Fleury, arrivera l'ordre de mon élargissement.

— Déjà! s'écria le père Bernard à qui revint le souvenir des largesses du comédien.

— En reconnaissance de vos bons soins, je vous laisserai les quelques bouteilles qui me restent.

— Ah! monseigneur! fit le geôlier en levant avec béatitude ses yeux vers le plafond.

— Le bonheur que j'éprouve à recouvrer la liberté ne me fait pas oublier la prudence, et ce serait compromettre vos intérêts que de laisser deviner l présence de ma femme à For-l'Évêque; il faut qu'elle sorte d'ici comme elle y est entrée.

— Le costume de feu ma femme est encore à sa disposition.

— Ce n'est pas tout, père Bernard.

— Dites, monseigneur.

— Cette nuit, un de mes amis, celui-là même qui m'a envoyé le panier de chambertin dont vous apprécierez la bonté, le marquis de Vaudreuil, trompant la vigilance des sentinelles, s'est introduit à For-l'Évêque par-dessus les glacis.

— Oh ciel ! s'écria le père Bernard, comment a-t-il pu faire?

— Je ne sais; mais ce qu'il y a de certain, c'est qu'il est en ce moment dans ma cellule.

— Mais vous êtes perdu, le gouverneur va le surprendre.

— Oui; mais il est gentilhomme ordinaire de la chambre du roi.

Le père Bernard s'inclina avec respect.

— Et c'est lui, poursuivit Fleury, qui a demandé notre grâce.

— Faut-il le cacher? demanda le geôlier.

— Non; mais il faut seulement répondre au gouverneur, s'il vous interroge, que hier au soir, fort tard s'est présenté M. le marquis de Vaudreuil, gentilhomme ordinaire de la chambre du roi.

Le père Bernard s'inclina de nouveau.

— Avec un laisser-passer pour For-l'Évêque.

— C'est tout?

— Je me charge du reste; c'est tout.

— Il sera fait ainsi que vous le désirez.

Fleury retourna auprès du marquis.

— Monseigneur, lui dit-il, toutes mes précautions sont prises, et si vous voulez vous épargner la peine de parler au gouverneur, jetez-vous sur mon lit et faites semblant de dormir.

De Vaudreuil allait demander des explications quand la voix du gouverneur se fit entendre.

—Vite, nous n'avons pas un moment à perdre, dit Fleury, ne compromettez pas le succès de ma ruse.

Le marquis obéit et le gouverneur se présenta.

Le comédien alla au-devant de lui en l'engageant par un signe à faire le moins de bruit possible.

— Monsieur le marquis de Vaudreuil, lui dit-il, gentilhomme ordinaire de la chambre du roi, a été chargé par Sa Majesté de vous apporter l'ordre de notre élargissement; et je ne sais comment cela s'est fait, mais M. le marquis a oublié cet ordre à Versailles. Il l'a envoyé chercher, et, n'osant se présenter à vous, il est venu me demander l'hospitalité.

— Mais un gentilhomme de la chambre du roi, répondit le gouverneur en se découvrant, ne peut rester dans une cellule de prisonnier, et mes appartements...

— Qu'importe! interrompit Fleury; l'éveiller à cette heure serait s'exposer à sa colère, et je serais d'avis que vous eussiez l'air d'ignorer sa présence à For-l'Évêque.

— Vous avez peut-être raison, répondit le gouverneur en se retirant,

[illegible]
[illegible] dirigé [illegible] de Vaudreuil
[illegible]
[illegible], ajouta Fleury, et dans nos intérêts à tous je vous [illegible]
[illegible] gouverneur se retira, marchant sur la pointe des pieds pour ne point troubler le sommeil [illegible] de Vaudreuil.

— Bien joué! fit le marquis en riant et en sautant à bas du lit, je pense que je n'ai maintenant plus rien à craindre.

— Plus rien absolument, monseigneur; mais il vous faut rester dans ma cellule jusqu'à l'arrivée de notre grâce.

L'ordre d'élargissement ne se fit pas attendre longtemps. Averti d'une manière secrète et indirecte par le gouverneur, le marquis se présenta aux prisonniers comme porteur de l'ordre du roi: pendant ce temps, mademoiselle Besse avait quitté la prison sous le costume de feu madame Bernard, et nul ne sut jamais de quelle nature avait été à For-l'Évêque la conspiration de Fleury.

Paris. — Imprimerie de L. Martinet, rue Mignon, 2.

…ART DU DENTISTE

…TE, arrivé à un certain degré de perfection, … …re, dans la croyance où furent les praticiens qu'il n'y … …re pour le perfectionner. William Rogers a détruit cette … montrant tous les ans quelque nouvelle découverte pour … …n. D'abord, ce sont ses *dents osanores* posées sans cro… …ures, et sans extraction des racines, particulièrement re… pour leur légèreté dans la bouche aux vieillards ou person… … bouche irritable ne pourrait supporter une forte pression ou te… soit de ressorts, de plaques ou de crochets. Après de nombreux essais plus ou moins fructueux, *William Rogers* parvint à donner à ses dents une plus grande transparence, jointe à une solidité à toute épreuve, et sous le nom de *dents osanores indestructibles*, nous fit voir le chef-d'œuvre de l'art dentaire ; ces mêmes dents fabriquées aujourd'hui à la mécanique, avec une promptitude et une précision sans égale, sont néanmoins d'un prix très modéré. *William Rogers* n'a pas été moins heureux dans les recherches qu'il a faites pour les autres branches de son art ; *son ciment pour plomber ses dents soi-même* est encore une invention précieuse et à la portée de tout le monde par la modicité du prix. Ce *ciment* ou *émail inaltérable* s'applique facilement et sans douleur, adhère à la dent, en devient à l'instant même partie, et fait disparaître toute trace de carie ; *son eau Rogers, pour embaumer les dents* quand elles sont trop douloureuses pour être plombées, est encore un de ces secrets bienfaiteurs qu'on ne saurait trop apprécier. Chaque flacon de ces deux articles se vend 3 fr. chez l'inventeur, 270, rue saint-Honoré, et chez les principaux pharmaciens.

Nous venons de parler des différentes améliorations apportées par *William Rogers* dans la pratique de son art ; il nous reste à parler des *ouvrages remarquables* dont il a doté la *science dentaire* pour le développement de ses théories. D'abord son *Encyclopédie* du dentiste, récapitulation des pratiques employées par les anciens dentistes, et des différentes phases de progrès obtenus dans l'art dentaire, depuis son origine jusqu'à nos jours. Prix, 7 fr. 50 c.

Dictionnaire des sciences dentaires, publié dernièrement par *William Rogers*, le plus étendu et le plus complet des ouvrages écrits pour sa profession. Cet ouvrage est un résumé, non seulement des doctrines de l'auteur, mais encore de tous les perfectionnements apportés dans l'odontotechnie ; c'est le divulgué détaillé de la fabrication des dents artificielles jusqu'à la découverte des osanores et des différentes améliorations apportées dans ces dernières par l'inventeur. Prix, 10 fr. Nous devons encore à *William Rogers* plusieurs ouvrages utiles et d'un mérite incontestable, que l'on peut se procurer chez lui, rue Saint-Honoré, 270, à Paris.

(Extrait de l'*Annuaire médical.*)

Paris. — Imprimerie de L. MARTINET, rue Mignon, 2.

L'ŒIL-DE-BŒUF

DES THÉATRES

PAR

FÉLIX ROUBAUD.

Deuxième Livraison.

THÉATRE FRANÇAIS.

A PARIS
CHEZ JONAS-LAVATER, ÉDITEUR,
43, RUE VIVIENNE ;
ET A LA PAPETERIE DE PARIS, NERAUDAU,
16 ET 18, RUE DES FOSSÉS-MONTMARTRE.

L'Œil-de-Bœuf des Théâtres forme un gros volume composé de douze livraisons, contenant chacune 1° une nouvelle-roman, dont le sujet est emprunté à la vie intime d'un acteur, d'une actrice ou d'un auteur dramatique ; 2° le plan gravé de l'intérieur d'un théâtre de Paris, avec le numéro des stalles et des loges, et le nombre de places de chaque loge ; 3° une notice historique concernant le théâtre qu'elle accompagne, suivie du personnel administratif et artistique et du prix des places de ce théâtre.

Toutes les livraisons sont en vente et ont paru dans l'ordre suivant :

	Gravures.	Titre de la Nouvelle-Roman.
1re livraison.	Opéra.	L'Amour d'une Sirène.
2e —	Théâtre-Français .	Une Conspiration à For-l'Évêque.
3e —	Opéra-Comique. .	Un Moment d'erreur.
4e —	Odéon	Un Comédien en pénitence.
5e —	Italiens.	Une Vengeance d'outre-tombe.
6e —	Vaudeville	Un Amour impossible.
7e —	Variétés.	Ce que rapporte la poésie.
8e —	Porte St-Martin. .	Une Vendetta.
9e —	Gymnase.	Deux Cœurs pour un amour.
10e —	Historique	Une Fleur de Bal.
11e —	Montansier. . . .	Les Diamants de la Marquise.
12e —	Ambigu	Une passion à bord.

Chaque livraison forme séparément un tout complet : réunies entre elles, ces 12 livraisons composent un fort volume dont *une demi-livraison* supplémentaire donne le titre, le prologue, l'épilogue et la table des matières. Cette demi-livraison se trouve chez l'éditeur, 43, rue Vivienne, et chez tous les libraires et marchands de nouveautés de Paris.

THÉATRE DE LA RÉPUBLIQUE.

THÉATRE-FRANÇAIS.

COMÉDIE FRANÇAISE.

Les premiers essais des spectacles en France remontent, au dire des historiens, à la race des Mérovingiens, et l'on apporte comme preuve de cette opinion l'ordonnance de Charlemagne, à la date de 789, qui supprimait les histrions, à cause de l'indécence de leurs jeux. Durant une longue suite de siècles, les représentations scéniques furent l'apanage de la religion, qui les produisait à l'occasion de la fête des saints ou des solennités de l'Église; puis se montrèrent les troubadours, les trouvères et les jongleurs que persécutèrent et protégèrent tour à tour les successeurs de Philippe-Auguste; plus tard, à la suite des croisades, des pèlerins venus de la Palestine, sous le titre de *Confrères de la Passion*, représentèrent des drames tirés de la religion et dont on retrouve encore des traces dans le Midi, à l'époque de la Noël.

Enfin, en 1402, les confrères de la Passion, ayant régularisé leurs spectacles, obtinrent le privilége exclusif de représenter les *Mystères* et *Moralités*, et s'établirent dans une salle de l'hôpital de la Trinité, rue Saint-Denis.

Ce fut le premier théâtre établi en France.

Les religieux occupèrent cet emplacement pendant plus d'un siècle, et, pour satisfaire le goût de plus en plus prononcé du public pour ces sortes de divertissements, ils achetèrent, en 1548, dans la rue Mauconseil, l'ancien hôtel des ducs de Bourgogne.

C'est ici que commence véritablement l'histoire du théâtre français. Le sujet des pièces n'est plus exclusivement tiré du *Nouveau-Testament*, et les confrères de la Passion eux-mêmes cèdent bientôt la place à des comédiens de profession. Les spectacles se régularisent, et l'hôtel de Bourgogne, qui brille d'un si vif éclat dans l'histoire de l'art dramatique français, ouvre la liste des dramaturges nationaux par Hardy, Théophile, Racan, Mairet et Gombauld.

Le succès qu'obtenaient les comédiens de l'hôtel de Bourgogne leur suscita, ainsi qu'il arrive d'ordinaire, des concurrences redoutables. Des troupes rivales se formèrent, parmi lesquelles deux surtout acquirent bientôt de la réputation : la première, établie au Louvre et au Palais-Royal, sous le nom de *Théâtre de Monsieur*, était dirigée par notre grand Molière; la seconde se logeait au Marais, à l'Hôtel d'Argent, au coin de la rue de la Poterie, ayant à sa tête Beaumarchais.

Molière, dont les chefs-d'œuvre immortalisaient la scène française, obtint pour sa troupe le titre de *royale*, et à sa mort, survenue en 1673, parut une ordonnance de police qui fermait le théâtre du Marais, et qui réunissait les comédiens des deux troupes en une seule, dont les représentations devaient avoir lieu dans une nouvelle salle de la rue des Fossés-de-Nesle, aujourd'hui rue Mazarine.

Restait toujours la troupe de l'hôtel de Bourgogne; un ordre du roi, à la date du 25 août 1680, lui enjoignit de se fondre avec celle de la rue Mazarine, et cette union fut le commencement de la société de la Comédie-Française, que nous voyons encore aujourd'hui.

Après un séjour de seize années au théâtre de la rue Mazarine, la société passa dans la rue des *Fossés-Saint-Germain-des-Prés*, aujourd'hui *Ancienne-Comédie*, qu'elle occupa pendant près de cent ans, et se réfugia ensuite dans la salle où est maintenant l'Odéon.

Ce fut là que, surpris par la révolution de 89, les comédiens se dispersèrent et rompirent le lien qui les unissait les uns aux autres.

Vers la fin du Directoire, les anciens membres de la Comédie-Française se rapprochèrent et constituèrent entre eux une véritable société en commandite, par un acte notarié à la date du 22 germinal an XII. On remarquait parmi les signataires : Monvel, Dugazon, Dazincourt, Fleury, Saint-Prix, Saint-Fal, Talma, les deux Baptiste; mesdames Raucourt, Thénard, Mars, les deux Contat, auxquels vinrent se joindre, le 16 thermidor de la même année, mesdames Bourgoin, Georges et Duchesnois.

La nouvelle troupe s'établit rue Richelieu, dans la salle qu'elle occupe encore aujourd'hui.

Le 15 octobre 1812, pendant la dure campagne de Russie, Napoléon régularisa l'acte de société du 22 germinal par un décret impérial, connu dans l'histoire sous le nom de *Décret de Moscou*.

Ce décret ne changea rien aux dispositions essentielles qui réglaient l'association de germinal. Deux ordonnances postérieures (1816 et 1822) ont modifié quelques règles de détail, mais on y trouve toujours le respect pour le pacte qui garantit les intérêts privés des artistes.

Un commissaire représente le gouvernement auprès des comédiens. Le produit des recettes, déduction faite des dépenses, doit être partagé entre les comédiens sociétaires. Les intérêts de la société sont gérés par un comité de six membres, choisis par le ministre de l'intérieur et présidé par le commissaire du gouvernement.

Il n'a été dérogé qu'une fois aux prescriptions du décret de Moscou; ce fut en 1833. A cette époque, on nomma successivement deux directeurs, M. Jouslin de la Salle et M. Vedel. En 1840, le Théâtre-Français est rentré sous l'empire du décret de Moscou, qui, jusqu'aujourd'hui, n'a plus été transgressé.

THÉÂTRE FRANÇAIS.

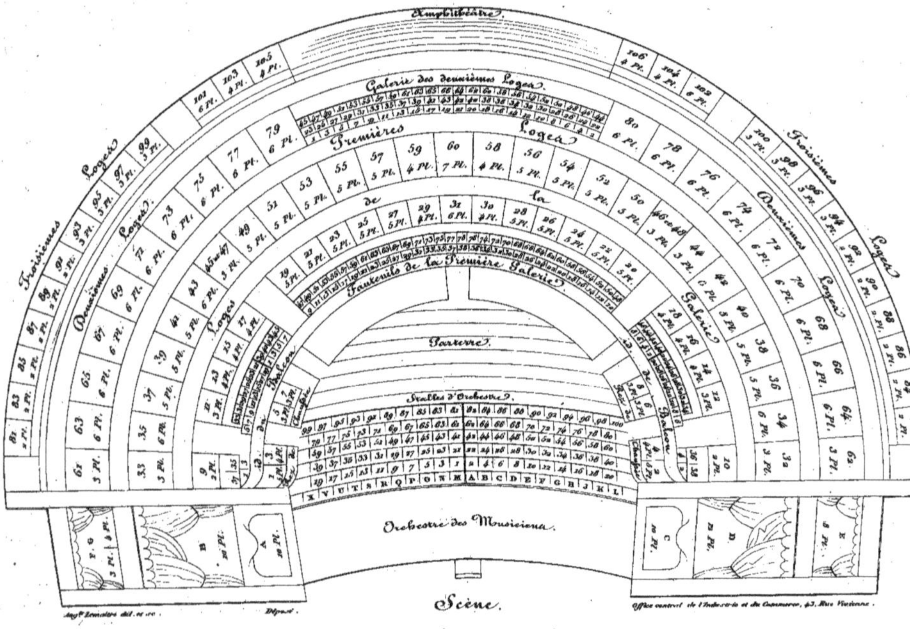

Augte Lemaître del. et sc. Déposé. Office central de l'Industrie et du Commerce, 43, Rue Vivienne.

Jonas Lavater, Editeur.

THÉATRE DE LA RÉPUBLIQUE (Théatre-Français).

M. Bazenerye, commissaire du gouvernement, président du comité.

Comité.

MM. Samson.	MM. Beauvallet.	MM. Régnier.	M. Maillart.
Ligier.	Geffroy.	Provost.	

MM. Edmond Seveste, régisseur général de la Société du Théâtre-Français.
Loraux, secrétaire.

Sociétaires par rang d'ancienneté.

MM. Samson.	MM. Regnier.	M. Maillart.	Rachel.
Ligier.	Provost.	Mmes Desmousseaux.	Mélingue.
Beauvallet.	Brindeau.	Anaïs Aubert.	A. Brohan.
Geffroy.	Leroux.	Noblet.	Denain.

Acteurs pensionnaires.

MM. Mirecour.	MM. Raphaël (Félix).	M. Volnys.	Mmes Bonval.
Mathieu.	Bouchet.	Mmes Thénard.	Allan.
Mainvielle.	Delaunay.	Mirecour.	Bertin.
Maubant.	Chéry (Louis).	Worms.	Favart.
Got.	Randoux.	Rimblot.	Luther.
Fonta.	Micheau.	Rébecca Félix.	Nathalie.
Chéry.	Louis Monrose.	Judith.	Maria Lopez.

Sociétaires retirés.

MM. Dupont.	MM. David.	M. Guyon.	Mmes Rose Dupuis.
Armand.	Desmousseaux.	Mmes Talma.	Brocard.
Michelot.	Saint-Aulaire.	Desbrosses.	Hervey.
Cartigny.	Menjaud.	Thénard.	Dupont.
Firmin.	Périer.	Demerson.	Tousez.

Employés de l'administration et services divers.

MM. Maisonnier, caissier.
Laurent, inspecteur-général.
Verteuil, secrétaire de l'administration.
Achille Baucheron, régisseur.

MM. Félix, secrétaire souffleur.
Loiseau, chef d'orchestre.
Mitaine, contrôleur en chef.
Varnout, machiniste en chef.
Daucé, costumier en chef.

Conseil judiciaire.

MM. Ripault, avocat.
Charrié, *id.*
Boinvilliers, *id.*
Denormandie, avoué de 1re instance.
Lebert, notaire.

MM. Petitjean, agréé au tribunal de com.
Benoist, avocat.
Marie, *id.*
Duvergier, *id.*
Durmont, ancien agréé.

Service de santé (1).

MM. Thévenot de Saint-Blaise (le baron), chirurgien, président.
Bourgeois, chirurgien.
Rousseau, *id.*
Coqueret, *id.*
Florence, médecin.
Aussandon, *id.*

MM. Vidal (de Poitiers), médecin.
Pouget, *id.*
Piétri, *id.*
Roux, chirurgien consultant.
Velpeau, *id.*
Bousquet, *id.*
Cadet-Gassicourt, pharmacien.

(1) Un médecin, membre du service de santé, assiste tous les soirs aux représentations.

THÉATRE FRANÇAIS.

Prix des places.

	Bureau.	Location.
Avant-scènes du rez-de-chaussée	6 60	9 »
Baignoires de côté	6 60	7 »
Loges de la galerie Balcon	6 60	8 »
Premières de face	6 »	8 »
Orchestre	5 »	7 »
Stalles de galerie Première galerie	5 »	6 »
Premières de côté	4 50	6 »
Avant-scènes des secondes Deuxièmes de face Deuxièmes de côté	3 50	5 »
Galerie des secondes	2 50	4 »
Parterre	2 50	» »
Troisièmes de face Troisièmes de côté	2 »	3 »
Deuxième galerie	1 50	» »
Deuxième amphithéâtre	1 »	» »

Paris. — Imprimerie de L. MARTINET, rue Mignon, 2.

UNE
CONSPIRATION A FOR-L'ÉVÊQUE.

I.

Madame Dubarry régnait en souveraine sur le cœur de notre roi *bien-aimé* Louis XV. Pour plaire à cette *déesse de la volupté*, Versailles avait à peine assez de plaisirs, de splendeur et de fêtes; tous les genres de divertissements avaient été appelés dans la demeure fastueuse de Louis XIV, et les comédiens ordinaires du roi comptaient en première ligne parmi les distractions qu'on procurait à la royale favorite.

A cette époque, deux actrices célèbres se disputaient le sceptre de la tragédie: mademoiselle Clairon et mademoiselle Dumesnil, toutes deux arrivées à l'apogée de leur talent et de la gloire. La première, hautaine, capricieuse, amoureuse des plaisirs faciles et de la vie dissolue de cette époque, était soutenue à la cour par madame la duchesse de Villeroi qui l'aimait tendrement et qui l'appelait avec orgueil *notre Melpomène*. Mademoiselle Dumesnil, dont les mœurs n'étaient certainement pas plus sévères que celles de mademoiselle Clairon, était patronée par madame Dubarry elle-même, qui l'attira au théâtre de la cour à Versailles et lui procura l'occasion d'un éclatant succès dans le rôle de *Sémiramis*.

Ce fut à la suite de cette représentation qui empruntait son éclat aux fêtes données à la cour pour le mariage de Louis XVI, qu'un courtisan, dans le but sans doute de plaire à madame Dubarry, fit circuler les petits vers suivants :

De la cour tu voulais en vain
Expulser, ô Clairon, ton illustre rivale;
Dumesnil paraît, et soudain
D'elle à toi l'on voit l'intervalle.
Renonce, crois-nous, au dessein
De surpasser cette héroïne;
Ton triomphe le plus certain
Est d'avoir en débauche égalé Messaline.

Cette méchanceté, lancée sur la scène aux pieds de mademoiselle Dumesnil, fut bientôt connue de tout le monde. Fleury se trouvait dans la coulisse au moment où elle y fut apportée et lue; indigné de cette épigramme injurieuse pour une de ses camarades, il en manifesta tout haut son déplaisir, et se tournant vers Lekain :

— *On ne sait que faire à Versailles*, dit-il, *on se fabrique de grosses haines sur de minces sujets, afin de s'occuper. Les rivalités de théâtres sont à la hauteur de nos hommes d'Etat, et tu conviendras que le dictionnaire de Jeanne Vaubernier doit fournir souvent de pareilles rimes.*

— Imprudent, interrompit Lekain, nous sommes au milieu des amis de madame Dubarry.

— Des amis! reprit le premier interlocuteur avec un sourire ironique, dis donc des flatteurs et des courtisans.

Lekain jugea prudent de mettre un terme à cette conversation compromettante et entraîna son camarade, avec lequel il devait précisément souper en compagnie de mademoiselle Clairon. Celle-ci les attendait déjà au domicile de Fleury, chez qui le rendez-vous avait été donné.

Soit que l'âme de Fleury ne pût longtemps garder un sentiment de colère, soit que le grand air et la marche eussent ramené le calme dans son esprit, le comédien, avant même d'arriver chez lui, avait repris son caractère enjoué et ses manières gracieuses et légères.

— Clairon, dit-il en entrant à l'actrice, que donnerais-tu pour faire une méchanceté à Dumesnil?

— Je ferai tout mon possible, au contraire, pour la lui épargner, répondit la protégée de madame de Villeroi.

— Penses-tu que Dumesnil partage tes sentiments à cet égard?

— J'en suis sûre; elle est ma rivale, mais elle n'a jamais été mon ennemie.

— Vous avez même peut-être, Dieu me pardonne! chassé sur les mêmes terres? dit Fleury en souriant.

— Monsieur Fleury! répondit l'actrice en prenant un air tragico-comique.

— Si vous continuez sur ce ton de souveraine en courroux, poursuivit l'acteur en imitant mademoiselle Clairon, vous me permettrez de me taire, n'ayant jamais aspiré au rôle d'Agamemnon.

Un domestique vint annoncer que le souper était servi.

L'amphitryon, avec les manières de gentilhomme qui le distinguaient, offrit son bras à l'actrice, et pendant qu'il la conduisait dans la salle à manger :

— Si tu me promets de ne pas bouder contre l'alicante et les truffes qui nous attendent et surtout de ne pas chausser le cothurne de Melpomène, je te dirai une épigramme que l'on a lancée contre toi.

— Contre moi? s'écria mademoiselle Clairon étonnée.

— Tu n'es pas fidèle à ta promesse, le seras-tu davantage à tes serments?

Et prenant une bouteille de madère :

— Jure sur ce flacon, dit-il, de ne pas troubler des accents de ta colère l'hospitalité que je t'offre ce soir.

— Je le jure! dit Clairon en prenant un air grave et sévère.

Les trois acteurs de la Comédie-Française se mirent à table et pendant que Lekain s'occupait à dépecer une volaille, Fleury récita à sa camarade les vers que nous avons rapportés plus haut.

— Ces insultes, dit mademoiselle Clairon avec la plus profonde indifférence, ne peuvent exciter ni mon mépris, ni ma colère. Si elles sortent de la plume d'un courtisan, je désire qu'elles lui attirent les bonnes grâces de la favorite; et si elles sont le cri de rage d'un amant évincé, je les regarde comme des preuves de ma vertu.

— Voilà de la philosophie, observa Lekain, et notre ami Fleury eût peut-être bien fait de prendre tes conseils avant d'émettre son opinion, comme il l'a fait ce soir.

— Par la sambleu! s'écria Fleury, on n'est pas toujours maître d'un premier mouvement d'indignation.

— Dieu veuille, reprit gravement le tragédien, que ce mouvement-là ne te mène pas à la Bastille.

— Du moins, s'écria mademoiselle Clairon en tendant la main à son défenseur, il n'irait pas seul, et je jure de partager sa captivité.

— Si bien, observa Lekain avec un demi-sourire, que je n'aurai point de rôle dans cette tragédie que l'on pourrait appeler *Iphigénie à la Bastille?*

— Mais, s'exclama Fleury en riant, la complicité dont tu t'es rendu coupable en te faisant mon confident, te désigne tout naturellement pour être mon Pylade.

— Il a raison, dirent à la fois les deux convives, et nous jurons par les dieux infernaux, de suivre la destinée de notre Oreste.

Et les trois acteurs consacrèrent leur serment par un verre d'alicante.

Tout à coup un domestique effaré entra dans la salle :

— Un capitaine des gardes, s'écria-t-il vient arrêter monsieur Fleury.

— Permettez-moi, dit celui-ci en se levant et en s'adressant à ses camarades, d'aller recevoir monsieur l'ambassadeur de Cotillon III.

— Et notre serment? dit Lekain presque effrayé de la perspective que lui promettait l'annonce du visiteur.

— Je le tiendrai, répondit résolument mademoiselle Clairon.

— Et moi aussi, répliqua Lekain, qui ne voulut pas paraître avoir moins de courage que sa compagne.

— C'est le moyen, observa celle-ci, de rendre plus vite à la liberté notre cher Fleury, car messieurs les gentilshommes de la chambre ne pourront vous dignement remplacer dans les fêtes de la cour.

— Mes amis, s'écria Fleury en rentrant et en présentant le capitaine des gardes, monsieur veut bien nous faire l'honneur d'accepter un verre d'alicante en retour de la promenade toute gracieuse qu'il vous propose.

— Mais, monsieur, répondit le capitaine, je vous ai déjà fait observer que je ne dois arrêter que vous seul.

— Dans ce cas, dit mademoiselle Clairon, vous pourrez aller demander à madame Dubarry l'ordre de conduire également à la Bastille monsieur Lekain et la rivale de mademoiselle Dumesnil; ce dernier ordre surtout, je vous l'assure, ne vous sera point refusé.

— C'est possible, madame, répondit en s'inclinant le militaire, mais je n'ai l'ordre d'arrêter ce soir que monsieur Fleury.

— Il n'y a qu'à s'entendre, dit celui-ci en présentant un verre au capitaine, la Bastille doit avoir demain une cellule de plus occupée; peu importe qu'elle le soit par une ou par plusieurs personnes, l'essentiel est qu'elle ne reste pas vide. Si nous vous proposions, monsieur le capitaine, de laisser vide la cellule, vous auriez raison de vous récrier et d'en appeler à votre devoir de militaire; mais, par la sambleu! nous savons assez ce qu'on doit à l'honneur des gentilshommes pour ne point vous faire une semblable proposition.

— D'autant mieux, observa l'actrice, que nous sommes tous les trois coupables et vous serez loué de cettre triple arrestation.

— Pour moi, dit Lekain, j'ai juré de ne point abandonner mon ami dont je suis le complice.

Et il passa sous son bras une main de son camarade.

— Et moi aussi, s'écria mademoiselle Clairon en suivant l'exemple de Lekain.

— Et maintenant, s'écria Fleury sur un ton tragique, osez, monsieur le capitaine, briser ce tableau vivant de l'amitié la plus parfaite.

— S'il en est ainsi, dit le capitaine après avoir réfléchi que l'arrestation de la rivale de mademoiselle Dumesnil pourrait être agréable à la royale favorite, je vous arrête tous les trois et vous requiers au nom de Sa Majesté de me suivre à For-l'Évêque.

— Rien n'est changé que le titre de la pièce, s'écria gaiement Fleury.

Et les trois acteurs allèrent prendre place dans une voiture qui les mena rapidement à la prison habituelle de messieurs les comédiens ordinaires du roi.

II.

Une cellule avait été donnée pour chambre à chacun de nos trois reclus, mais une salle commune les réunissait aux heures des repas, ou lorsque la fantaisie les prenait d'être ensemble. Lekain, homme de travail et d'étude, s'était tout d'abord acclimaté à l'air de la prison, et ayant fait venir ses livres, il méditait, dans les ouvrages des Grecs et des Latins, les sentiments dont s'étaient inspirés Racine et Corneille. Mademoiselle Clairon s'associait quelquefois aux recherches de son camarade, et partageait le reste du temps en causeries légères et en occupations féminines. Fleury ne faisait rien, ou plutôt, la tête penchée sur la poitrine et arpentant à grands pas le corridor intérieur de For-l'Évêque, il semblait se livrer à des pensées profondes sur un sujet ardu et difficile.

Pendant les premières heures, Lekain et sa compagne mirent sur le compte du désappointement la conduite taciturne de Fleury, et respectèrent cette douleur, d'autant plus grande qu'elle ne se traduisait pas au dehors. Cependant ce mutisme et cet isolement prolongés étaient si peu en harmonie avec le caractère enjoué du comédien, que ses deux compagnons furent amenés à en concevoir une véritable inquiétude et à s'informer de la cause d'une métamorphose aussi complète et aussi radicale.

Mais Fleury, opposant le silence le plus obstiné à toutes les questions qui lui étaient faites, continuait sa promenade taciturne et méditative. Cette obstination piqua vivement la curiosité de mademoiselle Clairon :

— Fleury, lui dit-elle tout à coup en l'arrêtant par le bras, tu as dans le monde une belle renommée de gentilhomme, mais je commence à croire que tu as payé des flatteurs pour te fabriquer cette réputation.

— Un grand projet me préoccupe, répondit enfin le comédien tâchant de se débarrasser de l'étreinte de Clairon, et pendant l'enfantement de ce grand dessin, je ne puis descendre aux petites choses de la terre.

— Et pourrait-on connaître, demanda l'actrice moitié souriant, le but et le plan de ton entreprise?

— Parlons bas, répondit Fleury en se penchant à l'oreille de sa compagne, je conspire.

Mademoiselle Clairon recula de trois pas; mais après le premier moment de stupeur :

— Tu conspires, dit-elle en éclatant de rire, toi, le comédien le plus jovial et le plus gai de tous les comédiens ordinaires du roi!

— Il est dans la vie des circonstances graves, répondit majestueusement Fleury, où la légèreté doit faire place au sérieux, et l'esprit à la raison. Nous sommes dans une de ces graves circonstances, et je conspire.

— Contre qui donc sont dirigés tes projets criminels ?

— Que t'importe ?

— Je te devine : contre Cotillon III, par la grâce de laquelle nous sommes ici.

— Je ne descends pas jusqu'à conspirer contre Jeanne Vaubernier ; un comédien ordinaire du roi dédaigne une courtisane et ne se mesure pas avec elle.

— Conspiration d'amour, alors....

Fleury fit un mouvement d'épaules négatif. Soit qu'elle ne vît pas ce mouvement, soit qu'elle cédât au plaisir de l'indiscrétion, l'actrice continua :

— Et le jeune marquis de Vaudreuil n'a qu'à bien être sur ses gardes.

A ce nom, Fleury releva précipitamment la tête, et saisissant avec vivacité le bras de mademoiselle Clairon :

— Oui, oui, s'écria-t-il avec un air de triomphe, c'est cela, le problème est résolu.

Et il entraîna sa camarade dans la cellule de Lekain.

Celui-ci, arraché tout à coup à ses travaux, ne put comprendre les sentiments divers qui se peignaient sur la figure de ses deux visiteurs. Mademoiselle Clairon était sous l'empire de l'étonnement, et Fleury manifestait la satisfaction la plus grande.

—Mes amis, s'écria celui-ci après avoir fermé la porte de la cellule, dans deux jours vous serez libres.

Ses deux auditeurs firent un signe d'incrédulité. Fleury continua :

— Depuis que nous sommes enfermés à For-l'Évêque, le remords est entré dans mon âme, et étant la cause de votre incarcération, je veux être l'instrument de votre délivrance.

Lekain essaya de calmer les scrupules de son camarade ; celui-ci poursuivit :

— Les longues et silencieuses méditations auxquelles je me suis livré n'avaient pas d'autre but ; je conspirais contre nos geôliers et pour la liberté.

L'orateur promena ses regards sur l'auditoire, comme pour recueillir un signe d'encouragement ou un sourire de satisfaction.

— Le moyen de sortir d'ici promptement et sans coup férir, continua-t-il, est trouvé ; le succès n'est pas douteux si vous avez en moi une entière confiance et si vous me promettez d'obéir aveuglément à toutes mes volontés.

— Mais c'est une obéissance d'eunuque que tu demandes, observa mademoiselle Clairon.

— La liberté est à ce prix, répondit gravement Fleury.

— Tu ne veux même pas de confident ? dit Lekain avec un sourire.

— Ce rôle est inutile, répliqua Fleury; votre concours doit se borner à une obéissance aveugle et à une discrétion à toute épreuve.

Après que ce pacte bizarre eut été conclu, Fleury agita violemment le cordon de la sonnette. Un petit homme au nez bourgeonné et à la figure ouverte se présenta.

— Père Bernard, dit le comédien, nous voulons faire ce soir un repas splendide, quelque chose comme le dîner de Balthasar.

— Je suis à l'entière disposition de monsieur, répondit le père Bernard.

— Il nous faudra quatre couverts; j'attends une visite.

— Avec la permission de M. l'intendant de la police?

— Diable! dit Fleury se parlant à lui-même, je n'avais pas prévu cette difficulté.

Mais, après une courte réflexion, tirant une bourse de sa poche, il la glissa furtivement dans la main de son interlocuteur et lui dit à demi-voix :

— Pour les premiers frais de la table.

Et reprenant sur le ton ordinaire, tout en faisant un signe d'intelligence au père Bernard :

— Je pensais, dit-il, que les prisonniers de For-l'Évêque avaient le droit de communiquer librement avec leurs femmes, et j'espérais ce soir pouvoir souper avec la mienne?

Cet argument était peu de nature à convaincre le père Bernard, mais, beaucoup plus sensible à celui de la bourse, il répondit :

— La visite de votre femme est chose trop naturelle pour que j'y mette obstacle, surtout, ajouta-t-il à voix basse, quand le gouverneur aura fini son inspection du soir.

— Très bien, père Bernard, répliqua Fleury; je reconnais là votre cœur de geôlier sensible, et si vous voulez passer dans ma cellule, je vous ferai le menu du repas.

Fleury fit signe à ses camarades qu'il voulait être seul avec le geôlier, et sortit avec ce dernier, laissant Lekain et Clairon se demander mutuellement quel pouvait être le convive qu'ils auraient le soir à leur table. Il ne les tint pas longtemps dans l'incertitude. A son retour, prenant un air radieux.

— Tout marche à merveille, s'écria-t-il, et si des obstacles que je ne puis prévoir ne surgissent pas d'ici à demain, dans deux jours nous serons libres.

— Voudras-tu pas nous initier... hasarda mademoiselle Clairon.

— Silence, interrompit majestueusement Fleury. Vous m'avez investi de votre confiance et de toute autorité; quand j'aurai besoin de vous, je vous transmettrai mes ordres.

— Admirable! dit Lekain en riant; Orosmane ne parle pas mieux à ses esclaves

— Au moins, reprit Clairon, peux-tu nous faire connaître le convive que tu attends ?

— Je ne vois aucun inconvénient à satisfaire ta curiosité ; mais je t'avertis d'avance que l'amour est entièrement étranger au but de cette visite.

— Ah ! ah ! dit l'actrice en riant, nous dînerons ce soir avec ta maîtresse !

— Ainsi que demain ; mademoiselle Besse vient partager les ennuis de notre captivité.

— Tu vas donc, observa Lekain, enfermer à For-l'Évêque toute la Comédie Française ?

— Et prendre la cour par la famine de plaisirs, ajouta Clairon, manière ingénieuse de rompre notre captivité.

— Le moyen serait excellent, répondit Fleury, s'il n'était trop long, et je vous ai promis la liberté pour après-demain.

Et s'assurant si aucune oreille indiscrète ne pouvait les entendre du corridor, il ferma à clef la porte de la cellule, et se rapprochant de ses deux camarades :

— Mademoiselle Besse, dit-il, sera introduite ce soir dans la place par le père Bernard, que j'ai acquis à ma cause moyennant quelques louis et l'espérance de quelques bouteilles de vin vieux. Le difficile est de la soustraire deux nuits et un jour à la surveillance du gouverneur. Nous n'avons rien à craindre de l'inspection de ce soir ; la nuit prochaine nous la passerons à table, sans redouter la visite de monseigneur, qui, une fois rentré dans ses appartements, se livre sans réserve aux douceurs du foyer domestique. A l'inspection de demain matin, nous dresserons ainsi nos batteries : la captive innocente sera d'abord enfermée dans la cellule de Lekain, visitée ordinairement la dernière. A la sortie de ma cellule, qui a les honneurs de la primauté, le gouverneur passe dans celle de Clairon ; notre camarade aura soin d'être à son poste, et, usant des grâces de sa figure et des charmes de son amabilité, elle occupera le visiteur, en ayant soin de pousser la porte ; Clairon est même autorisée à abuser de tous ses heureux attributs pour retenir monseigneur.

— Et ma vertu ? fit l'actrice en riant.

— Si monseigneur va trop loin, répondit gravement Fleury, tu appelleras à ton aide ; mais il t'est sévèrement défendu d'ouvrir la porte sous quelque prétexte que ce soit. Pendant ce temps, mademoiselle Besse passera dans ma cellule, et monseigneur n'en trouvera plus aucune trace dans celle de Lekain.

— Je ne sais, dit celui-ci, ce que je dois le plus admirer dans notre camarade, ou de son talent d'inventeur, ou de sa connaissance parfaite des habitudes du gouverneur ?

— Oh ! pour ce dernier point, répliqua Fleury, je n'ai que le mérite d'avoir parfaitement compris la leçon du père Bernard.

— Mais la journée de demain, observa Clairon, sera remplie par des tribulations de tous les genres?

— Nullement, répondit le chef de la conspiration, nous ferons alternativement sentinelle à la porte de nos cellules; Lekain portera ses pénates dans la mienne, et laissera sa chambre à mademoiselle Besse, qui l'occupera seule, prête à fuir des lieux devenus inhospitaliers. A l'inspection du soir, nous emploierons l'heureuse stratégie du matin.

— Et la nuit, observa malicieusement mademoiselle Clairon, quel poste nous assigneras-tu, car nous serons quatre pour trois cellules?

— La nuit, répondit Fleury à voix basse et en prenant un air plein de mystère, la nuit verra éclater la conspiration.

III.

La place de gouverneur de Fort-l'Évêque était une sinécure réservée à un cadet de famille qui s'était distingué dans le service des armées du roi. La personne qui occupait ce poste, à l'époque où se passe notre récit, méthodique comme un vieux militaire, inspectait régulièrement deux fois par jour, le soir et le matin, les lieux soumis à sa surveillance. Mais au milieu de ses fonctions rigides, il s'étudiait à rendre son autorité légère, et prisonniers et employés se louaient de la mansuétude et de l'indulgence de son pouvoir.

Il était surtout d'une complaisance extrême pour les personnages qui nous occupent; il savait par expérience que MM. les comédiens du roi, enfermés à For-l'Évêque, n'étaient pas d'habitude de grands coupables, et qu'on n'avait probablement à reprocher à ceux-ci que quelques intrigues, ou quelques plaisanteries, peccadilles habituelles aux gens d'esprit et de théâtre.

La conspiration dont Fleury était l'âme ne risquait donc pas de rencontrer des obstacles sérieux de ce côté, et si quelque crainte l'eût encore agité à cet égard, l'inspection que nos prisonniers eurent à subir le soir dut entièrement le rassurer. Cette inspection fut une visite amicale pendant laquelle le gouverneur déplora plus d'une fois la retenue à laquelle le condamnaient ses fonctions, et qui l'empêchaient de prendre part au souper projeté pour la nuit.

Cependant, malgré ces dispositions bienveillantes, Fleury n'avait eu garde de l'entretenir de la visite qu'il attendait et de l'augmentation du personnel soumis à sa surveillance.

Aussi à peine le gouverneur eut-il pris congé de ses pensionnaires, qu'excitant ses camarades de la voix et du geste :

— Allons vite, dit-il, le quatrième couvert... tout marche à souhait... le père Bernard va bientôt amener notre convive de contrebande... Clairon, fais les honneurs de céans, et toi, Lekain, débouche les bouteilles!

Le geôlier entrebâilla la porte et passa au travers sa figure bourgeonnée.

— Entrez, père Bernard, s'écria Fleury en l'apercevant, et dites-nous votre avis sur cette bouteille de chambertin.

Et le comédien lui offrit un verre rempli de vin.

— Excellent, dit le père Bernard en dégustant la liqueur, je voudrais ma vie durant être au régime de cette tisane.

— Tu t'y tiendras du moins cette nuit et demain, répondit Fleury.

Et il glissa dans ses poches trois bouteilles de chambertin.

Évidemment le père Bernard oubliait dans sa satisfaction le motif de sa visite. Le comédien le lui rappela :

— Ma femme est-elle venue? lui demanda-t-il à demi-voix.

— Votre chambertin fait perdre la mémoire, répondit le geôlier en vidant son verre, je venais vous prévenir que depuis une heure votre femme est dans ma loge à attendre le bon plaisir du gouverneur.

— Aucun accident ne lui est arrivé?

— Grâce à ma perspicacité, répondit le geôlier en se rengorgeant, et votre femme est bien imprudente de se présenter comme votre femme.

— Comment voulais-tu donc qu'elle se présentât? demanda Fleury en riant.

— Comme ma nièce ou ma filleule, et non pas affublée de riches falbalas de cour. Les grandes toilettes, voyez-vous, attirent l'attention et éveillent le soupçon, et sans ma sage prévoyance, votre femme serait actuellement aux Madelonnettes.

— Un pareil service, dit Fleury souriant, mérite récompense.

Et il glissa dans la poche du geôlier une nouvelle bouteille de chambertin.

— J'avais encore par hasard, dit le père Bernard, une robe et un bonnet de ma pauvre défunte, dont le ciel veuille avoir l'âme!

Et il fit un signe de croix en levant les yeux vers le plafond.

— De sorte que ma femme, poursuivit Fleury en riant, a revêtu le costume de feu madame Bernard?

— Et bien lui en a pris, ajouta le geôlier, car monseigneur le gouverneur, l'ayant trouvée gentille, s'est contenté de lui caresser le menton, parce que je l'ai fait passer pour ma nièce.

— Ce trait d'esprit vaut bien une bouteille, dit Fleury.

Et il ajouta cette nouvelle offrande à la provision du père Bernard.

— Monseigneur, dit celui-ci en saluant profondément, vous faites les choses en véritable gentilhomme.

— Mieux qu'en gentilhomme, en comédien ordinaire du roi.

A ce mot le père Bernard s'inclina avec respect.

En ce moment le cuisinier de For-l'Évêque apporta le souper qui lui avait été commandé, et se retira sans mot dire, après avoir chargé la table de mets de toute sorte et de toute grandeur.

— Maintenant, dit Fleury en s'adressant au geôlier, nous n'avons plus à craindre la ronde du gouverneur ni l'indiscrétion des importuns, fais entrer ma femme.

Le père Bernard salua, et revint quelques instants après suivi de mademoiselle Besse.

Celle-ci, sous le costume de la femme du peuple, n'avait rien perdu de sa grâce et de sa beauté; la jeunesse était toute sa parure, et le bonnet rond de madame Bernard était insuffisant à cacher la vivacité de son regard et la fraîcheur de ses joues.

A la première vue les trois comédiens ne purent retenir un éclat de rire, et la pauvre jeune femme, toute honteuse, alla cacher sa rougeur dans le sein de Fleury; celui-ci la récompensa de son dévouement par un tendre baiser, et, pour prévenir tout commentaire, donna le signal de se mettre à table.

Quand les premiers besoins de l'estomac eurent été satisfaits, Fleury prit la parole, et s'adressant à sa maîtresse :

— Depuis, dit-il, que madame Dubarry m'a dégagé du soin de ta surveillance, quels prétendants à ma succession as-tu inscrits sur ton carnet?

A cette question bizarre mademoiselle Besse rougit, et prenant un petit air d'indignation qui lui allait à ravir :

— Je pensais, dit-elle, vous avoir inspiré plus de confiance dans mes sentiments et une meilleure opinion de ma conduite !

— Sans doute, répondit Fleury, j'ai en ton amour une foi pleine et entière, mais quand on a pour rival un homme comme le marquis de Vaudreuil...

— Lui, interrompit tout à coup mademoiselle Besse, sera le dernier à qui j'accorderai mes faveurs.

— Cependant, observa le comédien, il est jeune, beau, riche et passionné.

— Si je te connaissais moins, s'écria Clairon en riant, je penserais que tu es à ses gages et payé pour faire son éloge.

— Ta conduite, ajouta Lekain, est en effet bizarre.

— Peut-être, répondit Fleury, n'est-il pas sage de connaître à fond son ennemi afin de le mieux combattre?

— Vous ne serez jamais dans ce cas, observa mademoiselle Besse, et je me sens assez forte par moi-même pour repousser toutes ses attaques.

— Il est entreprenant et plein d'audace, répliqua Fleury, et on le dit capable de toutes sortes de folies.

— Je ne crains pas plus ses folies que ses menaces, s'écria avec triomphe mademoiselle Besse.

— Des menaces! s'exclamèrent à la fois les trois comédiens.

— Oui, il m'a écrit hier qu'il me posséderait avant son mariage, dût-il aller me chercher jusqu'au fond des enfers.

— Par la sambleu! s'écria Fleury en riant, je voudrais bien savoir quel gâteau enchanté il jettera à ton cerbère!

— Mais ce jeune marquis de Vaudreuil, observa Clairon, est un homme excessivement dangereux, et à la place de notre camarade.....

— Tu l'adoucirais, interrompit Fleury souriant.

— Pour moi, dit mademoiselle Besse, je lasserai sa patience et me rirai de ses efforts.

— Mais s'il tente quelque folie? observa Lekain.

— On demandera son interdiction, répondit mademoiselle Clairon.

— Et son incarcération à For-l'Évêque, ajouta Fleury.

— Par Dieu! s'écria Lekain, s'il savait la belle sous les verroux, il réclamerait le premier l'arrêt de sa condamnation.

— Il serait piquant, dit Clairon, de voir le loup et la brebis habiter côte à côte.

— Par la sambleu! s'écria Fleury, le monde a été témoin de bien d'autres merveilles, et si le ciel nous protége, il nous enverra pour divertissement le marquis de Vaudreuil.

— Nous ne sommes plus au temps des miracles, répondit Clairon.

— Peut-être, riposta Fleury.

Et remplissant les verres à la ronde :

— A la santé du marquis de Vaudreuil, dit-il, et à sa prompte arrivée parmi nous.

Les verres se choquèrent au milieu des éclats de rire des quatre comédiens.

IV.

Le repas se prolongea jusqu'au jour. Quand les premières lueurs de l'aurore vinrent lutter contre la pâle lumière des bougies, Fleury donna le signal de la retraite et annonça que, pendant la journée, chacun des trois prisonniers ferait sentinelle à tour de rôle, afin de prévenir toute visite imprévue du gouverneur ; il s'offrit à remplir le premier cette surveillance, et ses trois compagnons se retirèrent respectivement dans leurs cellules.

Fleury suivit mademoiselle Besse dans sa retraite, et tout en l'engageant à se livrer au repos :

— Je suis le plus malheureux des hommes, dit-il, et je voudrais toujours étourdir, comme cette nuit, les remords qui m'assiégent.

A ces mots, prononcés avec un accent de tristesse profonde, mademoiselle Besse se rapprocha de son amant et s'informa avec intérêt du sujet de sa peine.

— Je ne puis me pardonner, répondit mélancoliquement Fleury, d'être la cause de l'emprisonnement de Clairon et de Lekain, et je donnerais tout au monde pour leur ouvrir les portes de For-l'Évêque.

— Parmi les nobles seigneurs de la cour, demanda la jeune femme sur un ton qui en disait beaucoup plus que ses paroles, ne comptes-tu aucun dévouement, aucune amitié véritable ?

— Depuis l'attaque que j'eus à subir à Versailles, répondit l'acteur, de la part des six gentilshommes qui te poursuivaient de leur assiduité, j'ai acquis l'estime du marquis de Foudras, auquel je puis, sans crainte de refus, demander toutes sortes de services (1).

— Eh bien, dit vivement mademoiselle Besse, pourquoi ne t'adresserais-tu pas à lui pour obtenir ton élargissement et celui de nos camarades ?

— Je crains de le compromettre par une lettre, car le gouverneur a le droit de lire tout ce que nous écrivons.

— Cependant, observa malicieusement la jeune femme, ta lettre d'hier m'est parvenue sans encontre !

— C'est une heureuse chance, répondit Fleury sans hésiter ; d'ailleurs mon billet d'hier était sans importance, et je n'oserais confier au hasard la sécurité et la liberté de mon ami.

Après un court silence, l'actrice reprit tout à coup :

— En observant les précautions que j'ai prises pour arriver jusqu'ici, je pourrais moi-même remplir de vive voix ta commission auprès du marquis de Foudras.

— Nenni, ma toute belle, répondit précipitamment Fleury, j'ai eu à supporter pendant ton voyage de trop poignantes inquiétudes, pour t'exposer de nouveau au hasard d'être découverte.

— Que faire alors ?

Fleury garda le silence et sembla s'abîmer dans de profondes réflexions. Mais après quelques instants de muette concentration, relevant la tête et prenant la main de sa maîtresse :

— Tout peut s'arranger, dit-il, si tu veux m'aider dans mon expédient ?

— Je suis prête, répondit avec assurance la jeune femme.

— Dans ce temps d'intrigues et de jalousies de cour, poursuivit Fleury,

(1) Voir pour l'explication et la vérité de cette aventure que nous ne pouvons rapporter ici, les *Mémoires de Fleury* publiés par M. J.-B.-P. Lafitte, tom. I, pag. 88 et suivantes.

le plus honnête homme est exposé à des coups imprévus et à des vengeances ténébreuses. Pour déjouer les uns et les autres, nous nous sommes promis, le marquis de Foudras et moi, de nous porter secours au premier signal de détresse. Mais pour ne pas rendre ce secours inefficace en nous compromettant mutuellement, il a été convenu que nous nous annoncerions le danger par une lettre énigmatique et compréhensible seulement à notre amitié. Je te propose donc d'écrire cette lettre dans les termes que je te dicterai.

— Moi? demanda avec étonnement mademoiselle Besse, mais je n'ai jamais vu le marquis de Foudras.

— Qu'importe! il sait le lien qui nous unit, et sous ta signature il lira le nom de son ami.

L'actrice n'ayant plus aucune objection à faire, et désirant d'ailleurs prouver à son amant toute son affection, s'approcha de la table, et prenant une plume et du papier, elle commença, sans attendre la dictée de Fleury, à écrire la première formule de la lettre : *Monsieur le marquis de Foudras.*

Le comédien ayant jeté les yeux sur ce que venait de faire sa maîtresse :

— Enfant, lui dit-il, dans une conspiration on n'écrit jamais le nom de ses complices.

— Folle que je suis! s'écria mademoiselle Besse en riant et en déchirant le papier, je prenais le moyen le plus sûr pour rendre parfaitement inutile le mystère de cette épître.

Et choisissant une autre feuille, elle attendit les ordres de Fleury.

— Commençons, dit ce dernier.

Et il dicta la lettre suivante, que sa maîtresse écrivit sans réflexion.

« Monsieur le marquis,

« Je suis depuis hier enfermée à For-l'Évêque; la solitude à laquelle je » suis condamnée m'a permis de réfléchir aux propositions que vous m'avez » faites; je suis décidée à les accepter, tout autant qu'elles ne pourront » nuire ni à vos intérêts ni à votre avenir. Notre position respective nous » condamne à de grands ménagements; la moindre indiscrétion pourrait » nous perdre, et je pense que mon séjour à For-l'Évêque est une occa» sion favorable pour déjouer tous les regards. Vous introduire furtivement » dans la place est un moyen qui m'a souri, et j'ai prévenu le concierge de » la prison que j'attendais ce soir une grande caisse remplie de perruques » et de falbalas. Je vous indique cet expédient comme un des plus sûrs que » je connaisse; à votre empressement à l'adopter, je jugerai la force de » vos sentiments. »

— Mets ta signature au bas, ajouta Fleury dès qu'il eut fini de dicter.

L'actrice obéit.

— C'est bien, ajouta Fleury en prenant la lettre et en la pliant, il est inutile que je t'explique le sens de mes paroles, il suffit que je sache ce que j'ai voulu dire, et que le marquis de Foudras pénètre à son tour ma pensée.

— C'est votre affaire, répondit gaiement mademoiselle Besse en présentant son front pour y recevoir un baiser.

Fleury en déposa deux, et se dirigeant vers la porte :

— Il est temps que tu dormes, dit-il, et que tu répares la veille de cette nuit :

Et il s'éloigna en se dirigeant vers l'aile du bâtiment occupée par le père Bernard.

Celui-ci était déjà sur pied et vidait une première bouteille.

— Dieu vous tienne en joie, dit Fleury en lui tendant amicalement la main.

— Ah ! c'est vous, monseigneur, répondit le geôlier qui se rappelait encore la générosité du comédien ; déjà levé à cette heure ?

— Une affaire grave me préoccupe, répondit Fleury sur le ton de la confidence, et m'éloigne de toute idée de repos.

— Grand Dieu ! s'écria le père Bernard en vidant son verre comme pour ne se laisser aucune distraction.

— Je me suis aperçu avec effroi cette nuit, continua Fleury toujours sur le même ton, que ma provision de vin touchait à son terme. Je frémis à la seule pensée de la disette qui me menace.

— Juste ciel ! s'exclama le père Bernard en se versant une rasade pour se prouver sans doute qu'il n'avait point à craindre un semblable malheur.

— Il ne tient qu'à vous, poursuivit l'acteur, qu'une pareille calamité ne fonde sur moi.

— A moi, monseigneur ? Et que faut-il faire ?

— Porter simplement cette lettre chez un de mes amis à qui je donne la commission de m'envoyer ce soir une provision complète de ses meilleurs crus.

— Rien n'est aussi facile, monseigneur.

— Vous me rendez la vie, père Bernard, voici la lettre que j'ai préparée pour le marquis de Vaudreuil.

— Le marquis de..., demanda le geôlier qui, en vidant son verre, n'avait pas entendu le dernier mot prononcé par Fleury.

— Le marquis de Vaudreuil, rue de Varennes, répéta le comédien.

— Suffit, monseigneur, le temps d'aller à Paris et votre lettre sera à son adresse.

— Merci, père Bernard.

Et Fleury glissa deux louis dans la main du geôlier.

Comme il allait s'éloigner, il ajouta :

— La caisse renfermera aussi quelques effets pour ma femme.

— Tout ce que vous voudrez, monseigneur.

— Soyez prudent si vous inspectez la caisse, car vous pourriez défriser quelques perruques et abîmer quelques falbalas.

— Je sais le respect que l'on doit à ces choses et à mille autres encore, répondit le geôlier en faisant un signe d'intelligence.

— C'est bien, père Bernard, je compte sur votre zèle et votre discrétion. Pour ne compromettre personne, la caisse sera adressée à mademoiselle Besse, un nom d'emprunt.

— Très bien, monseigneur.

Et Fleury regagna sa cellule.

V.

La journée se passa sans encontre, et l'inspection du soir n'offrit aucune circonstance extraordinaire; mademoiselle Besse n'avait point été découverte, et les quatre prisonniers s'en félicitaient gaiement à table, quand le père Bernard vient annoncer que la caisse de vins et de perruques était introduite dans la citadelle.

Fleury se leva suivi du geôlier et fit déposer la caisse dans sa cellule.

— Ce sont des vêtements pour mademoiselle, dit-il en revenant auprès de ses camarades, et en désignant sa maîtresse, mademoiselle Besse ne pouvait plus longtemps usurper les habits de feu madame Bernard.

La jeune pensionnaire de la Comédie-Française comprenait à peine les paroles de son amant, mais sur un signe de celui-ci, elle ne hasarda aucune observation, pensant que de son silence dépendait le salut de tous.

Le repas menaçait de se prolonger indéfiniment comme celui de la veille, quand Fleury, en sa qualité de régulateur en chef des actions de ses camarades, annonça que le moment décisif était venu, et que chacun, dans la sphère de ses attributions, devait concourir au grand acte qui les rendrait à la liberté.

— Jusqu'à présent, ajouta Clairon, tu ne nous as donné aucun rôle.

— Nous sommes comme les grands seigneurs, ajouta Lekain, nous profiterons de tout sans courir aucun risque.

— Peut-être, répondit Fleury, car c'est au moment suprême que sont les plus grands dangers.

— Quels sont donc les périls que tu nous prépares? demandèrent à la fois ses trois auditeurs.

— Écoutez et retenez bien mes ordres, répondit Fleury sur le ton de l'autorité.

Et s'assurant que personne ne pouvait l'entendre :

— Aucun de vous, poursuivit-il en baissant la voix et avec un air de mystère, aucun de vous ne devra quitter cette pièce ; moi, je me retire dans la cellule voisine où doit éclater la conspiration, et quel que soit le bruit qui vous parvienne, il vous est défendu d'en rechercher les motifs et d'intervenir par votre présence. Vous entendrez probablement des éclats de voix, des cris de colère, des trépignements de fureur, et peut-être le cliquetis des armes.

— Oh ciel! interrompit mademoiselle Besse effrayée des dangers que pouvait courir son amant.

— Quelque bruit que vous entendiez, poursuivit Fleury sans s'arrêter à l'exclamation de sa maîtresse, vous devez rester muets et immobiles; seulement, si je vous crie : *à moi, camarades!* vous vous précipiterez en toute hâte dans ma cellule, et votre présence seule fera plus d'effet que les plus terribles engins de guerre.

— C'est une conspiration infernale que tu as ourdie, fit mademoiselle Clairon peu rassurée par la confidence de Fleury, et nous ne pouvons te laisser affronter seul les dangers qui te menacent.

— Silence, répondit Fleury en regardant sa montre, l'heure d'agir est venue; obéissance et discrétion, voilà votre consigne.

Et avant qu'on eût le temps de lui faire une nouvelle observation, on l'entendit ouvrir la porte de la cellule voisine.

Ses camarades se résignèrent au rôle pour ainsi dire passif qu'il leur avait assigné, et tous les trois tremblants de peur, autant pour eux-mêmes que pour leur compagnon, prêtèrent une oreille attentive afin de saisir un bruit qui les mît au courant du complot.

Fleury, pour sa part, après avoir fermé la porte de la cellule dans laquelle il était entré, s'était résolument dirigé vers la caisse introduite par le père Bernard à l'adresse de mademoiselle Besse, et en ayant soulevé le couvercle :

— Vous pouvez maintenant sortir, monsieur le marquis, dit-il à haute voix, nous sommes seuls.

Aucun mouvement ne se fit dans l'intérieur de la caisse.

— Aurait-il manqué au rendez-vous! se dit le comédien.

Et il tira de la caisse quelques robes et quelques perruques qui en remplissaient la partie supérieure. Tout à coup le coffre s'agita et un homme en sortit sous un riche costume de l'époque.

— M'expliquerez-vous, monsieur, ce qui se passe en ce moment? dit-il avec un accent de colère et en portant la main à la garde de son épée.

— Monsieur le marquis de Vaudreuil, répondit le comédien sans s'émouvoir, la fureur va mal à votre caractère, et il sied peu à un gentilhomme comme vous de s'emporter contre un homme sans défense.

— Si je ne me trompe, demanda le marquis rappelé à la raison par le sang-froid de son adversaire, vous êtes Fleury, un des comédiens ordinaires de Sa Majesté?

— Lui-même, monsieur le marquis; vous comprenez à présent qu'il n'était pas digne de vous de me provoquer.

— Je commence à entrevoir le motif de cette affaire, dit le jeune de Vaudreuil.

— Peut-être, monseigneur.

— C'est une vengeance de votre jalousie ?

— Monsieur le marquis me permettra de n'en rien croire.

— Eh bien ! alors, demanda de Vaudreuil avec un mouvement d'impatience, pourquoi la lettre de mademoiselle Besse, et pourquoi votre présence au lieu de la sienne ?

— Tout va s'expliquer, monseigneur, si vous voulez me faire la grâce d'un moment d'entretien.

Et offrant un siége au marquis, il poursuivit en s'asseyant lui-même :

— Deux de mes camarades bien-aimés, Lekain et Clairon, sont enfermés à For-l'Évêque par ma faute, et il est de mon devoir de galant homme d'employer tous les moyens pour les rendre à la liberté. Après avoir longtemps réfléchi aux choses et aux hommes de ma connaissance, j'ai pensé à vous, monsieur le marquis, pour que vous fassiez cesser notre captivité.

— A moi, s'écria de Vaudreuil étonné.

— A vous-même, monseigneur, continua Fleury sans se déconcerter, et afin de vous mieux attacher à nos intérêts, j'ai cru nécessaire de vous faire juger par vos propres yeux notre malheureuse position.

— Il suffisait dans ce cas, objecta de Vaudreuil, de me demander ouvertement ce service, et je suis un assez galant homme...

— Je n'en doute pas, monseigneur, interrompit le comédien avec la même tranquillité, mais il fallait se mettre en garde contre tout obstacle imprévu, et en vous introduisant dans la place de la manière dont vous y êtes entré, je me suis irrévocablement assuré votre concours.

— Mais ce stratagème dont vous vous êtes servi pourrait m'être au contraire un motif suffisant de refus.

— C'est impossible, monseigneur, tout a été parfaitement calculé.

— C'est donc un piége que vous m'avez tendu ?

— Pas tout à fait, monseigneur, et si vous le permettez, nous allons jouer cartes sur table.

Le marquis jeta un regard de colère sur Fleury qui, sans s'en émouvoir, continua :

— Monseigneur, vous êtes jeune, beau, noble et puissant en cour; votre amour pour mademoiselle Besse a dû, vous en conviendrez, m'occasionner plus d'une insomnie. Je n'ai point cherché à m'en venger, mais j'ai pensé qu'en retour de toutes les inquiétudes que vous m'avez données, j'étais en droit de vous forcer à me rendre service. Pour arriver à cette fin je n'ai trouvé rien de mieux que de tenir suspendus sur votre tête, le ridicule, le scandale et la perte totale de votre position.

— Misérable! s'écria de Vaudreuil en se levant.

— Monseigneur, les insultes ne prouvent rien, et je vous conseille de contenir votre colère, car vous êtes entre mes mains.

Le marquis chiffonna son jabot de dentelle et se rassit.

— Monseigneur, poursuivit Fleury en accentuant chaque parole, que dirait Versailles et surtout que ferait votre futur beau-père, le riche comte de Bandol, si demain on savait que le marquis de Vaudreuil, gentilhomme ordinaire de la chambre du roi, a, pour arriver jusqu'à une comédienne, une petite fille de rien, consenti à se cacher dans une caisse à perruques? — Monseigneur, vous seriez déshonoré, tué par le ridicule, et le comte de Bandol, provincial dévot et peu fait aux scandales de cour, vous refuserait à coup sûr la main de sa fille. Ruiné et déshonoré tout à la fois, que deviendriez-vous, monsieur le marquis de Vaudreuil?

— Et vous croyez, s'écria celui-ci contenant avec peine sa colère, que je serai assez lâche pour supporter un tel affront? mais votre vie.....

— Arrêtez, monseigneur, interrompit Fleury que rien ne pouvait émouvoir, vous oubliez toujours que mes précautions sont admirablement prises : au moindre geste de votre part, tout le personnel de For-l'Évêque viendra à mon secours, et vous serez seulement parvenu à ébruiter une affaire qui peut rester secrète entre nous deux.

— Vous m'avez joué, monsieur Fleury, murmura le marquis avec rage, et.....

— Ah, monseigneur! interrompit l'acteur avec un sourire presque ironique, je vous ai seulement offert l'occasion de faire une bonne œuvre.

— Mais enfin, quelles sont vos conditions? demanda de Vaudreuil, dont le sang bouillonnait dans les veines.

— Voici, monseigneur : En votre qualité de gentilhomme de la chambre du roi, vous avez à la cour une influence considérable, et je ne doute pas que vous n'obteniez notre mise en liberté, si vous voulez nous faire l'honneur d'intercéder pour nous.

— Eh bien, demain à mon retour à Versailles.....

— Pardon, monseigneur, votre présence à For-l'Évêque est ma seule garantie de réussite, et vous êtes pour moi ce que vous autres gens de guerre appelez un otage.

— Vous prétendez faire de la violence à mon égard? s'écria le marquis.

— De la violence! monseigneur, cette pensée est si loin de mon esprit que je vous abandonne entièrement à votre libre arbitre : vous pouvez refuser ce que je vous propose, mais dans ce cas, Versailles et votre futur beau-père sauront demain que le marquis de Vaudreuil, gentilhomme de la chambre du roi, s'est enfermé pour une comédienne dans une caisse à perruques.

Si vous obtenez notre liberté, au contraire, je vous jure que jamais personne ne connaîtra votre aventure. Tout est secret encore, et nul à cette heure, pas même mademoiselle Besse, ne sait votre présence à For-l'Évêque.

Le marquis s'était mis à réfléchir profondément.

— Demain, poursuivit Fleury, qui voyait la victoire pencher de son côté, quand arrivera l'ordre de notre élargissement, vous paraîtrez devant mes camarades, et vous aurez le mérite à leurs yeux d'apporter vous-même notre grâce.

De Vaudreuil, après avoir longuement pesé les conditions qui lui étaient faites, se décida à les accepter pour sauvegarder son honneur et ne pas briser le mariage sur lequel reposaient toutes ses espérances de fortune.

Sur l'invitation de Fleury il rédigea pour le roi une lettre pressante, dans laquelle il lui demandait, au nom des plaisirs de la noblesse, la mise en liberté des trois pensionnaires de la Comédie-Française.

Malgré l'heure avancée, mais grâce à l'obligeance du père Bernard, la lettre partit la nuit même pour Versailles.

Fleury, en véritable gentilhomme, voulut tenir compagnie au marquis de Vaudreuil, mais avant de commencer une partie d'échec qui avait été proposée et acceptée, il se rendit auprès de ses camarades pour lever la consigne qu'il avait donnée et les engager à prendre du repos.

— Demain, nous serons libres, leur dit-il, tout a parfaitement réussi.

VI.

Par suite des incidents divers que nous avons racontés, le personnel de nos prisonniers à For-l'Évêque s'était accru d'une manière notable, tandis que le nombre des cellules mises à leur disposition était constamment resté le même. Fleury s'en était réservé une et avait annoncé à ses camarades qu'il n'y pouvait recevoir personne. Mademoiselle Clairon éleva bien quelques réclamations contre ce despotisme accapareur, mais, lié par son traité d'obéissance passive, elle ne put que protester contre ce qu'elle appelait la tyrannie de Fleury.

— Ton sort n'est pas si misérable que tu le penses, lui dit celui-ci en riant, tu as l'alternative de coucher avec Lekain ou avec mademoiselle Besse, et, quel que soit le compagnon de lit que tu choisisses, tu auras des envieux qui voudraient bien être à ta place.

— J'aime peu à me créer bénévolement des ennemis, répondit Clairon avec un air piqué, et pour te prouver que je n'en suis pas réduite à l'alternative que tu me proposes, je n'opte ni pour Lekain ni pour mademoiselle Besse; je ne me coucherai pas de la nuit.

— Ni moi non plus, ajouta vivement la maîtresse de Fleury, espérant pénétrer ainsi le mystère dont s'enveloppait son amant.

— Si Lekain, demanda Clairon, veut nous tenir compagnie, nous écoulerons assez gaiement notre nuit, et nous saurons nous passer de notre affreux tyran.

— Ah! ah! ta colère est superbe, s'écria Fleury en riant aux éclats, jamais sur la scène tu n'as prononcé avec une telle dignité ce mot de tyran.

Et, sans cesser de rire, il alla retrouver le marquis de Vaudreuil.

Celui-ci, pendant l'absence du comédien, avait disposé les pièces du jeu d'échec. En le voyant entrer sous l'empire d'une hilarité presque convulsive, il en demanda la cause.

— Clairon, répondit Fleury toujours riant, m'appelle despote et affreux tyran, parce qu'en me réservant cette cellule je la mets dans la nécessité de coucher avec Lekain ou mademoiselle Besse.

— Mademoiselle Besse est donc aussi à For-l'Évêque? demanda de Vaudreuil sur un ton d'intérêt.

— Sans doute, répondit le comédien en fixant sur le marquis un regard scrutateur, et vous ne vous attendiez pas, monseigneur, à vous trouver en aussi agréable compagnie?

— Mais le nom de mademoiselle Besse, observa le gentilhomme, ne se trouve pas parmi ceux que j'ai recommandés à la clémence du roi?

— Ce n'était point nécessaire, répliqua Fleury, examinant toujours avec attention la figure de son interlocuteur, mademoiselle Besse est ici comme vous, par contrebande, elle est venue à For-l'Évêque y trouver son amant, comme vous y venez, vous, monseigneur, pour y chercher une maîtresse.

— Elle est sans doute dans le secret de votre conspiration? demanda le marquis avec anxiété.

— Non, répondit l'acteur, elle a été mon instrument, mais jamais ma complice.

Et il raconta dans tous ses détails le stratagème dont il s'était servi pour obtenir le concours de mademoiselle Besse.

Pendant ce temps, les trois autres prisonniers laissés dans la cellule s'évertuaient à chercher les moyens les plus convenables pour employer gaiement le reste de la nuit.

— Pour moi, dit Lekain, l'âge et la santé ne me permettent plus de veiller deux nuits de suite; nous avons passé la dernière à fêter l'arrivée de mademoiselle Besse, c'est bien, je ne m'en plains pas; mais je demande pour celle-ci le repos et le sommeil.

— Hélas! s'écria Clairon sur un air piteux, qu'allons-nous devenir, pauvres femmes abandonnées au milieu de la nuit?

— A For-l'Évêque, répondit le tragédien en riant, les voleurs ne se hasardent guère.

— Et les amoureux? demanda Clairon.

— Ils y regarderaient à deux fois avant de venir se casser le cou dans les fossés de la prison.

— Cependant, observa mademoiselle Besse, le marquis de Vaudreuil est capable de tout.

— Le marquis de Vaudreuil, répondit Lekain en se levant, te cherche ailleurs qu'à For-l'Évêque.

— Le cœur, observa Clairon, a des instincts qui trompent rarement, et je ne serais pas étonnée de voir bientôt le marquis partager les joies de notre captivité.

— Qu'il se presse, dit Lekain en riant, puisque Fleury nous a promis notre élargissement pour demain.

— C'est pourquoi, répliqua mademoiselle Besse, nous avons des craintes pour cette nuit.

— Enfant, répondit le tragédien, je raillerais tes frayeurs, si je ne savais qu'elles sont un prétexte pour me décider à rester avec vous; mais, je vous le répète, j'ai besoin de repos, et si vous avez pour moi quelque amitié, n'insistez pas davantage.

Ces paroles, dites avec bonté, mirent un terme aux pressantes sollicitations des deux femmes. Celles-ci, obéissant aux désirs de Lekain, se retirèrent ensemble dans la troisième cellule.

Ni l'une ni l'autre n'avaient envie de dormir; après le festin de la veille, elles étaient restées couchées une partie du jour, et avaient pour longtemps éloigné le sommeil de leurs paupières.

— Qu'allons-nous faire? demanda Clairon en se jetant dans un fauteuil.

— Fais-moi dire un de tes rôles, répliqua mademoiselle Besse, et initie-moi à l'art sublime où tu brilles d'un si vif éclat.

— L'art veut être libre, répondit Clairon avec dignité, ne l'enfermons pas à For-l'Évêque. Cherchons autre chose.

Mademoiselle Besse n'ayant rien ajouté, les deux actrices se mirent à réfléchir.

Tout à coup, mademoiselle Clairon se leva, et s'approchant de sa compagne d'une façon discrète :

— Allons surprendre Fleury, dit-elle, et pénétrer le mystère de sa conspiration.

Ce projet plut tout d'abord à mademoiselle Besse, mais se rappelant bientôt les ordres de son amant, elle éleva diverses objections que la rivale de mademoiselle Dumesnil combattit et surmonta. La maîtresse de Fleury se rendit aux désirs de sa camarade, et il fut convenu qu'on irait frapper à la cellule du comédien, et que leur conduite ultérieure se réglerait sur l'accueil qui leur serait fait.

Elles sortirent avec précaution de leur retraite, et s'acheminèrent discrètement et sans bruit vers la cellule occupée par Fleury. Arrivées à la porte, elles prêtèrent l'oreille à une conversation qu'il leur sembla entendre.

— Il n'est pas seul, dit Clairon.

— Est-ce une voix de femme? demanda mademoiselle Besse, craignant pour son amour.

— Je ne puis encore distinguer les voix; écoutons.

Et les deux femmes redoublèrent d'attention

— Echec au roi ! s'écria le marquis de Vaudreuil.

— Echec à la reine ! répondit Fleury sur le même ton.

A ces paroles, qu'elle avait saisies distinctement, mademoiselle Besse respira avec plus de facilité.

— Ce n'est pas une femme, observa Clairon en se tournant vers sa compagne, autrement Fleury jouerait à un autre jeu.

Mademoiselle Besse, blessée de cette observation, allait répondre quand la voix de son amant la força à écouter.

— Le hasard, dit Fleury, se permet quelquefois de curieux rapprochements; tandis qu'au jeu je fais échec à la reine, je mate à la cour madame Dubarry, cette reine de Versailles.

— Et moi, répondit le marquis en riant, je fais également échec au roi à For-l'Évêque et à Versailles.

— Et moi, ajouta tout bas mademoiselle Clairon, je vais mater du même coup Fleury et son compagnon nocturne.

Et elle frappa discrètement à la porte.

Les deux joueurs se levèrent en même temps; le marquis s'approcha du comédien, et lui dit d'un ton sévère :

— Vous m'avez trompé, monsieur, en m'assurant que personne ne connaissait ma présence à For-l'Évêque.

— Je vous renouvelle mon serment, répondit gravement Fleury, et je suis étonné comme vous du bruit que nous venons d'entendre.

Mademoiselle Clairon, impatiente de recevoir une réponse, répéta son signal.

— Il faut répondre, dit tout bas Fleury à de Vaudreuil, en connaissant le visiteur nous saurons mieux ce que nous avons à faire.

— Répondez, fit le marquis, mais n'ouvrez pas.

— Qui est là? demanda l'acteur en grossissant sa voix.

— Mademoiselle Besse; répondit sa maîtresse, à qui Clairon avait ordonné de parler.

— Je ne puis te recevoir, à demain, répliqua Fleury à travers la porte

— Fais de la jalousie, dit tout bas Clairon à sa compagne.

— Tu refuses de m'ouvrir, ajouta mademoiselle Besse, parce que tu me trompes avec une autre femme; j'ai assez d'amour au cœur pour vouloir connaître toute la vérité; je me couche au travers de ta porte, et jusqu'au jour j'attendrai ma rivale.

— Elle est capable de le faire, dit Fleury au marquis, il n'est qu'un moyen de nous en débarrasser, c'est de lui faire constater la vérité par elle-même.

— Mais pour rien au monde, répondit de Vaudreuil avec anxiété, je ne veux qu'elle sache ma présence en ces lieux; la vengeance et l'indiscrétion sont de doux plaisirs pour les femmes.

— Je ne vois pour vous cacher, monsieur le marquis, que la caisse....

— Ah! jamais, interrompit vivement le gentilhomme.

— Je puis garder le secret de deux folies comme d'une seule, observa le comédien en souriant; dans ces sortes de choses, le second pas n'aggrave pas le premier.

Le marquis se mit à réfléchir.

Mademoiselle Besse interpella de nouveau son amant.

— Décidez-vous, dit Fleury, si je n'ouvre pas, vous compromettez notre secret, et demain vous ne pouvez manquer d'être découvert; heureux si par son tapage mademoiselle Besse ne donne pas auparavant l'éveil au gouverneur.

— Hélas! s'écria le marquis.

— Il le faut, répondit Fleury, et je vous jure que nul ne saura jamais la retraite que vous allez chercher.

Le marquis se décida enfin à suivre le conseil du comédien, et, pour la seconde fois, il se cacha dans la caisse à perruques.

Fleury alla ouvrir.

A la vue de mademoiselle Clairon, il comprima un mouvement de colère, et, s'adressant sévèrement à sa maîtresse :

— Que veux-tu? lui dit-il, je t'avais prié de me laisser seul cette nuit.

— Une préoccupation chagrine..., murmura la jeune femme.

— Je comprends, interrompit le comédien, Clairon aura excité ta jalousie.....

— Tu es fou, dit Clairon, nous venons en riant surprendre le secret de ta conspiration, et tu nous reçois presque avec colère.

Et, s'approchant de la caisse où était le marquis :

— Ah! ah! dit-elle avec un sourire, c'est là qu'est le mystère.

Fleury accourut rapidement vers la caisse, et, avant que l'actrice en eût soulevé le couvercle, il s'y assit dessus comme un artilleur sur un caisson.

Les deux femmes s'unirent pour vaincre la résistance du comédien; celui-ci fut inflexible, et, comme il avait hâte de se débarrasser de tant d'obsessions et de tenir sa parole vis-à-vis du marquis :

— Mademoiselle Besse, dit-il, sait ce que contient cette caisse.

— Moi, répondit la jeune femme, mais j'ignore.....

— N'as-tu pas, ce matin, écrit une lettre à un marquis que je ne puis nommer? interrompit Fleury en lançant à sa maîtresse un regard d'intelligence.

— Ah! fit l'actrice avec étonnement.

— Fidèle à sa promesse, répondit le comédien, le marquis m'a fait parvenir les instruments nécessaires à notre délivrance, et ces instruments, renfermés dans cette caisse, je ne puis encore vous les montrer.

— C'est une évasion que tu nous prépares? demanda Clairon ; je t'avertis que je ne veux pas me laisser poursuivre par la maréchaussée.

— Sois sans crainte, répondit Fleury riant de l'idée de sa camarade, tu ne seras poursuivie que par tes adorateurs.

— Hélas! dit mademoiselle Besse en pensant au secret que lui avait confié son amant, combien je regrette notre démarche inconsidérée!

— Il est un moyen de réparer votre enfantillage, dit l'acteur avec une certaine gravité, c'est de me laisser seul encore.

— Oui, répondit mademoiselle Besse.

Et, s'approchant de Clairon :

— Viens, lui dit-elle, je sais maintenant tous les mystères de Fleury.

Et elle entraîna sa compagne.

Resté seul, le comédien alla refermer la porte ; et, tirant le marquis de sa cachette :

— Par la sambleu! monseigneur, dit-il, le diable s'était incarné ce soir dans Clairon ; mais soyons tranquilles à présent, la nuit se passera sans de nouveaux incidents, je l'espère, et demain.....

— Et demain, interrompit de Vaudreuil rajustant sa toilette froissée ; demain ce sera à recommencer, car votre grâce ne pourra être arrivée avant l'inspection du gouverneur.

— Ah! de ce côté, répondit Fleury en souriant, vous n'avez rien à craindre : le gouverneur, simple et loyal comme un vieux soldat, n'a ni la perspicacité de Clairon, ni la finesse jalouse de mademoiselle Besse, etje me charge entièrement de votre affaire avec lui.

— En m'offrant sans doute encore ce refuge?...

— Je ne veux pas, interrompt l'acteur, mettre votre courage à une nouvelle épreuve, et j'ai les moyens d'expliquer tout naturellement au gouverneur votre présence à For-l'Évêque.

— Comment cela? demanda avec vivacité le marquis.

— Pemettez-moi, monseigneur, de vous ménager le plaisir de la surprise, d'autant mieux que j'ai besoin d'un auxiliaire, dont je vais m'assurer le concours.

Et comme Fleury allait sortir, de Vaudreuil le retint :

— Vous allez mettre quelqu'un, dit-il, dans la confidence de votre secret?

— Monseigneur, répondit gravement le comédien, je vous ai promis que hors vous et moi personne ne saurait votre aventure.

— Mais alors voudrez-vous m'expliquer...

— Il serait trop long, interrompit Fleury, de vous dérouler toutes les phases de la conspiration que j'ai ourdie; le temps est précieux, car l'aube rougit à l'horizon.

— Cependant,.., fit le marquis impatienté des réticences de son interlocuteur.

— Vous n'êtes pas seul à vous trouver ici par contrebande, continua le comédien en se dirigeant vers la porte. Mademoiselle Besse n'est pas sur la liste des prisonniers de For-l'Évêque, et je n'ai nullement la fantaisie de la laisser en otage. Abandonnez-moi le soin de vous assurer honorablement une sortie, comme j'ai protégé votre incognito à votre entrée.

Et, sans attendre de réponse, Fleury se dirigea vers le logement du père Bernard.

Celui-ci dormait du sommeil du juste; son matinal visiteur le réveilla.

— Ah çà, monseigneur, dit le geôlier après s'être frotté les yeux, vous avez donc l'habitude de ne jamais dormir?

— Les lits de For-l'Évêque sont un peu durs, répondit Fleury en souriant; cependant je ne serais point venu vous déranger de si bonne heure s'il ne s'agissait de vos intérêts.

— De mes intérêts? fit le père Bernard en se soulevant tout à coup.

— Écoutez-moi, dit le comédien en s'asseyant près du lit de son interlocuteur.

— Je vous écoute, répondit le geôlier en prenant une position convenable.

— Aujourd'hui, continua Fleury, arrivera l'ordre de mon élargissement.

— Déjà! s'écria le père Bernard à qui revint le souvenir des largesses du comédien.

— En reconnaissance de vos bons soins, je vous laisserai les quelques bouteilles qui me restent.

— Ah! monseigneur! fit le geôlier en levant avec béatitude ses yeux vers le plafond.

— Le bonheur que j'éprouve à recouvrer la liberté ne me fait pas oublier la prudence, et ce serait compromettre vos intérêts que de laisser deviner la présence de ma femme à For-l'Évêque; il faut qu'elle sorte d'ici comme elle y est entrée.

— Le costume de feu ma femme est encore à sa disposition.

— Ce n'est pas tout, père Bernard.

— Dites, monseigneur.

— Cette nuit, un de mes amis, celui-là même qui m'a envoyé le panier de chambertin dont vous apprécierez la bonté, le marquis de Vaudreuil, trompant la vigilance des sentinelles, s'est introduit à For-l'Évêque par-dessus les glacis.

— Oh ciel! s'écria le père Bernard, comment a-t-il pu faire?

— Je ne sais; mais ce qu'il y a de certain, c'est qu'il est en ce moment dans ma cellule.

— Mais vous êtes perdu, le gouverneur va le surprendre.

— Oui; mais il est gentilhomme ordinaire de la chambre du roi.

Le père Bernard s'inclina avec respect.

— Et c'est lui, poursuivit Fleury, qui a demandé notre grâce.

— Faut-il le cacher? demanda le geôlier.

— Non; mais il faut seulement répondre au gouverneur, s'il vous interroge, que hier au soir, fort tard s'est présenté M. le marquis de Vaudreuil, gentilhomme ordinaire de la chambre du roi.

Le père Bernard s'inclina de nouveau.

— Avec un laisser-passer pour For-l'Évêque.

— C'est tout?

— Je me charge du reste; c'est tout.

— Il sera fait ainsi que vous le désirez.

Fleury retourna auprès du marquis.

— Monseigneur, lui dit-il, toutes mes précautions sont prises, et si vous voulez vous épargner la peine de parler au gouverneur, jetez-vous sur mon lit et faites semblant de dormir.

De Vaudreuil allait demander des explications quand la voix du gouverneur se fit entendre.

—Vite, nous n'avons pas un moment à perdre, dit Fleury, ne compromettez pas le succès de ma ruse.

Le marquis obéit et le gouverneur se présenta.

Le comédien alla au-devant de lui en l'engageant par un signe à faire le moins de bruit possible.

— Monsieur le marquis de Vaudreuil, lui dit-il, gentilhomme ordinaire de la chambre du roi, a été chargé par Sa Majesté de vous apporter l'ordre de notre élargissement; et je ne sais comment cela s'est fait, mais M. le marquis a oublié cet ordre à Versailles. Il l'a envoyé chercher, et, n'osant se présenter à vous, il est venu me demander l'hospitalité.

— Mais un gentilhomme de la chambre du roi, répondit le gouverneur en se découvrant, ne peut rester dans une cellule de prisonnier, et mes appartements...

— Qu'importe! interrompit Fleury; l'éveiller à cette heure serait s'exposer à sa colère, et je serais d'avis que vous eussiez l'air d'ignorer sa présence à For-l'Évêque.

— Vous avez peut-être raison, répondit le gouverneur en se retirant, et il serait dangereux de pénétrer les motifs qui ont dirigé M. de Vaudreuil en venant vous trouver.

— Sans nul doute, ajouta Fleury, et dans nos intérêts à tous je vous recommande la discrétion.

Le gouverneur se retira, marchant sur la pointe des pieds pour ne point troubler le sommeil de de Vaudreuil.

— Bien joué! fit le marquis en riant et en sautant à bas du lit, je pense que je n'ai maintenant plus rien à craindre.

— Plus rien absolument, monseigneur; mais il vous faut rester dans ma cellule jusqu'à l'arrivée de notre grâce.

L'ordre d'élargissement ne se fit pas attendre longtemps. Averti d'une manière secrète et indirecte par le gouverneur, le marquis se présenta aux prisonniers comme porteur de l'ordre du roi : pendant ce temps, mademoiselle Besse avait quitté la prison sous le costume de feu madame Bernard, et nul ne sut jamais de quelle nature avait été à For-l'Évêque la conspiration de Fleury.

Paris. — Imprimerie de L. MARTINET, rue Mignon, 2.

L'ART DU DENTISTE.

L'ART DU DENTISTE, arrivé à un certain degré de perfection, resta longtemps stationnaire, dans la croyance où furent les praticiens qu'il n'y avait plus rien à faire pour le perfectionner. William Rogers a détruit cette erreur en nous montrant tous les ans quelque nouvelle découverte pour son amélioration. D'abord, ce sont ses *dents osanores* posées sans crochets ni ligatures, et sans extraction des racines, particulièrement recommandées pour leur légèreté dans la bouche aux vieillards ou personnes dont la bouche irritable ne pourrait supporter une forte pression ou tension, soit de ressorts, de plaques ou de crochets. Après de nombreux essais plus ou moins fructueux, *William Rogers* parvint à donner à ses dents une plus grande transparence, jointe à une solidité à toute épreuve, et sous le nom de *dents osanores indestructibles*, nous fit voir le chef-d'œuvre de l'art dentaire ; ces mêmes dents fabriquées aujourd'hui à la mécanique, avec une promptitude et une précision sans égale, sont néanmoins d'un prix très modéré. *William Rogers* n'a pas été moins heureux dans les recherches qu'il a faites pour les autres branches de son art ; *son ciment pour plomber ses dents soi-même* est encore une invention précieuse et à la portée de tout le monde par la modicité du prix. Ce *ciment* ou *émail inaltérable* s'applique facilement et sans douleur, adhère à la dent, en devient à l'instant même partie, et fait disparaître toute trace de carie ; *son eau Rogers, pour embaumer les dents* quand elles sont trop douloureuses pour être plombées, est encore un de ces secrets bienfaiteurs qu'on ne saurait trop apprécier. Chaque flacon de ces deux articles se vend 3 fr. chez l'inventeur, 270, rue saint-Honoré, et chez les principaux pharmaciens.

Nous venons de parler des différentes améliorations apportées par *William Rogers* dans la pratique de son art ; il nous reste à parler des *ouvrages remarquables* dont il a doté la *science dentaire* pour le développement de ses théories. D'abord son *Encyclopédie* du dentiste, récapitulation des pratiques employées par les anciens dentistes, et des différentes phases de progrès obtenus dans l'art dentaire, depuis son origine jusqu'à nos jours. Prix, 7 fr. 50 c.

Dictionnaire des sciences dentaires, publié dernièrement par *William Rogers*, le plus étendu et le plus complet des ouvrages écrits pour sa profession. Cet ouvrage est un résumé, non seulement des doctrines de l'auteur, mais encore de tous les perfectionnements apportés dans l'odontotechnie ; c'est le divulgué détaillé de la fabrication des dents artificielles jusqu'à la découverte des osanores et des différentes améliorations apportées dans ces dernières par l'inventeur. Prix, 10 fr. Nous devons encore a *William Rogers* plusieurs ouvrages utiles et d'un mérite incontestable, que l'on peut se procurer chez lui, rue Saint-Honoré, 270, à Paris.

(Extrait de l'*Annuaire médical.*)

Paris. — Imprimerie de L. MARTINET, rue Mignon, 2.

L'ŒIL-DE-BŒUF

DES THÉATRES

PAR

FÉLIX ROUBAUD.

—

Troisième Livraison.

OPÉRA-COMIQUE

A PARIS
CHEZ JONAS-LAVATER, ÉDITEUR,
43, RUE VIVIENNE;
ET A LA PAPETERIE DE PARIS, NERAUDAU,
46 ET 18, RUE DES FOSSÉS-MONTMARTRE.

L'Œil-de-Bœuf des Théâtres forme un gros volume composé de douze livraisons, contenant chacune 1° une nouvelle-roman, dont le sujet est emprunté à la vie intime d'un acteur, d'une actrice ou d'un auteur dramatique; 2° le plan gravé de l'intérieur d'un théâtre de Paris, avec le numéro des stalles et des loges, et le nombre de places de chaque loge; 3° une notice historique concernant le théâtre qu'elle accompagne, suivie du personnel administratif et artistique et du prix des places de ce théâtre.

Toutes les livraisons sont en vente et ont paru dans l'ordre suivant :

	Gravures.	Titre de la Nouvelle-Roman.
1re livraison.	Opéra.	L'Amour d'une Sirène.
2e —	Théâtre-Français.	Une Conspiration à For-l'Évêque.
3e —	Opéra-Comique.	Un Moment d'erreur.
4e —	Odéon	Un Comédien en pénitence.
5e —	Italiens.	Une Vengeance d'outre-tombe.
6e —	Vaudeville	Un Amour impossible.
7e —	Variétés.	Ce que rapporte la poésie.
8e —	Porte St-Martin.	Une Vendetta.
9e —	Gymnase.	Deux Cœurs pour un amour.
10e —	Historique	Une Fleur de Bal.
11e —	Montansier.	Les Diamants de la Marquise.
12e —	Ambigu	Une passion à bord.

Chaque livraison forme séparément un tout complet : réunies entre elles, ces 12 livraisons composent un fort volume dont *une demi-livraison* supplémentaire donne le titre, le prologue, l'épilogue et la table des matières. Cette demi-livraison se trouve chez l'éditeur, 43, rue Vivienne, et chez tous les libraires et marchands de nouveautés de Paris.

THÉATRE NATIONAL DE L'OPÉRA-COMIQUE.

L'Opéra-Comique a été longtemps chez nous ce qu'est encore aujourd'hui le théâtre d'Arlequin en Italie; il comptait parmi les divertissements des foires Saint-Laurent et Saint-Germain, et ne s'ouvrait que durant ces deux époques. Les premières pièces régulières qui furent données datent de 1712.

Ce genre, approprié à notre caractère national, tenta l'ambition des spéculateurs, et, en 1714, Saint-Edme et la veuve Baron formèrent une société de neuf années pour l'exploitation du théâtre et s'attachèrent Le Sage, l'illustre auteur de *Gil Blas de Santillanne*. La société ne prospéra pas et fut obligée de se dissoudre quatre ans après.

En 1721 l'Opéra-Comique se rouvrit et passa successivement dans les mains de plusieurs directeurs jusqu'en 1752, époque à laquelle le privilége fut concédé à Monet.

Le nouvel administrateur ne fut pas plus heureux que ses devanciers et force fut à sa troupe de s'adjoindre des Italiens qui, eux aussi, avaient déjà le privilége de représenter des pièces françaises.

Cette nouvelle société, établie à la salle Favart, marcha assez bien pendant quelque temps; mais en 1789 le comte d'Artois, ayant patronné une troupe italienne à laquelle il avait fait céder la salle des Tuileries avec le titre de *Théâtre de Monsieur*, suscita une terrible concurrence à la troupe franco-italienne de la salle Favart.

Cependant le *Théâtre de Monsieur* fut emporté comme son patron par la tourmente révolutionnaire; mais en 1798 Rezécourt en réunit quelques éléments qu'il fit marcher de concert avec une troupe d'opéra-comique dans la salle Feydeau.

Ainsi se trouvèrent en présence deux troupes exploitant le même genre, l'une dans la salle Favart, l'autre dans la salle Feydeau.

Ces deux théâtres, on le comprend, se firent un tort mutuel, et après avoir tous les deux végété quelque temps, ils furent obligés de fermer définitivement leurs portes en avril 1801.

Quelques tentatives louables suivirent cet état de choses, mais elles n'eurent aucun succès. Enfin, en 1806, un décret impérial fonda un théâtre exclusif d'opéra-comique qui s'établit à Feydeau et qui laissa la salle Favart aux Italiens alors réunis sous la direction de mademoiselle Montansier.

La nouvelle entreprise eut quelques beaux jours ; mais plus tard, soit que la retraite d'Elleviou et de Martin, soit que de nouvelles dispositions relatives à la salle Feydeau, en eussent éloigné le public, l'Opéra-Comique se transporta en 1829 dans la salle Ventadour, où plusieurs directeurs se succédèrent sans succès.

Après un certain temps de clôture, l'Opéra-Comique rouvrit en septembre 1832, à la salle des Nouveautés, place de la Bourse, attendant qu'une salle mieux appropriée à ses besoins fût mise à sa disposition.

La salle Favart était occupée par les Italiens; ceux-ci en furent chassés par un incendie en 1838, et pendant qu'ils s'établissaient au théâtre Ventadour, on reconstruisait la salle Favart dans laquelle l'Opéra-Comique transporta ses pénates en 1840 et qu'il n'a pas quitté depuis.

OPÉRA COMIQUE.

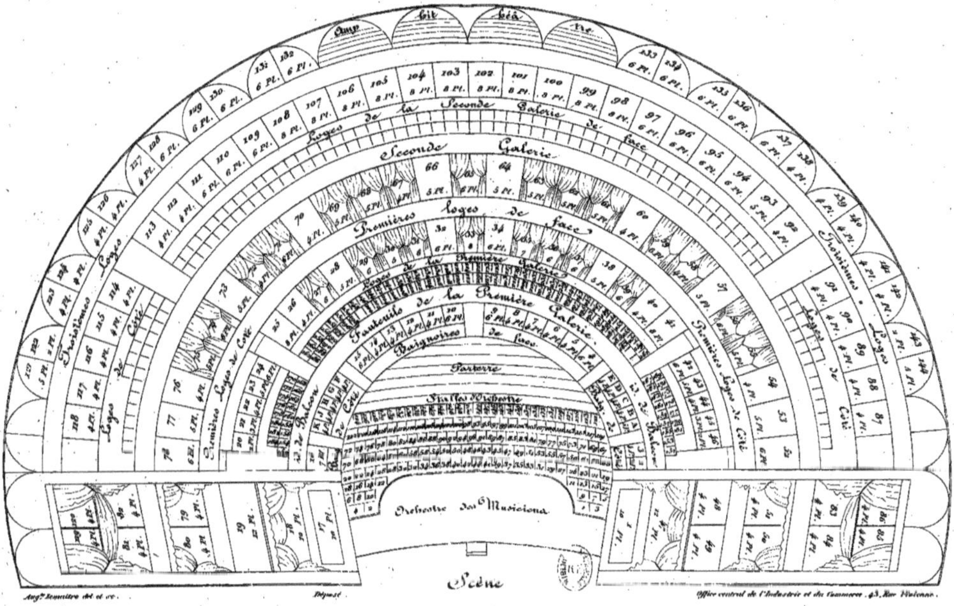

Augte Lemaitre del. et sc.

Déposé.

Office central de l'Industrie et du Commerce, 43, Rue Vivienne.

Janus Lavater, Éditeur.

THÉATRE NATIONAL DE L'OPÉRA-COMIQUE.

Administration.

Directeur.	MM. Emile Perrin.
Inspecteur général.	Duval.
Secrétaire de l'administration.	Auber.
Régisseur de la scène	Mocker.
1er régisseur	Victor.
2e régisseur.	Palianti.
Contrôleur général en chef.	Mayer.
Inspecteur	Saint-Albin.
2e inspecteur	Michel.
Répétiteurs.	Garaudé, Vautrot.
Souffleur de poëme	Doche.
Souffleur de musique	Hamel.
Préposé à la location	Laurent.
Répétiteur des chœurs.	Valteau.

Orchestre.

1er chef	MM. Tilmant.	1re clarinette. . .	MM. Leroy.
2e chef	Merlé.	1er hautbois . . .	Romedenne.
3e chef	Josse.	1er basson	Hanetter.
1er violon solo . .	Croisilles.	1er cor.	Baneux père.
1er violoncelle . .	Mercadier.	1re trompette . .	Cerclier.
1re flûte	Brunet.		

Chant.

Chefs de chant. MM. Garaudé, Vautrot. — Chef des chœurs. M. Cornette.

Artistes.

Les artistes sont placés par ordre alphabétique.

MM.	Audran.	MM.	Hermann-Léon.	Mmes	Cabel.
	Battaille.		Jourdan.		Darcier.
	Bauche.		Lemaire.		Decroix.
	Belcourt.		Mocker.		Félix.
	Boulo.		Nathan.		Lefèvre.
	Bussine.		Ponchard fils.		Lemercier.
	Carvalho.		Ricquier.		Revilly.
	Duvernoy.		Sainte-Foy.		Thibaut.
	Emon.	Mmes	Blanchard.		Ugalde.
	Grignon.		Bourdet.		Wolff.

OPÉRA-COMIQUE.

Prix des places.

	Bureau.	Location.
Loges de la première galerie, avec salon. . . . . Avant-scènes de balcon . . . . Avant-scènes des baignoires.	7 »	9 »
Avant-scènes de la première galerie.	6 »	9 »
Loges de la première galerie de face, sans salon. Premières loges de face, avec salon.	6 »	8 »
Fauteuils de balcon	6 »	7 50
Loges de la première galerie de côté . . . . . . Premières loges de face, sans salon. . . . . . . Fauteuils de la première galerie.	5 »	7 »
Fauteuils d'orchestre. . . . . Baignoires de face et de côté. . . . . Avant-scènes des premières loges.	5 »	6 50
Premières loges de côté, avec salon.	4 »	5 »
Avant-scènes des loges de la seconde galerie . .	3 »	4 »
Deuxième galerie . . . . Parterre.	2 50	» »
Loges de la seconde galerie de face.	2 »	3 »
Avant-scènes des troisièmes loges	1 50	3 »
Loges de la seconde galerie de côté.	1 50	2 50
Troisièmes loges	1 50	2 »
Amphithéâtre	1 »	» »

Paris. — Imprimerie de L. Martinet, rue Mignon, 2.

UN MOMENT D'ERREUR.

Souvenir intime de la vie de Grétry.

I.

Rien n'est plus curieux et plus instructif en même temps que de suivre pas à pas le développement moral des grands artistes. L'âme se plaît dans cette étude : elle s'attache au héros dont elle entrevoit les hautes destinées, souffre, pleure avec lui, s'irrite des obstacles qui ralentissent sa marche; en un mot, elle s'identifie entièrement à ses volontés, à ses croyances et à ses tressaillements douloureux ou sublimes.

Ce sentiment que peuvent seuls faire naître les esprits élevés, s'est fait sentir chez moi en étudiant Grétry. Poussé vers la musique par une vocation irrésistible, le futur maëstro supporte avec courage les traitements affreux d'un maître barbare, et lutte avec patience et résignation contre une constitution débile qui semblait le vouer à une mort prématurée. Ni les fâcheux pronostics qu'un pédagogue ignare avait portés sur son avenir musical, ni les souffrances auxquelles l'assujettissait sa faible santé, ne purent l'arrêter dans son ambition poétique et dans son désir d'aller puiser à Rome les inspirations que ne pouvait lui fournir le ciel brumeux de la Belgique. Grande fut la douleur de sa mère en apprenant ce départ.

— Mon fils, disait-elle dans son désespoir, si tu quittes le foyer paternel, tout est rompu entre nous dans ce monde, je perds l'espérance de t'embrasser jamais.

Grétry fut inébranlable malgré l'affection qu'il portait à sa mère ; — il avait au cœur un amour plus puissant, et ce fut dans cet amour qu'il puisa cette force de volonté qui le rendit sourd aux prières de sa famille. Le départ fut fixé au 2 avril 1759.

A cette époque, le trajet de Liége à Rome n'était pas chose facile. Faute de route tracée, les malheureux voyageurs, réunis en troupe, faisaient cinq ou six cents lieues à travers les bruyères et les ronces des bois. Par-ci par-là, quelque monastère ou quelque mauvaise hôtellerie leur ouvraient les portes et leur prêtaient un escabeau sur lequel ils se reposaient d'une route longue et pénible. Mais le plus souvent une pierre pour oreiller, le firmament pour couverture et la terre pour couche, formaient le lit somptueux où se délassaient leurs membres fatigués. La caravane était ordinairement conduite par un contrebandier qui, pour éviter les regards et tromper la surveillance de la douane, ne manquait jamais de faire de longs détours à travers les localités les moins fréquentées, et par conséquent les plus difficiles à traverser. Si par hasard un infortuné voyageur, trahi par ses forces, réclamait un trop long repos, il était impitoyablement abandonné, libre de regagner ses foyers ou d'attendre une nouvelle caravane. Tel fut en résumé le voyage de Grétry depuis Liége jusqu'en Italie. Des deux jeunes gens qui partirent avec lui, l'un, jeune prêtre, pâle et étiolé, s'arrêta après quarante-huit heures de marche; l'autre, élève d'Esculape, eut souvent besoin de la force d'âme de Grétry pour soutenir le courage qui plus d'une fois l'abandonna durant la route.

Jacques Franck, après avoir passé deux ans à Liége à étudier la chirurgie, allait augmenter à Rome la somme de ses connaissances, ayant obtenu comme Grétry une bourse *au collége de Liége* (1). Gai, insouciant, d'humeur facile, et d'un commerce agréable, il était toujours prêt à faire quelque plaisanterie à ses camarades et aux filles d'auberge où le hasard les conduisait.

Grétry, au contraire, sans avoir perdu la légèreté de son âge, avait un caractère plus sévère; la sensibilité exquise dont il était doué le rendait si impressionnable qu'il ne pouvait s'arrêter à la surface des choses; d'ailleurs son avenir le préoccupait vivement, et pour les esprits élevés comme l'était le sien, les idées futiles ne pouvaient entraver l'élan de ses pensées graves et sérieuses. Sa force physique était loin d'être en rapport avec sa puissance morale; la nature avait doté l'âme au détriment du corps; aussi ce fut dans ce pouvoir du *moi* intellectuel, dans cette soif de renommée et d'avenir, qu'il puisa la force et le courage de surmonter les difficultés d'une route longue et ardue.

Enfin, après des embarras et des peines sans nombre, dont Grétry lui-même nous a conservé le souvenir, les deux pèlerins touchèrent le sol si désiré de l'Italie. Grande fut la joie du jeune musicien en apercevant cette terre classique des arts vers laquelle tendaient tous ses vœux. Il salua avec

(1) Liége possédait à cette époque, à Rome, un établissement appelé *collége*, où elle envoyait toutes les années des jeunes gens étudier les sciences et les arts; plusieurs autres villes jouissaient du même privilége. La France a encore aujourd'hui l'école des Beaux-Arts. (Pour plus de renseignements, voir les *Mémoires de Grétry*.)

enthousiasme ce ciel qui déjà lui montrait l'étoile brillante de la gloire et du bonheur. Ses sens participèrent à l'ivresse de son âme : une nature fraîche et riante, des prairies émaillées de fleurs, la beauté du ciel, tout enfin réagit sur lui et le plongea dans une douce langueur à laquelle ne l'avaient point habitué les frimas de la Belgique. Tout à coup il est tiré de sa contemplation par une voix de femme, douce et sensible, dont le secret semble seul appartenir aux Italiennes. Après vingt ans Grétry s'écriait encore : « Mais quel fut mon ravissement lorsque j'entendis, et » pour la première fois, ces chants italiens : c'était une voix de femme, une » voix charmante qui me transporta par ses accents mélodieux. Ce fut la » première leçon de musique que je reçus dans un pays où je courais » m'instruire. »

Cette femme qui la première saluait l'arrivée du futur maëstro, ce maître qui donnait la première leçon de musique au compositeur belge, était une jeune fille de la campagne, fraîche comme la rose des champs, légère comme la biche des bois. Julia avait seize ans ; mais la nature, tant elle est précoce dans le Midi, n'avait point attendu les années pour la douer d'une taille bien prise, d'attraits remarquables et d'une constitution robuste. Ses cheveux noirs, abandonnés à eux-mêmes, retombaient en boucles pressées sur ses épaules blanches et à demi découvertes ; ses sourcils bruns et largement arqués donnaient à sa physionomie une expression étrange de gravité et de folle passion, et ses deux grands yeux noirs admirablement fendus en amande complétaient cette physionomie méridionale par leur vivacité et leur animation peu communes. Pourtant tous ces indices de passion, si ordinaires chez les Italiennes, étaient voilés sous un air de modestie et de pudeur qui leur donnait encore plus de prix et de charmes.

Franck ne put s'empêcher de manifester hautement l'admiration qu'avait fait naître en lui la vue de la jeune fille.

— Ohé ! monsieur le musicien, dit-il, descendez un peu des hauteurs de vos méditations poétiques pour admirer la plus belle créature qu'ait certainement produite le sol de l'Italie.

— En criant ainsi, lui répondit Grétry, vous ne manquerez pas de faire envoler l'oiseau.

— Pas de craintes ; les Italiennes, voyez-vous, aiment les tendres propos ; elles comprennent l'*amour et son divin langage*. Vous allez voir.

Et tout aussitôt, malgré les instances de Grétry, l'Esculape s'avança hardiment vers la jeune fille, s'inclina respectueusement devant elle en portant la main à son feutre, et feignant le mieux qu'il put l'accent italien :

— *Bella donna*, lui dit-il, à quelle distance de Milan sommes-nous encore ?

— A une demi-journée de marche, répondit timidement la pauvre campagnarde, toute confuse de la demande du jeune homme.

— Diable! diable! reprit l'étudiant, nous pouvons dans ce cas renoncer à l'espoir de coucher cette nuit à Milan.

— Certainement, monsieur, ajouta Julia, il est trop tard pour que vous arriviez à votre destination avant demain matin.

— Alors, *bella signora*, ne pourriez-vous nous indiquer une hôtellerie pour cette nuit?

— Hélas! mon bon monsieur, notre maison était jadis la seule qui fût ouverte aux voyageurs dans la contrée; mais depuis que mon père est malade, nous ne pouvons donner asile à personne.

— Votre père est malade? reprit vivement le chirurgien, saisissant avec avidité l'occasion de pratiquer son art, conduisez-moi près de lui, et dans deux jours je lui rends la santé.

— Quoi! vous êtes médecin, monsieur?

— Plus que cela, la belle : futur maître en chirurgie!

Et saisissant le bras de la jeune fille, il le passa sous le sien et se remit en marche en fredonnant le refrain que Julia chantait tout à l'heure.

Grétry, qui d'abord avait désapprouvé la conduite de son camarade, s'en réjouit bientôt en voyant les heureux résultats de sa démarche. Pourtant, moins entreprenant que le chirurgien, il n'avait osé adresser une parole à leur nouvelle connaissance; il marchait silencieusement derrière elle, détaillant toutes les grâces dont elle était douée. Il eût probablement continué sa route jusqu'au bout, toujours plongé dans ses méditations, si l'étudiant ne l'eût ainsi interpellé:

— Ohé! maëstro, pourquoi rester en arrière, vous n'êtes pas de trop dans notre conversation; j'entretiens la belle de vos talents et de votre avenir.

Grétry s'approcha timidement et balbutia quelques paroles.

— Du courage, ajouta Franck, la belle jeune fille promet l'appui de son admirable voix à vos prochaines productions.

Julia rougit du sans-façon avec lequel l'élève d'Hippocrate agissait envers elle. Elle jeta un regard à Grétry, comme pour le convaincre de sa nonparticipation aux paroles du chirurgien. Ce coup d'œil, quelque rapide qu'il fût, lui suffit pour comprendre que l'âme de Grétry était d'une trempe toute différente de celle de son compagnon de voyage.

II.

En continuant une conversation dont Franck faisait tous les frais, les deux voyageurs et Julia arrivèrent chez Matteo, le père de la jeune fille. Grétry, sans sortir du silence dans lequel l'avaient renfermé un sentiment de respect et sa timidité naturelle, fit une vive impression sur Julia ; celle-ci, en touchant au terme de la route, lui consacra sa première pensée. Elle lui demanda d'une voix craintive, mais pleine d'intérêt, si les aspérités du sentier à travers lesquelles elle les avait conduits n'avaient pas aggravé ses fatigues, et lui offrit un repas que paraissait réclamer sa constitution délicate. Grétry n'avait plus besoin de ces prévenances affectueuses pour accorder à Julia son admiration et les brûlantes pensées de son âme. Si, dans ce moment, un observateur habile eût porté son scalpel dans le cœur de ces deux jeunes gens, il n'aurait pu s'expliquer le lien qui les unissait déjà, sans admettre la sympathie spontanée des âmes, c'est-à-dire, cette force inconnue dans son essence, mais réelle et puissante, qui pousse irrésistiblement dans la même voie deux cœurs jusqu'alors étrangers l'un à l'autre. Combien d'amours ont pris naissance dans un regard ! que de passions doivent leur existence à une larme ou à un sourire !

Cependant le chirurgien, désireux de montrer son savoir-faire, était déjà auprès du malade, interrogeant son pouls et sa langue. Julia, dont le cœur venait de s'ouvrir à de nouveaux sentiments, s'approcha à son tour du lit de son père, et après avoir reçu au front un baiser d'amour, elle se tint debout près du chevet, cherchant à deviner dans les moindres signes de Franck les résultats de son investigation. Celui-ci, gravement assis, questionnait le malade sans rien laisser percer des craintes ou des espérances que faisaient naître ses réponses ; enfin, après un long examen, se levant d'une façon doctorale, il dit, comme se parlant à lui-même : C'est bien !

Soit timidité, soit appréhension de quelque fâcheuse nouvelle, la pauvre enfant n'osait interroger l'homme de l'art : elle chercha à lire dans ses yeux le pronostic qu'il venait de porter ; le médecin ne comprit pas ou feignit de ne pas comprendre ce langage muet, et Julia, ne pouvant supporter cette incertitude, se décida à rompre le silence :

— Que pensez-vous, monsieur, de l'état de mon père ? dit-elle à voix basse.

— Il est grave, très grave, répondit l'Esculape, mais je vous promets de le tirer de là.

Elle serra la main du chirurgien pour l'espérance qu'il venait de verser à son cœur.

— Il faudra beaucoup de ménagements, ajouta-t-il d'un air plein d'importance, la guérison est à ce prix. La convalescence surtout sera longue et pénible.

— Peu importe, répondit Julia en embrassant son père, rien ne me coûtera si le Ciel me conserve des jours si précieux.

Grétry, qui s'était abstenu de paraître durant la consultation de Franck, entra alors dans la chambre du malade. Au bruit de ses pas, Julia, se dégageant des bras de son père, offrit un escabeau au musicien, et se tournant vers le vieillard, étonné de cette prévenance :

— C'est le compagnon de voyage de monsieur le médecin, dit-elle en fixant ses beaux yeux noirs sur le compositeur ; monsieur est musicien et s'en va à Rome étudier sous nos grands maîtres.

— Qu'il soit le bienvenu, répondit Matteo en attirant sa fille vers lui... Mais, ajouta-t-il en souriant, comment sais-tu, petite espiègle, tous les projets de ces messieurs?

— C'est le médecin qui m'a tout dit.

Et baissant la voix de manière à n'être entendue que de son père :

— Ce sont de bien bons jeunes gens, pleins d'honnêteté et de franchise.

Le vieillard se tournant alors vers ses hôtes :

— Je vois, à la poussière qui vous couvre et à la fatigue répandue sur vos figures, que vous venez de faire une longue route. Le repos vous est nécessaire, et je m'estimerai heureux si vous acceptez l'hospitalité que je vous offre de bon cœur.

— Nous ne sommes pas, il est vrai, répondit Franck, aussi dispos qu'à notre départ de Liége, et bien que nous soyons en état de continuer notre route, nous n'en goûterons pas moins avec plaisir quelques heures de sommeil.

— Mon enfant, dit le vieillard en s'adressant à sa fille, prépare la plus belle chambre, et sers à ces messieurs toutes les provisions que tu peux avoir dans tes armoires.

Julia courut exécuter les ordres de son père.

Quand nos deux jeunes gens furent seuls avec Matteo, Franck, se rapprochant du lit du vieillard, ouvrit ainsi la conversation.

— Vous êtes bien heureux d'avoir une fille comme Julia !

— Oui, répondit le vieillard dont la figure rayonna de joie aux paroles du chirurgien, Julia est le seul bien que je possède, et s'il venait à m'être ravi, je n'aurais plus rien qui m'attachât à la terre.

— La mort seule, dit Grétry, qui jusque alors n'avait traduit ses pensées que par l'expression de sa figure, la mort seule peut vous séparer.

— Ne le croyez pas, répliqua le malade ; il n'y a pas longtemps, un voyageur descendu dans mon hôtellerie voulut l'emmener avec lui.

— Pas possible, dit Franck en interrompant le vieillard.

— Contez-nous cela, père Matteo, ajouta Grétry dont l'émotion était évidente.

— Écoutez, dit le malade en s'appuyant sur le lit. Il y a de cela environ six mois, une carriole attelée de deux mules s'arrêta devant mon hôtellerie. Ce jour-là fut un jour de fête : je pensais avoir l'honneur de recevoir quelque noble de la cour de Milan, car il n'y a que les grands seigneurs qui peuvent ainsi voyager en voiture. Il passa toute la journée chez moi. Julia, comme à son ordinaire, chantait en vaquant aux travaux de la maison. Le lendemain, le voyageur me fait appeler ; je me présente, tout confus de me trouver devant un si haut personnage.

— Père Matteo, me dit-il, je veux faire la fortune de ta fille.

Ces paroles dissipèrent un peu mon trouble.

— Comment, monseigneur, lui dis-je, voulez-vous faire la fortune de Julia?

— Ta fille, me répondit-il, a une voix superbe ; je lui offre la place de prima donna au grand théâtre d'*Aliberti*.

Julia, qui écoutait à la porte, entra subitement.

— Prima donna au grand théâtre d'Aliberti! dit-elle ; je le veux bien, mais j'emmène mon père avec moi.

— Impossible, dit l'inconnu ; vous aurez un protecteur qui vous tiendra lieu de père.

— Quel est l'homme, répondit Julia avec dignité, qui a l'arrogance de comparer son amour à l'affection de mon père? qu'osez-vous me proposer? Vous insultez à mon cœur, si vous avez espéré me faire renoncer aux caresses de celui dont tous les instants de la vie ont été consacrés à mon bonheur. Moi, l'abandonner alors que je puis lui rendre les soins et l'amour dont il a soutenu mon enfance, alors que je puis lui faire oublier que ma naissance l'a privé d'une épouse chérie! si vous l'avez espéré, monsieur le comte, je vous répète que vous faites injure au cœur de la pauvre jeune fille.

L'étranger, étonné de la vivacité avec laquelle Julia avait parlé, chercha à la calmer par des paroles affectueuses.

— Je ne veux point, lui dit-il, vous arracher d'ici. Les sentiments que vous exprimez avec tant de chaleur font votre éloge et me confirment dans la bonne opinion que j'avais de vous. Mais, pourtant, nous pourrions tout concilier en faisant une rente viagère à votre père.

— Tenez, monsieur le comte, dit tout à coup Julia en l'interrompant, brisons là-dessus, et ne me faites plus des propositions qui me blessent profondément.

Après ces mots, qu'elle accompagna d'un geste de mépris, elle me laissa seul avec l'étranger. Celui-ci me serrant cordialement la main ;

— Père Mattéo, me dit-il, vous possédez un trésor inestimable de beauté et d'amour ; après ce que j'ai vu, je renonce au projet d'emmener Julia ; mais si jamais elle ou vous avez besoin de moi, je suis assez bien en cour pour pouvoir vous rendre service, — Je suis le maëstro Piccini.

— Le maëstro Piccini ! ne put s'empêcher de s'exclamer Grétry, dont toute l'attention s'était concentrée sur le récit du vieillard.

— Oui, continua Matteo, le maëstro Piccini, le sublime auteur de la *Bonne Fille*, opéra que l'Italie chante depuis deux ans, et dont Julia vous dira les airs.

Et, comme pour confirmer les paroles de son père, la jeune fille fredonna une romance de cet opéra, et rentra peu après dans la chambre du malade en annonçant aux voyageurs que le repas était servi.

— Allez, ajouta Matteo, recouvrer les forces que vous avez perdues dans la route. La nourriture que vous a préparée Julia sera peut-être un peu frugale ; mais elle vous est du moins offerte avec une franche cordialité.

Grétry, touché de la bonté du vieillard, le remercia tendrement ; Franck lui répéta son ordonnance, en insistant qu'on l'éveillât si l'état du malade s'aggravait, et Julia, après avoir reçu au front un baiser de son père, précéda les deux jeunes gens dans la salle à manger.

Le repas fut gai, surtout quand notre chirurgien eut satisfait son premier appétit. Selon son habitude, il ne céda à personne le droit de la parole, et fit à peu près à lui seul tous les frais de la conversation. Durant le récit de ses histoires plus ou moins drolatiques, Julia et Grétry ne restaient pas inactifs. Moins occupés des saillies du narrateur que de leur entretien propre, ils étaient au mieux avant la fin du dîner. Le musicien s'était dépouillé de sa timidité naturelle, et s'enhardissant aux paroles de la jeune fille, il avait fini par avouer à l'Italienne l'impression qu'il avait éprouvée à sa vue... Julia, sans repousser complétement les avances du jeune homme, baissa les yeux avec pudeur, et fit une petite moue qui équivalait à un consentement complet. Je ne sais où se seraient arrêtées ces confidences, si Franck, s'apercevant du peu d'attention qu'on lui accordait, ou peut-être ressentant plus vivement, après quelques instants de repos, la fatigue de la route, n'eût donné le signal de la séparation.

Julia les conduisit dans une chambre modestement meublée, où deux lits avaient été préparés l'un à côté de l'autre. Elle se retira ensuite dans la chambre de son père, où elle se dressa un lit au moyen de deux escabeaux.

— Maëstro, dit Franck en se déshabillant, avouez que la médecine est une science admirable : sans elle nous passerions encore une nuit sur la dure, et vous n'auriez pas une jeune et jolie fille à qui compter fleurette.

— Mais, monsieur le docteur, fit précipitamment Grétry, je...

— Suffit, répliqua Franck en lui imposant silence d'un geste, cela est votre affaire : la mienne est de médicamenter le papa Matteo.

— Vous vous êtes mépris...

— Vous croyez ? D'ailleurs, je ne me plains pas. A chacun son lot : à l'artiste l'amour et la jeunesse ; au médecin le mal et la décrépitude. O Esculape, voilà bien de tes coups ! ! !

En même temps il jeta sur sa tête les couvertures du lit, et les paroles que Grétry prononça pour se justifier n'arrivèrent point jusqu'à lui.

III.

Tant d'émotions avaient assailli son âme, que Grétry ne put trouver le sommeil que bien avant dans la nuit. Chez lui le moral était plus fatigué que le physique, et pour en calmer l'effervescence, il lui fallut analyser une à une ses émotions et les élucider au milieu des idées confuses qui bouillonnaient dans son cerveau. Le souvenir de Julia vint se placer en première ligne, et dans son exaltation fiévreuse, la jeune fille lui apparut couronnée d'une auréole brillante de grâces et de vertus, d'amour et de talent. Peu à peu sa tête se calma par l'effet de l'obscurité, du silence et du repos ; alors aussi sa pensée devint plus claire et son esprit put se rendre un compte plus fidèle de l'impression que lui avait produite Julia. Le sentiment né dans son cœur d'une manière si subite lui était complétement inconnu ; pour le comprendre et se l'expliquer, il le rapprocha de tout ce qui avait ému son âme, et il ne put mieux le comparer qu'à l'amour de cette divinité qui lui apparaissait dans ses rêves une lyre à la main, et pour le culte de laquelle il allait à Rome chercher des inspirations : il aimait Julia avec toute la pureté native de son âme.

La jeune fille, de son côté, s'occupa toute la nuit à pénétrer le sentiment qui la dominait ; comme l'avait fait Grétry, elle voulut rapprocher ses émotions de quelque chose de connu. Tour à tour elle examina l'affection qu'elle portait à son père, l'amour qu'elle avait pour Dieu, mais rien ne pouvait se comparer au dévouement dont elle se sentait capable en pensant au musicien.

Au milieu de ces mille réflexions, dans lesquelles se perdait son âme, la jeune fille vit arriver le jour avec plaisir ; l'espérance de retrouver les voyageurs et le désir de prévenir leur moindre volonté l'arrachèrent de sa couche virginale, et malgré tout le soin qu'elle mit à faire le moins de bruit possible, elle ne put se soustraire à la surveillance de son père, à qui la douleur et la force de la maladie enlevaient le sommeil une partie de la nuit.

— Mon enfant, dit-il à Julia au moment où elle allait sortir de la chambre, pourquoi me priver du baiser de tous les jours ?

— Je craignais, répondit-elle, de troubler le repos que tu paraissais goûter et dont tu as tant besoin.

Elle s'approcha du lit du malade, qui déposa sur son front le baiser du réveil.

— Et toi, pauvre enfant, as-tu bien réparé tes forces?

— Oh! oui, mon père, j'ai dormi d'un sommeil doux et profond.

Julia rougit à ces mots : c'était le premier mensonge qu'elle faisait à son père. Pour cacher son trouble, elle prétexta les soins du ménage et sortit de la chambre après avoir rendu aux escabeaux leur destination première, et mis l'appartement en état de recevoir les étrangers.

Jusqu'au réveil des voyageurs, la jeune fille s'occupa du déjeuner, qu'elle s'étudia à faire somptueux. Les convives ne se firent pas attendre longtemps, et le manége des deux amoureux recommença avec plus de force et d'adresse que la veille. Franck feignit de ne pas les voir, et pour leur épargner toute contrainte il alla visiter le malade, à qui il fit subir un interrogatoire aussi long que fastidieux. Grétry et Julia, restés seuls, se communiquèrent leurs pensées de la nuit, et finirent en jurant de s'aimer toujours.

Une semaine se passa ainsi, Franck à médicamenter le vieux Matteo, et Grétry à s'enivrer d'amour auprès de son amante. Ce temps écoulé, soit que les remèdes eussent produit leur effet, soit que la nature eût seule triomphé de la maladie, le vieillard se trouva assez bien pour n'avoir plus besoin de la Faculté; nos deux voyageurs résolurent alors de poursuivre leur route et d'atteindre au plus tôt le but de leur voyage.

La séparation fut pénible, malgré la force que les deux amants puisaient dans l'espérance de se revoir un jour. Julia accompagna Grétry assez loin sur la route, lui prodiguant les serments d'amour et de fidélité. Le musicien n'était pas moins ému : il laissa échapper tout ce que son âme avait de sensibilité, et tous les deux, les larmes aux yeux, épuisèrent toutes les formules du tendre et du pathétique. Enfin, il fallut en finir, et après des baisers sans nombre échangés et rendus, Grétry s'arracha des bras de Julia, et continua à marcher en s'appuyant sur son compagnon. La fille de Matteo resta longtemps immobile à le suivre du regard, et en lui faisant de la main un dernier et lamentable adieu. Quand l'éloignement les eut dérobés à sa vue, elle retourna triste et silencieuse, essuyant les larmes qui voilaient ses beaux yeux, pour ne pas attrister son père et pour lui cacher la cause de sa douleur.

Les deux voyageurs s'arrêtèrent peu à Milan, pressés qu'ils étaient d'arriver à Rome; d'ailleurs Grétry était devenu insensible à tout, rien n'avait le pouvoir de le tirer de sa profonde préoccupation; le souvenir de Julia restait vivace dans son cœur et n'avait pu s'affaiblir ni par les distractions de la route, ni par les saillies de Franck. Enfin, ils arrivèrent à Rome, et les deux compagnons promirent de ne pas se séparer,

Franck et Grétry s'étaient pris l'un pour l'autre d'une amitié véritable, et si l'on ne savait que la nature vit de contrastes, on s'expliquerait difficilement l'union de deux caractères si disparates. Les extrêmes se touchent dans le monde, le sourire précède les larmes, et le plaisir succède à la douleur. Le chirurgien, toujours gai et insouciant, oublieux du passé et peu préoccupé de l'avenir, buvait à longs traits dans la coupe du présent. Grétry, au contraire, tourmenté par la soif de la gloire et par le feu de l'amour, avait besoin, pour se désaltérer, des espérances de l'avenir. Il aimait son camarade parce qu'il en avait fait le confident de ses rêves dorés, et qu'il trouvait toujours chez lui une consolation toute prête contre les peines et les tortures du présent. Ils vécurent ainsi une année, partageant la bonne et la mauvaise fortune, comme deux amis et deux frères.

Grétry suivait à Rome les leçons de Cascali. Il se distingua bientôt par son travail et ses heureuses dispositions, et fut choisi pour composer les divertissements du carnaval, qui sont à Rome de la plus haute importance.

Le jeune débutant réussit au delà de toute espérance, et commença une réputation qui ne devait jamais mentir. Le théâtre d'Aliberti, à Milan, voulut à son tour applaudir le compositeur belge : des propositions furent faites, et le jeune musicien prépara un intermède en deux actes, connu dans l'histoire de l'art sous le nom de *Vendemmiatrici* (les Vendangeuses). La musique terminée, Grétry résolut de suivre lui-même, à Milan, les répétitions et la mise en scène de son ouvrage.

Franck devait accompagner son ami. Le jour où tous deux, remplis de joie et d'espérance, préparaient les paquets de voyage, une femme en deuil entra précipitamment dans leur chambre.

— Grétry ! s'écria-t-elle en tombant dans les bras du musicien.

— Julia ! s'exclama le compositeur, dont la parole se perdit dans les embrassements de son amante.

A cette visite inattendue, Franck, immobile et sans voix, avait perdu tout mouvement; quelque temps il resta debout, et une chemise à la main, comme frappé par la foudre. Peu à peu il sortit de cette stupeur, et reprenant sa gaieté ordinaire :

— Vive Dieu ! s'écria-t-il, vous pouviez arriver dans un plus triste moment.

— Ah ! c'est vous, monsieur le médecin, fit la jeune fille, s'apercevant à peine de la présence de Franck. Pardon de ne vous avoir pas vu.

— Pas d'offense, *bella signora*, répondit-il en prenant la taille de Julia ; dans tous les pays du monde les femmes n'ont d'yeux que pour leurs amoureux.

— Vous vous trompez, monsieur, je n'oublierai jamais les soins que vous avez donnés à mon père,

— A propos, poursuivit l'Esculape en continuant d'arranger les chemises, comment se porte le papa Matteo?

Deux larmes s'échappèrent des yeux de l'Italienne, et Grétry, qui ne pouvait se lasser de l'admirer, comprit tout de suite la perte qu'elle avait faite. Franck, tout entier à son occupation, ne vit pas les pleurs de Julia, et comme il n'avait point obtenu de réponse, il poursuivit :

— Il faut avouer que nous fîmes à cette époque une fameuse cure; sans moi, probablement, le papa Matteo.....

— Tais-toi donc, Franck, interrompit Grétry en lui donnant un coup de poing dans les épaules; ne vois-tu pas que ton bavardage augmente la douleur de Julia?

— Qu'est-ce à dire? répondit le médecin, tressaillant sous le coup de Grétry.

— Hélas! répondit la jeune fille en pleurant, mon père n'est plus.

— Quoi! s'exclama vivement le chirurgien, le papa Matteo est mort!

— Après votre départ, dit l'Italienne en essuyant ses larmes, la santé de mon père sembla s'être rétablie tout à fait; mais le feu n'était pas éteint, il couvait sous la cendre; il se ralluma plus vivace et plus fort, il y a environ trois mois. Effrayée de la gravité qu'avait prise la maladie, je courus chercher un médecin de village, le plus proche que je pus trouver.

— Voilà un grand tort, interrompit Franck, n'ayez jamais recours à ces médicastres; il vaut mieux laisser la nature agir toute seule. Mais enfin que fit-il?

— Hélas! je n'en sais rien; mais il augura mal de l'état de mon père.

— C'était facile à prévoir avec un massacre pareil.

— Nous n'en finirons jamais avec tes interruptions, dit Grétry, qui souffrait évidemment pour son amante.

— Allons, je me tais et j'écoute religieusement, répondit Franck en s'asseyant.

— L'état de mon père ne fit que s'aggraver, poursuivit la jeune fille, et l'heure fatale arriva. En cet instant suprême, mon père, me prenant la main, voulut m'assurer un avenir : Ma fille, me dit-il, bientôt tu vas être seule dans ce monde; une femme ne peut vivre sans guide et sans soutien; me promets-tu d'épouser Bartholomeo, notre voisin, qui plusieurs fois déjà t'a demandée en mariage? — J'étais loin, il faut l'avouer, de m'attendre à cette proposition dans un tel moment; d'ailleurs, l'image de Grétry ne s'était point effacée de ma mémoire, et je ne pouvais sans crime enfreindre les serments que je lui avais faits. — Je ne répondis point à mon père. — Fais-moi cette promesse, ma fille, poursuivit-il en m'attirant à lui, afin que j'emporte au ciel l'assurance de ton bonheur ici-bas. — Mes larmes et mes sanglots m'empêchèrent d'articuler une parole. Je ne savais à quoi me résoudre. Mon père mourant m'implorait au nom de mon bonheur et de mon avenir, et au nom de mon bonheur et de mon avenir mon cœur se refusait à ce pacte. Je jetai les yeux sur mon père pour lui demander grâce. Hélas ! il était mort sans avoir reçu la promesse qu'il me demandait. Je n'avais point violé mes anciens serments et j'accours les accomplir.

Grétry embrassa avec effusion Julia, et l'assura mille fois de son amour et de son dévouement.

— Puisqu'il en est ainsi, dit Franck, rien n'est changé ici : il n'y a qu'un cœur de plus. Vous faites désormais partie de notre famille, et pour commencer vous viendrez à Milan.

— Pourquoi ? fit la jeune fille.

— Pour y chercher la gloire, répondit Grétry.

— Et la mettre à vos pieds, ajouta le médecin, fermant le paquet de voyage.

IV.

Dès son arrivée à Milan, Grétry se présenta chez le maëstro Piccini. Celui-ci le reçut avec cordialité, et le félicita sur son talent et sur la réputation qu'il s'était acquise à Rome.

— Bientôt, ajouta-t-il, je vous applaudirai moi-même, et je joindrai mes faibles éloges aux bravos que vous avez déjà recueillis.

— J'ai une faveur à vous demander ? dit Grétry, dont la timidité avait été rassurée par l'air bienveillant de Piccini.

— Je serais heureux de vous être agréable. Parlez.

— Je voudrais faire représenter avec *les Vendangeuses* un petit acte composé pour une jeune femme pleine d'avenir et de talent, et sur laquelle j'aurais à cœur de connaître votre opinion.

— Volontiers, mon ami ; le sanctuaire des arts doit être ouvert pour tous les néophytes.

On devine sans peine que Julia était la chanteuse que proposait Grétry. Pendant la route de Rome à Milan, les trois voyageurs avaient voulu concourir, chacun pour leur part, à la gloire qu'ils allaient chercher. L'intermède des *Vendemmiatrici* n'était pas leur fait. Il fut résolu que Franck composerait le libretto d'un opéra, que Grétry en ferait la musique, et que Julia en remplirait le principal rôle. L'histoire ne nous a pas conservé le nom de ce petit acte ; mais, le soir de la représentation, Piccini fit beaucoup plus attention à la chanteuse qu'à la musique. Fort heureusement pour Grétry, l'intermède avait précédé l'opéra, et sa méthode avait pu être jugée par le maëstro italien. Celui-ci, qui avait reconnu dans la débutante la fille de Matteo, courut auprès d'elle, et lui prenant cordialement les mains :

— Je savais bien, lui dit-il, que votre place était au théâtre, et que tôt ou tard vous y arriveriez.

— Je ne pensais guère à cela, répondit timidement la jeune fille, je n'ai cédé qu'aux instances de Grétry.

— Ah ! fit le maëstro d'une manière à laisser voir qu'il comprenait les rapports existants entre les deux jeunes gens.

Et se tournant vers Grétry.

— Monsieur, lui dit-il, vous avez doublement bien mérité de l'art, en donnant à la scène une chanteuse comme Julia, et en faisant vous-même de la musique aussi belle et aussi originale.

Grétry, ému jusqu'aux larmes, baisa affectueusement les mains de Piccini.

Quelques jours après, les trois amis retournèrent à Rome, où les attendaient des succès plus éclatants. Sur une lettre de recommandation de Piccini et sur la présentation de Grétry, Julia fut admise au grand théâtre en qualité de première chanteuse.

Tous les soirs, une foule idolâtre répétait avec admiration le nom de la *prima donna*, et chaque soir Grétry sentait son amour s'accroître de tout l'enthousiasme du public. Elle était heureuse, la jeune fille : elle passait tour à tour de l'enivrement de la gloire à l'ivresse de l'amour. Quand fatiguée des adulations sans nombre de ses admirateurs ; quand saturée des bravos et des couronnes d'un peuple ravi, elle avait besoin de se concentrer dans les recueillements d'un bonheur intime, elle trouvait Franck et Grétry, un frère et un amant, qui répondaient aux saintes et sublimes inspirations de son âme. Son existence était complète, tous les sentiers de sa vie étaient remplis. Encensée au dehors, idolâtrée dans son intérieur, que pouvait-elle désirer ? Son imagination, son cœur, ses sens, tout en elle était satisfait, rien ne souffrait dans cette riche organisation.

Grétry, de son côté, se sentait vivre ; il ne jetait plus continuellement ses regards vers un horizon lointain ; son espérance s'était faite réalité, et les joies du présent dérobaient à son esprit les félicités de l'avenir. Est-il, en effet, pour l'artiste, une destinée plus heureuse que celle de chercher des inspirations dans le regard d'une femme aimée ? — Passionné pour la musique, rêvant gloire et renommée, attisant dans son cœur le feu sublime de l'amour, Grétry contentait tous ses désirs et toute son ambition. Rome et une partie de l'Italie répétaient son nom ; Julia, la *prima donna* si recherchée et si applaudie, ne vivait que pour lui ; il était fier des éloges que sa musique lui attirait, mais plus fier encore de l'envie que soulevait autour de lui son titre d'amant de Julia. Les nobles, les riches, les bourgeois, les cardinaux, le jalousaient ouvertement et n'épargnaient rien pour lui ravir l'affection de la chanteuse. Mais, prières, menaces, adulations, cadeaux magnifiques, tout était inutile, et le jeune maëstro restait le plus heureux et le plus envié des hommes. Un cardinal tout-puissant avait même tenté d'enlever Julia; mais Franck avait su déjouer le complot et conserver à son ami le plus précieux de ses trésors.

Depuis cette époque, le chirurgien était devenu plus cher aux deux amants. Julia avait pour lui une tendre amitié, basée sur la reconnaissance et sur une longue intimité. Grétry l'aimait pour son caractère jovial et pour les précieuses qualités de son cœur. C'était un frère dévoué et chéri pour tous deux. Au commencement, l'union des trois jeunes gens fut sans nuages; le chirurgien charmait par ses saillies les loisirs du théâtre, et ses plaisanteries avaient toujours le pouvoir de dissiper le trouble que faisaient naître parfois dans le cœur de Grétry les tentatives de ses rivaux. Mais depuis quelque temps Franck avait perdu son insouciance et sa légèreté; il était devenu grave et rêveur. Au lieu de se confier à ses amis, de verser dans leur sein la cause de sa tristesse et de partager avec eux le poids de son ennui, il s'étudiait à fuir la maison et surtout à ne pas se trouver seul avec Julia. Grétry s'était plaint souvent de cette métamorphose et en avait en vain recherché les motifs. Sa maîtresse, plus clairvoyante, avait soupçonné un amour malheureux, et dans sa folle ignorance des douleurs, elle se prenait parfois à plaisanter Franck sur ce sujet. Un jour pourtant elle fit taire ses railleries; elle s'était aperçue que c'était elle-même qu'aimait le chirurgien. Voici à quelle occasion :

Les nombreux et riches prétendants à l'amour de la prima donna, ne pouvant vaincre sa résistance, résolurent de s'en venger. Ils montèrent une cabale afin de briser le piédestal qu'eux-mêmes avaient élevé. Ils espéraient que le désespoir et l'amour-propre blessé amèneraient la chanteuse à capituler et à demander grâce. Franck, en sentinelle vigilante, eut bruit du complot, et il se prépara de son côté à soutenir vigoureusement l'attaque. Il fit entrer dans son parti tous les élèves du collége de Liége, et rangea sous sa bannière une grande partie des étudiants en médecine, invoquant pour les premiers les idées de nationalité et proclamant pour les seconds l'esprit de corps et la fraternité qui les devait unir. La lutte commença. L'acharnement fut égal de part et d'autre; le théâtre devint une arène bruyante où les passions se donnaient rendez-vous tous les soirs. La cabale était dirigée par le comte Frascolo, connu à Rome par ses nombreux clients, par son luxe, par ses orgies, et tout récemment par ses poursuites contre Julia. Avec lui venaient ses compagnons de débauche, tous jeunes gens riches et puissants, escortés chacun de sa clientèle. Ce parti était formidable et menaçait certainement de l'emporter, si Franck ne se fût dévoué lui-même. Il alla trouver le comte Frascolo et lui proposa de terminer à eux deux la dispute de tous les soirs.

— L'art, dit-il en terminant, est tout à fait étranger à notre querelle; vous attaquez Julia et non la prima donna; vous insultez l'artiste, ne pouvant vous venger sur la femme de ses dédains et de ses mépris, et moi je me fais le défenseur de Julia et de la femme, abandonnant au jugement public la chanteuse et l'artiste.

Le comte Frascolo accepta le défi. Il fut convenu que, quel que fût le résultat du combat, toute attaque cesserait au théâtre. La rencontre eut lieu le jour même, et Franck revint victorieux déposer le traité de paix aux pieds de Julia. Il y avait tant d'amour dans son regard, tant d'hésitation dans ses paroles, tant de joie dans ses larmes, que la chanteuse s'aperçut avec effroi qu'elle était la cause des changements survenus dans le caractère de Franck. Elle fut épouvantée de sa découverte, car elle avait appris dans ses rôles de théâtre que plus une passion est longuement concentrée, plus elle est terrible dans son explosion. Pourtant les nobles sentiments du chirurgien, l'amitié fraternelle qu'il avait jurée et toujours montrée à Grétry la rassurèrent un peu sur les conséquences de cet amour, et l'heure venue, elle courut joyeuse au théâtre recueillir sans conteste les couronnes et les bravos. Son triomphe fut complet ; à son entrée en scène des applaudissements frénétiques ébranlèrent la salle, et des bouquets, ornés de devises flatteuses, tombèrent nombreux à ses pieds. Rappelée à plusieurs reprises avec enthousiasme, elle oublia dans cette soirée mémorable tous les ennuis que lui avait causés le comte Frascolo. Franck présidait lui-même à cette ovation brillante ; il animait du geste, du regard et souvent de la voix ses amis et ses camarades. Sa victoire l'enivra : ses yeux fortement injectés sortaient presque de leurs orbites; sa figure, où tout le sang semblait avoir reflué, s'animait parfois d'une manière étrange. Ses bras, ses jambes, sa tête, tout son corps enfin, toujours en mouvement, dénotaient assez la surexcitation à laquelle il était en proie. Il pleurait, criait, trépignait; en un mot, Franck était ivre de joie, de ravissement et d'amour.

Quand la toile fut tombée sur la dernière note de Julia, il courut machinalement et sans s'expliquer pourquoi dans la loge de celle-ci. La chanteuse, encore dans son costume brillant, redisait la dernière scène comme si elle eût voulu prolonger son triomphe. Elle était, elle aussi, dans un état difficile à décrire : les fleurs, les bravos, les trépignements de la foule avaient fait refluer tout son sang au cerveau, et ses idées avaient nécessairement perdu de leur lucidité ordinaire.

Lorsque Franck entra, elle se précipita vers lui et couvrit sa figure brûlante de baisers. Ces baisers firent perdre au chirurgien le peu de raison qui lui restait. Il étreignit fortement Julia dans ses bras, et lui rendant au centuple les caresses qu'il en recevait.

— Mon ange! Julia! lui disait-il, reste; ah! reste sur mon cœur. Depuis trois ans je t'aime avec fureur... mon amour me brûle, me dévore... Ah! toi, tu ne sais pas ce que j'ai souffert! Un instant de bonheur me fait oublier trois années de tortures... Non, non, je ne veux plus me souvenir de mes angoisses et de mes tourments...

— Ah! je t'aime, Grétry! s'écriait la comédienne qui se croyait en son délire dans les bras de son amant; ah! je t'aime... Ces couronnes, ces bravos, ce triomphe, c'est à toi que je les dois... Ah! je suis folle... je t'aime, je t'aime... Restons ainsi, toujours dans les bras l'un de l'autre.

Et leurs baisers redoublèrent avec plus de frénésie.

Tout à coup la porte de la loge s'ouvrit, et Grétry se présenta.

V.

— Monsieur Grétry, disait un jour Voltaire dans son château de Ferney, à quelle température se trouve actuellement votre amour?

— Elle est basse, très basse, répondit le compositeur belge.

— C'était évident, poursuivit le philosophe, le thermomètre ne pouvait rester à 50° au-dessus de zéro. Je connais le cœur humain: la passion la plus forte ne résiste pas à une infidélité et à une absence de six mois. Or, voilà deux ans que vous avez fui votre belle inconstante, c'est trois fois plus qu'il n'en fallait..... c'est une provision pour l'avenir. Vous pouvez maintenant vous lancer sans crainte dans la carrière. Allez à Paris recueillir les lauriers qui fleurissent pour vous.

— Je pensais, au contraire, dit timidement Grétry, que l'amour aidait puissamment les facultés de l'artiste.

— Erreur, grande erreur, répondit Voltaire avec le sourire sardonique qui lui était familier; l'amour égare, et la passion nous dévie sans cesse de la route de la raison. Pour faire une œuvre grande et sublime, il faut être sain de cœur et d'esprit. Les amoureux peuvent bien fabriquer une élégie plus ou moins brûlante au milieu de leur rêvasserie sans fin, mais jamais un ouvrage grandiose. Croyez-moi, monsieur Grétry, puisque le souvenir même de Julia n'existe plus en vous, mettez à profit les facultés éminentes dont vous êtes doué, et ne perdez pas à Genève un temps précieux que vous regretteriez plus tard. Allez à Paris, des succès vous y sont assurés.

Quelque temps après, Grétry suivit les conseils de Voltaire et quitta pour toujours Genève, où il avait passé deux ans après son retour d'Italie.

Le patriarche de Ferney ne s'était point trompé: *le Tableau parlant*, *Zémir et Azor*, *la Fausse Magie*, *le Jugement de Midas*, *Richard Cœur-de-Lion*, placèrent Grétry au premier rang des compositeurs de l'époque. Son nom fut bientôt connu et répété partout; sa réputation et la fortune qui en fut la suite lui avaient permis de faire un mariage riche et honorable. Il portait à sa femme une affection véritable, basée sur l'estime et l'amour: lui aussi était tendrement aimé, et il jouissait en paix de son bonheur domestique. Julia était morte pour lui ; son image était effacée en son cœur, et son souvenir même se présentait rarement à son esprit. Si quelquefois sa mémoire se reportait à cette époque de sa vie, son amour lui apparaissait comme un rêve, incapable de soulever en lui la moindre émotion. Tout entier à ses travaux du théâtre et à ses joies de famille, il confondait le passé et l'avenir dans une pensée et un sentiment communs, le bonheur du présent. Étranger aux affaires du ménage, il se reposait sur sa femme des soins de l'intérieur, et, pourvu que son dîner fût toujours prêt à midi, il s'inquiétait peu de ce qui se passait à la cuisine et à l'office.

Un jour, cependant, tandis qu'il s'amusait à battre la mesure sur un carreau de vitre en attendant de se mettre à table, sa femme s'approcha et lui dit :

— J'ai engagé un nouveau domestique.

— Si tu juges qu'il nous était nécessaire, répondit Grétry sans se déranger, tu as très bien fait, cela rentre dans tes attributions.

— Mais c'est toute une histoire.

— Voyons, répondit le musicien en se tournant vers sa femme.

— C'est une Italienne que des malheurs ont amenée en France. Passionnée pour la musique, douée, m'a-t-elle dit, d'une voix superbe, elle n'a ni assez de protecteurs ni assez de fortune pour entreprendre la carrière théâtrale. Réduite à se faire servante, elle veut au moins servir un musicien, pour que son âme s'émeuve quelquefois au bruit de mélodieux accords et oublie dans cet enivrement sa pénible position. Elle m'a tant suppliée que je n'ai pu repousser sa demande. Elle est donc à notre service, avec la seule condition de t'écouter parfois.

Au même instant l'Italienne elle-même vint annoncer que la table était servie.

Grétry tressaillit involontairement à ce timbre de voix, il se retourna vivement, et, sous le costume grossier de servante, il reconnut Julia, malgré l'altération dont ses traits étaient atteints. Il eut assez de force pour comprimer en lui-même les émotions que lui causa sa découverte ; ce n'était point un reste d'amour qui se réveillait en son cœur, mais c'était plutôt une crainte vague, une peur instinctive de quelque projet criminel de la part de l'Italienne. Pendant le repas il dissimula assez bien son trouble et son anxiété ; puis au moment de quitter la table, s'adressant directement à Julia.

— Mademoiselle, fit-il avec un regard d'intelligence, on m'a dit tout à l'heure que vous aimiez la musique, et que la nature vous avait pourvue d'une voix admirable ; je veux juger par moi-même vos belles dispositions. Je vous pousserai au théâtre, si, comme je n'en doute pas, vous répondez à mon attente.

La femme de Grétry, sans défiance aucune, excita l'ancienne prima donna à suivre le compositeur.

Quand ils furent seuls, l'auteur de *Richard*, prenant tout à coup la main de la fille de Matteo :

— Julia, lui dit-il, votre misère est bien grande pour que vous soyez descendue si bas.

— Non, répondit l'ex-comédienne qui, tremblante et les yeux baissés, n'osait élever son regard jusque sur Grétry.

— Vous êtes trop fière pour m'avouer votre infortune, poursuivit le musicien, mais il est de mon devoir de la deviner et de la prévenir. Je ne puis permettre que vous restiez dans cette position fâcheuse ; l'artiste qui a chanté mon premier opéra ne doit pas être ma servante.

— Vous vous trompez, monsieur Grétry, répondit Julia, en relevant la tête et un peu piquée de la dernière phrase du compositeur, je ne suis point dans la misère ; la carrière où je suis entrée sous vos auspices m'a mise pour jamais au-dessus des besoins... je suis riche, peut-être plus que vous.

— Alors que signifie votre conduite ?

— Je ne sais si je dois vous dévoiler les secrètes pensées de mon âme.

— Que craignez-vous ? interrompit le compositeur, redoutant toujours quelques projets de vengeance.

— Eh bien ! j'y consens.

Grétry offrit un siége à Julia.

— Je suis indigne, dit-elle en refusant, de m'asseoir près de vous ; l'humble servante doit se montrer respectueuse envers un maître aussi illustre.

Le musicien, de plus en plus étonné du ton et des paroles de son ancienne maîtresse, fit signe qu'il écoutait. Celle-ci commença ainsi :

— Vos paroles, votre empressement à me voir m'ont prouvé que vous n'avez point oublié la chanteuse de Rome, mais rien ne me dit que vous vous rappelez encore Julia, la pauvre jeune fille qui fut si heureuse avec vous. Vous n'avez sans doute gardé de cette époque qu'un souvenir, celui de la nuit fatale où vous quittâtes Rome. Abusée comme vous, trompée par une espèce de fascination qui s'était emparée de mes sens et de mon esprit, pendant que votre image occupait toujours seule mon cœur, je ne pus que le lendemain me rendre un compte fidèle de tout ce qui s'était passé, et mesurer la profondeur de l'abîme où j'étais tombée. Je ne vous accuse pas, je ne vous reproche pas votre conduite. Une fatalité terrible me poursuivait. Vous me surprîtes dans les bras de Franck, et vous crûtes à une infidélité. Ah ! cette pensée m'a bien souvent rendue folle ! Aujourd'hui même encore, il ne faut pas que je m'y arrête ! Sans doute je me serais faite à l'idée d'un meurtre, d'une séparation éternelle, de la mort ;

mais je n'ai pu m'habituer à ne plus croire à votre amour. — Oh ! durant cette nuit, cette nuit affreuse, où était ma raison ? Pourquoi mon intelligence n'était-elle pas dans mon cœur ?

Des larmes amères coulaient abondamment de ses yeux, et des sanglots tumultueux la forcèrent de s'arrêter. Grétry, ému de la douleur de Julia, chercha à la calmer par de douces et affectueuses paroles ; il y parvint, et l'ancienne comédienne poursuivit :

— Je n'ai jamais pu m'expliquer comment je m'étais trouvée dans les bras de Franck. J'étais dans le délire de la joie, de l'enivrement et de l'enthousiasme. Les bravos de la foule, les fleurs, les vers des poëtes, tout avait exalté mon imagination et m'avait plongée dans l'ivresse la plus profonde. Les facultés de mon esprit et les fonctions de mes sens s'anéantirent, et dans ma folie passagère, j'embrassai mon frère pour mon amant. Erreur funeste ! mon délire dura peu ; mais quand je revins à moi, vous m'aviez déjà fuie, et fuie pour toujours. Franck partit bientôt aussi, honteux de son crime et l'âme pleine de remords. Je me trouvais seule avec mon désespoir et mon amour, sans connaître même votre retraite et votre destinée. Je courus à Milan voir notre protecteur commun, le maëstro Piccini. Ses consolations, la certitude qu'il me donna de vous retrouver adoucirent un peu mon amertume et me permirent de continuer la carrière théâtrale. Tour à tour, je visitai Turin, Venise, Florence, Naples pour vous rencontrer : il n'est pas un coin de l'Italie que je n'aie exploré, pas une ville où je ne vous aie réclamé. Partout des triomphes m'attendaient ; mais insensible à tout, je vivais sans faste et sans luxe, amassant ainsi une fortune que ma réputation augmentait tous les jours davantage. Désespérant de vous trouver en Italie, je résolus de vous demander à la Belgique, votre patrie. Là votre nom était dans toutes les bouches, et chacun chantait vos opéras. J'appris bientôt votre résidence, et me voici maintenant heureuse de subir le châtiment que je me suis infligé.

Julia cessa de parler et arrêta sur Grétry son regard voilé par les larmes. Le compositeur, complétement rassuré sur les desseins de son ancienne maîtresse, lui prit amicalement les mains et la supplia de s'expliquer tout à fait sur la peine qu'elle s'était imposée.

— J'ai été coupable, dit l'Italienne, involontairement, je le sais ; mais je dois expier ce moment d'erreur. Ne pouvant effacer ma faute ni briser mon amour, j'ai résolu de les cacher sous mon humilité et mes remords. Il faut que la gloire de la prima donna et que le cœur de Julia s'éteignent dans l'obscurité et les soins de la servante.

— Julia ! s'exclama Grétry ému d'un pareil repentir, je vous pardonne votre faute et les souffrances que j'ai endurées. J'oublie la nuit fatale où je vous ai quittée ; je ne veux garder de vous qu'un heureux souvenir, et la vue de Julia servante me rappellerait toujours Julia infidèle. Croyez-moi, remontez sur la scène, où vous attendent encore des triomphes brillants.

— J'ai dit adieu au théâtre, ma résolution est irrévocablement prise...

— Et si je vous en priais...

— Vous n'insisteriez pas, si vous saviez combien les bravos de la foule me percent le cœur, depuis qu'il ne m'est plus permis de les savourer avec vous.

— Mais vous ne pouvez rester chez moi, ma femme...

— Vous voir heureux et aimé par une autre femme était un supplice de plus que je m'étais infligé!

— Cependant, s'il est vrai que vous ayez encore pour moi quelque attachement, vous n'apporterez pas le trouble dans mon ménage, et vous ne m'enlèverez pas l'affection d'une épouse que je chéris.

— Que faire alors pour expier ma faute?

— M'obéir, et chanter mes opéras.

— C'est au-dessus de mes forces, je serais brisée dès la première note

VI.

Julia avait cédé en partie aux sollicitations de Grétry : après avoir consenti à quitter son rôle de servante, elle ne put jamais se résoudre à remonter sur la scène et continuer la carrière où elle avait recueilli la fortune et les lauriers. Cependant le compositeur craignait avec raison que la solitude et l'oisiveté n'entretinssent dans l'âme de l'Italienne une exaltation fâcheuse; il fit appel à ses sentiments religieux, et lui conseilla de fonder un monastère où elle apprendrait aux novices l'art de chanter convenablement les louanges du Seigneur. Elle fonda le couvent de ***.

Grétry venait souvent visiter Julia et constater les progrès des jeunes religieuses dans le chant et la musique. Ces entrevues, loin d'apporter quelque soulagement aux peines secrètes de la supérieure, semblaient au contraire en augmenter l'amertume et envenimer la plaie profonde de son âme. L'abandon qu'elle avait subi avait fait naître chez elle un mal qui la minait sourdement, et la rencontre de Grétry, loin de l'adoucir, l'irritait davantage encore; aussi, à l'époque où en est arrivé notre récit, Julia n'était plus que l'ombre d'elle-même : ses yeux, jadis si brillants, avaient alors perdu toute leur animation, et sa figure amaigrie avait pris cette teinte jaune-paille qui pour l'observateur est le signe le plus certain d'une maladie mortelle. Sa robe de serge grise déguisait avec peine, sous l'ampleur de ses plis et de ses manches, la maigreur extrême de ses membres et de son corps. Le moral n'était pas moins affaibli : de toutes les facultés éminentes qui l'avaient faite reine du théâtre, il ne lui restait qu'une sensibilité confuse que la vue ou le souvenir de Grétry avaient seuls le pouvoir de mettre en jeu. La vie s'était tout entière concentrée dans le cœur, et quelle que fût l'énergie de la force vitale, il était à craindre que le cœur lui-même ne pût résister longtemps encore, tant l'amour et la douleur l'avaient usé et affaibli.

Grétry n'était point sans avoir remarqué cet acheminement funeste vers la tombe, et toutes les fois qu'il avait voulu s'informer ou porter remède au mal, Julia s'était renfermée dans un silence absolu sur la cause de son dépérissement, et avait toujours refusé tout secours et même toute consolation. C'est qu'il en est des grandes douleurs comme des grandes joies, on aime à renfermer en soi ses souffrances, à mordre et à déchirer son cœur tout à son aise. Ainsi était l'Italienne : souriante et presque gaie devant le monde et en présence de Grétry, elle quittait dans la solitude son masque d'emprunt et tombait dans une tristesse profonde, dans un anéantissement léthargique d'où les larmes n'avaient pas toujours le pouvoir de la tirer. Un tel genre de vie devait lui être funeste.

Un jour Grétry était venu la visiter ; elle se sentit plus faible et plus abattue que de coutume. Le musicien s'en aperçut et lui fit de tendres reproches sur le peu de soins qu'elle donnait à son état. Julia soutint quelque temps la conversation avec son air faux de gaieté et sa légèreté feinte ; mais, hélas ! le rôle était trop lourd ; la nature reprit ses droits, et un évanouissement fatal laissa pressentir l'heure de la séparation. Grétry, épouvanté de l'aggravation que semblait prendre la maladie de Julia, manda en toute hâte le médecin le plus proche. Celui-ci arriva bientôt et déclara que la vie, trop usée, résisterait probablement à tous les soins. Cependant il fit prendre à la malade des fortifiants et des cordiaux qui ranimèrent un peu ses forces presque éteintes.

Grétry, à genoux auprès de la mourante, tenait ses mains dans les siennes comme s'il eût voulu les réchauffer. Des larmes abondantes coulaient de ses yeux et des soupirs tumultueux soulevaient sa poitrine. Il commençait à se reprocher la mort de son ancienne maîtresse.

— Julia, disait-il dans sa douleur, renais à la vie, je t'aime encore... Vois, j'embrasse tes genoux... tout est oublié... Grétry ne se souvient plus que de ton amour.

Le médecin, qui jusqu'alors était resté indifférent à la scène qui se passait sous ses yeux, tant l'habitude avait émoussé sa sensibilité, se rapprocha tout à coup du chevet de la mourante, et s'adressant à Grétry :

— Est-ce là, dit-il, l'ancienne prima donna du théâtre de Rome, la fille de Matteo l'aubergiste?

Le musicien se retourna vivement, et arrêtant ses regards voilés de larmes sur son interlocuteur.

— D'où savez-vous le nom de Julia? demanda-t-il; ses malheurs vous seraient-ils connus?

— Monsieur Grétry, s'exclama le médecin, sur cette tombe entr'ouverte, pardonnez à un malheureux que les remords poursuivent; je vous ai indignement trompé : je suis le plus misérable des hommes.

— Quoi! s'écria le compositeur en se levant, vous seriez le séducteur de Julia, l'ami infidèle...

— N'achevez pas! ma punition est assez grande en présence de ce cadavre déjà presque froid.

— Oh! Franck, nous sommes tous les deux bien coupables.

Le médecin se rapprocha de la malade comme pour demander à la mort un moment de répit.

Il était trop tard, la fille de Matteo avait cessé de vivre. . . . . .

. . . .

Une simple pierre marque la place où repose l'ancienne chanteuse du grand théâtre de Rome, et chaque année, à pareille époque, le 13 décembre, on a vu Grétry et Franck aller prier sur la tombe de Julia.

Paris. — Imprimerie de L. Martinet, rue Mignon, 2.

L'ART DU DENTISTE.

L'ART DU DENTISTE, arrivé à un certain degré de perfection, resta longtemps stationnaire, dans la croyance où furent les praticiens qu'il n'y avait plus rien à faire pour le perfectionner. William Rogers a détruit cette erreur en nous montrant tous les ans quelque nouvelle découverte pour son amélioration. D'abord, ce sont ses *dents osanores* posées sans crochets ni ligatures, et sans extraction des racines, particulièrement recommandées pour leur légèreté dans la bouche aux vieillards ou personnes dont la bouche irritable ne pourrait supporter une forte pression ou tension, soit de ressorts, de plaques ou de crochets. Après de nombreux essais plus ou moins fructueux, *William Rogers* parvint à donner à ses dents une plus grande transparence, jointe à une solidité à toute épreuve, et sous le nom de *dents osanores indestructibles*, nous fit voir le chef-d'œuvre de l'art dentaire; ces mêmes dents fabriquées aujourd'hui à la mécanique, avec une promptitude et une précision sans égale, sont néanmoins d'un prix très modéré. *William Rogers* n'a pas été moins heureux dans les recherches qu'il a faites pour les autres branches de son art; *son ciment pour plomber ses dents soi-même* est encore une invention précieuse et à la portée de tout le monde par la modicité du prix. Ce *ciment* ou *émail inaltérable* s'applique facilement et sans douleur, adhère à la dent, en devient à l'instant même partie, et fait disparaître toute trace de carie; *son eau Rogers, pour embaumer les dents* quand elles sont trop douloureuses pour être plombées, est encore un de ces secrets bienfaiteurs qu'on ne saurait trop apprécier. Chaque flacon de ces deux articles se vend 3 fr. chez l'inventeur, 270, rue saint-Honoré, et chez les principaux pharmaciens.

Nous venons de parler des différentes améliorations apportées par *William Rogers* dans la pratique de son art; il nous reste à parler des *ouvrages remarquables* dont il a doté la *science dentaire* pour le développement de ses théories. D'abord son *Encyclopédie* du dentiste, récapitulation des pratiques employées par les anciens dentistes, et des différentes phases de progrès obtenus dans l'art dentaire, depuis son origine jusqu'à nos jours. Prix, 7 fr. 50 c.

Dictionnaire des sciences dentaires, publié dernièrement par *William Rogers*, le plus étendu et le plus complet des ouvrages écrits pour sa profession. Cet ouvrage est un résumé, non seulement des doctrines de l'auteur, mais encore de tous les perfectionnements apportés dans l'odontotechnie; c'est le divulgué détaillé de la fabrication des dents artificielles jusqu'à la découverte des osanores et des différentes améliorations apportées dans ces dernières par l'inventeur. Prix, 10 fr. Nous devons encore à *William Rogers* plusieurs ouvrages utiles et d'un mérite incontestable, que l'on peut se procurer chez lui, rue Saint-Honoré, 270, à Paris.

(Extrait de l'*Annuaire médical.*)

Paris. — Imprimerie de L. MARTINET, rue Mignon, 2.

L'ŒIL-DE-BŒUF

DES THÉATRES

PAR

FÉLIX ROUBAUD.

Quatrième Livraison.

ODÉON.

A PARIS
CHEZ JONAS-LAVATER, ÉDITEUR,
43, RUE VIVIENNE;
ET A LA PAPETERIE DE PARIS, NERAUDAU,
16 ET 18, RUE DES FOSSÉS-MONTMARTRE.

L'Œil-de-Bœuf des Théâtres forme un gros volume composé de douze livraisons, contenant chacune 1° une nouvelle-roman, dont le sujet est emprunté à la vie intime d'un acteur, d'une actrice ou d'un auteur dramatique; 2° le plan gravé de l'intérieur d'un théâtre de Paris, avec le numéro des stalles et des loges, et le nombre de places de chaque loge; 3° une notice historique concernant le théâtre qu'elle accompagne, suivie du personnel administratif et artistique et du prix des places de ce théâtre.

Toutes les livraisons sont en vente et ont paru dans l'ordre suivant :

	Gravures.	Titre de la Nouvelle-Roman.
1re livraison.	Opéra.	L'Amour d'une Sirène.
2e —	Théâtre-Français .	Une Conspiration à For-l'Évêque.
3e —	Opéra-Comique. .	Un Moment d'erreur.
4e —	Odéon	Un Comédien en pénitence.
5e —	Italiens.	Une Vengeance d'outre-tombe.
6e —	Vaudeville	Un Amour impossible.
7e —	Variétés.	Ce que rapporte la poésie.
8e —	Porte St-Martin. .	Une Vendetta.
9e —	Gymnase.	Deux Cœurs pour un amour.
10e —	Historique	Une Fleur de Bal.
11e —	Montansier. . . .	Les Diamants de la Marquise.
12e —	Ambigu	Une passion à bord.

Chaque livraison forme séparément un tout complet: réunies entre elles, ces 12 livraisons composent un fort volume dont *une demi-livraison* supplémentaire donne le titre, le prologue, l'épilogue et la table des matières. Cette demi-livraison se trouve chez l'éditeur, 43, rue Vivienne, et chez tous les libraires et marchands de nouveautés de Paris.

THÉÂTRE DE L'ODÉON.

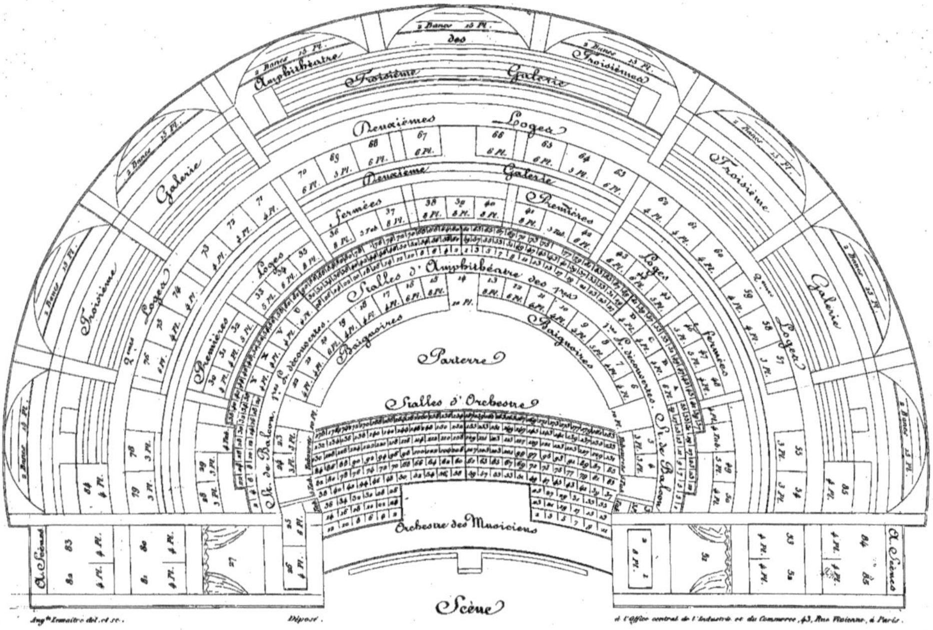

Ang^te Lemaître del. et sc. Déposé. à l'Office central de l'Industrie et du Commerce, 43, Rue Vivienne, à Paris.

Jonas-Lavater, Éditeur.

THÉATRE NATIONAL DE L'ODEON.

SECOND THÉATRE-FRANÇAIS.

Il n'est pas de salle de spectacles qui ait plus abrité que l'Odéon de genres divers : comédie, tragédie, drame, vaudeville, opéra français, opéra italien, il a tout reçu ; et, comme si l'on eût voulu épuiser pour lui la liste de tous les genres, on lui permit, malgré les réclamations des artistes nationaux et des autres théâtres, on lui permit, disons-nous, de traduire et de jouer les opéras étrangers.

Malgré ces tentatives, l'Odéon a rarement eu de beaux jours. Bâti en 1781 par les architectes Wailly et de Peyre aîné, il donna tout d'abord asile à la comédie française, composée, ainsi que nous l'avons dit dans la notice du Théâtre-Français, de la troupe de Molière et de celle de Beaumarchais.

Ce fut à l'Odéon que la révolution de 89 surprit la troupe *royale*, dont les premiers rôles se dispersèrent, et dont quelques débris continuèrent à donner des représentations jusqu'en 1799, année où un incendie dévora le monument en quelques heures

Napoléon, en 1807, fit reconstruire la salle, et la concéda au sénat conservateur. Alexandre Duval et Gobert s'y succédèrent comme directeurs ; et quelques années après, l'empereur ayant décidé que la troupe italienne alternerait, pour ses représentations dans ce théâtre, avec les comédiens français, l'Odéon prit le titre de *théâtre de l'Impératrice.*

Les événements de 1814 lui devinrent funestes, et forcé de quitter son nom de *théâtre de l'Impératrice*, il se vit abandonné par Gobert, qui se retira après la première rentrée des Bourbons.

La troupe se réunit alors en Société provisoire, mais les recettes ne répondirent pas aux frais, et le désordre se mit dans l'administration.

Cet état déplorable dura pendant les Cent-Jours, et ne cessa qu'au retour définitif de Louis XVIII, qui nomma Picard comme directeur, avec une subvention de 27,000 fr.

Sous l'administration intelligente du nouveau directeur, l'Odéon commençait à entrer dans une voie prospère, quand un second incendie détruisit, avec le monument, d'aussi belles espérances.

Cet incendie eut lieu en 1818.

Après sa reconstruction, Picard ne voulant pas recommencer une nouvelle carrière, l'Odéon passa successivement sous la direction de MM. Gentil, Guizel et Bernard.

Les beaux jours n'étaient pas revenus, et pour prévenir la fermeture de la salle, le gouvernement donna à Bernard une subvention de 60,000 fr.; cette somme, étant insuffisante, fut portée à 100,000.

Le public continua à rester indifférent à la protection et aux avances du gouvernement pour l'Odéon; dans l'espoir de vaincre cette indifférence, il fut permis à Bernard de représenter les opéras traduits de l'étranger.

Quelques brillants succès furent la récompense de cette innovation, et tout le monde se souvient encore de la foule qui encombrait les portes de l'Odéon alors que l'on jouait *la Pie voleuse* ou *Robin-des-Bois*. M. Castil-Blaze, qui depuis a combattu avec un courage et une constance dignes d'un meilleur sort la dualité du librettiste et du musicien, était à cette époque le factotum ordinaire des opéras traduits de l'étranger.

Lorsque Bernard se retira, il fut remplacé par M. Frédéric du Petit-Méré qui lui-même eut bientôt pour successeurs MM. Sauvage, Lemétheyer et Harel, qui se succédèrent rapidement.

Harel, cet homme si extraordinaire et si puissant à trouver des ressources, eut le talent de se faire allouer une subvention de 160,000 fr.

Nous étions déjà bien loin des 27,000 fr. de Picard.

En 1833, la Comédie française exploita l'Odéon concurremment avec l'Opéra-Comique; mais bientôt le Théâtre-Français resta seul, et continua l'exploitation pendant six mois.

Les Italiens, qu'un incendie avait chassés de la salle Favart, demandèrent l'hospitalité à l'Odéon, et parvinrent à y attirer quelquefois encore le public: c'était comme un rayon des succès de *Robin-des-Bois* et de *la Pie voleuse*.

Les Italiens ayant trouvé une place définitive à Ventadour, M. d'Épagny entra à l'Odéon avec une troupe de drame, de tragédie et de comédie, et obtint le titre de *second Théâtre-Français*.

Le public avait suivi les Italiens de l'autre côté de l'eau, et M. d'Épagny dut bientôt abandonner le sceptre directorial entre les mains de M. Lireux.

Celui-ci eut l'immense avantage et l'insigne honneur de produire M. Ponsard et de jouer *Lucrèce*. Nul n'a oublié l'émotion qui, six mois à l'avance, s'empara du public à l'occasion de cette pièce, et comment encore à cette occasion, une subvention de 60,000 fr. fut donnée au théâtre, et portée plus tard à 100,000 fr.

Depuis le 1er juin 1845, M. Bocage a succédé à M. Lireux, et c'est à force de talent, d'économie et de bonne administration qu'il est parvenu à passer notre époque critique et à vaincre l'indifférence du public.

THÉATRE DE L'ODÉON.

Administration.

Directeur.	MM.	Bocage.
Commissaire du gouvernement.		Mauzin.
Régisseur général.		Léon.
Directeur de la scène.		Jourdain.
Régisseur.		Bar.
Sous-régisseur.		Forestier.
Caissier et Contrôleur général.		Laudner.
Premier chef d'orchestre.		Ancessy.
Second chef d'orchestre.		Laurent.
Maître de ballet.		Dumas.
Costumier en chef.		Moreau.
Machiniste en chef.		Jeandaviatte.
Costumière en chef.	Mme	Guédon.

Conseil judiciaire.

MM. Marie, avocat.
Jaybert, *id.*
Ramont de la Croisette, avoué.

MM. Péan, avoué.
Petit-Jean, agréé.
. . . notaire.

Service de santé.

MM. Huard, docteur en médecine.
Ricord, *id.*
Haracque, *id.*
Lenoir, *id.*

MM. Gasnauld, *id.*
Gerardin, *id.*
Cadet-Gassicourt, pharmacien.

Artistes.

Les artistes sont placés par ordre alphabétique.

MM. Aimé.
Alexandre.
Anselme.
Bar.
Barbier.
Bonneau.
Caron.
Clarence.
Darcourt.
Deshayes.
Dumont.
Ernest.
Forestier.
Gamard.
Gaudé.
Harville.
Henry (Victor).
Husson.

MM. Jahyer.
Jourdain.
Larochelle.
Mangeais (Alfred).
Martial.
Maurice.
Montet.
Moreau-Sainti (fils).
Osmont (Georges).
Philibert.
Sivigny.
Thiron.

Mmes Avenel.
Baptiste.
Biron.
Crosnier.
Dargilly.
Darmont.

Mmes Daubray (Aspasie).
Frantzia.
Herbel.
Laurent.
Laurentine.
Marcus.
Max-Deshayes.
Moreau-Sainti.
Payre (Mathilde).
Planus.
Rosset (Adrienne).
Sen.
Talini.
Volnais.
Demonchy, danseuse.
Duriez, *id.*

THÉATRE DE L'ODÉON.

Prix des places.

	Bureau.		Location.	
Avant-scènes des baignoires	5	»	6	»
Premières loges fermées	4	»	5	»
Premières loges découvertes				
Stalles de balcon	3	»	4	»
Pourtour				
Baignoires	3	»	4	»
Stalles de la première galerie				
Orchestre	2	50	3	»
Avant-scènes du second rang				
Loges de la galerie, second rang	2	»	2	50
Deuxième galerie	1	»	»	»
Avant-scènes de la troisième galerie	1	»	1	50
Parterre	1	»	»	»
Troisième galerie				
Amphithéâtre des troisièmes	»	75	»	»
Amphithéâtre des quatrièmes	»	50	»	»

Paris. — Imprimerie de L. MARTINET, rue Mignon, 2.

UN COMÉDIEN EN PÉNITENCE.

I.

Onze heures du matin venaient de sonner à l'horloge de Saint-Germain l'Auxerrois : Cyrano de Bergerac donna un violent coup de poing à la muraille de son alcôve ; c'était sa manière d'appeler son domestique ; et après que celui-ci fut entré :

— Germain, lui dit-il, en se frottant les yeux, combien ai-je de duels aujourd'hui ?

— Par le plus grand de tous les hasards, répondit le valet, monseigneur n'a aucun rendez-vous de cette espèce.

— Comment, maraud ! s'écria de Bergerac complétement éveillé, tu veux donc que la rouille mange mon épée ?

— La journée commence à peine, répliqua le domestique habitué aux emportements de son maître, et il est arrivé plus d'une fois à monseigneur de se battre à la lueur des lanternes.

— As-tu des nouvelles de Montfleury ? demanda Cyrano changeant le sujet de la conversation.

— Malgré les recherches les plus actives, on n'est point encore parvenu à découvrir sa retraite.

— Il est pourtant assez volumineux, ajouta le maître en riant, pour qu'il soit facile de le voir.

— Cela est vrai, répliqua Germain, mais il est probable qu'il aura fui Paris.

— Donne-moi la *Gazette*, peut-être M. Renaudot m'en dira des nouvelles.

Germain alla chercher le journal. C'était le premier qui paraissait en France ; fondé en 1631 par le médecin Théophraste Renaudot, il contenait tout à la fois des articles de médecine et les nouvelles de la cour et de la ville. Primitivement mensuel, il était devenu hebdomadaire à l'époque où se passe cette histoire. Cyrano le parcourut rapidement des yeux, et s'arrêtant tout à coup à un article qui parut l'intéresser :

— Si M. Renaudot, dit-il après un instant de lecture, a la prétention de donner promptement les nouvelles, je lui prouverai qu'il en a menti.

— Monseigneur, se hasarda d'observer Germain, ne fait pas attention que la *Gazette* ne paraît que tous les huit jours?

— Mais, par le nombril de ma mère! s'écria Cyrano qui ne souffrait aucune contradiction, il raconte aujourd'hui ma querelle avec Montfleury et déjà depuis plus d'un mois les répétitions de mon *Agrippine* sont suspendues par la fuite de cet histrion.

Germain se garda bien de faire une nouvelle observation.

— Voyons du moins, continua Cyrano, de quelle manière il rend compte de l'aventure.

Et il se mit à lire à haute voix :

— « Le théâtre de l'hôtel de Bourgogne a été forcé de suspendre le » cours de ses représentations par suite du départ imprévu de Montfleury. » D'après les renseignements qui nous ont été donnés, voici à quels motifs » on peut attribuer la disparition de ce comédien.

» Monsieur Savinien Cyrano de Bergerac, si connu par ses aventures de » toutes sortes, par quelques poësies et par sa comédie, *Un voyage dans la* » *lune*, avait présenté à l'hôtel de Bourgogne une tragédie appelée *Agrippine.* » Pendant une répétition de cet ouvrage, l'auteur, à propos d'un fait his- » torique douteux, se prit de querelle avec Montfleury à qui était échu le » principal rôle de la pièce. La querelle s'envenima à ce point que le len- » demain, monsieur de Bergerac, dont les boutades font la réputation, » alla se placer au milieu du parterre et enjoignit à Montfleury, sous peine » de mort, de quitter la scène et de n'y remonter que lorsqu'il lui serait » agréable de lui pardonner. Montfleury, qui sait M. de Cyrano capable de » tenir sa parole, s'est soumis à cet ordre bizarre et a choisi jusqu'à pré- » sent un asile impénétrable à tous les regards. »

— Cet article, fit Cyrano après avoir fini de lire, n'a que le mérite de l'exactitude; mais beaucoup mieux que M. Renaudot, je connaissais cette histoire.

Et il jeta loin de lui le journal; puis s'adressant au domestique.

— Germain, dit-il, je n'ai pour aujourd'hui ni duel, ni répétition à l'hôtel de Bourgogne, ni rendez-vous d'amour; de quoi vais-je donc remplir ma journée?

— Je ne sais, monseigneur.

— Comment? maraud! s'écria de Bergerac, je te paie pourtant pour avoir les idées qui me manquent.

— Monseigneur, répondit le valet en s'inclinant, me laisse si peu à faire sous ce rapport que j'ai entièrement perdu l'habitude de son service.

Cette adroite flatterie calma Cyrano qui, reprenant sur un ton plus doux :

— Voyons, Germain, dit-il, aide-moi à me créer une distraction, car, enfin, durant toute l'absence de Montfleury, je ne puis passer mon temps à me battre et à tuer mes adversaires? Sans parler de la morale, que dirait Sa Majesté!

— Si monseigneur n'était pas brouillé avec sa tante, madame la comtesse de Reville, je pense qu'il aurait pu trouver auprès de sa cousine une occupation tout à la fois agréable et suffisante.

— Tu as raison, Germain, mais je ne puis renoncer à l'agitation de ma vie, aux délices du théâtre et enfermer mon existence dans un cercle étroit de bigotisme et de superstition.

— Cependant, monseigneur ne s'est jamais plaint des opinions de mademoiselle Mélanie.

— Sans doute, Mélanie ne partage point la manière de voir de sa mère, elle souffre même du régime absurde auquel elle est condamnée; mais tant qu'elle sera sous la tutelle de la comtesse, elle sera forcée de plier et d'avoir recours à l'hypocrisie.

— Ne pensez-vous pas, monseigneur, qu'il serait beau à vous de la rendre au monde où sa beauté l'appelle, de l'arracher au joug de fer qui pèse sur sa volonté et peut-être sur son cœur...

— Sur son cœur, interrompit vivement Cyrano, par le nombril de ma mère! je ne pardonnerais jamais à ma tante, si elle me ravissait l'amour de Mélanie.

— Nous autres gens du peuple, observa Germain, nous aimons peut-être différemment que vous; mais lorsque nous avons promis fidélité et mariage à une jeune fille, rien ne nous arrête et nous ne reconnaissons aucun obstacle. Je ne dis pas cela pour vous, monseigneur.

— Les apparences m'accusent, répondit tristement de Bergerac, et pourtant j'ai voué à Mélanie un amour à toute épreuve. Renvoyé par ma tante à cause de mes duels, ma passion pour le théâtre et quelques folies de jeunesse, j'ai voulu acquérir la gloire et la fortune, afin de briser la chaîne de Mélanie, et nous rendre indépendants de sa mère. Je travaillais ardemment à ce dessein, quand la fuite de Montfleury a suspendu ma marche triomphale.

— Pourquoi monseigneur ne ferait-il pas tourner au profit de son bonheur les loisirs que lui fait cette fuite?

— Tu es un homme de bon conseil et un loyal serviteur, dit Cyrano après avoir réfléchi un instant; tu as raison, j'irai voir ma cousine.

— Elle a probablement à vous parler, insinua Germain, car elle vous a fait prévenir ce matin par sa femme de chambre qu'elle vous attendait aujourd'hui à trois heures.

— Comment, maraud! s'écria encore de Bergerac à qui de semblables emportements étaient familiers, tu as une commission pareille et tu ne la remplis pas tout d'abord?

— Je ferai observer à monseigneur, répondit Germain sans s'émouvoir, que jusqu'à présent il ne m'a été guère possible que de répondre à ses questions.

— C'est bien ; reprit Cyrano, que t'a dit la femme de chambre?

— Si j'ai bien compris, monseigneur, il se passe d'étranges choses chez votre tante, madame la comtesse de Reville.

— Achèveras-tu, maraud ! s'écria de Bergerac dont le caractère bouillant ne supportait aucun retard.

— Il paraîtrait, monseigneur, que dans ses longues stations dévotes à l'église de Bondy, madame la comtesse de Reville a fait la rencontre d'un homme dont les stations n'étaient ni moins longues, ni moins dévotes. Soit que la fervente piété de l'inconnu l'ait pénétrée d'admiration, soit que la solitude de sa vie commençât à lui être à charge, madame la comtesse a attiré dans son château le pieux personnage, et se propose, dit-on, de lui donner la main de sa fille.

— Par le nombril de ma mère ! s'écria Cyrano en bondissant sur son lit et cette fois réellement en colère, je me plaignais tout à l'heure de n'avoir point de duel aujourd'hui, mais en voici un à mort, sans trève, ni merci.

— Il paraîtrait, poursuivit Germain, toujours d'après le dire de la femme de chambre, que le prétendant est peu du goût de votre cousine, et qu'il est doué d'une telle obésité qu'il ne peut porter son ventre qu'avec le secours d'un cercle de fer.

— Eh bien ! s'exclama Cyrano, je viderai avec mon épée le trop plein de ce ventre et en arroserai la route de mon amour.

De Bergerac sauta prestement de son lit et pendant qu'il revêtait son haut-de-chausse et son pourpoint, il demanda à Germain le nom et l'adresse de son rival.

— Votre rival, si toutefois on peut l'honorer de ce nom, est le chevalier Rizzi.

— Le chevalier Rizzi? répéta lentement Cyrano, mais je ne connais à Paris aucun gentilhomme de ce nom !

Et après avoir réfléchi un instant :

— Le chevalier Rizzi n'est pas inscrit dans le livre d'or de la noblesse française, ajouta-t-il, c'est un imposteur, c'est un charlatan, c'est tout ce qu'on voudra, mais ce n'est pas un gentilhomme.

Et après un nouveau silence :

— Mon épée, dit-il, et dis-moi où demeure ce mécréant.

— Oh ! pour cela, répondit Germain, je n'en sais absolument rien ; mademoiselle Mélanie vous l'apprendra sans doute elle-même.

— J'aurais voulu, en voyant aujourd'hui ma cousine, lui faire hommage des oreilles de son importun poursuivant.

— Votre passé, monseigneur, vous donne le droit de regarder la chose comme faite.

— Je me plais à le croire, et, par le nombril de ma mère ! un homme de moins se couchera ce soir à Paris.

Et couvrant sa tête d'un feutre à plumes, il sortit en jouant avec la poignée de son épée.

II.

L'opinion que nos ancêtres se faisaient du théâtre est bien loin de celle que nous professons aujourd'hui ; ce qui pour nous est un temple de bonnes mœurs et de bon goût était pour eux un lieu infect où le vice coudoyait l'immoralité, où le cœur et l'esprit se corrompaient et se dégradaient nécessairement. Les comédiens devaient se ressentir de ces idées absurdes, et l'artiste, qui aujourd'hui est un homme recommandable à tous égards, n'était pour eux qu'un être essentiellement méprisable, poursuivi par la malédiction divine et comme appartenant à une famille de réprouvés. C'est à un reste de ces croyances barbares qu'il faut attribuer les refus de sépulture qui, de nos jours encore, frappent dans certaines provinces les malheureux acteurs.

Au 17e siècle, époque à laquelle vivaient cependant Corneille et Racine, l'Église n'avait pas assez d'anathèmes contre les comédiens, qu'elle accusait du crime de lèze-divinité. Cette sainte fureur était partagée, on le comprend, par tous les adeptes du clergé, et madame de Reville, que nous connaissons déjà, avait élargi le cercle des malédictions cléricales en y comprenant indistinctement tous ceux qui, de près ou de loin, directement ou indirectement, concouraient aux œuvres de théâtre.

La comtesse était une de ces natures ardentes à qui l'exagération en toutes choses est nécessaire. Sentant s'éloigner d'elle le monde où elle avait brillé par la beauté, les grâces et l'amabilité, elle n'avait pas voulu combattre jusqu'à la dernière épreuve, et s'était volontairement retirée de la lice avec tous les honneurs de la guerre. Mais son organisation bouillante ne pouvait se plaire dans les doux loisirs que l'âge et l'abandon du monde lui faisaient : il fallait à son âme, dont le temps avait respecté la jeunesse, des émotions violentes, quelle qu'en fût d'ailleurs la nature. La religion, dont les pompes et les préceptes parlent si haut à l'imagination, offrit un aliment inconnu au feu qui la dévorait. Madame de Reville apporta dans sa métamorphose toute l'exaltation avec laquelle elle avait goûté les plaisirs de la terre et dans la pratique de ses nouveaux devoirs, toute la ferveur d'une âme véritablement repentante. Le jeûne et les mortifications remplacèrent les somptueux repas et les dîners prolongés dans la nuit ; la prière succéda aux causeries frivoles, et les stations à l'église firent oublier les promenades joyeuses en compagnie d'élégants cavalcadours.

Cette vie ascétique et toute pleine des pratiques religieuses, dont la source et la fin se cachent dans un monde idéal et dont les douceurs ne peuvent être comprises que par une âme vierge, ou par un cœur déjà usé par les délices de la terre, répondaient, chez madame de Reville, à des besoins réels et impérieux, mais se trouvaient en opposition avec les instincts de sa fille dont l'imagination s'était élancée, à la voix de Cyrano, dans une sphère plus appropriée aux nécessités de son âge, de ses goûts et de ses plaisirs.

Mélanie avait à peine vingt ans et, soit que le sang bouillant de sa famille circulât dans ses veines, soit que les premiers tressaillements de l'amour lui fissent rêver des joies en dehors du cercle où l'avait enfermé le bigotisme de sa mère, elle supportait avec peine les lourdes chaînes dont on l'avait chargé et s'indignait de la solitude dans laquelle on laissait se flétrir sa jeunesse et sa beauté.

Cyrano de Bergerac avait fait luire en son âme un rayon d'espérance. Le jeune Périgourdin avait quitté l'ancien castel de son père pour suivre la carrière des armes et prendre sa part des plaisirs qu'offrait alors la capitale. Mais Cyrano était poëte, et obéissant volontiers à la tyrannie de sa vocation, il renonça bientôt à l'état militaire et s'enrôla, comme on disait à cette époque, sous la bannière des muses.

Dès son arrivée à Paris, il était descendu chez sa tante qui lui avait offert l'hospitalité la plus cordiale, avec l'espérance sans doute de le conduire dans la sainte voie du Seigneur. Mais le caractère de Cyrano s'était bientôt révolté contre le régime sévère qu'on lui imposait, et franchissant tout à coup l'étroit espace auquel on voulait river ses sens et son imagination, le jeune homme se fit un monde qu'il remplit à son gré d'aventures, de débauches et de poésie.

Tout en lui se prêtait à cette existence folle des jeunes hommes et des artistes. D'une constitution vigoureuse et d'une santé à toute épreuve, il pouvait sans crainte braver les dangers des longues veilles et des fréquentes orgies. Sa taille flexible et bien prise, l'animation de sa physionomie, ses manières élégantes et surtout la trempe originale de son esprit, lui assuraient auprès des femmes des succès infaillibles, et n'était son nez, dont la grosseur faisait tache au milieu de sa figure, Cyrano de Bergerac eût été un des gentilshommes les plus accomplis de son temps.

Néanmoins, le volume de ce nez qui, pour tout autre que Cyrano, eût été une infirmité déplorable, fut pour lui l'origine d'une brillante renommée. Forcé de vivre avec cet organe qui souleva à son apparition plus d'un méchant quolibet, il en prit prétexte de duel, et ayant eu le bonheur de châtier quelques plaisants, il fut compté parmi les plus forts spadassins de son époque. D'ailleurs, cette réputation était soutenue par un courage qui ne reconnaissait aucun obstacle et qui était toujours au service des projets les plus bizarres et les plus insensés. Ce caractère follement chevaleresque contribuait puissamment aux victoires amoureuses de Cyrano.

Cependant son séjour chez madame de Reville n'avait point été perdu pour son cœur : Mélanie lui avait inspiré un de ces chastes amours d'où le plaisir est banni et dont l'âme s'enivre comme d'un parfum suave dans son sanctuaire le plus retiré ; rien n'altérait la pureté de ce culte, et l'espérance même de la volupté ne se mêlait pas à l'extase religieuse de ce sentiment.

Mélanie, dont les vagues aspirations n'attendaient qu'un but pour se fixer, avait accueilli ces premiers mots d'amour comme la douce brise du printemps. Elle était née, pour ainsi dire à une nouvelle vie, et elle s'y était attachée avec toute la force que donne un bonheur longtemps attendu.

Un jour cependant il avait fallu rompre ou tout au moins suspendre la suavité de cette première affection. Cyrano, ainsi que nous l'avons dit, poussé par ses instincts poétiques et les élans de son imagination, avait tourné vers le théâtre des regards avides de gloire. Le succès d'une première pièce lui fut un garant de nouveaux triomphes et lui inspira l'ambition de se faire jouer à l'hôtel de Bourgogne.

Le bigotisme de la comtesse avait bien pu capituler devant quelques écarts de jeunesse, mais il se montra inflexible en présence de ce qu'elle appelait un crime de lèze-divinité.

Des querelles incessantes naissaient de ce désaccord entre la tante et le neveu, et elles parvinrent à un tel degré d'acrimonie, que madame de Reville refusa à Cyrano l'hospitalité qu'elle lui avait jusqu'alors accordée.

En s'éloignant, celui-ci avait dit à son amante dont le cœur saignait à cette séparation : *Je serai ton époux. — J'ignore quand et comment je pourrai accomplir cette promesse, mais tu n'échangeras jamais ton nom que contre celui de de Bergerac.*

Mélanie avait accepté ces paroles non comme une vaine consolation, mais comme une espérance réelle dont la certitude était garantie par le caractère entreprenant de Cyrano.

Madame de Reville, à qui l'amour des deux jeunes gens était connu, se promit de mettre obstacle à des projets que sa religion condamnait et frappait d'anathème. Le hasard sembla venir à son secours en lui offrant un homme que recommandaient à sa conscience dévote un extérieur moins que mondain et des pratiques religieuses plus qu'ordinaires.

Le chevalier Rizzi ne formait qu'une masse informe : sa tête, d'un volume énorme, était supportée par deux épaules vigoureuses qui semblaient se perdre dans la rotondité d'un abdomen dont le poids, ainsi qu'il a été dit plus haut, devait être supporté par un cercle de fer.

Mais, comme compensation aux yeux de la comtesse, le chevalier Rizzi était d'une piété exemplaire, se trouvait chaque matin le premier à la porte de l'église, et n'en sortait que le soir, chassé par le sacristain ; son recueillement n'avait d'égal que son humilité, et c'était toujours les yeux baissés vers la terre, qu'il offrait l'eau bénité ou le gâteau sacré.

Madame de Reville pensa que la présence du saint homme dans sa demeure attirerait sur elle et les siens les bénédictions de Dieu et, après l'avoir introduit dans son intérieur, de plus en plus enthousiasmée de sa conversation édifiante, elle résolut de se l'attacher plus étroitement encore en lui donnant la main de Mélanie.

Celle-ci avait d'abord résisté, mais poursuivie par les obsessions de sa mère, elle avait eu recours, ainsi qu'on l'a déjà vu, à l'assistance de Cyrano.

Le chevalier Rizzi ne jouait point, comme on pourrait le croire, un rôle passif au château de Bondy : il était trop directement intéressé à la réussite du mariage projeté, pour qu'il n'apportât pas sa part dans les efforts dirigés contre l'obstination de la jeune fille, et, au moment même où de Bergerac venait en aide à sa fiancée, il tentait un nouveau moyen d'attaque.

—Le mariage, disait-il d'une voix mielleuse à Mélanie, est chose sainte aux yeux de Dieu et de l'Église; heureux ceux qui peuvent goûter ces délices dans le sein du Seigneur !!

Mélanie, probablement fatiguée de ces homélies incessantes et, dans l'espoir sans doute d'éloigner à jamais son importun prétendant par un mensonge adroitement soutenu, s'écria tout à coup sur le ton d'un dépit extrême :

— Vous vous trompez étrangement, monsieur, si vous pensez me séduire par les joies que vous me promettez au nom du ciel et de Dieu ! J'ai déjà trop souffert de toutes vos pratiques religieuses pour que je ne base pas sur elles l'espérance même d'un bonheur !

— Juste ciel ! s'exclama le chevalier en élevant ses mains jointes.

— Oui, poursuivit la jeune fille enhardie par ce premier succès ; j'ai rêvé des plaisirs en dehors de l'Église, j'ai entrevu à travers l'obscurité de ma retraite un monde où je puis régner par ma jeunesse et ma beauté et j'ai résolu de ne pas laisser se flétrir dans l'atmosphère du couvent, les grâces de ma figure et la sève de mes vingt ans.

Pendant cette déclaration étrange, le chevalier Rizzi s'était assuré que personne ne pouvait les entendre et, s'étant rapproché de Mélanie avec un air de mystère :

— Vous aimez le monde et ses plaisirs ? murmura-t-il à voix basse, et moi aussi. Vous éprouvez de l'éloignement pour les pratiques religieuses ? moi je les abhorre.

La jeune fille resta muette de stupéfaction à cette métamorphose si rapide et si radicale.

Le chevalier poursuivit sur le même ton.

— Mon recueillement et mes longues stations à l'église étaient un piége que je tendais à la conscience de votre mère et un mensonge pour me rapprocher de vous ; car je vous aime depuis longtemps et en faveur de cet amour...

— Qui me prouve, interrompit Mélanie sortant enfin de sa torpeur, que vous ne me mentez point maintenant ?

— Vous mentir, répondit le chevalier en regardant Mélanie d'une manière étrange, quand mes yeux vous disent mieux que ma bouche toutes les pensées de mon cœur !

— Votre amour, quelque énergique que je le suppose, est impuissant à satisfaire toutes mes passions.

— Il est capable de tout ! s'écria le chevalier en s'animant.

— J'aime le théâtre ! fit Mélanie en songeant à Cyrano.

— J'ai une loge à l'hôtel de Bourgogne, répondit Rizzi, et je ne manque aucune représentation aux foires Saint-Germain et Saint-Laurent.

— J'aime le bal ! reprit la jeune fille.

— Je danse à ravir la gavotte et le menuet.

— J'aime les repas somptueux !

— Ma cave est abondamment fournie et ma table est le rendez-vous des gourmets.

— J'aime les gais propos !

— Je vais jusqu'au grivois.

— J'aime la débauche !

— Je me purge tous les jours avec le xérès et le champagne.

— J'aime les orgies !

— Je tombe ivre mort sous la table.

Cette scène, pendant laquelle les deux interlocuteurs s'étaient animés mutuellement, avait déterminé chez le chevalier une excitation fébrile : il lançait à la jeune fille des regards lubriques et faisait une mimique passionnée que sa tournure et son embonpoint rendaient ridicule.

— J'aime tout avec frénésie, s'écria Mélanie, excepté vous que j'abhorre !

— Et moi, répondit le chevalier pouvant à peine contenir les élans de son exaltation, je vous aime, je suis fou et vous demande à mains jointes pitié pour mon amour.

— J'ai au cœur, répondit Mélanie avec dignité, une passion pour un cavalier jeune et beau, et vous voulez...

— Vous aimez quelqu'un ? interrompit Rizzi avec un rugissement de bête fauve, ah ! j'ai un rival, l'imprudent !

— Imprudent ? s'écria Mélanie en riant, mais ce rival, priez que jamais il ne vous rencontre ; priez, si vous tenez à vos jours, qu'il ne sache jamais rien de vos prétentions étranges.

— Lui ! répondit le chevalier en faisant un geste de menace, qu'il se montre et je lui apprendrai ce qu'est le chevalier Rizzi.

Au même instant la porte s'ouvrit avec fracas.

— Le voici, s'écria Mélanie avec un air de triomphe !

— Je suis perdu, murmura Rizzi, c'est monsieur Cyrano de Bergerac.

Et tâchant de dissimuler sa vaste rotondité, il essaya de quitter la place.

III.

Au portrait qu'on lui en avait fait, Cyrano avait reconnu son rival ; ses premières paroles s'étaient bornées à son jurement habituel : *par le nombril de ma mère !* et son premier mouvement avait été de porter la main à la garde de son épée. Mais, en se rapprochant du chevalier Rizzi, sa colère parut se calmer et sa main retomba loin de l'arme appendue à sa ceinture.

Le chevalier, forcé de subir la présence de son ennemi, était tremblant dans un coin de la salle, la figure tournée contre la muraille, comme pour ne pas voir le danger qui semblait le menacer.

Cyrano le considéra quelque temps avec un air de mépris, puis lui tapant sur l'épaule :

— Monsieur le chevalier, dit-il, nous avons à causer ensemble ; permettez que j'éloigne mademoiselle dont la présence pourrait nuire à nos confidences mutuelles.

Et se tournant vers sa cousine :

— Laissez-nous un instant, lui dit-il ; monsieur le chevalier a des explications à me donner que seul je dois entendre.

— Oh ! vous ne le tuerez pas ! s'écria Mélanie effrayée à la pensée d'un meurtre.

Cyrano lui murmura quelques mots à voix basse et la jeune fille se retira.

Resté seul avec Rizzi, de Bergerac s'anima tout à coup et semblant tomber dans une colère affreuse :

— Par le nombril de ma mère ! s'écria-t-il, tu n'espères pas cette fois obtenir miséricorde.

Le chevalier garda toujours sa position et ne répondit pas.

— Ce n'était point assez, poursuivit Cyrano, d'avoir interrompu par ta fuite les répétitions de mon *Agrippine*, il fallait que dans ta retraite tu te misses en travers de mon amour. Ton audace a lassé ma patience et il ne te reste plus qu'à chercher dans la mort l'expiation de tes deux crimes.

Montfleury, que les paroles de Cyrano ne permettent plus de déguiser sous le titre de chevalier Rizzi, voulut tenter un moyen de salut.

— Monseigneur, dit-il sur un ton d'humilité complète, vous oubliez que c'est par vos ordres que j'ai déserté l'hôtel de Bourgogne.

— Je ne t'avais point prescrit de sortir de Paris et tu devais attendre chez toi des ordres ultérieurs pour rentrer au théâtre.

— J'étais si convaincu de l'offense que je m'étais permise envers monseigneur, que je redoutais à bon droit sa colère et que j'ai cru prudent, pour vous épargner un crime...

— Dis pour sauver ta vie, interrompit Cyrano en souriant.

— Eh bien! oui, monseigneur, j'ai eu peur de votre juste courroux.

— Et c'est pour m'exciter au pardon que tu voulais me ravir ma fiancée!

— Mais j'ignorais, monseigneur, que mademoiselle de Reville eût l'honneur de vous plaire.

— Mais tu n'ignorais pas, vil histrion, que tu trompais la bonne foi de deux femmes et que tu insultais Dieu par tes prières feintes et ta piété mensongère!

Devant la réalité de cette accusation, Montfleury ne sut que répondre.

— Tu vois bien, poursuivit Cyrano, que tu as mérité la mort deux fois plutôt qu'une, et, par le nombril de ma mère! je serai l'exécuteur de la juste colère des hommes et de Dieu!

Le comédien, un instant rassuré, sentit un froid glacial parcourir ses membres à cette déclaration et, tombant aux genoux de Cyrano en joignant les mains :

— Grâce, s'écria-t-il, grâce sinon pour mes jours, du moins pour le succès de votre *Agrippine!*

— Le triomphe d'une tragédie, répondit Cyrano, ne peut me faire oublier les blessures de mon amour et l'atteinte portée à l'honneur de ma famille.

Et gonflant sa voix pour mieux épouvanter Montfleury :

— C'est perdre trop de temps en discours superflus; s'écria-t-il, si tu crois à Dieu que tu as insulté et à ton âme que tu as avilie, fais ta dernière prière... surtout qu'elle soit courte.

Et tirant son épée du fourreau, il la brandit au-dessus de la tête du comédien.

Celui-ci, croyant toucher à son heure suprême, s'affaissa sur lui-même presque mort et perdit en quelque sorte le sentiment du monde extérieur.

Tout à coup Cyrano déposa son arme sur une table et, paraissant obéir à une inspiration subite :

— Montfleury, dit-il, en essayant de rappeler le comédien à la vie; tu n'es peut-être pas aussi coupable que je crois et les apparences me trompent.

Montfleury releva la tête.

— Je me fais difficilement à l'idée que, dans ta position et avec ta tournure, tu ais eu la prétention d'aspirer à la main et surtout à l'amour de Mélanie.

Montfleury vit dans ces paroles une lueur d'espérance.

— Ta présence au château de ma tante, poursuivit Cyrano, cache un mystère que je ne puis m'expliquer; ma vengeance s'égare peut-être et avant de la laisser éclater, je voudrais être sûr qu'elle ne frappera pas un innocent.

Montfleury hasarda de regarder son interlocuteur.

— Tu fréquentais peut-être le château de Bondy pour le compte de madame de Reville et tes assiduités auprès de Mélanie étaient une feinte adroite, un mensonge calculé?

— Hélas! murmura Montfleury.

— S'il en était ainsi, ton crime serait moins grand et tu ne mériterais point la mort pour une espièglerie et pour un trait d'esprit.

La figure de Montfleury s'épanouit et devint presque radieuse.

— Réponds sans crainte mais avec franchise : demanda Cyrano qui retenait avec peine un sourire; venais-tu pour la mère, ou venais-tu pour la fille?

— Monseigneur, répondit Montfleury saisissant avec empressement cette ancre de salut; la vérité finit toujours par triompher et dans la pensée qui vous est venue, il faut reconnaître l'intervention divine.

— Par le nombril de ma mère! s'écria Cyrano frappant la terre du pied, laisse là l'intervention de Dieu et des saints, je ne suis pas la comtesse de Reville; réponds sans détours : venais-tu pour la mère, ou venais-tu pour la fille?

Montfleury avait tressailli jusqu'aux moindres recoins de sa rotondité au mouvement d'impatience de Cyrano. Poussé par l'instinct de la conservation, il répondit hardiment :

— Eh bien! oui, je ne puis le nier plus longtemps, je venais pour madame la comtesse.

— Par le nombril de ma mère! s'écria Cyrano, que ne le disais-tu de suite?

— La discrétion en amour, répondit le comédien avec une certaine assurance, est une vertu pour laquelle je sais mourir.

Cyrano ne put retenir un éclat de rire. Mais reprenant presque aussitôt :

— Tout peut s'arranger; à deux conditions cependant, et les voici.

Montfleury s'était mis debout afin de mieux entendre.

Cyrano continua :

— Il faut d'abord que tu me prouves que tes poursuites s'adressaient à ma tante et non à ma cousine.

S'arrêtant une minute et regardant fixement le comédien :

— As-tu fait à la comtesse, demanda-t-il, la déclaration de tes sentiments?

— L'amour vrai est timide, balbutia Monfleury.

— Je comprends, interrompit Cyrano, mais comme cette déclaration m'est nécessaire, tu la feras aujourd'hui même; et, afin de soutenir ton courage dans cette épreuve difficile d'un amour véritable, je serai là, derrière ce paravent, l'épée nue, prêt à reprendre ma vengeance si tu l'avais un instant arrêtée par un mensonge.

Montfleury trembla à la pensée seule de l'épreuve.

— Tu hésites? lui demanda Cyrano.

— Moi! monseigneur, répliqua le comédien peu rassuré.

— Acceptes-tu cette première condition? demanda Cyrano sur un ton de menace.

— J'accepte, répondit Montfleury avec résignation.

— Voici la seconde, reprit de Bergerac. La première était toute à ton avantage, celle-ci est entièrement dans mes intérêts. Madame de Reville, ma tante, me porte juste assez d'amitié pour me refuser tout à la fois sa porte et la main de Mélanie. Il faut que tu me rouvres l'une et que tu me fasses obtenir l'autre.

— Moi! monseigneur, fit Montfleury étonné de l'influence qu'on lui supposait.

— Ma tante, répondit Cyrano sur un ton confidentiel, est une coquette sur le retour qui sera flattée de tes hommages et les acceptera; dans son bonheur elle accueillera chacune de tes paroles, et je ne doute pas que tu ne gagnes ma cause, si tu la plaides dans un pareil moment.

Et après un instant de réflexion :

— Pour vaincre ses derniers scrupules, continua Cyrano, tu lui montreras la lettre que je vais écrire, et tu lui diras la tenir des mains mêmes de Mélanie.

Et Cyrano griffonna à la hâte une feuille de papier.

Cettre lettre adressée à la jeune fille, contenait les choses les plus étranges. Cyrano y parlait de nuits passées dans les délices de l'amour, et entretenait sa fiancée de sa prétendue grossesse.

De Bergerac fit lire la lettre à Montfleury, puis il ajouta :

— Tu comprends tout le parti que tu dois tirer de cette lettre; l'honneur de la famille, le scandale, la religion, le ciel, l'enfer, tu diras ce que tu voudras, mais ta conclusion sera toujours mon mariage avec Mélanie.

Montfleury se soumit à tout et promit d'être aussi remarquable dans ce rôle qu'il l'était dans les premiers emplois au théâtre de l'hôtel de Bourgogne.

Comme Cyrano allait se placer derrière le paravent, il l'arrêta par le bras, et d'une voix basse et discrète :

— Si la comtesse, dit-il, prend au sérieux ma déclaration, que faut-il faire?

— Tu peux devenir mon beau-père, répondit le gentilhomme en riant.

Et il alla se cacher derrière le paravent.

IV.

Montfleury était rentré dans son titre de chevalier Rizzi; il avait fait demander à la comtesse un moment d'entretien, et celle-ci s'était rendue à cette invitation.

Dès son arrivée dans la salle que nous connaissons déjà, le comédien lui offrit un siége dont le dos regardait le paravent, et, poussé par les menaces de Cyrano, qui de temps en temps montrait la pointe de son épée, il ouvrit ainsi la conversation :

— Madame, au moment suprême où vous voudriez mettre le comble à vos bontés, j'éprouve le besoin de me trouver seul avec vous et de vous confier les pensées secrètes que Dieu seul a jusqu'à présent connues.

Cet exorde diffus dénotait le trouble sous l'empire duquel était Montfleury. Son jeu scénique n'était pas moins embarrassé : regardant tantôt la comtesse et le paravent, il flottait indécis entre la crainte de déplaire et la peur d'être tué.

Cyrano lui faisait des signes menaçants et n'ayant point été satisfait du début, il recourut à l'argument le plus péremptoire, c'est-à-dire à son épée.

Montfleury puisa du courage dans sa peur même, et prenant tout à coup une détermination violente, il se précipita aux pieds de la comtesse et saisissant ses mains qu'il couvrit de baisers :

— La feinte est trop lourde à mon cœur, s'écria-t-il, c'est vous que j'aime, madame, et non pas votre fille!!!

Ce nouvel exorde, quoique irrationel, était pourtant préférable au premier dans les circonstances où il se produisait. Madame de Reville, peu préparée à une scène mélodramatique, se leva avec un air plein de fierté, et jetant sur Montfleury un regard de dédain et d'étonnement :

— Si la raison vous abandonne, dit-elle, cherchez ailleurs un thème à vos divagations et à vos folies.

Cyrano indiqua d'un geste à Montfleury la réponse à faire. D'ailleurs la glace était brisée, comme on dit, et le comédien ne pouvait se sauver que par l'audace.

Retenant la comtesse par le bas de sa robe :

— Madame, s'écria-t-il, accablez-moi de vos dédains, et tuez-moi sous vos mépris, j'y consens, mais n'insultez pas à mon cœur et ne niez pas mon amour! je ne sais comment cet amour a pris naissance en mon âme et comment il n'avait point encore éclaté à vos yeux! mais je me plaisais dans la solitude de cet amour, et mes désirs ne rêvaient rien au delà des délices de votre regard et de l'harmonie de votre voix.

La comtesse se rassit.

Cyrano redonna du courage à Montfleury qui continua :

— Oh ! j'eusse toujours contenu en mon cœur les élans de ma passion, si, trompée sur le but de mes sentiments, vous n'aviez voulu briser, en m'unissant à Mélanie, l'espérance d'être un jour tout entier à vous. Oh ! dites-moi, madame, que je n'ai pas mal fait, et que vous pardonnez à la franchise d'un amour au désespoir.

La comtesse avait quitté ses manières hautaines et son regard était devenu presque doux.

— Monsieur le chevalier, répondit-elle avec un accent qu'elle essaya de rendre sévère, vos paroles offensent un cœur voué à Dieu, et blessent profondément mes principes religieux.

— Non, s'écria Montfleury s'animant sous les menaces de Cyrano, Dieu ne repousse pas le chaste amour que je vous ai voué ; non, la religion ne réprouve pas le culte saint que je vous adresse, tandis que Dieu et la religion auraient maudit le nœud qui me lierait à Mélanie.

La conscience de madame de Reville ne demandait qu'à être rassurée.

Montfleury s'en aperçut, il continua :

— Au nom de Dieu et de la religion que j'implore, ne repoussez pas les vœux de mon âme, sanctifiez par votre consentement les élans de mon amour, ou je suis forcé par ce même Dieu et par cette même religion, de vous fuir à jamais et de pleurer dans l'ombre le malheur de vous avoir aimée.

— Oh ! vous n'oseriez nous priver de vos saintes exhortations ! s'écria la comtesse n'osant encore parler pour son propre compte.

— Mes principes religieux et ma conscience m'en feraient un devoir, répondit le comédien, fascinant madame de Reville de son regard ; je sais que cet exil me serait un acheminement vers la tombe, mais la mort me paraît préférable au malheur de vous déplaire.

— Me déplaire ! murmura la comtesse, oh ! vous ne le pensez pas ?

— Mon amour trouve donc grâce près de vous ! s'écria Montfleury s'emparant des mains de madame de Reville qu'il couvrit de baisers ; et vous m'aimez peut-être ?...

— Eh bien ! oui, répondit résolument la comtesse prenant tout à coup une détermination énergique ; il faut que je vous dise cela, puisque vous avez sondé mon âme jusque dans ses profondeurs. Oui, je vous aime depuis le jour où je vous vis pour la première fois ; j'ai voulu cacher à ma fille, à vous, à tout le monde, à moi-même ce sentiment que condamnaient mon âge et mes principes religieux ; bien plus, j'avais résolu de tirer de ce sentiment même la punition due à mon cœur, dont les aspirations ne s'adressaient plus à Dieu, et, dans le supplice de vous voir heureux avec une autre femme, fût-elle ma fille, j'espérais trouver assez de tourments pour racheter le crime de mon amour. Mais vos paroles ont dissipé les terreurs de ma conscience, et je reconnais avec joie que Dieu lui-même a pris pitié de mon pauvre cœur. Cependant un scrupule me reste encore, et je ne voudrais pas acheter mon bonheur au prix de celui de Mélanie.

Cyrano fit signe au comédien de préparer la lettre.

— Peut-être, ajouta la comtesse avec mélancolie, vous avez inspiré à ma fille les sentiments que j'éprouve moi-même.

— Cette crainte a occupé mon esprit, répondit avec assurance le feint chevalier, mais j'ai la preuve de n'avoir fait naître qu'un sentiment contraire.

— Comment ! s'écria la comtesse avec un accent mêlé de satisfaction et d'étonnement.

Cyrano poussa Montfleury à presser le dénoûment.

— Mélanie, dit l'acteur, aime monseigneur Cyrano de Bergerac.....

— Juste ciel ! interrompit la comtesse, un réprouvé de Dieu, un athée qui s'occupe de théâtre.

— Par le nombril de ma mère ! se dit à part lui Cyrano en riant, qu'est-elle donc, elle qui se passionne pour un comédien ! !

— Monseigneur de Bergerac, reprit Montfleury, aime également votre fille.

— Jamais, s'écria madame de Reville, je ne consentirai à leur union.

— Cependant, ajouta le prétendu Rizzi, l'honneur de votre nom, la loi de Dieu et les prescriptions de l'Église vous font un devoir de les lier, au plus vite, par le nœud sacré du mariage.

— Que voulez-vous dire? s'exclama la comtese, craignant de deviner la pensée de son interlocuteur.

— Cette lettre perdue par Mélanie elle-même vous apprendra un secret terrible.

Et il présenta à madame de Reville le papier préparé par Cyrano.

— O ciel ! s'écria la comtesse après l'avoir lue.

Et de douleur elle s'affaissa sur un siége.

Au même instant, des cris confus se firent entendre. Domestiques, paysans, tout un monde de valetaille se précipita dans l'appartement où se trouvaient les personnages qui nous occupent, et, tremblants de peur et d'effroi, les fuyards annoncèrent que des bandits avaient envahi le château.

Aux premiers cris de détresse, Cyrano, craignant quelque danger pour son amante, s'était élancé dans l'escalier, renversant tout sur son passage. Bientôt deux coups de feu retentirent et portèrent à son comble l'épouvante dont ét ient saisis tous les gens de la maison.

La comtesse n'était revenue d'un premier évanouissement que pour retomber dans un second. Montfleury, la terreur dans l'âme, cherchait un coin où cacher sa rotondité; Mélanie seule, au milieu de tout ce monde éploré, conservait encore quelque fermeté et quelque présence d'esprit.

Aux deux coups de feu, avait succédé un silence lugubre qu'interrompaient quelquefois un cri sourd et le bruit des armes se choquant entre elles.

Mélanie tenta la première de s'expliquer ce bruit : elle s'approcha de la fenêtre et vit un homme au milieu de morts et de blessés, lutter seul et avec courage contre plusieurs agresseurs.

Son exemple fut imité par les moins timides, et bientôt toute la bande vint admirer l'ardeur et l'adresse de ce défenseur inconnu du château. Tout à coup, un cri d'admiration fortement accentué annonça la fin de la lutte et la rentrée triomphale du vainqueur.

Celui-ci ne tarda pas à se présenter, son épée sanglante à la main.

— Cyrano? s'écrièrent à la fois madame de Reville, Mélanie et Montfleury.

— Lui-même! répondit de Bergerac en essuyant son arme; j'espérais employer mieux mon temps et ne pas encanailler mon épée dans le sang de deux ou trois marauds.

— Mais ils étaient plus de dix! s'écria Mélanie ne voulant rien rabattre du mérite de son amant.

— Que sont, répondit en souriant Cyrano, dix brigands, gens sans cœur et sans foi? Par le nombril de ma mère! je suis fait à de plus nobles exploits, et la lutte de tout à l'heure n'est digne ni d'un gentilhomme ni de ma bonne et fidèle épée!!

— Cependant, dit la comtesse, se rapprochant de Cyrano pour ne pas encourir à ses yeux le reproche d'ingratitude; sans votre secours providentiel, nous étions à la merci des bandits.

— Par le nombril de ma mère! s'écria de Bergerac en frappant sur le ventre de Montfleury; le chevalier Rizzi ne vous eût point fait défaut au moment du danger et je ne dois qu'au hasard l'honneur d'avoir tenu sa place.

Le comédien eût voulu se trouver à trois cents pieds sous terre.

— Sans doute, répondit la comtesse, voulant sauvegarder l'honneur de son ami; monsieur le chevalier eût, avec l'aide de Dieu, défendu nos personnes, mais il vous a été donné à vous, Cyrano, de nous garder de tout danger, et j'entrevois dans ce hasard providentiel le signe de notre réconciliation.

Et la comtesse tendit la main à son neveu.

Celui-ci l'accepta et, pendant qu'il y appliquait ses lèvres :

— J'ai à vous parler, lui dit à voix basse madame de Reville, suivez-moi dans mes appartements.

— A vos ordres, répondit le gentilhomme préparé à cet entretien dont le sujet lui était déjà connu.

Et, ayant offert le bras à sa tante, il s'éloigna, en faisant un signe d'intelligence à Mélanie.

V.

Madame de Reville avait quitté son air altier et ses manières dédaigneuses ; en face du déshonneur de son nom et avec la connaissance qu'elle avait du caractère de Cyrano, elle jugeait prudent d'obtenir par la douceur et la persuasion ce qui serait à coup sûr refusé à la violence et à la menace.

De Bergerac au contraire, certain de sortir victorieux de la lutte, résolut de rendre à sa tante tout le mal qu'elle lui avait fait et de lui imposer dans l'espace de quelques instants, une partie des tortures qu'il avait supportées loin de Mélanie.

Si quelques craintes, en se trouvant seul avec la comtesse, eussent pu encore l'agiter sur l'issue de la conversation, le début et les façons de sa tante l'auraient complétement rassuré.

— Cyrano, dit madame de Reville après avoir offert un siége à son neveu ; vous aimez votre cousine et vous êtes parvenu à lui faire partager votre amour ?

— C'est possible, répondit de Bergerac avec suffisance et en jouant négligemment avec le pommeau de son épée.

— Comment c'est possible ! s'écria la comtesse, oubliant, devant l'espèce d'indifférence de son neveu, la retenue qu'elle s'était imposée ; non seulement vous vous êtes fait aimer d'elle, mais encore vous l'avez séduite.

— C'est possible ! répéta de Bergerac sur le même ton.

Madame de Reville s'attendait à des protestations d'amour, à des regrets facilement réparables, à des promesses exaltées, mais elle n'avait point compté sur l'insolence dédaigneuse de celui dont elle pensait tenir le bonheur entre les mains. Cette déception la ramena aux emportements de son caractère :

— J'ai la preuve de cette action infâme ! s'écria-t-elle, en montrant la lettre à Cyrano.

— C'est possible ! répondit celui-ci avec la même indifférence.

— C'est la honte de ma famille et le déshonneur de mon nom ! !

— Qu'y puis-je faire, madame ? répliqua de Bergerac en caressant sa moustache.

— Mais vous devez savoir la conduite que vous imposent votre titre de gentilhomme et le rang de ma fille !

— Par le nombril de ma mère ! s'écria le poëte en se levant, j'aurais de quoi peupler un harem s'il me fallait épouser toutes mes maîtresses ; l'amour, pour nous autres gentilshommes de plume et d'épée, est une occasion de faire un sonnet et de tuer un jaloux ; nous n'allons jamais au delà !

l'aventure commencée le matin est toujours terminée le soir, et chaque jour amène une nouvelle conquête.

— C'est une vie indigne... interrompit la comtesse.

— C'est la vie de l'artiste et du soldat, reprit Cyrano, deux existences qu'aiment toujours les femmes; car voyez-vous, madame la comtesse, ajouta-t-il plus bas, l'amour prend sa source dans la vanité satisfaite, tout comme la haine découle de la vanité blessée; les sentiments sont choses de convention, parce que la vanité et la haine reposent sur des objets de convention.

— Quel fruit amer des mauvaises fréquentations! s'écria madame de Reville en levant les yeux au ciel; combien différent vous étiez, quand vous arrivâtes du Périgord!!

— Mais, par le nombril de ma mère! répondit Cyrano en riant, j'ai su me mettre en peu de temps à la hauteur de mon siècle et de la noble compagnie.

— La noble compagnie, interrompit la tante avec dédain, réprouve votre indigne conduite:

— Que voulez-vous, madame, j'aime cette vie aventureuse d'amours faciles, de duel, de jeu, de débauche et de poésie; chaque matin en m'éveillant, j'ai perdu le souvenir de la maîtresse que j'ai aimée, du rival que j'ai tué, de l'or que j'ai perdu, des bouteilles que j'ai vidées et des sonnets que j'ai commis; dans cet oubli des plaisirs de la veille, je renais chaque jour, pour ainsi dire, à une nouvelle vie, libre de toute entrave, et riche de doux espoirs et de beaux rêves.

— La crainte de Dieu ne remplit donc votre conscience d'aucun remords?

— Des remords! interrompit de Bergerac en riant, et pourquoi? Est-ce ma faute, si Dieu m'a fait volage, spadassin, joueur, débauché et poëte? et puis-je donner une plus grande preuve de mon respect pour la divinité, que de jouir de l'heureux caractère dont elle a voulu que je fusse doué!! Par le nombril de ma mère! madame, si quelqu'un est ici coupable, ce que je nie, c'est Dieu et non pas moi, Savinien Cyrano de Bergerac.

Et il se prit à caresser dédaigneusement sa moustache.

— Vous insultez Dieu, répondit madame de Reville, car il ne peut vouloir la perte de vôtre âme et le déshonneur des familles.

— Quant à mon âme, répliqua le gentilhomme, n'en prenez pas souci, elle est en fort bonnes mains; pour ce qui est du déshonneur des familles, j'estime qu'on en fait plus de bruit que cela ne vaut.

— Il se peut, répondit madame de Reville, que l'on professe ces principes dans la sphère où vous vivez; mais aux yeux de Dieu et du monde, le déshonneur est une tache indélébile qui frappe de réprobation une longue suite de générations.

Un moment de silence succéda à ces paroles, pendant lequel Cyrano examina la lame de son épée, qu'il avait à moitié tirée du fourreau.

— Voyez, continua la comtesse qui avait repris son système de persuasion; vous avez séduit Mélanie, votre lettre en fait foi, et vous l'avez rendue grosse; son déshonneur va réagir, sans parler de nos ancêtres, sur moi dont l'âge commande le respect, sur ma fille dont la vie est brisée, et sur votre enfant innocent des fautes de sa mère; le nom de Reville, que j'avais transmis à Mélanie comme un héritage sacré, et que j'avais reçu moi-même entouré de l'estime générale, sera rayé pour toujours du livre d'or de la noblesse.

— Je connais tout cela, interrompit Cyrano continuant à examiner son épée; plus d'une de mes maîtresses m'a déjà tenu ce langage.

— Sur votre nom et sur votre famille aussi, reprit la comtesse devenant plus pressante, rejaillira le déshonneur, car le même sang coule dans nos veines et je suis la sœur de votre père.

Il y eut encore un moment de silence, pendant lequel Cyrano abandonna l'examen de son épée et se rapprocha de sa tante.

Celle-ci, croyant avoir touché la fibre sensible chez son neveu, reprit avec plus d'insistance :

— Ah! vous ne voudriez pas faire mourir de honte votre vieux père et compter un bâtard dans nos deux familles, greffées sur le même tronc. Ah! vous n'avez pas répudié tout sentiment d'honneur, et votre mère, que vous aimiez tant, vous crie du fond de la tombe d'avoir pitié des blasons sans tache des Reville et des Bergerac. Oh! Cyrano, mon neveu bien-aimé, au nom de Dieu! au nom de l'honneur! au nom de tout ce que nous avez de plus cher! pitié pour Mélanie, pitié pour votre mère, pitié pour nous tous!

Et la comtesse, prenant les mains du jeune homme, les couvrit de larmes et de baisers.

— Savez-vous, madame, reprit Cyrano après un moment de silence, que vous avez été dans le temps bien cruelle envers moi?

— Je le sais, répondit la comtesse, sans abandonner les mains de son neveu; mais j'ai racheté cette sévérité par des larmes de sang et, dans ce moment même, je l'expie encore dans le désespoir du déshonneur.

— J'aimais votre fille et vous m'avez forcé de la fuir!

— Ah! vous l'aimerez encore, Cyrano, et nul ne fera obstacle aux tendres élans de votre cœur.

— C'est en m'exilant de chez vous, que vous m'avez jeté dans la vie de débauche où je suis prêt à perdre jusqu'au sentiment de l'honneur!

— C'est en vous rappelant auprès de moi, que je vous rendrai les douces joies de la famille et le tranquille bonheur du foyer domestique.

La comtesse interrogea le regard de Cyrano et, croyant y deviner une pensée favorable à ses desseins, elle reprit :

— Oh ! n'est-ce pas que vous acceptez la félicité que je vous offre ? et que vous épargnerez du même coup l'honneur des Reville et des Bergerac?

Vindicatif comme un poëte, et, comptant sur une victoire complète, Cyrano voulait voir sa tante à ses genoux et étouffer dans l'humiliation de cette fierté aux abois les ressentiments amassés en son âme.

— L'honneur de ma famille, répondit-il sèchement, n'est pas solidaire de celui des Reville.

Soit qu'elle ne pût longtemps se plier au rôle qu'elle s'était imposé, soit qu'elle crût à l'inutilité de ses prières, la comtesse s'arrêta à un parti extrême et, abandonnant la main de son neveu :

— C'est assez d'humiliation, s'écria-t-elle, je préfère la honte au malheur de vous donner ma fille.

Cyrano n'avait pas compté sur cette volte-face si rapide et si radicale; surpris et fâché tout à la fois :

— Madame, balbutia-t-il...

— Plus un mot, interrompit la comtesse avec emportement, sortez.

— Oh ! pas comme la première fois; répondit le poëte qui revenait de son étonnement.

— Sortez, vous dis-je, répéta madame de Reville, ou je vous fais chasser par mes gens.

— Vous oubliez, observa en souriant le gentilhomme, la facilité avec laquelle je me débarrasse de dix brigands, hommes d'audace et parfaitement aguerris.

— Eh bien ! que voulez-vous? demanda la comtesse bien convaincue que l'emploi de la force serait inutile contre son adversaire.

— Je ne m'oppose point, répondit Cyrano en caressant sa moustache, à ce que vous appeliez vos domestiques; je vais même, prévenant vos désirs, les sonner à double carillon. Seulement, avant de m'éloigner, je leur annoncerai officiellement votre amour pour le chevalier Rizzi.

La comtesse resta comme foudroyée à cette révélation.

— Bien plus, poursuivit Cyrano sans discontinuer de caresser dédaigneusement sa moustache; ce chevalier Rizzi, que vous aviez introduit au château sous le couvert de Mélanie, vous l'avez volé à votre fille, qui, depuis plus d'un mois, sert de plastron à vos amours.

— Mais cela n'est pas ! s'écria la comtesse bondissant à cette calomnie.

— Tout à l'heure encore, poursuivit impitoyablement Cyrano, n'avez-vous pas avec lui échangé les paroles les plus tendres et les serments les plus solennels?

Madame de Reville était anéantie.

— Vous aviez pris Dieu à témoin de vos sentiments, continua de Bergerac jouissant de l'humiliation de sa tante; et vous avez attesté le ciel de votre éternelle affection.

— Eh bien! oui, répondit madame de Reville prenant courageusement son parti; je n'ai point voulu tromper un honnête homme et lui donner pour épouse ma fille séduite et déshonorée......

— Et comme rien ne se perd dans cette maison, interrompit Cyrano en riant, vous avez pris pour vous le chevalier Rizzi.

La comtesse bondit sous le tranchant de ce sarcasme; mais Cyrano ne lui donna pas le temps de faire éclater sa colère:

— Je vous en félicite, poursuivit-il avec son sourire ironique, et si vous me chassez une seconde fois de chez vous, Paris saura demain, non que mademoiselle de Reville a été séduite par Savinien Cyrano de Bergerac, mais que madame la comtesse de Reville épouse un comédien.

— Un comédien!... répéta la pauvre femme ne sachant à quoi s'arrêter au milieu des idées confuses qui bouillonnaient dans sa tête.

— Un véritable comédien! par le nombril de ma mère!! un fils de cette race maudite et réprouvée, Montfleury, premier rôle à l'hôtel de Bourgogne.

La comtesse ne pouvait ni penser ni faire un mouvement; elle était dans cet état de torpeur, pendant lequel toutes les facultés sont suspendues.

Cyrano prenait plaisir à promener le poignard dans la plaie:

— C'est à moi, poursuivit-il, que vous devez la rencontre de ce gentilhomme d'un nouveau genre; sans moi votre cœur n'eût pas eu les élans passionnés dont vous lui parliez tout à l'heure, sans moi.....

La pauvre femme plia sous le poids de la honte et s'évanouit aux dernières paroles de son neveu.

Celui-ci, satisfait enfin dans son ressentiment, prodigua à la malade tous les soins qu'exigeait son état. Quand elle revint à elle, Cyrano changeant de ton et de conversation:

— Ma tante, lui dit-il, j'aime Mélanie et j'en suis aimé; le génie du poète et de l'auteur dramatique n'est point maudit par Dieu; la vie de débauche dans laquelle j'usais ma jeunesse et ma santé, me procurait une ivresse pendant laquelle était étouffée la voix de mon cœur que vous m'aviez défendu d'interroger; oublions tout, rendez-moi le bonheur et je vous donnerai en retour toute la reconnaissante amitié dont des joies infinies rempliront mon âme.

La comtesse, touchée de ces paroles affectueuses, attira à elle son neveu et l'embrassa cordialement.

Soit qu'il voulût effacer pour sa tante l'ombre même d'un souvenir pénible, soit qu'il eût hâte de donner à Mélanie une part dans son bonheur, Cyrano, laissant madame de Reville se remettre entièrement de sa syncope, rentra seul dans la salle où étaient encore réunis les gens du château.

— Mes amis, dit-il, que les chansons de fête remplacent les cantiques, j'épouse votre jeune et belle maîtresse, Mélanie de Reville.

Et il déposa un baiser sur le front de sa fiancée.

Puis se tournant vers Montfleury qui s'était approché pour le complimenter :

— C'est aujourd'hui jour de pardon, lui-dit-il, tu peux remonter sur les planches ; j'irai t'applaudir avec ma femme à la première représentation d'*Agrippine*.

. . . .

. . . .

. . . .

Le lendemain Montfleury faisait sa rentrée à l'hôtel de Bourgogne au milieu des applaudissements de la foule.

Paris. — Imprimerie de L. MARTINET, rue Mignon, 2.

L'ART DU DENTISTE.

L'ART DU DENTISTE, arrivé à un certain degré de perfection, resta longtemps stationnaire, dans la croyance où furent les praticiens qu'il n'y avait plus rien à faire pour le perfectionner. William Rogers a détruit cette erreur en nous montrant tous les ans quelque nouvelle découverte pour son amélioration. D'abord, ce sont ses *dents osanores* posées sans crochets ni ligatures, et sans extraction des racines, particulièrement recommandées pour leur légèreté dans la bouche aux vieillards ou personnes dont la bouche irritable ne pourrait supporter une forte pression ou tension, soit de ressorts, de plaques ou de crochets. Après de nombreux essais plus ou moins fructueux, *William Rogers* parvint à donner à ses dents une plus grande transparence, jointe à une solidité à toute épreuve, et sous le nom de *dents osanores indestructibles*, nous fit voir le chef-d'œuvre de l'art dentaire; ces mêmes dents fabriquées aujourd'hui à la mécanique, avec une promptitude et une précision sans égale, sont néanmoins d'un prix très modéré. *William Rogers* n'a pas été moins heureux dans les recherches qu'il a faites pour les autres branches de son art; *son ciment pour plomber ses dents soi-même* est encore une invention précieuse et à la portée de tout le monde par la modicité du prix. Ce *ciment* ou *émail inaltérable* s'applique facilement et sans douleur, adhère à la dent, en devient à l'instant même partie, et fait disparaître toute trace de carie; *son eau Rogers, pour embaumer les dents* quand elles sont trop douloureuses pour être plombées, est encore un de ces secrets bienfaiteurs qu'on ne saurait trop apprécier. Chaque flacon de ces deux articles se vend 3 fr. chez l'inventeur, 270, rue saint-Honoré, et chez les principaux pharmaciens.

Nous venons de parler des différentes améliorations apportées par *William Rogers* dans la pratique de son art; il nous reste à parler des *ouvrages remarquables* dont il a doté la *science dentaire* pour le développement de ses théories. D'abord son *Encyclopédie* du dentiste, récapitulation des pratiques employées par les anciens dentistes, et des différentes phases de progrès obtenus dans l'art dentaire, depuis son origine jusqu'à nos jours. Prix, 7 fr. 50 c.

Dictionnaire des sciences dentaires, publié dernièrement par *William Rogers*, le plus étendu et le plus complet des ouvrages écrits pour sa profession. Cet ouvrage est un résumé, non seulement des doctrines de l'auteur, mais encore de tous les perfectionnements apportés dans l'odontotechnie; c'est le divulgué détaillé de la fabrication des dents artificielles jusqu'à la découverte des osanores et des différentes améliorations apportées dans ces dernières par l'inventeur. Prix, 10 fr. Nous devons encore à *William Rogers* plusieurs ouvrages utiles et d'un mérite incontestable, que l'on peut se procurer chez lui, rue Saint-Honoré, 270, à Paris.

(Extrait de l'*Annuaire médical.*)

Paris. — Imprimerie de L. MARTINET, rue Mignon, 2.

L'ŒIL-DE-BŒUF

DES THÉATRES

PAR

FÉLIX ROUBAUD.

Cinquième Livraison.

ITALIENS

A PARIS
CHEZ JONAS-LAVATER, ÉDITEUR,
43, RUE VIVIENNE;
ET A LA PAPETERIE DE PARIS, NERAUDAU,
46 ET 18, RUE DES FOSSÉS-MONTMARTRE.

L'Œil-de-Bœuf des Théâtres forme un gros volume composé de douze livraisons, contenant chacune 1° une nouvelle-roman, dont le sujet est emprunté à la vie intime d'un acteur, d'une actrice ou d'un auteur dramatique; 2° le plan gravé de l'intérieur d'un théâtre de Paris, avec le numéro des stalles et des loges, et le nombre de places de chaque loge; 3° une notice historique concernant le théâtre qu'elle accompagne, suivie du personnel administratif et artistique et du prix des places de ce théâtre.

Toutes les livraisons sont en vente et ont paru dans l'ordre suivant :

	Gravures.	Titre de la Nouvelle-Roman.
1re livraison.	Opéra.	L'Amour d'une Sirène.
2e —	Théâtre-Français.	Une Conspiration à For-l'Évêque.
3e —	Opéra-Comique. .	Un Moment d'erreur.
4e —	Odéon	Un Comédien en pénitence.
5e —	Italiens.	Une Vengeance d'outre-tombe.
6e —	Vaudeville	Un Amour impossible.
7e —	Variétés.	Ce que rapporte la poésie.
8e —	Porte St-Martin. .	Une Vendetta.
9e —	Gymnase.	Deux Cœurs pour un amour.
10e —	Historique	Une Fleur de Bal.
11e —	Montansier. . . .	Les Diamants de la Marquise.
12e —	Ambigu	Une passion à bord.

Chaque livraison forme séparément un tout complet : réunies entre elles, ces 12 livraisons composent un fort volume dont *une demi-livraison* supplémentaire donne le titre, le prologue, l'épilogue et la table des matières. Cette demi-livraison se trouve chez l'éditeur, 43, rue Vivienne, et chez tous les libraires et marchands de nouveautés de Paris.

THÉATRE DES ITALIENS.

Il n'est pas de genre de spectacles qui ait eu, comme celui des Italiens, des débuts plus incertains et une existence plus nomade. Allant du Petit-Bourbon aux Tuileries, des Tuileries à la salle Olympique de la rue de la Victoire, de la salle Olympique à la salle Favart, de la salle Favart au théâtre Louvois, du théâtre Louvois à l'Odéon, et de l'Odéon, après avoir demandé l'hospitalité une ou deux fois encore à la salle Favart et au théâtre Louvois, les Italiens paraissent avoir mis enfin un terme à leur Odyssée en s'installant à la salle Ventadour, où la mode et le bon ton les protégent contre de nouveaux orages.

Ce n'est que justice, car la France doit aux Italiens un tribut de reconnaissance, pour avoir importé chez nous le drame musical.

La reine Anne d'Autriche était tombée, à ce qu'il paraît, dans un ennui profond que rien ne pouvait distraire : sa tristesse assombrissait les plaisirs de la cour et lassait la prévenance des courtisans. Mazzarin eut alors l'idée de la faire assister à un spectacle nouveau, et il fit venir d'au delà des Alpes, une troupe de chanteurs qui donna en 1645, au Petit-Bourbon, une représentation de drame mis en musique. Ce premier opéra chanté en France s'appelait *La Festa theatrale*.

L'impulsion était donnée et les Italiens avaient appris le chemin de notre capitale. Deux fois ils nous visitèrent sans beaucoup de succès; mais à leur troisième apparition en 1789, le comte d'Artois leur fit obtenir la salle des Tuileries avec le titre de *Théâtre de Monsieur*. En retour de cette généreuse hospitalité, ils nous firent connaître les chefs-d'œuvre de Sarté, de Paesiello, de Cimarosa, etc., etc.

La tourmente révolutionnaire les força de repasser les monts, et ce n'est qu'en 1802 que nous les retrouvons, sous la direction de la Montansier, dans la salle Olympique de la rue de la Victoire.

Cette salle, dont les proportions n'étaient point en rapport avec ce genre de spectacle, fut bientôt abandonnée, et grâce à la réunion des deux troupes d'opéra-comique à Feydeau, la Montansier put installer ses pensionnaires au théâtre Favart, qu'elle fut pourtant forcée de fermer l'année suivante, faute d'un public suffisant pour la recette.

Au mois d'avril 1804, une société d'amateurs résolut de nous rendre l'opéra-bouffa; mais le succès n'ayant point répondu à leurs espérances, les Italiens se préparaient déjà à retourner dans leur patrie, lorsque le gouvernement les retint et les fit débuter au théâtre Louvois sous la direction de Picard.

Picard transporta bientôt ses pénates à l'Odéon où la voix de madame Barilli réussit à attirer la foule.

A la mort de madame Barilli, Picard passa à la direction de l'Opéra : dès ce moment les Italiens entrèrent dans une période fâcheuse et ils se virent encore une fois menacés d'un complet abandon, quand madame Catalani se mit à leur tête et les emmena à Favart en 1815. Ils y restèrent jusqu'en 1818 et furent rétablis l'année suivante à Louvois, sous la même administration que l'Opéra.

Ils ne restèrent pas longtemps dans ce nouvel établissement, qui fut fermé après l'assassinat du duc de Berri.

Tandis que l'Opéra se logeait à la rue Lepelletier, les Italiens retournèrent à Favart, d'où ils furent chassés par un incendie en 1838. Ce fut durant cette période que l'Opéra-Bouffa brilla de son plus vif éclat : Rossini avait alors pour interprètes madame Mainvielle-Fodor, madame Pasta, madame Malibran, mademoiselle Sontag, etc., etc.

Après l'incendie de la salle Favart, les Italiens retournèrent à l'Odéon et finirent enfin, en 1841, par s'établir à la salle Ventadour, où la vogue ne les a point encore abandonnés.

ITALIENS.

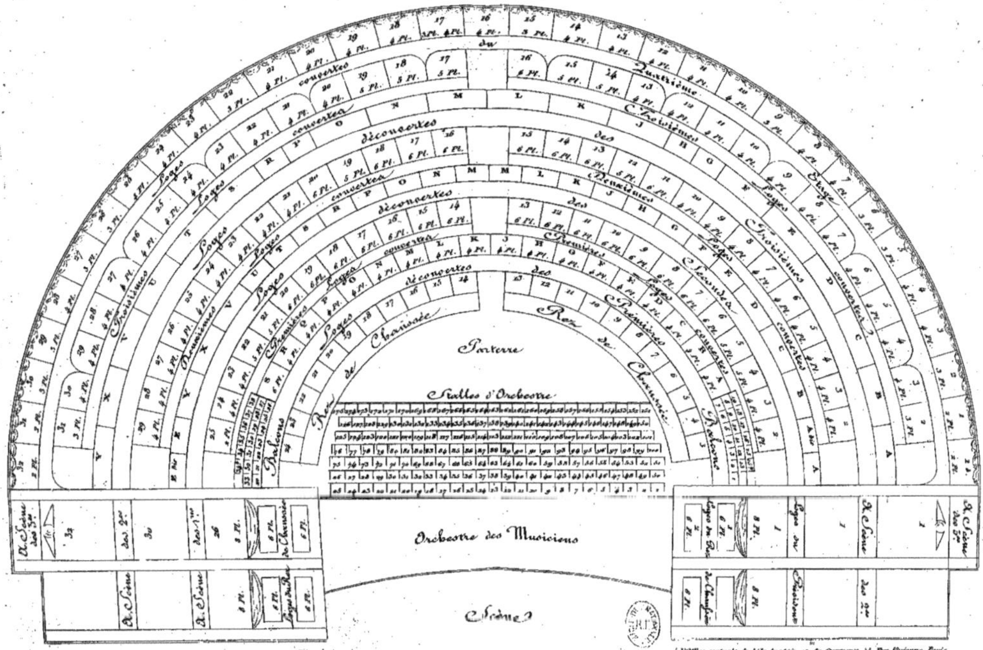

Aug^te Lemaître del. et sc. — Déposé — à l'Office centrale de l'Industrie et du Commerce, 45, Rue Vivienne, Paris.

Jonas-Lavater, Editeur.

THÉATRE DES ITALIENS.

Administration.

Directeur.	MM.	Georges Ronconi.
Secrétaire.		Louis Boyer.
Préposé à la location. .		Giannoni.
Caissier.		Giannoni.
Contrôleur général . .		Blanc.

Orchestre.

Chef d'orchestre.	MM.	Georges Bonsquet.	Souffleur	MM.	Monterasi.
Maëstro.		Bazzoni.	Bibliothécaire . .		Vogler.
Chef des chœurs.		Eugène Gautier.			

Artistes.

Les artistes sont placés par ordre alphabétique.

MM.	Arnoldi.	MM.	Morelli.	Mmes	Grimaldi.
	Flavio.		Moriani.		Majeski.
	Franceschi.		Ronconi.		Persiani.
	Giannoni.	Mmes	Angri.		Ronconi.
	Lablache.		Arnaud.		Rossetti.
	Lucchesi.		Barbieri-Nini.		
	Majeski.		Faccioli.		

Soixante choristes, hommes et femmes.

THÉATRE DES ITALIENS.

Prix des places.

	Bureau.	Location.
Premières Secondes de face	10 »	13 »
Rez-de-chaussée de face	10 »	12 50
Stalles d'orchestre Balcon	10 »	12 »
Rez-de-chaussée de côté Secondes de côté	10 »	11 »
Troisièmes de face	6 »	9 »
Troisièmes de côté	5 »	8 »
Quatrièmes Parterre	4 »	5 »

Paris. — Imprimerie de L. MARTINET, rue Mignon, 2.

UNE

VENGEANCE D'OUTRE-TOMBE.

I.

Prologue.

J'étais depuis quelque temps à Gênes, quand je reçus de madame la vicomtesse Fornari un billet ainsi conçu :

« Venez ce soir à notre villa del Popolo ; vous y entendrez la signora Chiara Gualdi, la célèbre prima dona du théâtre de la Scala. »

Je fus exact au rendez-vous et me trouvai un des premiers arrivés. En attendant que toute la société fût réunie, les personnes présentes se partagèrent en groupes et se perdirent dans les allées de citronniers de la riche villa. Resté seul avec la maîtresse du logis, j'amenai l'entretien sur la cantatrice de Milan.

— La fête de ce soir est une véritable solennité, me dit madame Fornari, car c'est la première fois que l'illustre prima dona se fait entendre dans un salon.

— J'aurai donc de nouvelles grâces à vous rendre, pour avoir pensé à moi.

— J'ai voulu vous faire connaître cette personne, remarquable autant par le talent que par la retenue de ses mœurs et l'étrangeté de sa conduite.

— Vous commencez à m'intéresser à votre chanteuse, répondis-je en souriant.

— Elle est digne de votre intérêt : depuis un an qu'elle a débuté dans la carrière dramatique, au grand théâtre de la Scala, elle s'est acquis les applaudissements de la foule et l'estime des dilettanti. Sa réputation n'a fait que croître de jour en jour, et l'on peut dire à présent qu'elle est à l'apogée de sa gloire.

— Il faut presque du génie pour conquérir si vite une telle renommée.

— Sa manière de vivre a peut-être contribué à tenir constamment fixée sur elle l'attention de la foule.

Quelques invités qui arrivèrent interrompirent ma narratrice. Après les saluts d'usage, elle reprit en ces termes :

— La nature, qui s'était montrée si prodigue envers la débutante, du côté du talent, avait complété son œuvre en la dotant d'attraits et de grâces infinies. Vous la verrez tout à l'heure et vous apprécierez vous-même son genre de beauté. Une prima dona aussi accomplie devint bientôt l'idole à laquelle s'adressèrent les vœux de tous les gentilshommes de Milan. Poursuites inutiles ! ambition superflue ! la Gualdi repoussa les richesses des nobles, comme elle ferma son cœur aux paroles tendres des poëtes et des artistes. Que de jeunes seigneurs eussent payé de leur nom un regard, de leur vie un sourire ! Mais rien, toujours l'indifférence la plus froide, le dédain le plus absolu ! Elle avait tracé autour d'elle un cercle impénétrable ; elle s'était enfermée dans une solitude profonde d'où personne ne pouvait la tirer. Là, toujours seule, avec son passé peut-être, on dit que d'abondantes larmes mouillaient ses paupières. Quelquefois on l'a vue, les yeux encore rouges, étouffer un sanglot au moment d'entrer en scène. Nul ne connaît la cause de cette douleur muette, et nul, peut-être, ne la connaîtra jamais.

— Cette femme est sans doute l'héroïne de quelque drame sombre et terrible ?

— Je ne sais. Et pour accomplir dans toute sa rigueur la dure règle qu'elle s'est imposée, elle n'a jamais voulu, malgré les offres brillantes qui lui ont été faites, malgré les prières et les supplications qui lui ont été adressées, se faire entendre hors du théâtre.

— Vous seule, madame, avez donc pu vaincre ses scrupules ?

— Mes salons n'eussent pas été plus heureux que ceux de Milan, si la reconnaissance n'eût parlé en ma faveur dans l'âme de la signora Gualdi.

— Mais la vie de cette prima dona est donc hérissée d'aventures ?

— Ah ! pour cette fois l'affaire est des plus simples. Dans son voyage de Milan à Gênes, le postillon de sa voiture s'était entendu avec des bandits pour la dévaliser, quand mon mari, survenant sur ces entrefaites, la délivra des mains des voleurs et lui fit une escorte de ses gens, qui la conduisirent en toute sûreté jusqu'à sa destination. Pleine de reconnaissance pour le vicomte, la signora lui a promis de se faire entendre ce soir à notre villa del Popolo.

Pendant les dernières paroles de madame Fornari, une voiture avait fait crier le sable des allées et quelques instants après un domestique annonçait la chanteuse si vivement attendue.

C'était une femme d'environ vingt-deux ans. Sa figure, où se reflétaient, d'une manière bien évidente, les sourdes angoisses d'une âme troublée, était pourtant belle, autant par la régularité des lignes que par l'expression de la physionomie. Ses cheveux d'un blond tendre, tressés en nattes autour de ses tempes, ses yeux d'un bleu céleste, empreints d'un regard long et mélancolique, sa peau d'une blancheur presque diaphane contrastaient étrangement avec le type italien dont les formes bien arrêtées, dont la désinvolture voluptueuse et dont le feu qui le caractérisent, remplissaient depuis quelques temps mes nuits des rêves les plus doux et les plus enivrants. Sa taille fière et bien prise manquait cependant de souplesse et avait un peu de cette roideur qui semble l'apanage des femmes du Nord. Sa toilette, d'une élégante simplicité, et veuve de tout bijou, n'avait aucune de ces richesses dont aiment à se parer d'ordinaire les chanteuses de théâtre. Une robe de moire blanche à longues manches, très peu décolletée et serrée à la taille par une cordelière de soie rose, constituait tous les frais de toilette qu'avait faits la signora Gualdi. Pourtant une chose me frappa dans sa mise: sa tête, où ses cheveux formaient sur le sommet une couronne, ne présentait ni fleurs ni rubans, et était entièrement cachée en arrière par le *mezero* milanais, qui se perdait dans les plis nombreux de sa robe: A quoi bon, me disais-je, dans un costume de soirée ce *mezero*, accessoire du plus simple négligé, et dont les dames de Milan couvrent leur figure, pour ne pas être reconnues dans leurs courses matinales? La Chiara Gualdi redouterait-elle une fâcheuse rencontre? L'air mystérieux avec lequel elle entra dans la salle, le regard scrutateur qu'elle promena rapidement autour d'elle, excitèrent au plus haut point mon attention, et je me promis de ne pas perdre un instant de vue cette femme bizarre dont la vie mystérieuse devait bientôt m'être dévoilée.

Mon étonnement s'accrut davantage encore aux premières paroles de la prima dona. Son accent n'était pas celui d'une Italienne; il me sembla reconnaître une Allemande. Ce nouveau soupçon redoubla ma curiosité, tant, dans les événements que nous croyons étranges, les moindres choses impressionnent vivement.

Cependant la nouvelle de l'arrivée de la chanteuse s'étant répandue parmi les groupes épars dans les bosquets, la salle où nous nous trouvions se remplit rapidement d'une foule nombreuse et élégante. Tout le monde était désireux de connaître la célèbre cantatrice de la Scala autant que la femme, dont chacun contait la vie à sa manière et que chacun faisait l'héroïne d'un roman plus ou moins sombre, ou plus ou moins drolatique. Elle, de son côté, interrogeait avidement chaque nouvelle figure qui se présentait, comme si son cœur eût espéré ou craint la présence d'une personne aimée ou d'un ennemi.

Tous les invités paraissant être réunis, madame Fornari pria la reine dela fête detenir sa promesse et de se faire entendre. La Gualdi se soumit de bonne grâce et, promenant ses doigts légers sur les cordes d'une harpe, elle laissa échapper des sons dignes des séraphins, quand ils chantent au ciel les louanges du Seigneur. Je ne me hasarderai pas à peindre tout ce qu'il y avait de magique et de suave dans cette voix, ni l'effet inénarrable qu'elle produisit sur l'auditoire. La signora avait choisi un morceau de *Don Juan* de *Mozart*. Depuis longtemps la dernière note avait vibré de l'instrument harmonieux, qu'un silence religieux et solennel régnait encore dans la salle; tout à coup l'émotion, longuement concentrée dans nos cœurs, se fraie un passage et éclate; les larmes et les bravos se mêlent confusément aux cris d'admiration et aux trépignements de la foule. Chacun se dispute l'honneur de déposer aux pieds de la chanteuse l'hommage de sa reconnaissance et de son ravissement.

Poussé par le flot mouvant, je me trouvai bientôt en face de la Gualdi.

Au même instant, une porte s'ouvrit et un laquais annonça pompeusement: le baron Lokensneck.

Tout à coup la figure de la Chiara se couvre d'une pâleur mortelle et ses yeux s'égarent dans le vertige; mais aussitôt, tournant vivement la tête, la prima dona jete un coup d'œil rapide sur le personnage qui venait d'entrer, pousse un cri de terreur et rabat sur son visage le voile appendu à sa chevelure. L'éclair est moins rapide que ne le fut le mouvement de la chanteuse. Puis se levant de son siége: — Prêtez-moi votre appui, me dit-elle, en prenant mon bras de l'air égaré d'une femme qui n'a pas conscience de ses actions.

Et elle m'entraîna vers une porte opposée à celle par laquelle avait été introduit le baron Lokensneck.

La foule, étonnée et interdite tout à la fois, nous livra silencieusement passage. Je me croyais moi-même sous l'influence d'un rêve et, comme un homme dont la raison est frappée par quelque événement inexplicable, je marchais machinalement dans la direction que m'imprimait la main de la chanteuse.

Nous arrivâmes dans un jardin.

— Sauvez-moi, me dit-elle quand nous fûmes seuls; indiquez-moi une issue à ce palais; je ne puis rester ici plus longtemps.

— Mais avez-vous bien réfléchi à ce que vous voulez faire? répondis-je avec un accent où perçait mon origine française.

— Vous ne voyez donc pas qu'il faut que je fuie, à tout prix, ce baron Lokensneck? s'écria-t-elle avec une animation dont je ne l'eusse jamais crue capable; je comprends, à votre manière de prononcer l'italien, que vous êtes Français, par conséquent loyal et dévoué aux femmes. Sauvez-moi, sauvez-moi donc! je n'espère plus qu'en vous.

Et elle m'entraînait toujours dans les profondeurs du jardin.

Des pas se firent entendre derrière nous, et la voix de la vicomtesse appela la Gualdi.

— Je suis perdue ! s'écria celle-ci, grâce, monsieur, grâce pour moi !

— Ne craignez rien, lui répondis-je en m'arrêtant ; je n'aperçois que madame Fornari.

En effet, ne sachant à quoi attribuer la brusque sortie de la chanteuse, la vicomtesse venait en demander la cause et remplir ses devoirs de maîtresse de maison.

— Qu'avez-vous, signora ? lui dit-elle, quand elle nous eut rejoints ; vous trouveriez-vous indisposée ?

— Oh ! ce n'est rien, madame, répondit la Gualdi en s'appuyant plus fortement sur mon bras, pour résister au tremblement nerveux qui l'agitait ; la chaleur, l'émotion, peut-être aussi une fâcheuse prédisposition..... mais ce n'est rien, madame ; j'avais besoin d'air ; je me sens déjà mieux, beaucoup mieux, je vous assure... la brise du soir suffira pour me remettre... Encore un instant dans le jardin, et je rentre... Mais vous, madame, retournez dans les salons ; votre absence, même passagère, attristerait la fête et assombrirait la figure de vos invités. Je souffre déjà trop d'arracher monsieur à votre brillante réunion, en réclamant quelques instants encore l'appui de son bras. Mais vous, madame, allez, je vous en supplie.

Il était impossible de résister à une prière si pressante : la vicomtesse s'éloigna et me laissa de nouveau seul avec la Chiara Gualdi.

— Vite, fuyons, me dit la chanteuse en précipitant sa marche à travers les allées du jardin ; ne négligeons pas un instant ; on pourrait venir encore, et je serais perdue.

Mon embarras était grand : placé dans l'alternative ou de déplaire à madame Fornari, qui m'avait, sur une simple lettre de recommandation, offert la plus franche hospitalité, ou d'abandonner une femme qui avait confié à ma loyauté son honneur et peut-être sa vie, je ne savais à quoi me résoudre. Je m'en rapportais au hasard. Étranger à la villa del Popolo, je ne connaissais point d'issue au jardin où nous nous trouvions. Si nous ne pouvons fuir, me disais-je à moi-même, je ne serai point accusé d'avoir trompé la confiance de la Gualdi ; si, au contraire, une porte se présente à nous, je serai excusable encore, car les événements auront été plus forts que ma volonté.

Je suivais toujours la marche précipitée de ma compagne ; déjà nous avions presque fait le tour de l'enclos quand une poterne entrebâillée s'offrit à nos regards.

— Je suis sauvée ! s'écria la prima donna dans un élan de joie indicible.

Et nous franchîmes rapidement cette porte de salut.

Nous nous trouvâmes en rase campagne, où, grâce aux rayons de la lune, il nous fut facile de retrouver la cité aux palais de marbre.

La villa del Popolo était à peu de distance de Gênes. Nous regagnâmes rapidement à pied la demeure de la Gualdi. Quelques paroles avaient à peine été échangées pendant notre course nocturne, tant la fugitive avait hâte de se soustraire aux poursuites qu'on pouvait diriger contre elle. Quand nous fûmes arrivés à son hôtel :

— Je vous remercie, me dit-elle, de votre dévouement et de votre loyauté, je serais bien heureuse de pouvoir, un jour, vous prouver ma reconnaissance.

— Rien ne manquerait au bonheur de vous avoir été agréable, si vous vouliez me permettre de vous offrir demain mes hommages.

— La chose est impossible; je partirai demain avec le paquebot de Marseille.

Une idée lumineuse traversa mon esprit.

— Je rentre moi-même en France, lui dis-je, et comme le jour de mon départ ne m'importe guère.....

— Eh bien, alors à demain, interrompit-elle en me tendant la main.

Ce congé faisait peu mon affaire.

— Vous me renvoyez ainsi, signora....

— Il le faut. Pour déjouer les poursuites du baron, je vais changer à l'instant même de demeure et demain, avant qu'il ait saisi mes traces, je serai loin de Gênes.

— Mais ne craignez-vous pas qu'il explore ce soir tous les hôtels de la ville?

— Hélas!

— J'habite le palais où mon ami le comte *** m'a donné l'hospitalité; si un refuge dans ce palais vous était nécessaire, je serais heureux de vous l'offrir.

La Gualdi combattit vivement ma proposition. Je compris les scrupules qui la retenaient; pour les vaincre, je lui fis ressortir les dangers d'une poursuite qui piquait d'autant plus ma curiosité, que j'en ignorais les causes, et je jurai de respecter autant sa solitude que les secrets de sa vie.

Sur toutes ces considérations et, après de violents combats que lui livra sa conscience, elle accepta mon offre, et moi, tout joyeux de ma prétendue conquête, je l'introduisis avec précaution dans l'appartement que j'occupais.

Comme je me préparais à rester avec elle :

— Retournez, me dit-elle, à la villa del Popolo; vous devez une explication à madame Fornari. Mettez ma fuite sur l'aggravation qu'a prise ma maladie, et dites que vous m'avez laissée à la porte de mon hôtel.

Comprenant toute la portée de cette observation, j'obéis, après avoir fait promettre à la chanteuse de ne pas exécuter une nouvelle *fugue*.

La vicomtesse ne crut point à cette version, et elle m'accusa probablement alors, dans son esprit, d'avoir enlevé moi-même la prima dona.

A mon retour, je trouvai la Gualdi les yeux remplis de pleurs; des sanglots tumultueux s'échappaient de sa poitrine, et la douleur de son âme ne s'exhalait qu'en mots entrecoupés et sans suite.

Je fus atterré à cette vue.

— Qu'avez vous, signora? lui dis-je en lui prenant la main ; seriez-vous malade? parlez, parlez, je vous en prie.

— Non, il n'y a que le cœur qui souffre, me répondit-elle tristement, et son mal est inguérissable.

— Pauvre femme !

— Oh ! oui, je suis bien à plaindre, car un passé terrible ternit et décolore toute ma vie.

— L'âme est soulagée, quand elle peut verser dans le sein d'un ami les peines qui l'oppressent, et depuis ce soir, signora, je vous ai voué une amitié sans bornes.

— Oh ! merci. Je crois à votre attachement à présent, comme j'ai cru ce soir à votre loyauté. La dona Chiara Gualdi ne repousse pas les consolations de votre amitié. Oui, j'ai besoin d'épancher mon cœur au dehors ; oui, j'ai besoin de parler de mon infortune et de mes malheurs ; oui, j'ai besoin d'une commisération vraie et bien sentie, et, puisque le ciel envoie sur ma route un homme loyal et dévoué, je l'accepte pour confident et pour consolateur.

Je déposai un baiser sur la main de la Gualdi, pour la remercier de sa confiance et lui prouver combien j'étais heureux du titre d'ami qu'elle venait de me donner.

La prima dona commença ainsi :

II.

Récit.

Vous avez peut-être reconnu déjà, à mon accent, que je n'étais point Italienne? Ma patrie est l'Allemagne, je me nomme Thuringe, et suis la fille, seule héritière, des margraves de Bareith.

Je m'étais promis de n'apporter aucune interruption dans le récit de la chanteuse, mais je n'avais point souscrit à l'obligation de rester impassible et d'imposer silence à ma physionomie; comme je ne pus cacher mon étonnement à ce titre de margrave, la Chiara reprit :

Hélas ! si j'étais née dans les rangs du peuple, je n'aurais pas à déplorer aujourd'hui un funeste passé, et je ne serais point errante et exilée.

Ma mère mourut en me donnant le jour. Oh ! si le ciel n'eût rappelé à lui cet ange de bonté et d'amour, je ne serais pas devenue comédienne, et, guidée par ses conseils, soutenue par son affection et défendue par son dévouement, j'aurais eu une existence moins traversée par l'infortune et le malheur.

Mon père se remaria quelques temps après la mort de ma mère, et me mit sous la tutelle d'une marâtre méchante et perfide. La Providence ne permit pas que des enfants naquissent de cette union mal assortie ; car mon père, élevé dans des principes sévères d'honneur, de loyauté et de religion, était bon et affectueux ; d'une nature faible, d'un caractère irrésolu, il fléchit bientôt sous la volonté impérieuse et fière de sa femme, abdiqua toute autorité, et donna lui-même l'exemple de l'obéissance et de la peur.

Irritée de sa stérilité, jalouse des égards que me montraient les sujets du margrave, ma belle-mère déversa sur moi toute l'amertume de son âme et rendit une pauvre enfant victime de ses emportements et de ses lâches instincts.

Non contente des tortures qu'elle me faisait subir tous les jours, elle voulut que mon père devînt son complice et eût sa part dans l'œuvre infâme qu'elle méditait.

Exilée de toute réunion, privée des joies du foyer domestique, je fus reléguée dans les combles du palais, condamnée à vivre avec les servantes de ma marâtre, espionnes perfides qui lui rapportaient fidèlement mes actions et mes paroles.

Ainsi s'écoula mon enfance ; ce fut dans cet abaissement et cette misère que j'atteignis ma dix-huitième année. Je ne sais ce qui alors se passa en moi, mais il me sembla que je n'étais point née pour cette vie de privations et d'isolement, et que ma place se trouvait ailleurs que dans un galetas. Forte de mon bon droit, encouragée par les protestations de la nourrice qui m'avait élevée, je résolus de remonter au rang que m'assignaient ma naissance, ma jeunesse et ma beauté dont on vantait déjà les charmes. Fatale résolution ! Que ne suis-je toujours restée ignorée dans ma mansarde, laissant s'éteindre dans la solitude les roses de mes joues, et le feu de mon cœur !

Une fête magnifique se préparait au palais de mon père. Les femmes les plus nobles et les plus belles s'y étaient donné rendez-vous ; moi seule, comme toujours, j'en étais exclue. Poussée par mon ressentiment, par ma vanité blessée et par un désir de vengeance, je voulus rentrer dans mes droits d'une manière solennelle et digne, et profiter de cette fête pour humilier et insulter ma marâtre. Je me sentais à l'avance dédommagée de toutes mes peines, en pensant au rôle inattendu que j'allais jouer, à l'effet que j'allais produire. Là, devant les plus grandes dames et les plus hauts seigneurs, je venais protester par ma présence contre les rigueurs de mon père et de son indigne épouse ! Je jouissais en espérance de la colère et de l'humiliation de ma belle-mère ; j'étais décidée à braver ses fureurs ;

car parmi les gentilshommes, me disais-je, plus d'un prendra ma défense et me protégera contre les emportements de son courroux.

Mon imagination s'exalta et mes nuits, solitaires jusqu'alors, se peuplèrent tout à coup des visions les plus étranges et les plus douces.

A l'insu de tout le monde, je me procurai un riche costume conforme à ma position et au rôle que je devais remplir.

Pour régler l'ordre des réjouissances et surveiller la parfaite régularité de la fête, la margrave avait choisi, parmi les jeunes seigneurs, dix commissaires à qui diverses fonctions étaient dévolues. Inconnue à tout le monde, j'eus la pensée de me mettre sous le patronage d'un de ces gentilshommes et de me faire présenter par lui.

Enfin le jour tant désiré arriva: Jusqu'au soir ce fut dans le palais un redoublement d'activité et de préparatifs. Dans les cours, des lampions sans nombre et diversement colorés formaient des girandoles qui s'entrelaçaient à l'infini; des pétards et des boîtes, disposés de distance en distance, devaient annoncer l'arrivée de chaque invité; des fleurs et des parfums, répandus à profusion dans l'escalier, allaient se mêler aux émanations des cassolettes d'or et des bougies parfumées, dont la clarté était mille fois répétée par des glaces de Venise.

Bientôt les sons de l'orchestre se firent entendre et les murs du palais retentirent sous les pas des danseurs. J'étais prête; jamais mon miroir ne m'avait vue aussi belle et aussi gaie. Je sentais en moi je ne sais quel ravissement, quel bonheur qui cachait à mes yeux les dangers de l'entreprise; j'avais hâte de paraître, j'avais besoin de l'air embaumé des salons.

J'envoyai ma fidèle nourrice me chercher un des dix commissaires.

— Amène le premier que tu verras, lui dis-je, confie-lui qu'une dame inconnue réclame de lui un service, et il viendra.

Le messager ne se fit pas attendre: il reparut bientôt, suivi d'un jeune seigneur dont la mise élégante plaidait en faveur de son goût et de sa belle tournure. Il avait vingt-cinq ans; d'une stature noble et d'un port majestueux, il portait une des têtes les plus remarquables que j'aie jamais vues: de longs cheveux blonds, tombant en boucles pressées sur ses épaules, encadraient son visage, où la rectitude des lignes n'était interrompue que par deux moustaches blondes dont la queue se terminait en forme de croissant. Ses yeux largement fendus empruntaient leur animation à une force d'âme peu commune et à une énergie invincible de caractère. Si dans mon cœur se fût déjà fait entendre la voix des passions, je n'eusse point rêvé d'autre image dans mes nuits d'extase et de bonheur!!

Cependant je fus troublée à la vue de cet homme: Était-ce l'émotion au moment où j'allais me confier à lui? Était-ce un sentiment inconnu encore? je ne sais; mais malgré moi, je me pris à admirer tant de grâces réunies à tant de distinction.

Lui, de son côté, s'arrêta devant moi comme ébloui et fasciné. Il m'a avoué depuis..... mais qu'importent ses confidences, ne m'a-t-il pas donné trop de preuves de son amour !..

Belle alors de jeunesse, de fraîcheur, d'espérance et de gaieté, je m'approchai du gentilhomme et lui dis :

— Je suis la fille du margrave de Bareith, je me nomme Thuringe; voulez-vous être mon cavalier?

Cette déclaration produisit sur le jeune homme l'effet terrifiant de la foudre. Il promena lentement sur moi son regard ébahi, et s'arrêtant après chaque syllabe, il répondit :

— Quoi ! vous êtes la fille du margrave de Bareith, cette Thuringe que l'on avait dit ..

Et ses yeux m'environnèrent d'une fascination étrange.

J'étais curieuse de connaître le portrait qu'on avait fait de moi.

— Eh bien ! répondis-je résolument, que vous avait-on dit?

— Je n'ose répéter l'absurde calomnie dont vous avez été la victime ! vous si belle... vous...

— Mais parlez donc, achevez, interrompis-je avec un petit air de dépit.

— Oh ! c'est un horrible mensonge; ou vous n'êtes pas Thuringe, la fille du margrave de Bareith !

— Me prendriez-vous pour une aventurière, et ne serais-je à vos yeux qu'une femme indigne?

— Oh ! non, je vous crois ! trop de candeur et d'innocence est répandue sur votre figure ! tant de bassesse ne saurait se cacher sous tant d'attraits, sous d'aussi nobles charmes...

— Si vous ajoutez foi à mes paroles, achevez, de grâce, achevez...

— Eh bien ! l'on avait dit que Thuringe, la fille du margrave de Bareith, était difforme et idiote... mais je ne crois plus à cette infamie...

Je poussai un éclat de rire si rapide et si strident que mon interlocuteur s'arrêta tout court, promena un regard autour de lui, comme pour trouver la cause de mon hilarité; mais saisissant bientôt ma pensée :

— Oh ! vous avez raison, dit-il, de rire d'une pareille calomnie, quand, pour la détruire vous n'avez qu'à vous montrer. Qu'importent, à votre âge, les insinuations perfides de la jalousie et de la méchanceté, lorsqu'on peut leur répondre par la jeunesse, la candeur et la beauté !

Encouragée par ces bienveillantes paroles et par ce gracieux accueil, je racontai à mon nouveau protecteur les tortures auxquelles ma vie avait été condamnée et l'isolement où l'on avait enfoui ma jeunesse. A mesure que je parlais, la figure du gentilhomme s'animait d'une sainte fureur et je m'aperçus qu'il contenait avec peine des mouvements de colère et d'indignation. Quand mon récit fut terminé, il prit mes mains qu'i serra dans les siennes et s'écria :

— Je bénis le ciel, Thuringe, de m'avoir choisi pour vous protéger!! J'accepte avec joie et reconnaissance la mission qui m'est échue! Prenez mon bras, et vos droits seront respectés tant que vous serez sous l'égide d'Eric Lokensneck, vidame de Cologne.

A ce nom fatal et terrible, je reculai épouvantée.

— Eh! quoi! vous portez le nom de ma mortelle ennemie? seriez-vous un des siens?

— Qu'importe que le hasard nous ait donné le même nom, si la Providence a mis dans nos cœurs des sentiments contraires!!

— Vous êtes donc son parent?

— Je ne dois rien vous cacher; votre belle-mère est la sœur du baron Lokensneck, mon père.

— Ainsi vous êtes le neveu de cette femme?

— Si le même sang coule dans nos veines, les mêmes passions ne nous agitent point.

Et joignant ses mains, qu'il tendit vers moi :

— Thuringe, poursuivit-il, ne me repoussez pas, ne me faites pas un crime de ma naissance et d'un nom qu'il ne m'a pas été permis de choisir! ne voyez que mes sentiments. Ils sont dignes de vous! n'écoutez que la voix de mon cœur, il brûle déjà de vous servir et de vous défendre contre vos ennemis!

J'étais émue d'un langage si noble et si généreux. Mon âme, peu habituée à rencontrer tant de grandeur et de bonté, s'enivra de cette éloquente protestation et mit dans le vidame toute sa confiance et tout son espoir.

Je tendis la main à Eric en signe de réconciliation et, quand il y porta ses lèvres, je sentis y couler une larme brûlante.

— Oh! merci, Thuringe, dit-il, en se levant et en m'offrant son bras; le ciel vous tiendra compte de votre générosité.

Nous partîmes.

Je ne vous peindrai pas l'émotion convulsive qui s'empara de moi, à mesure que nous approchions des salons : les battements de mon cœur devenaient plus distincts et plus précipités à chacun de mes pas, et plus les sons de l'orchestre m'arrivaient moins confus, plus je sentais bourdonner dans mes oreilles un bruit sourd et inaccoutumé; cette frayeur, malgré la confiance que je puisais dans la courageuse loyauté d'Eric, je ne pouvais la vaincre ou la comprimer.

Enfin nous arrivâmes.

L'éclat éblouissant des bougies, le parfum des cassolettes et des fleurs, le mouvement de la danse, l'harmonie de la musique, tout enfin produisit sur mes sens et mon âme un effet étrange. C'était la première fois qu'un pareil spectacle s'offrait à moi, et, dans l'isolement où j'avais jusqu'alors vécu, mon imagination n'avait pu se créer des rêves aussi fériques et des tableaux plus riches en couleurs.

Cependant, soutenue et guidée par mon protecteur, je parcourus plusieurs salles sans rencontrer ni le margrave ni son épouse. Partout, sur mon passage, s'élevaient des clameurs confuses et flatteuses, et plus d'une fois j'entendis les jeunes seigneurs s'écrier : Qu'elle est belle ! Mon cœur se rassurait en présence de tous ces hommages, et entrevoyait des soutiens dans tous ces admirateurs.

Mon compagnon, de son côté, était fier de ces éloges. A chaque nouvelle exclamation laudative, je voyais son visage s'animer et je sentais, comme dans moi-même, son courage s'accroître et sa force d'âme doubler.

Eric avait hâte de frapper le grand coup et de rassurer la crainte qui me dominait toujours. Il cherchait avidement le margrave, quand il l'aperçut au milieu d'uu groupe près de sa femme. Il me mena directement vers eux. A ma vue, mon père et ma marâtre accoururent de mon côté, la figure bouleversée, et les yeux rouges de colère.

— Silence, leur dit Eric d'une voix basse mais terrible; margrave de Bareith, reconnaissez votre fille; et vous, madame, respectez sa jeunesse et sa liberté. Pour vous seuls, ce sera une pauvre enfant persécutée, mais dès aujourd'hui, protégée par Eric Lokensneck, vidame de Cologne; et pour tout le monde, ce sera Thuringe, héritière des margraves de Bareith, revenue à présent, après un long séjour chez une de ses parentes.

Et il m'entraîna au milieu des groupes qui remplissaient les salons.

Le lendemain, Eric eut avec le margrave et sa femme une explication violente, où il défendit mes droits et les fit prévaloir. Sur la menace qu'il fit de divulguer leur conduite à mon égard et d'exposer au grand jour leurs machinations et leurs mensonges, mes oppresseurs souscrivirent à tout. Ils m'assignèrent un appartement convenable dans une aile du palais, me donnèrent des domestiques et me permirent d'assister aux réunions et aux fêtes de la principauté de mon père.

Eric accourut lui-même m'annoncer sa victoire. Il était si beau de bonheur, il était si sublime dans son dévouement que je crus voir mon Dieu ou tout au moins mon ange protecteur ! Pour la première fois, j'éprouvais une émotion divine mais réelle; pour la première fois j'entendais une parole bienveillante, je sentais une main amie me prendre et me tirer de l'abîme. Ah ! j'étais heureuse et d'autant plus heureuse que je l'étais d'une joie jusqu'alors inconnue. Je suivis les inspirations de mon cœur, et je me jetais avec toute l'ardeur du ravissement, dans la route nouvelle que m'offrait la reconnaissance et au bout de laquelle je devais fatalement rencontrer l'amour. Dès ce moment Eric devint l'idole de ma vie, comme il en était déjà l'espérance et le sauveur. Je réunis, pour l'offrir au vidame, tout ce que la solitude avait amassé en moi de sentiments généreux et délicats; je concentrais sur lui toutes les brûlantes pensées de mon âme et je me cramponnais à mon amant comme à la seule félicité que j'entrevisse sur la terre; je ne vivais plus en moi, j'étais toute en lui. Fatale ivresse! funeste abandon!

Eric aussi m'aimait de toutes les forces de son âme, et plus il sentait son amour grandir, plus il craignait de me perdre: tandis que moi, ignorante encore des choses de ce monde, j'obéissais aux caprices de mon âge, sans songer à mal et sans mettre en doute la confiance que j'avais placée en mon amant; lui, au contraire, initié à la connaissance des hommes, sachant que l'hypocrisie et le mensonge sont des Protées insaisissables mais perfides, redoutait à tout instant de voir mon inexpérience se prendre à des appâts trompeurs.

— Thuringe, me disait-il, quand vous ne voudrez plus m'aimer, quand vous en aimerez un autre, avouez-le-moi franchement, mais ne me trompez pas. Il serait affreux de me mentir. Savez-vous ce qu'il y aurait d'infâme, si lorsque je baise votre bouche, vos lèvres murmuraient un nom inconnu; si lorsque je mets la main sur votre cœur, votre cœur battait au souvenir d'une autre volupté!.. ah ce serait horrible! Thuringe, ne me trompez jamais....

Je m'expliquais difficilement le sens de ces paroles: la pensée de ne pas aimer Eric ne pouvait être conçue dans mon esprit; la possibilité, je ne dirai pas d'effacer, mais seulement d'affaiblir son image en mon cœur, n'existait pas pour moi. Désormais ma vie était l'amour de mon âme.

— Je ne vous comprends pas, lui répondais-je; vous, Eric, n'êtes-vous pas moi? Qu'ai-je à désirer? Bonheur, espérance, avenir, je trouve tout en vous! vous m'offrez à la fois les plaisirs de la terre et les joies ineffables du ciel! En un mot, je vous aime, parce que vous êtes tout pour moi!...

Rassuré par mon innocence même, Eric s'étudiait à éloigner de son bonheur les accès de jalousie qui de temps en temps venaient l'assombrir; il n'y réussissait pas toujours, mais, à la fin, il crut avoir trouvé la pensée qu'il cherchait si ardemment :

— Je vais demander votre main au margrave, votre père, me dit-il un jour, et quand vous serez ma femme, je vous emmènerai dans ma vidamie de Cologne où, seuls et loin de tous les regards, nous boirons à longs traits la coupe du bonheur.

— Oui, la solitude à nous deux, répondis-je dans un élan de joie indicible; oui, la retraite la plus profonde, animée seulement par le souffle de notre amour! oui, rien que nous sur la terre, rien que votre voix à entendre, rien qu'à écouter les échos redire votre nom!

Et, enivrée déjà de cette félicité parfaite, je me jetai éperdue dans les bras de mon amant.

Mais, destinée affreuse! mon père repoussa la demande du vidame, en prétextant ma jeunesse et mon inexpérience de la vie. Je reconnus dans ce refus la haine implacable de ma marâtre.

— Fuyons, dis-je à Eric, quand il vint m'annoncer la fatale nouvelle; notre amour sera-t-il moins pur et notre bonheur moins immense sans le consentement d'un père injuste et barbare? Fuyons, allons dans votre vidamie, cette solitude sacrée que nous avons entrevue dans nos rêves d'extase et de félicité!

— Enfant! me répondit le fils du baron Lokensneck; l'archevêque de Cologne ne voudra jamais donner asile à une union illégitime.

— Eh bien, qu'importe? ne trouverons-nous pas un coin de terre où nous puissions être ensemble et heureux? interrompis-je avec exaltation.

— Hélas! me répondit tristement mon ami, je n'ai de ressources que les produits de ma vidamie, et, si je fuis avec vous, le saint archevêque de Cologne me maudira.

Je fus atterée par cette déclaration et, sans le bras d'Eric qui me soutint, je me serais affaissée sous le poids de ma tristesse.

— Prenons courage, me dit-il, dans nos destinées; notre amour lassera la haîne de votre marâtre et vaincra la résistance du margrave; patience! le ciel ne peut abandonner deux cœurs qu'il anime du feu le plus sublime et le plus pur.

Nous reprîmes donc notre vie accoutumée et nous multipliâmes les entrevues secrètes, pendant lesquelles nos deux âmes se confondaient dans des voluptés communes.

III.

Ce fut à cette époque que je vis, pour la première fois, à la cour de mon père, un Italien qui se faisait appeler le comte Tély. Napolitain d'origine, il possédait, à un haut degré, l'astuce et l'hypocrisie qui caractérisent d'ordinaire les gens de ce pays. Aussi Eric me disait-il souvent :

— Défiez-vous de cet homme, Thuringe; quelque chose m'avertit que sa présence au milieu de nous vous sera fatale! car, qui dit Italien, dit mensonge; qui dit Napolitain, dit fausseté!...

Hélas! le cœur a parfois des pressentiments qui ne trompent jamais.

L'étranger affecta tout d'abord un luxe et une morgue extraordinaires; admis, dès son arrivée, dans l'intimité de ma marâtre, il devint l'âme de toutes les fêtes, le héros de toutes les réunions. Doué, il faut le reconnaître, d'un certain esprit naturel, d'une certaine élégance dans les manières et de quelque facilité dans le langage, il était empressé et aimable auprès des femmes, et plein d'insolence vis-à-vis des hommes.

Appuyé sur la bienveillance du margrave, protégé dans ses écarts par l'amitié de ma belle-mère, le comte Tély ne voyait aucune barrière à ses excentricités et à ses galanteries.

Je m'explique aujourd'hui les craintes et les paroles d'Eric; car, à tous les moyens de séduction que la nature avait placés dans l'esprit de l'Italien, dans ses manières élégantes, dans sa voix mielleuse, dans son caractère bizarre, dans son audace même, le Napolitain joignait les qualités physiques appropriées à son rôle et à son genre de vie! Grand, bien fait, le teint brun et les cheveux noirs, il ne regardait que pour fasciner, ne souriait que pour mordre et ne parlait que pour mentir! Oh! je vous le dis, cet homme était infâme, car il s'était fait le sbire de la vengeance, et l'instrument payé de la haine!

Bientôt il tourna contre moi tout l'arsenal de ses séductions; il m'entoura de prévenances, m'obséda de flatteries et me poursuivit avec une ténacité désespérante. Ma marâtre voulut aussi concourir à l'exécution de l'œuvre infernale qu'elle avait conçue : instruite de mon amour, elle avait résolu de le briser et de faire douter Eric de la pureté de mon âme et de la sainteté de ma religion. Elle se rapprocha de moi, me fit les avances les plus affectueuses et me nomma des noms les plus tendres :

— Si le ciel m'a refusé des enfants, me disait-elle en me serrant la main, c'est pour que je déverse sur toi tous les sentiments de mon cœur, que je t'entoure de sollicitude et de soins, que j'aplanisse sous tes pieds les aspérités de la vie, en un mot, que je sois ta mère et que tu oublies dans mon amour celle que le ciel t'a ravie.

Confiante et inexpérimentée, je crus à ces protestations! J'étais si heureuse de cette paix promise, de cette harmonie projetée, que j'oubliais en un instant toutes les horreurs de mon passé; d'ailleurs, cette réconciliation était pour moi d'un favorable augure; je ne voyais plus d'obstacles à mon union avec Eric, et dans ma joie naïve je rêvais encore à notre retraite de la vidamie de Cologne.

Je fis part à mon amant de tout ce qui se passait, désireuse de lui faire partager ma joie et mes espérances de bonheur.

— Ne vous fiez point à ma tante, me dit-il, elle vous caresse pour mieux vous dévorer!

Je fus anéantie de voir repoussées ainsi les illusions de mon cœur et s'évanouir les doux rêves dont il s'était bercé.

— Enfant! poursuivit Eric en me tenant dans ses bras; vous ne connaissez pas la haine! La haine ne se parjure jamais des serments terribles qu'elle fait: sans cesse elle veille au chevet de sa victime, la couve dans ses plaisirs, l'étreint dans ses embrassements..... et se souvient toujours! Oh! Thuringe, craignez, craignez votre marâtre; car, je vous le dis encore, elle vous caresse pour mieux vous dévorer.

— Quelles seraient donc ses intentions, quels seraient ses projets? répondis-je, épouvantée de l'air sinistre avec lequel Eric avait accompagné ses dernières paroles.

— Ce qu'elle veut? mais vous ne le voyez donc pas? s'écria le vidame en roulant dans ses orbites ses yeux hagards; ce qu'elle veut, c'est d'élever le comte Tély jusqu'au titre de mon rival, jusqu'au titre de votre époux! Elle veut vous pousser dans les bras de cet homme pour que ma vengeance...... Mais non; Thuringe, vous saurez éviter le piége tendu sous vos pas, vous n'aimerez pas cet Italien; oh! non, Thuringe, vous ne l'aimerez point, n'est-ce pas? je serai toujours votre Eric et votre amant adoré!....

— Mais je ne vous comprends pas, ami; lui répondis-je en pleurant, non de ma douleur propre, mais de sa souffrance, à lui; moi ne plus vous aimer! mais le puis-je? Ma raison égarée souscrirait ce pacte impossible, que mon cœur repousserait ce blasphème et cette impiété... moi ne plus vous aimer! mais qui donc voulez-vous que j'aime?...

Je fus interrompue par une voix qui fredonnait au dehors:

Souvent femme varie,
Bien fol est qui s'y fie!
Une femme souvent
N'est qu'une plume au vent!

La foudre, tombant entre nous deux, n'eût pas fait sur Eric un effet plus terrible.

Il venait de reconnaître la voix du comte Tély:

— Vous l'entendez, s'écria-t-il emporté par la colère, il trouve encore moyen de me railler, l'infâme!

— Mais vous vous trompez, ami, lui répondis-je en l'étreignant dans mes bras pour le calmer; sait-il si vous êtes ici? est-il initié à nos rendez-vous?

— C'est vrai, vous avez raison, répliqua-t-il en reprenant son air de tristesse; mais voyez-vous, Thuringe, quand on a au cœur un amour comme le mien, le doute est affreux et la crainte est mortelle! Tenez, il faut que je vous dise cela à vous qui êtes un autre moi-même: il passe parfois dans mon esprit des pensées bizarres et des idées étranges! Il me semble que si je vous voyais dans les bras d'un autre, mais que votre âme fût toujours mienne, que si vos lèvres s'appliquaient sur d'autres lèvres, mais en murmurant mon nom, eh bien! il me semble que je serais encore heureux! oh! ce sont là des folies, n'est-ce pas, Thuringe! mais c'est ainsi que je vous aime! c'est votre cœur, c'est votre innocence, ce sont vos dons du ciel que j'adore et non cette beauté fragile que le moindre hasard peut flétrir!..

Je m'étudiais à calmer les craintes de mon ami, j'appelais à mon aide les inspirations de mon cœur et, quoique plus tranquille en me quittant, Eric n'était pas toujours rassuré, non sur la possibilité de mon inconstance, mais sur les embûches dont mon inexpérience était entourée.

Fatals pressentiments, de quelle affreuse manière vous êtes-vous réalisés !

Les poursuites du comte Tély étaient repoussées par moi, vous le comprenez, avec dédain et mépris ; loin de se rebuter, il semblait puiser de nouvelles forces dans mes refus. Plusieurs fois, je fus sur le point de chercher, contre ses attaques, un refuge auprès de mon amant, et toujours, j'en fus retenue par la peur de compromettre une existence si chère. Hélas ! hélas ! pourquoi ai-je obéi à cette funeste appréhension ? Je ne pleurerais peut-être pas, aujourd'hui, loin de la tombe de mon ami !

Cependant, malgré l'horreur que m'inspirait l'Italien, j'étais assez souvent forcée de me trouver avec lui. Ma belle-mère qui, je vous l'ai dit, était revenue à moi, la bouche pleine de pardon et de paroles mielleuses, avait toujours avec elle son fidèle confident, et depuis notre simulacre de réconciliation, elle ne pouvait, disait-elle, vivre loin de ma présence. J'aurais voulu rompre ou du moins limiter ces entrevues familières, pour obéir à Eric ; mais à mon âge, avec la faiblesse et l'insouciance de cet âge lui-même, où trouver la force et le courage de repousser une main qui serre la nôtre, et résister aux prévenances d'une femme qui nous appelle sa fille et que nous nommons notre mère ! D'ailleurs appuyée sur mon amour, j'étais sûre de ne pas faiblir et de toujours écouter la voix de mon cœur.

Ma rencontre avec le comte Tély était donc à mes yeux sans danger, et déjà commençait à s'évanouir la crainte de quelques piéges et la sécurité à renaître en mon âme, quand les fatales appréhensions de mon amant se réalisèrent tout à coup.

Depuis quelque temps, j'avais pris l'habitude de m'enfermer une heure par jour dans la salle des Panoplies, pour m'initier aux mœurs et aux coutumes des anciens âges. Cette salle, située au rez-de-chaussée du palais, s'ouvrait sur une cour par deux larges fenêtres grillées, au niveau du sol, de telle sorte que, placé dans cette cour, on apercevait l'intérieur de la salle des Panoplies.

Un jour, comme je m'y étais rendue à l'heure accoutumée, je vis tout à coup une armure s'agiter et en sortir le comte Tély. Saisie d'épouvante et d'effroi, je voulus fuir, mais lui, se plaçant au-devant de la porte :

— Oh ! vous m'écouterez, me dit-il, car nous sommes seuls et vous êtes à moi !

J'allais me précipiter vers la fenêtre et appeler du secours, quand le monstre, devinant ma pensée, me prend dans ses bras et, appliquant ses lèvres sur ma bouche, étouffe mes cris et mon désespoir.

Au même instant, un cri sourd se fait entendre, et tant ma raison était alors égarée que je place dans ce cri mon espérance et mon salut.

Tout à coup l'Italien m'abandonne; demi-morte de peur, je m'affaisse et tombe sur un siége.

Des pas retentissent dans le corridor, je renais à ce bruit protecteur, mes membres chancelants refusent de me porter; mais je rouvre les yeux, le comte avait disparu; je crie et la porte ébranlée tombe sous les coups redoublés de mon amant.

— Eric, Eric, sauvez-moi, dis-je en me traînant jusqu'à lui.

Mais le vidame pâle, égaré, le regard incertain, se précipite dans la salle, méconnaît ma voix, frappe, renverse chaque armure pour y trouver son rival et, au milieu de ces monceaux dispersés de casques et de boucliers, il laisse échapper de ses dents crispées ces paroles formidables: *Oh! je me vengerai!*

Toujours étendue par terre, je levai la tête, mais je ne vis plus rien... Il était parti...

IV.

Après une scène aussi terrible, j'avais besoin de revoir Eric, non pour me disculper et le convaincre de mon innocence, je ne pouvais croire à un doute de sa part sur les sentiments de mon cœur, mais pour calmer sa colère, prévenir un malheur peut-être et retremper dans son sein mes forces et mon courage ébranlés. Vainement je le demandai aux gens du palais, j'interrogeai tous les échos, je parcourus les cours et les jardins, j'explorai chaque bosquet; nulle part je ne vis ni n'entendis mon amant.

Le reste du jour se passa ainsi, en recherches inutiles et dans des angoisses superflues. Le soir, j'espérais le trouver à sa place habituelle dans le salon du margrave; mais, vain espoir! sa place était vide. Eric ne parut pas.

Je ne savais que penser de cette absence, et j'étais si épouvantée que je voyais avec effroi l'approche de la nuit. De quels fantômes horribles allait se peupler la solitude de ma chambre! De quelles voix lamentables allait être rompu le silence de mon réduit! J'avais peur de me trouver seule en présence de mes souvenirs, je tremblais de m'enfermer tête-à-tête avec mon désespoir et mon inquiétude. Cependant il fallut regagner mes appartements; appuyée sur ma fidèle nourrice, je réunis toutes les forces qui me restaient, et me dirigeai vers l'aile du palais qui m'avait été assignée. J'avais l'intention de faire coucher ma compagne près de moi, afin que sa présence rassurât mes esprits troublés et éloignât les visions effrayantes que je prévoyais devoir m'assaillir.

Mais en entrant dans ma chambre, mes yeux s'arrêtèrent sur une lettre placée sur la table. Je la saisis; mon âme avait reconnue l'écriture d'Eric.

(*Ma narratrice tira de son sein une lettre maculée de baisers et de larmes, la porta religieusement à ses lèvres et poursuivit* :)

Cette lettre, je la lus et la relus, je la baisai mille fois dans des transports d'ivresse et la plaçai sur mon cœur, qu'elle n'a jamais quitté; car cette lettre, voyez-vous, est tout ce qui me reste d'Eric et de mon amour!

« J'ai besoin de vous voir, m'écrivait mon amant, éloignez tous vos domestiques; je viendrai à minuit vous trouver dans votre chambre. »

— Il viendra! m'écriai-je ivre de bonheur et de joie; ô mon Dieu! merci d'avoir eu pitié de mon pauvre cœur!

Et je tombai à genoux, pour rendre grâces au ciel de ma félicité.

Ma nourrice, à qui j'avais caché l'écrit que je venais de lire, ne pouvait s'expliquer un changement si rapide dans mes manières et dans mon langage. Cependant comme la métamorphose s'était opérée en faveur de ma tranquillité, elle consentit à me laisser seule et à rentrer chez elle, ainsi que je l'ordonnais.

J'avais encore par devers moi une heure d'attente; je ne savais comment employer ce temps qui me paraissait un siècle. Je pris et quittai vingt fois la même place; je ne pouvais tenir nulle part. Je voulus lire, et je demandais à mes poëtes favoris l'oubli momentané de mes préoccupations; mais à peine mes yeux avaient-ils parcouru quelques lignes, que mes pensées revenaient en foule et déroulaient à mon esprit les tableaux enchanteurs que, dans son ivresse, créait mon imagination amoureuse.

Ma tête était en feu, et, à mesure que l'heure promise approchait, je sentais redoubler les battements de mon cœur et tout mon sang refluer vers mon cerveau. Je voulus calmer cette chaleur ardente et rafraîchir mon front brûlant à la brise de la nuit.

J'ouvris ma fenêtre et je m'avançai sur le balcon.

De gros nuages aux flancs noirs remplissaient toute l'étendue du firmament: déjà commençaient à tomber quelques larges gouttes de pluie, et dans le lointain l'horizon était zébré de fréquents et rapides éclairs: un orage terrible se préparait.

Malgré l'espoir dont mon âme était remplie, malgré le ravissement dans lequel était plongé tout mon être, je ne pus comprimer un mouvement d'effroi en présence de ce bouleversement général de la nature. A mon âge on est naturellement superstitieuse! Il me semblait que seule, dans toute la création, je ne pouvais rester étrangère à la désolation qui se préparait, et, poussée par une crainte instinctive, je vis dans la colère du ciel les présages funestes de quelque nouveau malheur.

Enfin, l'horloge du palais annonça l'heure si vivement attendue.

Avec le premier coup de minuit j'entendis un léger sifflement; je reconnus Eric; radieuse, impatiente et ivre de bonheur, je me penchai sur la rampe du balcon et je vis à mes pieds s'agiter un corps, que mon cœur me dit être celui de mon amant; c'était lui, en effet, et avant que mon regard eût mesuré tous les dangers de cette ascension, je sentis sa main brûlante saisir la mienne et m'entraîner rapidement dans la chambre.

Le vidame était effrayant de pâleur: ses cheveux hérissés, ses yeux hagards, chacun de ses traits horriblement crispés, me glacèrent de terreur.

— Qu'avez-vous? lui dis-je, épouvantée de l'air sinistre que semblait prendre sa figure en me regardant.

— Oh! rien, moins que rien, me répondit-il avec un sourire joué et un regard oblique; la route périlleuse que j'ai prise pour arriver jusqu'à vous aura glacé mon sang, et le vent d'orage aura dérangé ma chevelure; voilà tout.

— Oh! non, vous êtes trop brave et trop courageux pour avoir peur... vous me trompez, Eric!

— Moi, vous tromper, Thuringe, moi, vous mentir... oh! vous ne le croyez pas...

— Non, vous ne me trompez pas, je le sais; non, vous ne mentez pas, je le vois; mais votre cœur généreux veut m'épargner ma part de ses peines...

— De quelles peines parlez-vous? interrompit-il, en continuant son sourire crispé; ne m'aimez-vous pas, Thuringe, et quelles peines peuvent se mêler à votre amour?

— Mais la scène d'aujourd'hui, mais le piége infernal tendu sous mes pas...

— Eh bien! répondit-il lentement et avec impassibilité; ne m'aimez-vous pas toujours?

J'étais épouvantée de cette espèce d'insensibilité et de torpeur; jamais Eric ne s'était ainsi montré à mes yeux! Son air sinistre qu'il s'efforçait, mais en vain, de déguiser, la décomposition de sa figure, son regard louche et menaçant, sa bouche contractée sous un sourire étrange, tout, enfin, me faisait frémir; mille idées confuses traversèrent mon esprit, et, au milieu de ce chaos inextricable de pensées, de craintes et de terreur, je crus que la raison de mon ami s'était égarée et perdue pendant la scène terrible dont il avait été le témoin dans la salle des Panoplies.

Voulant rappeler son intelligence par le souvenir de ce piége infâme, je prononçai en tremblant le nom du comte Tély.

— Eh bien? après? me répondit-il froidement.

— Quoi! vous ne vous rappelez plus la conduite de cet homme? vous avez oublié l'abîme où il a tenté aujourd'hui de m'entraîner?

— Je me souviens de tout et je n'ai rien oublié : le comte Tély n'a fait qu'user du droit que lui donne la société, celui de séduire les femmes.

— Mais il ne m'a pas séduite, m'écriai-je indignée de la pensée d'Éric ; il a voulu me surprendre et m'entraîner dans le gouffre. Quoi ! vous avez cru que j'avais été fascinée par ce monstre, que j'avais pu dans ses bras... Oh ! non, Eric, dites-moi que vous ne l'avez pas cru, dites-moi que vous n'avez point douté de mon amour, dites.....

— C'en est trop ! il faut que cette comédie finisse ! s'écria le vidame, en se levant et en me foudroyant de toute la colère de son regard ; ah ! vous voulez que je vous dise toute ma pensée, Thuringe, eh bien, je vous la dirai : mais c'est vous qui me forcez à rompre le silence, sachez-le, et c'est vous qui allez hâter les effets de ma vengeance.

A ces mots formidables je reculai épouvantée.

— N'ayez pas peur, me dit-il avec un sourire infernal, voyez, je suis sans armes, je ne veux pas descendre jusqu'à me faire votre assassin.

La terreur avait paralysé ma langue, je tombai à genoux :

— Oh ! vous avez rempli mon cœur de trop d'amertume et de fiel pour que le pardon y trouve place, Thuringe, et d'ailleurs, il n'est plus temps, car ma vengeance est consommée !

Je me traînais aux pieds de mon amant et j'embrassais ses genoux :

— Oh ! ma vengeance est bizarre, poursuivit-il en grinçant les dents de colère, j'en ai puisé les inspirations dans les lieux infernaux : je n'ai voulu ni de votre sang ni de celui du comte Tély, votre sang eût souillé ma main, et d'ailleurs le meurtre est une vengeance commune et qui ne pouvait aller à la hauteur de mon désespoir. J'ai pris la mort pour moi et vous ai réservé, à vous, les remords et la honte.

A cette déclaration funeste une révolution s'opéra en moi, je me levai, j'avais recouvré tout à la fois la force et la parole :

— Ah ! vous ne mourrez pas, Eric, cela est impossible, m'écriai-je en voulant l'étreindre dans mes bras comme pour le défendre contre la mort.

Mais lui, me repoussant durement et reprenant son sourire infernal :

— N'est-ce pas, me dit-il, que ma vengeance est étrange et bizarre ? n'est-ce pas, que vous étiez loin de vous attendre à ce que je vous rendisse ma vie, quand j'avais le droit de prendre la vôtre ?... oh ! mais, j'ai tout prévu, j'ai tout calculé... c'est ici, cette nuit même, dans une heure peut-être, que je vais mourir... et demain, quand vous aurez passé toute la nuit en face de mon cadavre, demain on dira, de par toute la principauté, que Thuringe, la fille prostituée du margrave de Bareith, recevait ses amants dans sa chambre, que le cadavre de l'un d'eux a été trouvé chez elle, et que l'on a vu au matin une échelle fixée à son balcon... Oh ! le comte Tély vous pardonnera en faveur de ma mort.

—Oh! grâce, Eric, écoutez-moi, grâce, grâce! m'écriai-je en fondant en larmes et en me traînant à ses genoux.

— Ah! j'oubliais, poursuivit-il avec plus de calme, mais sans prendre garde à mon désespoir; vous me devez de la reconnaissance; j'ai été généreux envers vous. Je pouvais laisser planer sur votre tête le soupçon de ma mort; j'en avais le pouvoir, je ne l'ai pas fait. Il m'a suffi de vous donner le titre de fille de joie et de femme perdue. Demain on trouvera chez moi un écrit où je déclare que je me suis empoisonné moi-même, et que je suis venu mourir dans les bras de ma maîtresse.

— Mais c'est une infamie et une lâcheté, m'écriai-je, oubliant un moment les préoccupations de mon cœur.

— C'est, en effet, une chose bien infâme et bien lâche, répondit-il avec son éternel sourire de damné, que de divulguer le secret de ses amours, je le sais, Thuringe; mais je sais aussi que cette infamie et cette lâcheté se purifient en passant par une tombe.

—Oh! flétrissez ma vie, brisez mon avenir, j'y consens; mais ne mourez pas, Eric. Vous, mourir... Oh! non, c'est trop affreux à penser... Et puis, voyez-vous, un jour vous reconnaîtrez mon innocence... et alors... oh! n'est-ce pas que vous consentez à vivre... Je vais appeler du secours. Que m'importe qu'on vous trouve dans ma chambre... Ai-je à rougir de mon amour... Ne suis-je pas fière d'être toute à vous... Oh! du secours, du secours!...

Pendant mes dernières paroles, Eric s'était approché de la porte, l'avait fermée à double tour et en avait retiré la clef.

— Je vous remercie, me dit-il en se dirigeant vers la fenêtre, de m'avoir rappelé une précaution que j'allais oublier. Vous auriez pu traîner mon cadavre derrière cette porte, et vous vanter demain que vous aviez résisté à mes instances et sauvegardé votre vertu!

— Eric! Eric!...

— Cette porte est maintenant bien fermée; pour l'ouvrir il faudrait faire du bruit, éveiller tous les gens du palais; car la clef, Thuringe, la clef n'est plus en votre pouvoir.

Et de sa main crispée il la lança par la fenêtre...

— Et maintenant, poursuivit-il en se rapprochant de moi, il ne vous restera plus qu'un moyen pour vous débarrasser de mon cadavre. Si je vous dis tout cela, Thuringe, c'est pour vous convaincre combien ma vengeance a été calculée, combien ma vengeance est certaine. Vous pourrez, cette nuit, jeter mon corps par la fenêtre comme je viens de jeter la clef. Mais quand mes dépouilles mortelles sentiront votre main sacrilége, quand elles entendront le bruit de votre souffle empesté, mon cadavre se dressera de toute sa hauteur, mon cadavre vous repoussera de toute sa force galvanique, car souvenez-vous, Thuringe, que je me venge d'au delà de la tombe.

J'étais folle de douleur et d'épouvante : ma raison égarée était impuissante à concevoir une pensée et s'était perdue au milieu du chaos qui avait envahi mon intelligence ; incapable d'apprécier mes actions, j'étais tombée aux pieds de mon amant, j'embrassais ses genoux ; je le touchais pour me convaincre que c'était bien lui qui me parlait ainsi ; je passais mes mains sur mes yeux comme pour en éloigner le voile que je croyais les obscurcir, et, dans mon délire, je prononçais au hasard des mots sans suite et entrecoupés de sanglots.

— Mais enfin, lui dis-je sans saisir les paroles exhalées de ma bouche, pour torturer ainsi une pauvre femme, vous devez être poussé par quelque monstrueuse rancune ? Que vous ai-je donc fait, Eric, oh ! que vous ai-je fait ?...

— Ce que vous m'avez fait ? me répondit-il en faisant contre moi un geste de mépris, vous osez me le demander, Thuringe ! je vous croyais moins impudente !... Mais peu importe ! vous m'avez habitué à ne jamais rien vous refuser, et ce ne sera pas au bord de la tombe que, pour la première fois, je repousserai une de vos prières. Ecoutez donc, puisque vous le voulez :

Tout à coup l'orage qui, depuis quelque temps, commençait à gronder, éclata alors dans toute sa fureur.

— Le ciel, poursuivit Eric, était jusqu'à tout à l'heure serein et tranquille comme mon cœur, et il a suffi d'un instant, pour que tous deux fussent horriblement bouleversés : le ciel par des nuages et mon cœur par votre infâme trahison. Etait-ce là, Thuringe, la récompense de mon amour ! Quand je faisais monter vers vous les plus saintes aspirations de mon âme ; quand je vous adorais à l'égal de ma mère, à l'égal de mon Dieu ; quand j'entourais votre front d'une auréole immortelle, quand enfin je ne prononçais votre nom qu'avec respect et admiration, vous, amante infidèle, vous traîniez, dans la fange d'un amour impur et clandestin, la religion de mon cœur et la sainteté de mes serments ! Oh ! soyez maudite, Thuringe, pour votre prostitution avec le comte Tély.

Le fils de Darius recouvra, dit-on, la parole pour défendre les jours de son père, menacés par le poignard d'un assassin ; de même je repris l'intégrité de ma raison à cette atteinte formelle, portée à mon innocence et à mon amour. Je me sentis animée d'une force inconnue et surnaturelle ; je quittai la posture de suppliante où je me trouvais, et, arrêtant les pleurs qui coulaient de mes yeux, je me plaçai debout en face de mon amant.

— Eric, lui dis-je, vous êtes libre de me torturer et de briser mon cœur ; vous êtes libre de vous vanter partout que je suis votre maîtresse, je n'en rougis pas ; mais vous n'êtes pas libre de profaner les choses qui me sont les plus saintes et les plus sacrées. Traînez mon corps dans la boue, mais respectez mon âme ! Je vous conteste le droit de l'injurier et de la maudire, car elle est chaste, belle et pure de toute trahison ! Instruite par la vôtre, elle n'a point appris à fausser ses serments et à changer de religion. Toujours vous avez été pour elle sa divinité favorite, et, je vous le dis hautement, jamais elle n'a apostasié son Dieu.

Mon accent et mes paroles portaient un tel cachet de vérité, qu'Eric parut ému.

— Mais ces rendez-vous, murmura-t-il lentement et en pâlissant, mais ces rendez-vous que vous donniez au comte Tély dans la salle des Panoplies ?

— Des rendez-vous, m'écriai-je indignée ; moi, des rendez-vous avec cet infâme Napolitain... mais vous avez pu croire cela, Eric ! avez-vous pu ajouter foi à de pareilles monstruosités ?...

— Cependant, aujourd'hui vous étiez dans ses bras... et s'il n'eût point été votre amant...

— Moi, dans ses bras, lui, mon amant... Mais vous voulez donc me faire mourir de rage et de honte ? Quoi ! cet affreux guet-apens était un rendez-vous !... Oh ! quand je me traînais à vos pieds en vous demandant protection et secours, vous n'avez pas reconnu le cri de mon innocence et de mon indignation ; vous n'avez pas deviné, à mes larmes, à ma voix, au frémissement de tout mon corps, que j'avais été surprise et souillée d'un contact empesté, vous n'avez pas vu... Mais je suis folle, Eric ! poursuivis-je en me précipitant sur lui, je m'évertue à combattre des choses que vous ne croyez pas. Oh ! dites-moi, Eric, que je suis encore votre amante adorée, votre Thuringe pure et bien-aimée...

Dans mon délire, je ne m'apercevais pas de la pâleur toujours croissante de mon amant ; les larmes voilaient mes yeux et le désespoir troublait ma raison ; je saisis sa main dans mes mains tremblantes, elle n'avait déjà plus la chaleur vivifiante de la vie.

— Du secours, du secours, m'écriai-je éperdue et en me précipitant vers la porte...

Eric me retint par le bras.

— Thuringe, me dit-il d'une voix faible, tout secours est désormais inutile, le poison a dévoré mes entrailles, je le sens ; aurai-je encore la force de vous sauver ?...

— Ah ! vous ne mourrez pas, Eric, cela est impossible...

— Oh ! je souffre, murmura-t-il sans s'arrêter à mon désespoir, il me semble à présent que vous êtes innocente... je voudrais fuir... soutenez-moi jusqu'au balcon...

Et, malgré mes faibles efforts, il essaya de se soulever.

— Là, il y a encore l'échelle...

Et il fit un pas.

Mais bientôt sa voix s'éteignit, et, au nouveau mouvement qu'il voulut faire, il tomba mort sur le parquet.

Je ne sais ce qui se passa depuis, mais le lendemain, quand on enfonça la porte, on me trouva sans mouvement à côté du cadavre d'Eric.

V.

La douleur ne tue pas, puisque je vis encore ! !

La mort d'Eric donna lieu à mille suppositions et à mille fables ; la plus terrible et la plus atroce fut, sans contredit, celle qu'inventa ma marâtre, pour me perdre à jamais dans l'esprit de mon père : elle prétendit que, depuis longtemps la maîtresse de son neveu, j'avais formé, depuis peu, des nœuds non moins criminels avec le comte Tély ; que, craignant de voir cette double intrigue découverte, et par suite épouvantée de la vengeance qu'en tirerait à coup sûr le vidame, j'avais exalté l'imagination ardente et passionnée de ce dernier, jusqu'à le faire consentir à un double suicide. La maîtresse perfide, disait-elle, promettait à sa victime des voluptés inouïes ; lui montrait la mort comme l'initiation fatale mais nécessaire à des amours éternelles et infinies, car leurs âmes devaient s'envoler ensemble au séjour immortel, sur les ailes du bonheur et du plaisir. Sa main elle-même a jeté le poison dans la coupe d'Eric, tandis que dans la sienne elle a versé une liqueur enivrante ; ce qui le prouve, ajoutait-elle dans ses commentaires, c'est la lettre trouvée chez le vidame : l'infortuné avait tant de loyauté au cœur et ajoutait tant de foi aux paroles de son indigne amante, que, ne pouvant cacher le lien qui l'unissait à elle, puisque les deux cadavres devaient se trouver dans les bras l'un de l'autre, il avait voulu sauver sa mémoire de la supposition d'un empoisonnement.

Cette fable, que le moindre examen eût réduite à néant, fut répandue et accueillie par les esprits frappés du terrible événement. Le margrave lui-même l'accepta comme vraie, et, n'écoutant que sa colère, ou plutôt que les suggestions de son épouse et les cris du père d'Eric, ce baron Lokensneck que vous avez vu ce soir chez madame Fornari, il dut me sacrifier sur l'autel de la haine et de la vengeance.

Livrée tout entière à mon désespoir, brisée sous le poids de ma douleur, j'ignorais seule l'accusation de ma marâtre : nul n'osait plus approcher d'une fille maudite, et nul n'osait franchir le seuil d'une empoisonneuse et d'une prostituée. Je ne me plaignais point de ma solitude, ma douleur était de celles qui ne veulent point de consolations. Je savourais mes larmes avec une espèce de délice et je mordais mon cœur avec volupté ! Je n'aurais voulu ni enlever un instant de mes jours à la souffrance, ni me priver d'une de mes nuits sans sommeil et si pleines de terreurs.

Cependant, un soir mes paupières fatiguées se fermèrent, ma tête alourdie s'affaissa, et mes membres appesantis refusèrent de me soutenir. Ma poitrine, comprimée par un bras de fer, se dilatait péniblement à une atmosphère trop chargée d'électricité, comme pendant les instants avant-coureurs d'un orage. Mon sommeil était trop lourd pour être naturel, on dut me faire prendre un philtre qui me plongea dans une léthargie profonde.

A mon réveil, je ne reconnus aucun des objets que j'avais l'habitude de voir le matin; la chambre où j'étais couchée était nue et délabrée : deux chaises, dont un reste de paille attestait l'antique splendeur; une table boiteuse dont l'équilibre avait besoin d'un support étranger; un lit vermoulu où chacun de mes mouvements produisait un craquement pénible, constituaient tout le confortable de cette chambre, où les fenêtres, garnies de papier, empêchaient la lumière de pénétrer, mais où en revanche le froid et la bise de la nuit avaient un libre accès.

Pendant quelque temps je me crus sous l'empire d'un cauchemar, mais enfin il fallut me rendre à la triste réalité, et alors, effrayée de ma solitude et de ma misère, je voulus appeler à mon secours : ma voix se glaça d'épouvante et ma main se perdit dans le vide, à l'inutile recherche d'une sonnette. Je promenai autour de moi un regard incertain, et, au milieu de mon trouble, je distinguai, sur la table, un papier cacheté : saisissant d'une main tremblante l'arrêt de ma destinée, je m'arrêtai pour garder un instant encore la douteuse espérance de mon cœur. Pressée enfin d'en finir avec cette incertitude poignante, je rompis le cachet avec courage. C'était le dernier coup que me portait ma marâtre, il couronnait dignement son œuvre implacable de haine.

Voici ce que contenait cette lettre :

« Dès aujourd'hui le margrave de Bareith n'a plus de fille; il ne pouvait donner plus longtemps ce nom à une femme perdue; il la chasse de sa principauté, et si jamais Thuringe tentait d'y rentrer, il l'en ferait sortir comme une aventurière et une prostituée.

» Cependant, pour subvenir à ses premiers besoins et l'engager à quitter sa vie de débauche, le margrave fait à Thuringe une pension annuelle de 100 florins, payable tous les mois et par douzièmes chez M. Worf, banquier à Nuremberg. »

Il était impossible d'envenimer le poignard dont on déchirait mon cœur avec un poison plus âcre et plus cruel : après la blessure venait la raillerie, après la raillerie une commisération insultante.

J'étais dans le plus complet dénûment, et pour rien au monde je n'aurais consenti à me présenter chez le banquier de mon père. Seule, sans guide, sans protecteur, au milieu d'une grande ville, je ne pus me décider à rester plus longtemps dans une chambre que je devais, peut-être, à la pitié de ma marâtre.

Je sortis, heureuse de mettre fin à une existence devenue à charge à tout le monde et pour toujours décolorée et flétrie.

Je marchai quelque temps au hasard, tantôt coudoyée par des piétons affairés, et tantôt arrêtée par la galanterie de ces désœuvrés dont fourmillent toutes les capitales.

Tout à coup, en traversant une place, mon regard se porta sur un homme... je crus me tromper, je l'examinai plus attentivement ; c'était le comte Tély.

Mon premier mouvement fut de fuir ; mais lui, m'ayant aperçue aussi, s'élança sur mes pas et me rejoignit bientôt :

— Vous ici ? me dit-il, et seule, qui plus est ! — Ah çà ! mais à quoi pense donc ce bon vieux margrave, que Dieu protége ?

Je reculai de dégoût et d'horreur.

— Ne craignez rien, reprit-il avec un sourire hideux, nous ne sommes pas ici dans une salle de Panoplies, et nous n'avons point à nos trousses un enragé de vidame... — Mais, à propos de vidame, continua-t-il en me barrant toujours le passage ; savez-vous que ce diable d'Éric m'a fait une peur effroyable ! Oh ! ma foi, quand j'ai vu la comédie tourner au tragique, je suis venu reprendre ma première profession, d'où votre marâtre m'avait tiré pour m'affubler de je ne sais quel titre de comte.

— Eh quoi, m'écriai-je, vous n'êtes pas...

— Pas plus noble que millionnaire.

— Quel est alors ce mystère?

— Il n'est pas exact de dire que je suis venu reprendre ma première profession, car, à proprement parler, je ne l'ai point quittée, j'ai seulement changé le théâtre où se développent mes talents. Depuis quelque temps les belles dames de Berlin venaient tous les soirs se pâmer aux accents pathétiques de ma voix et s'échauffer à la flamme de mon regard, quand ma colossale réputation sera probablement parvenue jusqu'au margrave votre père. Il me fit offrir 300 reichstalers par mois, si je voulais mettre mes heureuses dispositions à son service. Or, comme à Berlin je n'en gagnais que 50, et que d'ailleurs j'étais depuis longtemps fatigué de travailler pour le roi de Prusse, je partis en toute hâte. Je fus reçu par votre belle-mère qui, tout d'abord, me décora du titre de comte et m'ordonna ensuite de vous plaire et de vous séduire. Sauf mes appointements, rien n'était changé dans ma position, et je devais remplir au naturel l'emploi que je tenais tous les soirs, au figuré, devant la rampe de la scène.

— Il était comédien ! vous l'entendez, Éric ! m'écriai-je en levant les yeux au ciel.

Mon interlocuteur se méprit à cette exclamation, il regarda autour de lui et recula de quelques pas.

— Oh! vous avez même peur de l'ombre du vidame! lui dis-je avec mépris.

— Ah! ah! je commence à comprendre, me répondit-il en se rapprochant; Eric Lokensneck est mort, vous avez fui la principauté de votre père et vous vous trouvez à Nuremberg dénuée de toutes ressources... et c'est moi, misérable, qui suis cause de tous vos malheurs; mais je veux les réparer et vous offrir une position brillante et assurée.

— Vous, m'écriai-je avec dédain, vous, un vil comédien?

— Les injures prouvent ordinairement peu de chose, me répondit-il avec assurance; raisonnons froidement et sans nous emporter : mon séjour chez votre père m'ayant fait faire quelques économies, j'ai pris la résolution de retourner dans mon pays, et j'ai sollicité la direction du théâtre de *San Carlo*. Comme je ne doute pas de la réussite de ma demande, je cherche à composer ma troupe. Vous possédez une admirable voix de soprano, j'ai pu en juger par moi-même, voulez-vous accepter l'emploi de prima dona? vous aurez 200 thalers par mois, sans compter le casuel.

Je fus indignée de cette proposition :

— Vous êtes aussi infâme, lui dis-je, sous le titre de comédien que sous celui de comte. — Merci.

Et je me perdis au milieu des rues tortueuses de Nuremberg.

Pendant ma course précipitée, la Pregnitz s'offrit à moi. Heureuse de trouver enfin une tombe à ma misère, je me précipitai éperdue dans le fleuve.

Ma destinée n'était point encore accomplie, et la mort me repoussa de ses abîmes. Je fus retirée de l'eau et recueillie par une pauvre femme.

Quelque temps j'habitai avec elle, l'aidant de mon travail et payant son hospitalité par mes veilles. Mais bientôt ma protectrice me fut ravie, et, pour la seconde fois, la mort me laissa seule et sans soutien.

L'hiver était rude, les commandes manquaient aux nombreuses manufactures de Nuremberg, il me fut impossible de me procurer les moyens de soutenir mon existence.

Pauvre, déguenillée et la douleur dans l'âme, je quittai la capitale de la Bavière, et je marchai au hasard sur une route qui s'offrit à moi. Mais la première nuit de mon voyage, violette de froid et mourant de faim, je tombai inanimée au pied d'une borne.

Quand je revins à la vie, je me trouvai au milieu d'une troupe joyeuse, assise auprès d'un immense feu, alimenté de broussailles et de branchages secs des arbres de la forêt. Mes nouveaux compagnons étaient des Bohêmes qui s'acheminaient gaiement vers l'Italie.

Vous connaissez les mœurs de ce peuple nomade et voleur! M'ayant rencontrée sur leur chemin, ils m'avaient enlevée, et, comme une prise de guerre, ils me condamnèrent à tout ce que voulurent leurs caprices ou les besoins de leurs rapines ; je fus incorporée dans la troupe chantante, destinée à exploiter les cafés et les établissements publics.

Nous arrivâmes jusqu'à Milan où, un jour, le chef de la bande me fit appeler et me dit :

— Ma fille, il faut nous séparer malgré l'attachement que je te portais, et malgré l'amitié dont t'entourait ma famille. On m'a offert pour toi une place brillante au théâtre de la Scala, et, dans ton intérêt, je n'ai point hésité à l'accepter. J'ai signé en ton nom un engagement d'un an sur cette scène ; va, ma fille, et reçois en me quittant le plus beau des patrimoines, ma bénédiction et les vœux de mon cœur.

Le bohême m'avait vendue, et avait gardé pour lui le prix de ma liberté.

Je débutai donc au théâtre de la Scala où je fus accueillie avec la plus chaleureuse admiration. Mon cœur, s'il avait pu donner accès aux consolations, eût été soulagé par ce triomphe et ces succès ; mais, loin de me laisser enivrer par la victoire, je sentis plus vivement encore toute l'étendue de mes malheurs. Je me condamnai à une solitude profonde, où, sans témoins, je dévorais à mon aise l'amertume de mes larmes et de mes souvenirs.

Mon directeur, homme compatissant et généreux, plein de reconnaissance pour un talent qui lui procurait la fortune, oublia les avances faites au bohême, et me donna des appointements en rapport avec les recettes qu'il encaissait tous les soirs. Il espérait par là me retenir à son théâtre.

Mais moi, j'avais hâte de fuir une ville témoin de mes anciennes misères, et, d'ailleurs, craignant toujours quelque nouveau coup de ma marâtre, je voulais m'éloigner, autant que possible, de la principauté de mon père.

Peu à peu j'avais pris goût au théâtre et, au milieu de mon triomphe, je rêvais une gloire plus grande ; je résolus d'aller demander à Paris la consécration de ma renommée.

Mon engagement avec la Scala étant expiré, j'ai quitté Milan pour venir m'embarquer à Gênes, ne voulant point traverser une partie de l'Allemagne pour me rendre à Paris.

Plus que jamais j'ai hâte, aujourd'hui, d'atteindre la France, car je suis, sans doute, poursuivie par le frère de ma marâtre, le baron Lokensneck, le père du malheureux Eric.

Et maintenant que vous pouvez apprécier toutes mes craintes, partons, fuyons au plus vite.

VI.

Épilogue.

Le soleil était depuis longtemps à l'horizon, quand la fille du margrave cessa de parler; je sentais en mon cœur une immense pitié pour tant d'infortune, et je me promis d'employer toutes mes forces à la préserver désormais du contact de la douleur.

Pour me conformer à ses désirs, je fis à la hâte les préparatifs du départ, et je dus la quitter un instant pour faire quelques visites indispensables d'adieu.

A mon retour, quel ne fut pas mon étonnement..... ma chambre était grandement ouverte et Thuringe y causait familièrement avec le baron Lokensneck. Au bruit que je fis en entrant, la fille du margrave s'avança vers moi et, me tendant la main avec un sourire céleste :

— Je n'ai pas voulu partir, me dit-elle, sans vous remercier encore de votre loyale et franche hospitalité et sans vous dire un dernier adieu.

L'étonnement produit par ce que je voyais et par ce que j'entendais, était si profondément gravé sur ma figure que je me crus dispensé de répondre. D'ailleurs cet adieu de Thuringe avait glacé mon cœur, où était née une douce espérance! et eût peut-être fait expirer la parole sur mes lèvres.

L'*amante-veuve* d'Eric, ignorante du sentiment qui me dominait, rattacha mon trouble à la présence de l'Allemand qui, ne comprenant point l'italien, restait étranger à la conversation et tenait ses yeux constamment fixés sur moi :

— Le baron Lokensneck, poursuivit-elle sans cesser de tenir ma main dans les siennes, après avoir parcouru tous les hôtels de Gênes, a pensé me trouver chez vous, avec qui j'avais quitté hier la villa de madame Fornari. Sa mission, loin de m'être hostile, m'apporte au contraire la consolation et la paix. Ma marâtre n'est plus ; bourrelée de remords sur le bord de la tombe, elle a confessé sa conduite, a proclamé mon innocence et a fait promettre à mon père de me réintégrer dans mes droits et de me rendre toute son affection.

Malgré mon désappointement, je me réjouis de cette issue heureuse et je remerciai Dieu d'avoir mis un terme à tant de souffrances physiques et morales.

— Je retourne dans la principauté de mon père, poursuivit Thuringe, où je pourrai enfin pleurer sur la tombe d'Eric.

Je hasardai de balbutier quelques paroles, mais je dus céder à l'émotion qui me dominait :

— Oubliez la Chiara Gualdi, la prima dona de la Scala, me dit la jeune femme avec une voix pleine de tristesse; et si jamais vous venez en Allemagne, souvenez-vous que vous y avez une amie dévouée dans Thuringe, la fille du margrave de Bareith.

Et je sentis une larme couler sur ma main.

— Adieu, ajouta-t-elle en détournant la tête comme pour me cacher sa douleur; que votre amitié me suive dans ma retraite ! ! !

Poussé par une force inconnue, je m'emparai d'une de ses mains, que je couvris de baisers.

Après un moment de solennel silence, elle se dégagea de mon étreinte et, prenant le bras du baron Lokensneck, elle s'éloigna lentement et en comprimant les sanglots qui la suffoquaient.

Quelques heures après cette scène, je m'embarquais seul pour Marseille.

. . . .
. . . .
. . . .

Un an après mon retour à Paris, c'est-à-dire en 1846, le hasard fit tomber entre mes mains l'*Almanach royal de Gotha*, ce compendium de tous les *principicules* d'Allemagne, et je vis que Thuringe, la fille du margrave de Bareith, avait épousé un membre de la maison d'Autriche.

J'ai su, depuis cette époque, que ce mariage avait été le résultat de hautes considérations politiques.

Paris. — Imprimerie de L. Martinet, rue Mignon, 2.

L'ART DU DENTISTE.

L'ART DU DENTISTE, arrivé à un certain degré de perfection, resta longtemps stationnaire, dans la croyance où furent les praticiens qu'il n'y avait plus rien à faire pour le perfectionner. William Rogers a détruit cette erreur en nous montrant tous les ans quelque nouvelle découverte pour son amélioration. D'abord, ce sont ses *dents osanores* posées sans crochets ni ligatures, et sans extraction des racines, particulièrement recommandées pour leur légèreté dans la bouche aux vieillards ou personnes dont la bouche irritable ne pourrait supporter une forte pression ou tension, soit de ressorts, de plaques ou de crochets. Après de nombreux essais plus ou moins fructueux, *William Rogers* parvint à donner à ses dents une plus grande transparence, jointe à une solidité à toute épreuve, et sous le nom de *dents osanores indestructibles*, nous fit voir le chef-d'œuvre de l'art dentaire ; ces mêmes dents fabriquées aujourd'hui à la mécanique, avec une promptitude et une précision sans égale, sont néanmoins d'un prix très modéré. *William Rogers* n'a pas été moins heureux dans les recherches qu'il a faites pour les autres branches de son art ; *son ciment pour plomber ses dents soi-même* est encore une invention précieuse et à la portée de tout le monde par la modicité du prix. Ce *ciment* ou *émail inaltérable* s'applique facilement et sans douleur, adhère à la dent, en devient à l'instant même partie, et fait disparaître toute trace de carie ; *son eau Rogers, pour embaumer les dents* quand elles sont trop douloureuses pour être plombées, est encore un de ces secrets bienfaiteurs qu'on ne saurait trop apprécier. Chaque flacon de ces deux articles se vend 3 fr. chez l'inventeur, 270, rue saint-Honoré, et chez les principaux pharmaciens.

Nous venons de parler des différentes améliorations apportées par *William Rogers* dans la pratique de son art ; il nous reste à parler des *ouvrages remarquables* dont il a doté la *science dentaire* pour le développement de ses théories. D'abord son *Encyclopédie* du dentiste, récapitulation des pratiques employées par les anciens dentistes, et des différentes phases de progrès obtenus dans l'art dentaire, depuis son origine jusqu'à nos jours. Prix, 7 fr. 50 c.

Dictionnaire des sciences dentaires, publié dernièrement par *William Rogers*, le plus étendu et le plus complet des ouvrages écrits pour sa profession. Cet ouvrage est un résumé, non seulement des doctrines de l'auteur, mais encore de tous les perfectionnements apportés dans l'odontotechnie ; c'est le divulgué détaillé de la fabrication des dents artificielles jusqu'à la découverte des osanores et des différentes améliorations apportées dans ces dernières par l'inventeur, Prix, 10 fr, Nous devons encore à *William Rogers* plusieurs ouvrages utiles et d'un mérite incontestable, que l'on peut se procurer chez lui, rue Saint-Honoré, 270, à Paris.

(Extrait de l'*Annuaire médical.*)

Paris. — Imprimerie de L. MARTINET, rue Mignon, 2.

L'ŒIL-DE-BŒUF

DES THÉATRES

PAR

FÉLIX ROUBAUD.

Sixième Livraison.

VAUDEVILLE.

A PARIS
CHEZ JONAS-LAVATER, ÉDITEUR,
43, RUE VIVIENNE;
ET A LA PAPETERIE DE PARIS, NERAUDAU,
16 ET 18, RUE DES FOSSÉS-MONTMARTRE.

THÉATRE DU VAUDEVILLE.

Le Vaudeville, que l'on a nommé, à si juste titre, la Comédie bourgeoise, prit naissance au moment où la bourgeoisie arrivait au pouvoir; le théâtre est, plus qu'on ne pense, le miroir fidèle de la société.

La salle dans laquelle s'établit le nouveau genre était rue de Chartres, et bâtie en 1792 sur l'emplacement du Wauxhall d'hiver.

Ce théâtre, à son origine, eut pour directeur Barré, qui s'était adjoint, comme administrateurs, Monnier, Chambon, Rozières et de Piis.

Cette première période de l'histoire du Vaudeville est marquée, soit du côté des auteurs, soit du côté des artistes qui s'adonnèrent à ce genre, par des noms restés chers au souvenir de tous les amis de la gaieté française; parmi les premiers, on trouve : De Piis, Barré, Radet-Desfontaines, les deux Ségur, Prévost-d'Iray, Desprez, Bourgeuil, Davrigny, etc. Au nombre des acteurs on remarque : Vertpré, Rozières, Duchaume, Henri, Chapelle, Arlequin, Seveste, mesdames Duchaume, Blosseville, Cléricourt, Bodin, Sara Lescaut, etc., etc.

L'empire déteignit sur le Vaudeville sa littérature bâtarde et fut, pour ce genre de spectacle, le point de départ d'une seconde période, pendant laquelle brillent des noms tout aussi connus que ceux de la première. Les auteurs de cette seconde époque sont : Étienne, Bouilly, Dieulafoy, Désaugiers, Francis, Rougemont, Dumersan, Brazier, Théaulon, Dupaty, Merle, De Jouy, etc. Parmi les artistes on cite mademoiselle Belmont, qui fit courir tout Paris dans *Fanchon la Vielleuse*; mesdames Hervey, Desmarres, mademoiselle Rivière, etc.; les acteurs : Hippolyte, Fontenay, Joly, Philippe, etc.

Barré resta directeur du théâtre de la rue de Chartres jusqu'en 1816. A cette époque, Désaugiers fut désigné pour lui succéder, et ce fut sous la direction du gai chansonnier que M. Scribe fit ses premières armes, ayant pour interprètes Gonthier et madame Perrin.

Une entreprise s'étant formée en 1820, sous les auspices de madame De Berri (voir l'historique du Gymnase), le théâtre du Vaudeville entra dans une période malheureuse, qui n'est pas même encore finie de nos jours.

Après un an de procès et de querelles, Désaugiers reprit le sceptre directorial, qu'il avait abandonné à M. Bérard, et le conserva jusqu'à sa mort, arrivée le 9 août 1827.

MM. De Guerchy et Bernard-Léon succédèrent à Désaugiers; mais après deux ans d'une malheureuse exploitation, ils furent eux-mêmes remplacés par M. Étienne Arago.

La révolution de 1830 donna à la salle de la rue de Chartres le titre de *Théâtre National*, et y introduisit le drame, avec Volnys et madame Albert.

Cependant le Vaudeville y conserva des interprètes aimés du public : Arnal, Lafont, les deux Lepeintre, Émile Taigny, mesdames Dussert, Doche, Thénard, Guillemin, Brohan, etc., suffisent d'être nommés.

Le 18 juillet 1838, le feu consuma le théâtre de la rue de Chartres. M. Étienne Arago, qui avait eu tour à tour pour associés MM. Bouffé, Caussade, Lauray, Dulac, Villevieille et Dutacq, transporta, avec ce dernier, ses pénates au boulevard Bonne-Nouvelle, dans un local occupé par le café-spectacle.

M. Trubert avait recueilli l'héritage de M. Étienne Arago. En 1841 il abandonna la petite salle du boulevard Bonne-Nouvelle et alla s'établir place de la Bourse, où sont encore ses successeurs.

Le théâtre de la place de la Bourse accueillait un genre qu'il avait déjà abrité; bâti en 1826, par M. de Guerchy, il prit d'abord le titre de *Théâtre des nouveautés* et s'ouvrit le 1er mars 1827, sous la direction de M. Bernard, qui céda bientôt cette entreprise à MM. Langlois et Crosnier. Malgré les talents réunis de Potier, de Bouffé, de Philippe, de Lafont, de mesdames Albert et Déjazet, ce malheureux théâtre ne put éviter une ruine rapide, et fut fermé le 15 février 1832. Au mois de septembre de la même année, l'Opéra-Comique, ainsi que nous l'avons dit dans la notice de ce théâtre, s'y installa, en attendant que la salle Favart lui offrît un asile digne de lui.

Depuis 1841, époque à laquelle le Vaudeville fut transporté place de la Bourse, nous avons vu une foule de directions succéder à M. Trubert. Aujourd'hui le sceptre directorial appartient à MM. Paul-Ernest et Bouffé, qui cherchent dans la politique (nous ne disons pas qui trouvent) une mine féconde de succès.

VAUDEVILLE.

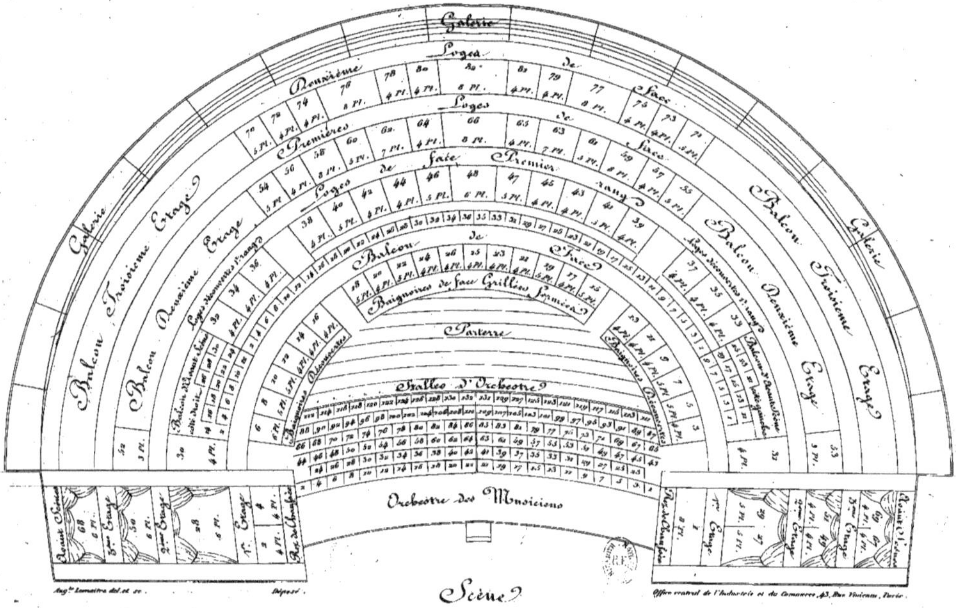

Augte Lemaître del. et sc. Déposé. Office central de l'Industrie et du Commerce, 43, Rue Vivienne, Paris.

Jonas-Lavater, Éditeur.

THÉATRE DU VAUDEVILLE.

Administration.

Directeurs.	MM. Paul-Ernest et Bouffé.
Régisseur général. . . .	Ludovic.
Secrétaire.	Lecourt.
Inspecteur général . . .	Ballard.
Caissier	Magnol.
Chef d'orchestre	Montaubry.
Sous-chef d'orchestre. .	Bernardin.
Contrôleur en chef. . .	Barthe.
Sous-régisseur	Camiade.
Préposée à la location. .	Mme Fassiaty.
Souffleur	M. Léon.

Artistes.

Les artistes sont placés par ordre alphabétique.

MM.	Ambroise.	MM.	Léonce.	Mmes	Clary.
	Arnal.		Ludovic.		Constance.
	Ballard.		Luguet.		Delille.
	Camiade.		Plumkett.		Doche.
	Delannoy.		Schey.		Jeanne.
	Delvil.		Taigny (Émile).		Octave.
	Desbiron.	Mmes	Albert.		Paul-Ernest.
	Dominique.		Anouba.		Pazza.
	Duchâtel.		Bader (C.).		Renaud.
	Félix.		Belmont.		Thénard.
	Henri-Alix.		Châteaufort.		Valentin.
	Lagrange.		Cico.		Viette.
	Lecourt.		Clarisse.		

THÉATRE DU VAUDEVILLE.

Prix des places.

	Bureau.		Location.	
Avant-scènes du rez-de-chaussée	6	»	7	50
Avant-scènes de balcon, 1er rang	6	»	7	»
Loges découvertes d'avant-scènes, 1er rang Stalles d'orchestre Stalles de balcon d'avant-scènes Loges de face, 1er rang Loges découvertes, 1er rang Baignoires grillées de face (fermées) Avant-scènes des premières, 2e rang	5	»	6	»
Stalles de balcon de face Baignoires découvertes de côté	4	»	5	»
Loges d'avant-scènes découvertes, 2e rang Premières loges de face, 2e rang	3	»	4	»
Avant-scènes des troisièmes Secondes loges de face, 3e rang	2	»	3	»
Balcon Parterre	2	»	»	»
Troisième balcon	1	50	»	»
Deuxième galerie	1	»	»	»

Paris. — Imprimerie de L. MARTINET, rue Mignon, 2.

UN AMOUR IMPOSSIBLE.

I.

Un des types qui m'ont le plus frappé dans le cours de mes études sur les femmes de théâtre est, sans contredit, celui que présente mademoiselle Maupin. Cette actrice, qui avait atteint l'apogée de sa gloire dans les premières années du XVIIIe siècle, *était*, dit un auteur du temps, *un des plus beaux bas-dessus qu'on eût entendus jusqu'alors.* Cependant elle se recommande à la postérité moins par sa voix et ses talents, que par l'excentricité de son caractère et de sa manière de vivre. Elevée dans les exercices d'une académie, dressée de bonne heure à supporter les fatigues du corps, elle avait un goût décidé pour les armes, et s'adonnait volontiers aux plaisirs et aux habitudes des hommes. L'escrime, les chevaux, la chasse étaient ses distractions ordinaires; et, comme si les habits de son sexe eussent été par trop ridicules avec de pareilles occupations, la Maupin les échangeait contre les nôtres, et harmonisait ainsi ses façons d'agir et son costume d'emprunt. Sa vie est parsemée de mille aventures où la témérité le dispute au courage, et il n'est pas rare de la voir, flamberge au vent, sous le prétexte le plus frivole: « Un acteur de l'Opéra, nommé Dumesnil, rapporte un auteur de l'époque, ayant insulté la Maupin, elle l'attendit un soir, vêtue en cavalier, dans la place des Victoires, et voulut lui faire mettre l'épée à la main. Sur son refus elle lui donna des coups de canne, et lui prit sa montre et sa tabatière. Dumesnil s'avisa le lendemain de conter son aventure à l'Opéra; mais il la déguisa entièrement: il dit que trois voleurs étaient tombés sur lui; qu'il s'était défendu contre eux pendant quelque temps; mais que, malgré sa résistance, ils avaient emporté sa montre et sa tabatière. — Tu mens impudemment, lui dit la Maupin qui l'écoutait; tu n'as été attaqué que par une seule personne, et cette personne c'est moi; en voici la preuve. Elle tira en même temps la montre et la tabatière, qu'elle lui rendit en le traitant de lâche et de poltron. Dumesnil ne s'arrêta pas à contester et se retira prudemment. »

Cependant ces mœurs cavalières, ces goûts de virilité n'avaient en rien altéré l'exquise sensibilité dont les femmes sont ordinairement douées et dont l'âme de la Maupin avait été richement dotée ; les sentiments les plus nobles et les plus délicats, les pensées les plus frivoles et les plus fugitives se cachaient sous ses apparences rudes et fanfaronnes. Il était curieux de lui voir déposer avec ses habits d'homme ses goûts pour les armes et les chevaux, reprendre la douceur, les affections de la femme avec le costume de son sexe, et passer subitement, presque sans transition, des exercices les plus périlleux et les plus fatigants à la vie la plus molle et la plus paisible.

Son éducation virile, loin d'avoir porté atteinte aux charmes de son corps, y avait au contraire développé des grâces infinies ; ses membres et son buste avaient acquis un accroissement remarquable sans préjudice aucun de sa taille, qui était souple et bien prise, et de ses mouvements, qui étaient vifs et faciles ; sa figure, sans être d'une régularité parfaite de lignes, était belle cependant et recevait de ses deux grands yeux noirs une expression magique de force et de douceur, de vivacité et de mélancolie. On devinait sans peine, en la voyant, les qualités ineffables de son âme et l'excentricité de son caractère.

Ce fut sans doute pour obéir aux exigences de ce caractère aventureux qu'elle se rendit un soir à un bal que donnait au Palais-Royal Monsieur, frère unique du roi. Laissons encore ici parler un instant le chroniqueur : « Étant déguisée en homme, selon sa coutume, dit-il, et ayant tenu des propos indécents à une dame, trois amis de cette dame, voulant punir cette insolence, tirèrent à part le feint cavalier, et le firent descendre dans la place. La Maupin ne se fit pas prier pour sortir. Elle mit l'épée à la main et blessa ses trois adversaires. Quelques jours après, Monsieur lui obtint sa grâce. » Dans ce récit il y a évidemment une lacune : l'historien a omis de nous faire connaître les motifs ou les personnes qui intercédèrent en faveur de la chanteuse ; je vais suppléer à ce silence.

Le lendemain de cette affaire, François de Favart, capitaine des gardes, se présenta chez elle, avec un ordre du roi pour la conduire à la Bastille. L'étonnement de la Maupin fut grand à ce coup imprévu ; elle ne put le manifester que par quelques paroles entrecoupées :

— Cela est impossible, dit-elle, je ne puis aller à la Bastille, monsieur le capitaine.

— Certainement, madame, répondit l'émissaire, la peine est bien rigoureuse, mais je ne puis rien changer à l'ordre qui m'a été donné.

L'actrice, à ces mots pleins de bonté, se remit de son trouble, et poursuivit :

— Ce châtiment, monsieur, est proportionné au crime, car j'ai formellement manqué à l'ordonnance de Sa Majesté sur le duel ; mais Sa Majesté n'a aucun droit sur moi, comme fille de l'Opéra.

L'actrice avait raison. Un des anciens priviléges de l'Opéra, éformé par Louis XVI au commencement de son règne, était de soustraire la jeunesse libertine à l'autorité paternelle et aux recherches de la police ; un engagement à l'Opéra mettait une femme à l'abri des lois.

— Il se peut, répondit le capitaine en souriant, que Sa Majesté n'ait aucun droit sur vous, mais il me semble cependant que le roi, régulateur de tout, a le pouvoir de changer un règlement de la bonté duquel il est seul juge.

— Eh bien! nous verrons alors si Sa Majesté osera porter la main sur un de nos plus beaux priviléges.

— En attendant, madame, que cette question soit résolue, l me faut exécuter les ordres que j'ai reçus. Je suis au désespoir de vous ordonner de me suivre.

— Et moi, monsieur, je suis on ne peut plus fâchée de ne pouvoir vous obéir. Je ferai tout ce qui est en mon pouvoir pour ne pas laisser établir un pareil précédent.

— Vous me mettrez alors dans l'obligation d'employer la force, et, bien qu'il répugne à ma galanterie et à ma délicatesse d'user de ce moyen extrême, j'en trouverai la justification dans votre résistance et vos refus.

La Maupin, convaincue de la puissance de cet argument quelque peu brutal, accepta la défaite de ce côté, et chercha à être plus heureuse d'un autre. Elle avait deviné dans le court entretien qu'elle venait d'avoir avec le capitaine combien l'âme de François de Favart était remplie de noblesse et de sentiments généreux ; la sienne, comme nous l'avons dit, n'était pas moins richement dotée ; elle espéra donc trouver de l'écho dans celle du capitaine, si elle faisait valoir auprès de lui quelque affaire de cœur, et si elle faisait vibrer à ses oreilles les accents douloureux de la sensibilité. Changeant aussitôt de tactique, elle se leva brusquement, comme pour se mettre sur la défensive, et prenant un ton résolu :

— Il m'est tout à fait impossible de vous suivre, monsieur. Allez prévenir le roi de ma désobéissance.

— Mes ordres sont formels, madame ; j'ai le droit d'employer la force en cas de résistance.

— Oh! vous ne le ferez pas, monsieur...

— Je vous demande pardon, madame : le roi seul a la responsabilité de mes actes.

— Mais vous m'accorderez un délai de quelques heures?

— Impossible.

— Tantôt, poursuivit la Maupin en radoucissant sa voix et en donnant à sa figure une expression de mélancolique prière, je vous engageais à aller porter au roi mes refus et ma résistance, pour profiter de ce sursis en mettant votre responsabilité à l'abri ; mais maintenant je vous demande en grâce d'obtempérer à ma demande.

— Sans doute pour vous soustraire pendant ce temps à la justice de Sa Majesté.

— Non, monsieur le capitaine, vous pourrez vous-même surveiller toutes mes démarches et me garder à vue.

— Vous avez sans doute à cœur quelque affaire grave, comme par exemple une intrigue, un passe-temps de théâtre, répondit de Favart avec un sourire ironique.

— Ah ! ne raillez pas, monsieur ; le motif qui me fait implorer un sursis doit être sacré pour toute âme noble et sensible.

— Tout ceci est fort attendrissant, répliqua le capitaine sans cesser de sourire ; mais je ne puis changer les ordres de Sa Majesté.

L'actrice réfléchit un instant. Elle pensa sans doute que les détours étaient inutiles et qu'il serait plus avantageux d'aborder franchement la question. Elle se rapprocha du capitaine et lui dit en le regardant fixement :

— Êtes-vous amoureux, monsieur ?

A cette question insolite et faite à brûle-pourpoint, de Favart se trouva interdit et ne sut que répondre. Le plus profond silence succéda à cette interpellation étrange, pendant lequel la Maupin ne cessa d'interroger le regard de son importun visiteur. Celui-ci, fasciné pour ainsi dire sous les yeux étincelants de la chanteuse, se remettait avec peine de sa surprise ; cependant la conscience de ce qui se passait lui revint peu à peu, et promenant à son tour un regard scrutateur sur la comédienne :

— Pourquoi, dit-il lentement, me faites-vous une pareille question ?

— Parce que vous comprendriez alors les motifs qui me font vous demander un délai de quelques heures.

Le capitaine, qui s'était tout à fait remis de son étonnement, reprit son sourire moqueur et répondit :

— Je ne m'étais point trompé, quelque méchante intrigue de coulisse...

— Oh ! monsieur, interrompit violemment la chanteuse, ne profanez pas, sous un nom infâme, le sentiment le plus noble et le plus pur qui existe. Vous croyez, comme tout le monde, que le cœur d'une comédienne est à jamais fermé aux affections tendres et désintéressées, et que son âme ne peut donner accès à l'amour qui nous élève et nous égale à Dieu... Détrompez-vous, monsieur, j'aime et je suis aimée, et c'est au nom de cet amour que j'implore la grâce d'un sursis.

— Mais, madame, répondit le capitaine un peu troublé par cette confession.

— Ah ! si votre cœur, interrompit vivement la Maupin, a eu de ces saintes et sublimes inspirations ; si jamais votre regard s'est abaissé devant celui d'une femme ; si jamais votre voix a tremblé d'émotion ; si jamais tout votre être a tressailli sous le contact d'une femme aimée; si, en un mot, jamais votre âme a entendu le langage magique et divin de l'amour, vous aurez pitié de moi, et me laisserez donner un dernier baiser à l'idole de ma vie.

Et elle se jeta aux genoux du capitaine, en couvrant ses mains de caresses et de larmes.

De Favart était visiblement ému. Les paroles de la Maupin avaient touché la fibre sensible de son cœur; il ne pouvait rester froid devant ce genre de douleur dont lui-même en ce moment ressentait les atteintes. Il releva la comédienne, et, l'amenant sur un canapé, il s'y assit auprès d'elle.

— Madame, lui dit-il après un moment de silence, je donnerais tout au monde pour vous accorder ce que vous me demandez, mais puis-je sans péril manquer aux ordres de Sa Majesté?

— Et qu'importe au roi, répondit tristement l'actrice, qu'une pauvre femme comme moi ne soit que dans quelques heures à la Bastille? Ce retard ne peut porter atteinte ni à sa gloire ni à son bonheur, tandis que pour moi, voyez-vous, monsieur, c'est la vie. Ah! comprenez-vous quelles seront les pensées terribles qui traverseront l'esprit de mon amant, alors qu'il viendra au rendez-vous donné? Savez-vous ce qu'il dira peut-être? Oh! je frissonne rien que d'y penser? Il dira que je suis infidèle, et que j'ai manqué à notre foi jurée. Savez-vous où peut le pousser ce désespoir? Ah! si jamais vous avez souffert à attendre votre bien-aimée; si vous connaissez les tortures d'un doute affreux, pitié, pitié pour lui et pour moi! le ciel vous en récompensera.

Le capitaine était complétement gagné à la cause de la Maupin; son âme avait un écho pour cette souffrance, tant il est vrai que l'amour unit tous les cœurs par une chaîne sympathique que rien ne peut rompre.

— Eh bien! soit, lui dit-il tout à coup, je prends sur ma responsabilité de différer l'exécution de l'ordre que j'ai reçu; mais il faut que vous me promettiez, madame, de ne pas vous soustraire au coup qui vous frappe. Votre fuite compromettrait un homme qui se dévoue pour vous.

— Oh! merci, monsieur, s'écria la Maupin, en embrassant avec effusion le capitaine; je ne serai pas indigne de l'attachement que vous me montrez, et je jure de ne pas sortir de cette chambre avant votre retour.

Le capitaine des gardes se leva et laissa la chanteuse encore tout émue de la scène qui venait de se passer.

II.

De Favart eût hâte de mettre sa responsabilité à couvert ; mademoiselle Maupin n'étant point connue du gouverneur de la Bastille, il constitua prisonnière une de ces malheureuses femmes qui aliènent pour de l'argent jusqu'à leur liberté. Il savait que sa ruse n'aurait pas le temps d'être découverte et que l'Opéra interviendrait pour l'élargissement de la prétendue recluse.

C'est ce qui arriva en effet.

Une députation, à la tête de laquelle s'était mis le capitaine, alla implorer de Monsieur la grâce de la chanteuse et l'obtint.

L'Opéra voulut aller en corps à la rencontre de mademoiselle Maupin et la ramener en triomphe sur une scène dont elle faisait l'ornement ; de Favart calma cette effervescence, en invoquant le respect qu'on devait à Monsieur, craignant avec raison que son stratagème ne vînt à être découvert. On se contenta de l'attendre au théâtre et de fêter en famille son bienheureux retour.

Le capitaine délivra discrètement la fausse prisonnière et ramena l'actrice au milieu de ses camarades.

Quelques jours après ces événements, il se présenta chez la chanteuse qui le reçut avec les démonstrations les plus vives d'une franche cordialité. Ils s'assirent côte à côte sur un canapé, et la Maupin se tournant vers le capitaine :

— Monsieur de Favart, lui dit-elle, je serais bien heureuse si le ciel m'offrait jamais l'occasion de vous prouver l'attachement sans bornes que je vous ai voué.

— Puis-je réclamer une plus douce récompense que le bonheur d'être près de vous ?

— J'accorde cette faveur à trop de personnes.....

— Cependant, interrompit le capitaine, l'attachement que vous voulez bien me porter.....

— Tenez, interrompit à son tour la Maupin, entendons-nous sur les mots que nous prononçons. Je vous aime, cela est vrai, mais je ne veux pas que mon affection dépasse les bornes de l'amitié. Écoutez-moi un instant, monsieur de Favart, et vous comprendrez toute la délicatesse de mes sentiments pour vous.

La chanteuse se rapprocha plus près encore de son interlocuteur, et, laissant ses mains s'égarer dans les siennes, elle reprit en ces termes :

— D'après ce que vous savez déjà, vous devez pressentir que je ne puis vous accorder les brûlantes pensées de mon âme. L'amour est un dieu rebelle auquel nous ne pouvons imposer ni nos caprices ni nos volontés. Ah! croyez bien, monsieur, que si je pouvais diriger à mon gré les élans de mon cœur, je serais capable, tant est grande mon admiration pour vous, de les détourner du but sacré auquel ils s'adressent à présent.

— Ma délicatesse, mademoiselle, me ferait un devoir de repousser des vœux.....

— Soyez sans crainte, interrompit l'actrice, en amenant sur ses lèvres un léger sourire, je ne ferai pas subir une seconde épreuve à votre loyauté.

Et la chanteuse serra la main du capitaine, comme pour le dédommager de ce que ses paroles pouvaient contenir d'amertume et de raillerie. Puis elle continua :

— Vous le voyez, il me faut renoncer à chercher dans l'amour de quoi satisfaire ma dette.

Pourtant, reprit la Maupin après une pause, les hommes appellent encore amour les voluptés du corps, le délire des sens dans lequel les plongent les caresses d'une femme. Oh! je vous le demande, est-ce là de l'amour? n'est-ce pas prostituer ce mot sublime, en lui faisant exprimer le rapprochement brutal des deux sexes? L'amour est le mariage divin de deux âmes! l'union éthérée de deux cœurs! L'amour, ce pur amour que je comprends et que j'éprouve si bien, nous élève et nous rapproche de la divinité, tandis que les plaisirs des sens nous égalent à la brute.

La chanteuse avait mis dans ses paroles tant d'exaltation et de vérité, que le capitaine en vint à douter s'il était en présence d'une nymphe de l'Opéra. Le libertinage bien connu des filles de l'Académie de musique expliquait suffisamment cette surprise et cette stupéfaction. De Favart ne put empêcher que ses sentiments ne se réfléchissent sur sa figure, car la Maupin lui dit en le fixant avec attention :

— Un pareil langage chez une fille de l'Opéra a droit de vous étonner, j'en conviens, et nos mœurs sont peu faites pour changer votre opinion à notre égard. Mais que voulez-vous? nos déréglements sont la conséquence de la position qu'on nous a donnée dans le monde. Quand nous livrons nos corps aux baisers voraces des gentilshommes, nous soustrayons nos âmes à l'impureté de ce contact, et nous les laissons planer dans une sphère où la sensualité ne peut les atteindre. Nous restons vierges de cœur plus nous nous traînons dans la fange de la débauche.

Comprenez-vous maintenant, monsieur, poursuivit la Maupin après un moment de silence, pourquoi je ne me donne point à vous? En vous associant aux orgies de mon corps, je croirais ternir l'estime et l'admiration que je vous porte, et dessécher dans sa source l'affection que vous m'avez si généreusement offerte.

Le capitaine se croyait sous l'influence d'un rêve; les opinions de la chanteuse se trouvaient en telle harmonie avec les siennes, qu'il crut un instant que son âme avait passé tout entière chez l'actrice et lui parlait par sa bouche. Son ravissement était tel, que sa langue immobile ne put prononcer une parole; sa physionomie seule trahissait les sentiments qui l'agitaient, et deux larmes, en s'échappant de ses yeux, vinrent confirmer le ravissement auquel son âme était livrée.

Un solennel silence avait succédé aux dernières paroles de la Maupin. Les deux interlocuteurs donnaient un libre cours à leurs émotions. Le capitaine se remit le premier de son trouble; il s'approcha de la chanteuse, et posa sur son front ses lèvres tremblantes; ce fut un baiser de reconnaissance et de remercîment.

— Je comprends, lui dit-il ensuite, toute la délicatesse de vos sentiments et toute la pureté de votre âme. Non, je ne veux pas détourner les aspirations si pures de votre cœur, ni m'associer à la débauche de votre corps; je veux m'unir à vous par un lien aussi doux que celui de l'amour et moins vif que celui du plaisir, par une amitié sainte et désintéressée; vous serez ma sœur, mademoiselle, et moi, votre frère, si vous le voulez.

— Oui, frère et sœur! s'écria l'actrice en tombant dans les bras du capitaine.

Et tous deux scellèrent ce nouveau traité dans un embrassement commun. Ils restèrent quelque temps ainsi, et quand leur émotion se fut un peu calmée, de Favart, raffermissant sa voix, poursuivit en ces termes:

— Un frère ne doit rien avoir de caché pour sa sœur, il faut que leurs âmes se confondent dans la même pensée et les mêmes sentiments.

L'actrice à son tour se remit de son trouble et se prépara à écouter la confidence de son nouvel ami.

Celui-ci continua:

— L'amour, qui fait les délices de votre vie et y jette à profusion les roses et les fleurs, fait le tourment de la mienne et desséchera ma jeunesse avant le temps. J'aime de toutes les forces de mon âme, et les plaintes de mon cœur se perdent dans la solitude et dans l'isolement.

— Pauvre ami! dit la comédienne en serrant la main du capitaine, comme si cette étreinte devait soulager sa peine.

— Je ne sais, poursuivit de Favart, où je vis pour la première fois Thérèse de Valbelle et comment mon amour prit naissance; je doute qu'il ait eu un premier jour, tant est loin de ma mémoire le temps que j'ai passé sans lui; pourtant je gémis toujours seul, caressant sans cesse une image adorée, poursuivant sans relâche une ombre de joie, et désespérant à la fin de chaque jour de saisir une réalité, dont le fantôme ranime encore au matin toutes mes espérances. Dans cette lutte funeste mon courage s'accroît au détriment de mes forces, et bientôt, je le sens, mon cœur trop ulcéré ne pourra donner la vie à mon corps usé avant l'âge.

Des larmes abondantes remplirent les yeux du capitaine.

— Une destinée fatale, poursuivit-il plus amèrement encore, me prive à jamais des joies ineffables de l'amour. Thérèse, fille unique du baron de Valbelle, ne peut s'unir à moi, cadet de famille et simple capitaine des gardes. La position de ma bien-aimée ne me permet même pas d'arriver jusqu'à elle, et me condamne à végéter dans l'ombre et le silence.

— Ne laissez point votre courage s'abattre, répondit la Maupin en mêlant ses larmes à celles de de Favart ; les douceurs de l'amitié adouciront peut-être les amertumes de l'amour.

— Le mal est profond, dit tristement le capitaine en secouant la tête, je le crois incurable.

— Il n'est pas possible, riposta l'actrice, que vos nobles et généreux sentiments trouvent indifférente mademoiselle de Valbelle; espérez, et quand votre amour lui sera connu, elle sera fière et heureuse, j'en suis sûre, de vous avoir inspiré un tendre attachement, et elle croira ne pouvoir racheter vos jours de peines et de douleurs qu'en vous donnant une félicité immense et un amour sans bornes.

L'amant de la comédienne, qui entra en ce moment, ne permit pas aux deux amis de continuer leur entretien.

III.

Le capitaine François de Favart était le fils cinquième d'un maigre et petit seigneur de la basse Normandie. Son rang dans la hiérarchie des de Favart, la fortune plus que médiocre de la maison paternelle, le destinèrent dès sa naissance à entrer dans les ordres. A l'âge de quatorze ans, on obtint pour lui une place à Saint-Sulpice, et ce fut sous les RR. PP. de la compagnie de Jésus que le jeune François commença ses études. Il était doué de dispositions si heureuses et montrait une aptitude si grande pour le travail, qu'il attira bientôt l'attention de ses maîtres ; ceux-ci l'entourèrent de soins et voulurent développer cette précoce intelligence pour la faire servir à la défense et à la plus grande gloire de leur compagnie. Le jeune néophyte fit de rapides progrès, et à vingt ans il fut jugé digne d'occuper la place de diacre à l'église Saint-Sulpice. Un jour, comme il officiait en cette qualité auprès du prêtre, ses yeux s'arrêtèrent sur un groupe de jeunes femmes agenouillées au premier rang; une pensée mondaine traversa son esprit; mais la sainteté du lieu et la grandeur de son ministère imposèrent bientôt silence au démon tentateur. Cependant, le lendemain, le même groupe se trouvait encore agenouillé à la même place, et le jeune diacre, par une force qu'il ne put surmonter, laissa encore errer son regard au milieu de ces belles et jolies dévotes. Une, surtout, excitait son admiration par les grâces de sa tournure, par la douceur de son sourire et la vivacité de ses yeux. C'était mademoiselle Thérèse de Valbelle, que le lévite commençait à aimer. Plusieurs jours de suite la jeune fille assista régulièrement à la messe où officiait le diacre, et tous les jours le diacre sentit s'élever en lui un sentiment inconnu; enfin le jour de Pâques, alors que la noble demoiselle s'approchait de la sainte table pour remplir ses devoirs de religion, François de Favart qui, par ses fonctions, devait distribuer le pain de vie à toutes ces âmes régénérées, s'abîma dans une contemplation muette qui glaça sa force et son courage, et paralysa tous ses mouvements.

Quelques jours encore la jeune fille assista exactement aux offices, mais peu à peu ses stations devinrent plus rares, et se réduisirent à la fin à une simple visite tous les dimanches. Le lévite, qui s'était fait au bonheur de voir tous les jours mademoiselle de Valbelle, ne put supporter l'idée de perdre à jamais la seule joie qu'il eût entrevue sur la terre. La solitude du cloître lui devint à charge, et il lui sembla que l'air qu'il y respirait était insuffisant pour ses poumons. — Il quitta les ordres, et grâce à la protection de Monsieur, qui lui acheta un brevet de capitaine, il se trouva bientôt à la tête d'une compagnie des gardes françaises.

Rendu à la liberté, il ne fut pas plus heureux dans ses poursuites amoureuses. Comme il l'avait dit à la Maupin, son grade, sa petite noblesse, et surtout le manque absolu de fortune le tenaient éloigné des lieux où il aurait pu rencontrer sa bien-aimée. Plusieurs fois cependant il avait cherché à attirer son attention et à la forcer de lui donner un regard, soit en lui offrant l'eau bénite à la porte d'une église, soit en s'attachant à ses pas quand, par une belle journée de printemps, elle promenait ses grâces aux jardins du Luxembourg ou des Tuileries, soit enfin par un mot jeté à l'improviste au détour d'une rue. Peine inutile! Thérèse semblait ne point s'apercevoir de ces poursuites incessantes, et l'amour du capitaine augmentait tous les jours en proportion de cette froide indifférence. La patience et le courage de de Favart étaient à bout; il ne pouvait vivre plus longtemps dans la certitude affreuse qui le minait, et d'un autre côté il ne se sentait pas assez de force pour imposer silence à sa fatale passion. Il lui fallait Thérèse, dût-il même l'acheter au prix de la vie.

Des idées confuses bouillonnaient dans sa tête, et la pensée d'un enlèvement traversa comme un trait de flamme son esprit agité. Toute la nuit son âme fut en proie à des rêves terribles: il lui semblait que l'objet de ses désirs allait lui échapper, et que son amour, désormais impuissant, l'entraînait vers la tombe au milieu des angoisses du désespoir. La longue agitation à laquelle il avait été en proie se calma vers le matin, comme il arrive toujours, et ses sens et son âme purent goûter quelques heures de calme et de sommeil qui adoucirent un peu l'exaltation qui les dominait.

Au réveil, toutes les difficultés de l'entreprise qu'il avait rêvée lui apparurent nettes et presque impossibles à surmonter. Sans doute le capitaine était brave, mais en cette occurrence il fallait moins de courage que de circonspection. D'ailleurs lui, capitaine des gardes, ne pouvait longtemps cacher sa fuite, et comme son amour n'était un mystère pour personne, il était probable qu'il serait arrêté avant même qu'il pût jouir du fruit de son enlèvement. Toutes ces considérations faisaient réfléchir profondément le capitaine et doublaient l'amertume de sa douleur. — Mais tout à coup, se levant avec vivacité, et portant la main à son front :

— Elle est à moi, dit-il, tous les obstacles sont aplanis. O mon Dieu ! merci de cette sublime inspiration.

De Favart s'habilla à la hâte et courut éperdu chez la Maupin. L'actrice s'éveillait à peine et se trouvait dans un simple négligé qui permettait de constater les appas et les grâces dont elle était pourvue. Le capitaine n'y prit pas garde, tant était grande sa préoccupation. Il s'empara de ses mains avec une espèce de délire gai, et, les serrant avec exaltation, il s'écria :

— O ma belle et tendre amie, j'ai placé en vous tous mes vœux et toutes mes espérances; voulez-vous me rendre à la vie?

La Maupin avait été frappée de la physionomie étrange de son matinal visiteur, dont les gestes et les paroles avaient encore augmenté l'étonnement. En voyant ses traits bouleversés, et sa figure qui portait l'empreinte des fatigues de la nuit, tempérée par l'expression extatique de son ravissement, elle crut que la raison avait abandonné son ami et fait place à un délire amoureux. Cependant, sans prendre le temps de la réflexion, elle répondit résolûment au capitaine :

— Vous savez, François, combien je vous suis dévouée; quel que soit l'objet de votre demande, n'êtes-vous pas assuré de l'obtenir ?

— Oh ! merci ! s'écria de Favart en portant à ses lèvres les mains de la comédienne.

— Voyons, que faut-il faire? expliquez-vous, François, je vous en prie, dit la Maupin en forçant le capitaine à s'asseoir à côté d'elle sur un canapé.

De Favart promena de par toute la chambre un regard scrutateur, puis se rapprochant de la fille de l'Opéra :

— Sommes-nous seuls ? lui dit-il; c'est une confidence que j'ai à vous faire.

— Oui, tout seuls, répondit la Maupin en allant fermer la porte de l'appartement, comme pour donner plus de sécurité à son défiant visiteur.

Après ces assurances, de Favart chercha à reprendre le calme qui l'avait fui et à rentrer dans un état lucide de pensées et de paroles. Quand il crut que son effervescence était assez calmée, il commença en ces termes :

— La contrainte dans laquelle je vis depuis si longtemps m'est aujourd'hui insupportable ; j'ai résolu d'en sortir à tout prix. Il me faut Thérèse bon gré, mal gré, dussé-je même commettre un crime.

— Vous me faites frémir, ami, dit l'actrice en se retirant involontairement.

— Soyez sans crainte, je me suis arrêté à l'idée d'un enlèvement.

— L'affaire est moins sérieuse, mais ne manque cependant pas de quelque gravité.

— Tout danger disparaîtra, si voulez me servir et entrer dans le complot.

— Voyons, je suis curieuse de connaître votre plan d'attaque et la place que vous m'y réservez.

— La plus belle, mais en même temps la plus périlleuse, car c'est vous-même qui devez enlever Thérèse.

— Au moins, riposta la Maupin en riant, vous n'avez pas à craindre que je trompe votre confiance, ni que je rende votre bien-aimée infidèle.

—Trêve à la plaisanterie, répondit le capitaine avec un regard suppliant, je suis trop cruellement frappé au cœur pour rire au moment où se débat la question qui, pour moi, est une question de vie ou de mort.

L'actrice, émue de la tristesse de son ami, lui demanda pardon de ses paroles, et promit de s'associer entièrement à ses craintes ou à ses espérances. De Favart poursuivit :

— Mademoiselle de Valbelle va tous les soirs chez madame de Maintenon. Deux valets de pied la conduisent dans sa chaise à porteurs, éclairant leur marche de la clarté blafarde d'un pâle flambeau. Costumée en cavalier, suivie de trois affidés et protégée par une nuit obscure, vous pourrez facilement enlever Thérèse, la porter dans une voiture arrêtée loin de là et la conduire à Juvisy, où j'irai vous rejoindre quelques jours après. Cette entreprise sera pour vous sans danger, car spadassin comme vous êtes, vous auriez bientôt réduit à l'impuissance tous les fâcheux qui voudraient s'interposer. Les soupçons ne pourront tomber sur vous : qui penserait qu'une femme peut enlever une autre femme ? ils ne pourront également m'atteindre, alors qu'on me verra toujours à mon poste et fidèle à mes fonctions de capitaine. Mais quand le bruit et le scandale que fera ce rapt se seront perdus dans le bruit de la grande ville et dans de nouveaux scandales, prétextant une affaire de famille, j'obtiendrai facilement un congé, et j'irai me jeter aux pieds de ma bien-aimée et obtenir d'elle son amour et mon pardon.

Comme tous les amoureux, de Favart se plaisait dans le récit d'un événement qui devait lui donner le bonheur. Il caressait avec délices toutes les particularités de son plan, et jouissait d'avance de la félicité qu'il se promettait.

L'actrice écouta attentivement jusqu'au bout la proposition qui lui était faite. Quand le capitaine eut cessé de parler, elle répondit résolûment et sans réfléchir :

— Ce soir, nous enlèverons mademoiselle de Valbelle.

— Ah ! merci ! s'écria de Favart en embrassant avec effusion la comédienne ; merci de votre amitié et de votre dévouement !

— Que parlez-vous de dévouement, répondit l'actrice avec simplicité, c'est une dette que j'acquitte.

Pendant le reste du jour, l'amoureux travailla ardemment au succès de l'entreprise : il trouva facilement trois hommes qui consentirent à prix d'argent à seconder la Maupin et à s'aventurer sous ses ordres. Une voiture, close de toutes parts et attelée de quatre chevaux fut louée avec non moins de facilité, et quand la nuit arriva tout était prêt, et tout faisait présager une réussite complète dans ce hardi coup de main.

A l'époque dont nous parlons, les rues de Paris étaient faiblement éclairées par quelques lanternes longuement espacées. Aussi l'usage des flambeaux était général, soit pour assurer ses pas, soit pour faire avorter les tentatives des malfaiteurs ; cependant ces flambeaux n'étaient pas des épouvantails assez sûrs, et, pour être plus à l'abri des voleurs, la noblesse, que ses plaisirs forçaient à parcourir les rues dans la nuit, se servait de chaises à porteurs qui lui offraient le double avantage de ne pas aller à pied et d'être accompagnée par deux hommes qui, en cas d'attaque, étaient des défenseurs naturels.

Comme il l'avait dit à la Maupin, de Favart avait tout prévu : l'heure venue, il fit cacher son monde dans un angle obscur de la rue de l'Université par où devait passer mademoiselle de Valbelle, et lui-même se dissimula dans l'ombre d'une maison, autant pour diriger l'attaque et donner le signal du départ que pour favoriser la fuite de ses complices, dans le cas où la tentative viendrait à échouer, son grade et son titre de garde française devant expliquer suffisamment sa présence et son intervention dans une affaire de ce genre.

L'attente ne fut pas de longue durée. Une chaise à porteurs, élégante et riche autant que pouvait permettre d'en juger la clarté douteuse d'un flambeau que portait le laquais de devant, attira bientôt l'attention de de Favart. Celui-ci connaissait parfaitement la chaise de Thérèse, et il était impossible qu'il y eût méprise de sa part ; aussi quand les porteurs furent arrivés à l'endroit de la rue où se tenaient cachés la Maupin et ses trois acolytes, le capitaine fit entendre un sifflement rapide, signal de l'attaque. Aussitôt deux hommes, l'épée à la main, se précipitent sur les porteurs, les terrassent, les bâillonnent avec un mouchoir appliqué sur la bouche et paralysent tous leurs mouvements. Le troisième bravo, aposté par le capitaine, allait de l'un à l'autre de ses camarades pour les soutenir et leur prêter main-forte en cas de besoin. La Maupin, l'épée entre les dents, ouvrit précipitamment la portière. Mademoiselle de Valbelle, épouvantée de cette attaque imprévue, voyant ses défenseurs terrassés, avait cédé à la peur et s'était évanouie. La comédienne était trop faible pour porter elle seule la jeune fille jusqu'à la voiture qui stationnait dans une rue voisine ; elle appela de Favard à son aide ; celui-ci, en sentinelle vigilante, surveillait toutes les issues. L'évanouissement de Thérèse était un fâcheux contretemps, mais il n'y avait point à balancer ; le capitaine accourut, et, prenant la jeune fille dans ses bras, il la porta toujours évanouie sur les coussins du carrosse. — La Maupin y monta elle-même, et de Favart, avant de donner le signal du départ, déposa sur la bouche de la jeune fille un long et brûlant baiser.

Quand la voiture eut disparu dans les sinuosités des rues, les porteurs de mademoiselle de Valbelle furent délivrés ; mais avant qu'ils fussent revenus de leur stupeur, le capitaine et ses complices étaient déjà loin du théâtre de leurs exploits.

IV.

Le lendemain du jour où s'étaient passés les événements précédents, tout Paris s'occupait d'une double disparition. La cour et la ville, comme on disait alors, étaient en grand émoi; chacun parlait bas d'un double enlèvement, et dans cette société que le bigotisme de la Maintenon avait rendue dévote ou plutôt hypocritement dévote, personne n'osait aborder hautement une matière à scandale. La cour se racontait à demi-mot et dans l'embrasure des fenêtres le rapt dont avait été victime mademoiselle de Valbelle, et la ville s'entretenait discrètement de la disparition de mademoiselle Maupin. Pour cette dernière, chacun croyait avoir pénétré le mystère dont elle s'enveloppait, et, comme il arrive toujours en pareille occurrence, personne ne croyait se tromper. Au milieu des explications diverses qui furent soumises, l'opinion qui eut certainement le plus de cours, fut que la chanteuse avait suivi quelque riche seigneur dans un de ses châteaux en province. Cette manière d'agir était trop commune chez les filles de l'Opéra, pour que l'absence de la Maupin occupât longtemps l'attention publique. Le jour n'était pas fini que cette aventure était complétement oubliée.

Il n'en fut pas de même pour ce qui concernait mademoiselle de Valbelle. Le baron, furieux et désespéré tout à la fois, avait porté aux pieds de Sa Majesté les plaintes et les doléances de son honneur outragé. Le roi avait ordonné des perquisitions ; tous les alentours de la rue de l'Université furent minutieusement explorés ; mais vains efforts, on ne trouva nulle part la jeune fille ravie. Les premiers soupçons de la famille s'étaient portés, comme on le pense, sur le capitaine de Favart ; mais, ainsi qu'il l'avait prévu, ils s'étaient bientôt évanouis ; bien plus, on lui accorda une confiance entière, et on le chargea de diriger lui-même les perquisitions que le roi avait permis de faire dans les environs de Paris. Le succès dépassait ses espérances et tout lui donnait la certitude d'un bonheur à venir.

La Maupin, de son côté, avait conduit l'affaire en diplomate consommé. Elle avait entouré la jeune fille de soins et de prévenances empressés, et l'avait bercée de si douces paroles que Thérèse, en arrivant au but du voyage, était complétement rassurée. C'est qu'il est toujours facile à une femme de trouver la corde sensible dans le cœur d'une autre femme ; la même organisation, les mêmes tendances et souvent les mêmes désirs établissent entre deux personnes du même sexe une similitude de goûts et de pensées qu'elles ne peuvent se cacher l'une à l'autre.

La Maupin, toute jeune, avait été enlevée ; elle se souvint de son trouble et des consolations qui l'avaient le plus facilement calmée. L'expérience ne fut pas perdue, et en cette occasion elle fit plus que n'aurait pu faire un homme, elle dit de ces mots magiques qui répondaient aux peines secrètes de la jeune fille. Elle sonda minutieusement le cœur de mademoiselle de Valbelle, et à chaque aspérité qu'elle y rencontra elle sut appliquer le baume qui l'adoucissait et la faisait disparaître. D'ailleurs le timbre si doux de sa voix, sa réserve, son respect, tout contribua à rendre la tranquillité et presque la sérénité au cœur de Thérèse ; ce premier succès fut si grand, qu'un bienveillant entretien s'engagea entre les deux voyageuses, à la suite duquel l'actrice s'était acquis la confiance complète de sa compagne.

Les fugitives étaient attendues dans une modeste, mais jolie maison de campagne, qu'avait arrêtée depuis le matin un émissaire de de Favart. Une chambre, la plus riche de l'habitation, décorée le mieux qu'on avait pu, était réservée à mademoiselle de Valbelle. Cette chambre, dont les fenêtres s'ouvraient sur un assez large balcon, avait vue sur un jardin spacieux et clos de toutes parts : les fleurs s'y trouvaient à profusion ; ce délicieux parterre allait aboutir à un bosquet touffu de lauriers et d'acacias. Une espèce de rotonde garnie de bancs en bois et agréablement gazonnée avait été taillée dans ce bosquet, de telle sorte que le regard le plus perçant ne pouvait pénétrer au travers du feuillage épais.

La chambre de la Maupin n'était séparée de celle de Thérèse que par une mince cloison qui permettait d'entendre le moindre bruit et de surveiller toutes les actions de la jeune fille.

Les voyageuses arrivèrent à Juvisy au milieu de la nuit et ne furent soupçonnées par personne. Au moment où mademoiselle de Valbelle descendait de voiture et entrait dans la maison, elle fut saisie d'un mouvement de crainte qu'elle ne put dominer. Sa compagne s'en aperçut, et, lui prenant la main comme pour la conduire :

— Ne craignez rien, lui dit-elle, mon maître n'est pas ici et ne doit point venir cette nuit.

Et, précédées d'un flambeau que portait une servante, les deux femmes arrivèrent à l'appartement de Thérèse. Quand elles furent seules, la Maupin reprit :

— Ceci est la chambre qui vous est destinée. Tout a été prévu pour vos besoins et vos agréments. Rien n'a été négligé pour que le temps de votre captivité vous parût moins long. Mais en ce moment il faut vous reposer et vous remettre des fatigues de la nuit.

Comme la jeune fille baissait la tête sans répondre, l'actrice ajouta :

— Voulez-vous que nous fassions en commun la prière du soir?

— Oui, prions Dieu, répondit la jeune fille en se mettant à genoux, et demandons-lui qu'il vienne à notre secours.

La Maupin imita l'exemple de Thérèse, qui récita à haute voix des prières dont la chanteuse avait même perdu le souvenir. Elle se contenta de répondre : *Amen*, le plus dévotement qu'elle put.

Ce devoir de religion accompli, la comédienne se retira, en engageant Thérèse à fermer intérieurement sa porte, pour la rassurer sans doute sur les intentions des hôtes de la maison.

Quand mademoiselle de Valbelle se trouva seule, des larmes abondantes remplirent ses yeux. Le souvenir de sa famille lui revint plus vivace au milieu de la solitude. Tant que son esprit avait été captivé par les paroles de sa compagne, elle n'avait pu porter une bien grande attention sur la douleur de son père, et donner une grande force à ses poignantes pensées. Mais, quand le silence de la nuit et l'isolement de tout l'eurent laissée seule et livrée tout entière à son imagination, la conscience nette et lucide de sa position lui apparut, et alors son âme, innocente et pure, se révolta à la pensée de se voir ainsi abandonnée à la passion brutale d'un homme. Cependant, au milieu de son désespoir, une douce image la consolait, et la faisait espérer dans l'avenir : c'était celle de son compagnon de route, du page du puissant seigneur qui l'avait enlevée; car la Maupin, pour ne pas trahir son déguisement et allier ensemble son costume d'homme et ses expressions féminines, telles que son de voix, absence de barbe et de moustaches, finesse de traits, blancheur de teint, etc., etc., avait prétendu être le page d'un haut et puissant seigneur, qui, pour obéir à une prudence bien entendue, lui avait ordonné de suivre et de servir Thérèse dans la retraite qu'il lui avait désignée. La jeune fille avait ajouté une foi entière à ce récit et croyait la Maupin un noble fils de famille, faisant ses premières armes et son apprentissage de gentilhomme, comme cela se pratiquait d'ordinaire.

Cependant la nature reprit peu à peu ses droits, et mademoiselle de Valbelle oublia dans le sommeil les angoisses et les fatigues de cette nuit terrible.

L'actrice fut sur pied de bonne heure, autant pour prendre une connaissance exacte des lieux, que pour prévenir les moindres désirs de la belle captive. Quand celle-ci s'éveilla, elle jeta un regard rapide dans toute la chambre, étonnée et effrayée tout à la fois de ne plus retrouver les objets qu'elle avait l'habitude de voir à l'hôtel de son père; mais quand le souvenir de la veille fut revenu à sa mémoire, et quand la tranquillité qui régnait autour d'elle eut calmé ses premières terreurs, elle examina plus attentivement le lieu qui la récelait : sur un guéridon, placé au milieu de la chambre, se trouvaient rangés avec ordre quelques livres magnifiquement reliés et dorés sur tranche; à côté de ces livres, toujours sur le même guéridon, s'étalaient plusieurs gravures de teintes et de sujets différents; et non loin de là, des crayons, des pinceaux, une boîte à couleurs et tous les objets nécessaires pour la peinture et le dessin. Dans un coin était dressé un chevalet, supportant des toiles de diverses dimensions; en face et pour faire pendant, était appendue au mur une lyre au socle doré, et au-dessous, entassés pêle-mêle sur une table, des cahiers de musique, renfermant des motifs religieux ou mondains. Des fleurs variées embaumaient l'air de leurs suaves émanations et poussaient l'âme aux plus tendres rêveries.

Thérèse promena son regard avec une certaine complaisance sur tous les objets d'art et de sensualité préparés pour elle. Elle se trouva flattée qu'on l'eût supposée peintre et musicienne, et dans son amour-propre de jeune fille, se complut dans cet assemblage de petits riens, qui sont pour les femmes l'indice le plus certain de la passion qu'elles inspirent. Quand ses yeux eurent compté plusieurs fois toutes ces prévenances délicates, elle sauta hors de son lit, presque rassurée et joyeuse.

Certes tant de grâces et d'attraits réunis excusaient suffisamment la conduite du capitaine François de Favart : une peau blanche et lisse comme le satin, légèrement nuancée de bleu par les veines qui serpentaient au-dessous; un pied plus petit et plus mignon que celui d'un enfant; une taille svelte, souple et bien prise étaient les moindres de ses attraits. Sa figure, où respirait une expression angélique d'ineffable bonté, présentait ce type de beauté si difficile à trouver, et que les peintres rêvent dans leurs nuits de poétiques inspirations ; ses yeux bleus d'une douceur céleste, largement fendus en amandes, étaient surmontés de deux grands sourcils noirs, assez espacés à la racine du nez, et formant les deux arcades les plus gracieuses qu'on eût jamais vues. Ses cheveux noirs étaient complètement cachés sous une immense perruque à la mode du temps, dont les boucles se jouaient sur un cou plus blanc que l'albâtre.

Dans un corps aussi admirablement façonné ne pouvait se cacher une âme méchante et perverse. Mademoiselle de Valbelle, sans avoir été élevée dans le bigotisme qu'affectait à cette époque la cour, pour plaire sans doute à la *reine-maîtresse*, avait cependant des *principes religieux*, comme on disait alors. Ces principes n'étaient pas assez rigoureux pour étouffer tous ses instincts de jeune fille, mais aussi pas assez complaisants pour narguer le cri de la conscience et celui du devoir. D'ailleurs Thérèse était trop jeune pour sortir victorieuse d'une lutte où ses sens et son cœur se seraient déclarés contre la religion. Son âme était trop aimante, pour que les tendres affections y avortassent avant leur naissance; car, il faut bien le dire, la fille du baron de Valbelle était vierge et de corps et d'esprit. Ses pensées n'avaient point encore franchi les limites de l'amour paternel et ne s'étaient point encore perdues dans les sphères brûlantes de la passion. Il était donc permis de croire que le premier homme qui se présenterait avec les conditions indispensables à un prétendant ferait facilement vibrer à son profit la corde sensible de son âme. Ainsi avait espéré le capitaine, et la suite de ce récit nous montrera la vérité ou le mensonge de ses prévisions.

Au bruit qu'avait fait Thérèse en se levant, la Maupin était accourue et avait légèrement frappé à la porte. Comme elle n'obtint point de réponse, elle se retira par discrétion, remettant à plus tard sa première visite. Enfin, quand la jeune fille eut terminé sa toilette, elle sonna elle-même, et l'actrice se présenta toujours sous son costume de cavalier. Après quelques paroles banales de salutation, l'actrice demanda la permission de servir le repas du matin; la prisonnière y ayant consenti, la Maupin roula au milieu de l'appartement une table couverte de différents mets; puis, comme elle s'apprêtait à faire l'office de domestique, Thérèse lui dit :

— Le page d'un haut et puissant seigneur ne peut être que de noble famille, pourquoi ne pas vous asseoir à ma table et prendre part au repas?

Mademoiselle de Valbelle traitait le prétendu page en tout petit jeune homme, et, par cela même qu'on l'avait fait son gardien, elle le croyait sans importance, comme les eunuques au milieu des femmes du harem.

La Maupin hésitant à obéir, la jeune fille reprit :

— Allons, petit page, asseyez-vous là, je le veux; j'ai à vous entretenir de choses très sérieuses.

L'actrice céda et prit place à côté de sa prisonnière; celle-ci lui dit alors :

— Quel est votre nom, petit page? Contez-moi donc votre histoire.

La complice de de Favart ne s'était point attendue à une question pareille;

cependant elle ne laissa rien paraître de son étonnement et répondit le plus naturellement du monde :

— Je me nomme Jules de Maupin, et m'initie à la vie de gentilhomme et de chevalier sous un brave et loyal seigneur.

— Vous me le nommerez aujourd'hui...

— J'ai eu l'honneur de vous dire hier, mademoiselle, que le secret de mon maître ne m'appartenait pas, et qu'il serait indigne pour moi de dévoiler un mystère dont on m'a fait une loi.

— Voyons, mon bon petit page, reprit Thérèse avec un air câlin, et avec ce sourire de jeune fille qui veut satisfaire une curiosité ; vous me le direz, si je le devine moi-même?

— Peut-être, répondit l'actrice, avec une inflexion de voix qui ne laissait aucun doute sur sa détermination.

Mademoiselle de Valbelle ne se tint pas pour battue ; elle nomma successivement tous les plus puissants seigneurs de la cour ; à chaque nom, la Maupin répondait invariablement : Plus que cela, mademoiselle, plus que cela. Thérèse, dont la curiosité et l'impatience allaient croissant à chaque réponse de sa compagne, se leva tout à coup, et s'emparant par un mouvement spontané du bras de la Maupin, elle s'écria :

— C'est donc le roi lui-même?

— Vous oubliez, mademoiselle, répondit l'actrice sans s'émouvoir, que l'époque des Montespan et des la Vallière est passée, et que nous avons le bonheur de vivre sous le règne dévot de madame de Maintenon.

— Mais alors qui est mon ravisseur? interrompit la jeune fille en frappant la terre du pied avec une expression bien marquée de mécontentement.

— Votre ravisseur, mademoiselle, répliqua la chanteuse sans sortir de son flegme habituel, doit être pour vous plus que le roi lui-même, parce qu'il vous aime et qu'il a placé dans son amour toutes les espérances de son cœur et toutes les joies de son âme. Votre ravisseur est un gentilhomme dont les sentiments chercheraient en vain des égaux, et que ses brillantes qualités rendent digne de toute votre affection.

La jeune fille s'était laissée tomber sur son siége, tout attristée de l'obstination du page supposé. Celui-ci, pour la distraire de sa mauvaise humeur, s'empara de la lyre suspendue au mur, et chanta un de ses airs de l'Opéra. A cette voix mélodieuse, à ces chants tout nouveaux pour elle qu'accompagnaient la pantomime et le jeu de la comédienne, Thérèse fut plongée dans le plus doux ravissement. Elle admirait dans la chanteuse autant la suavité de sa voix que l'expression magique de son geste et de son regard ; tant que dura le morceau, elle se laissa aller à cette contemplation muette ; mais quand la dernière note eut vibré aux cordes de la lyre, elle pria l'actrice de recommencer, et de redonner à son âme les mêmes émotions. La Maupin obéit ; son chant mélancolique était en si parfaite harmonie avec les secrètes pensées de Thérèse, que celle-ci ne put retenir deux larmes qui vinrent scintiller au bout de ses paupières.

L'intention de la Maupin n'était point d'entretenir la tristesse au cœur de sa captive. Aussi, malgré ses instances, se refusa-t-elle de continuer, promettant toutefois d'y revenir plus tard. Force fut de se soumettre et d'accepter une promenade dans le jardin.

On était alors vers la fin du mois de mai. Les arbres avaient repris en entier leur feuillage, et le bosquet touffu dont nous avons parlé engagea les deux femmes, par sa fraîcheur et son ombre, à chercher un refuge contre les ardeurs du soleil déjà chaud. Elles passèrent le reste de la journée dans cet asile charmant, trompant les heures, tantôt par une causerie intime, tantôt par les élans d'une folle joie, tantôt enfin par la recherche des violettes à travers les hautes herbes du bosquet. Quand arriva le moment du repas du soir, mademoiselle de Valbelle avait presque oublié sa position et les événements de la veille. Avant de se coucher, elle voulut encore entendre la voix suave de la Maupin, et pendant toute la nuit les apparitions les plus douces charmèrent son sommeil, sous les traits de son bon petit page.

Au matin, elle sentit je ne sais quel trouble qui l'agitait, et, quand la chanteuse se présenta comme la veille, elle fut embarrassée et n'osa regarder en face le prétendu cavalier. Pourtant cette timidité étrange disparut peu à peu, mais laissa dans le cœur de la jeune fille quelque chose de vague et de mélancolique dont elle ne put se rendre compte. La musique, les causeries intimes, la promenade et quelques lectures attachantes remplirent encore cette journée, et furent les occupations ordinaires de tous les jours jusqu'à l'arrivée du capitaine de Favart.

Ce vague et cette mélancolie dont nous parlions tout à l'heure, loin d'être une disposition passagère et momentanée du cœur de Thérèse, s'étaient au contraire accrus jusqu'à l'amour de la solitude et du silence, et jusqu'à l'impossibilité de surmonter en présence de la Maupin une espèce de timidité et de crainte. Cette manière d'être était aussi inexplicable pour la jeune fille que les pensées diverses qui l'assiégaient et troublaient son sommeil. Quelque chose d'inconnu se passait en elle, et pourtant elle n'avait ni la force ni le courage d'en faire part à son confident.

La Maupin, de son côté, avait remarqué le changement survenu dans les idées et la conduite de mademoiselle de Valbelle ; mais elle en trouvait l'explication dans les ennuis et la solitude de la captivité. Pour la distraire de ses préoccupations fâcheuses, l'actrice redoubla de soins et de prévenances. Mais un jour, comme elle lui redisait le chant qui l'avait si tendrement émue, les pas précipités d'un cheval au galop se firent entendre sur la route de la maison ; la chanteuse s'interrompit et les deux femmes prêtèrent une oreille attentive à ce bruit inusité. Quelques minutes après un léger coup retentit à la porte ; la Maupin courut ouvrir : c'était le capitaine François de Favart.

V.

Le capitaine et sa complice entrèrent d'abord dans une salle située au rez-de-chaussée de l'habitation, et de laquelle on ne pouvait être entendu de mademoiselle de Valbelle, afin de se concerter et aviser aux moyens les plus propres pour atteindre le but qu'ils s'étaient proposé. De Favart, avec cette impatience et cette avidité de tous les amoureux, ne prit pas le temps de s'asseoir et de se remettre de la route longue et rapide qu'il venait de faire.

— Eh bien ! dit-il à la Maupin, tout marche-t-il au gré de nos désirs ?

— Votre plan a parfaitement réussi, répondit sa confidente ; vous n'aurez pas beaucoup de peine, je pense, à vaincre quelques derniers petits scrupules.

— Peste ! répliqua le capitaine avec un sourire de contentement, vous avez mené les affaires bon train et en politique consommé ; permettez que je vous en complimente et vous en remercie tout à la fois.

Et il lui prit les deux mains qu'il lui serra affectueusement.

— Il n'y a pas grand mérite, à moi femme, répondit la Maupin en souriant avec malice, d'avoir su parler le langage qui convient à une femme. Nous avons le secret d'une certaine route du cœur que les hommes ne soupçonnent même pas ; ce qui vous explique, mon cher capitaine, notre toute-puissance dans les affaires de la vie.

— Vous me disiez donc que Thérèse était on ne peut mieux disposée pour moi, interrompit de Favart, pour qui toute conversation perdait son charme, si elle n'avait trait à son amour ; je puis espérer que mes vœux seront complétement remplis ?

— J'augurerais mal de votre fiancée si votre passion la trouvait insensible, après le tableau que je lui ai tracé de votre dévouement et l'énumération que je lui ai faite de votre caractère chevaleresque et de vos nobles et brillantes qualités.

— Je vole auprès d'elle recueillir le fruit de ma persévérance et de votre haute politique.

La Maupin eut à peine le temps de le retenir.

— Ne précipitez rien, lui dit-elle, et ne renversez pas dans un moment d'étourderie tout l'échafaudage que nous avons si péniblement élevé depuis plus de huit jours. Laissez-moi la prévenir de votre arrivée et la disposer favorablement à vous recevoir. Attendez-moi quelques instants dans cette salle ; réparez le désordre de votre costume, réunissez toutes vos forces pour le combat que vous aurez à soutenir, et moi, pendant ce temps, je vais aplanir la voie qui vous conduira dans la place ennemie.

La Maupin accompagna ces dernières paroles d'un geste amical et monta lestement dans la chambre de Thérèse.

La jeune fille, pendant l'absence de son Argus, avait pénétré la vérité. La crainte de voir survenir son séducteur l'avait peu tourmentée jusqu'alors. Le danger était loin, il lui semblait qu'il ne pouvait l'atteindre; mais à présent toute illusion était détruite, la réalité lui apparaissait entière et menaçante. La pauvre enfant eut peur, et, comme pour se soustraire au péril qui la menaçait, elle fut se blottir dans un coin de la chambre, derrière les toiles suspendues au chevalet.

La vue de la Maupin la rassura un peu, et, quand elle la vit rentrer seule, elle sentit l'espérance renaître en son cœur, et sortit toute joyeuse de sa cachette.

L'actrice sourit doucement à cette ruse puérile; puis prenant les mains de Thérèse et l'attirant à elle :

— Vous avez eu peur, lui dit-elle, et vous avez fait comme ces enfants qui, fermant les yeux, se croient invisibles pour tout le monde, parce qu'eux-mêmes ne voient personne.

— Oh! ne me grondez pas, petit page, c'est que je croyais que votre seigneur était venu.

— Cela est vrai.

— O ciel!

Et la pauvre fille regarda la porte avec effroi, et se rapprocha en tremblant de sa compagne.

— Que craignez-vous donc, Thérèse? poursuivit l'actrice avec un tendre accent de reproche; ne vous ai-je pas toujours vanté le caractère franc et loyal de mon maître, et ne vous souvenez-vous plus de son amour dont je vous ai tant parlé?

— Mais au moins, interrompit mademoiselle de Valbelle qui suivait le cours de ses pensées plutôt que les paroles de la Maupin, vous ne me quitterez pas, vous resterez auprès de moi, mon bon petit page.

— Hélas! mademoiselle, je ne le puis, il faut que je retourne aujourd'hui même à Paris.

— Vous ne m'aimez donc pas, Jules, pour me laisser ainsi toute seule livrée à la brutalité d'un homme?

Et, comme si ses lèvres eussent dévoilé quelque secret de son âme, la jeune fille baissa les yeux où brillaient déjà quelques larmes. Puis, pour atténuer ses paroles et donner le change sur le sens de sa phrase, elle reprit :

— Si c'est un devoir que vous accomplissez, partez, obéissez à votre maître ; seulement, mon bon page, n'oubliez pas dans vos prières la malheureuse captive que vous abandonnez.

Les larmes et les sanglots l'interrompirent ; la Maupin lui prodigua toutes les consolations que lui inspira son cœur, et elle parvint peu à peu à la calmer par de douces et affectueuses paroles ; elle fit si bien qu'au moment de s'éloigner, la jeune fille était presque résignée à leur séparation et à la position nouvelle qu'allait lui faire son ravisseur. Cependant, comme la Maupin se levait pour sortir, Thérèse la retint encore et voulut lui offrir quelque chose qui la rappelât pour toujours à son souvenir. Après avoir vainement cherché autour d'elle :

— Tenez, s'écria-t-elle comme frappée d'une pensée soudaine, prenez cette bague, c'est le seul gage que je puisse vous donner de ma reconnaissance et de mon amitié.

Et elle passa au doigt de la comédienne l'anneau qu'elle venait de retirer de sa main.

— Je garderai précieusement ce souvenir, répondit la Maupin en portant ses lèvres sur la blanche petite main de Thérèse ; il sera mon protecteur auprès de vous, quand vous serez l'épouse de mon maître.

Et le page simulé alla rejoindre précipitamment le capitaine.

Après s'être concerté entre eux quelque temps encore, la Maupin, se servant du cheval qu'avait amené son ami, retourna en toute hâte à Paris, tandis que de Favart, plein de confiance dans les paroles de sa complice, monta résolûment dans la chambre de sa bien-aimée.

A sa vue, mademoiselle de Valbelle poussa un cri de terreur ; elle était loin de s'attendre à l'arrivée du capitaine, tant les paroles de la comédienne lui avaient donné le change sur son ravisseur. D'ailleurs connaissant la fortune et la position de de Favart, elle ne l'eût jamais soupçonné d'avoir un page à son service, et n'eût pu croire que la solde d'un capitaine pût subvenir aux dépenses qu'avait nécessairement entraînées son enlèvement. Elle ne savait pas, la jeune ignorante, que l'amour enfante des prodiges et possède des ressources inconnues au vulgaire. Sa première pensée fut moins une pensée d'effroi que de profond étonnement, qui fut bientôt remplacée par un sentiment de répulsion et de dédain.

Pour bien comprendre les idées qui agitèrent alors son esprit, il faut avoir présente à la mémoire la ligne de démarcation que la société tirait entre les hommes : mademoiselle de Valbelle appartenait à une haute famille, fière de son rang et de ses richesses ; le capitaine, au contraire, issu d'une maison dont la noblesse était douteuse et la fortune nulle, avait encore l'inconvénient d'être le dernier de sa famille, et par conséquent déshérité de tout droit. Son amour ne pouvait donc que blesser profondément l'orgueil de mademoiselle de Valbelle, ce qui explique l'étonnement et le mépris qui se mêlèrent, dans son âme, à la terreur qu'avait fait naître la vue d'un homme aux désirs duquel elle se trouvait exposée.

Cependant, revenant bientôt aux croyances de caste et de famille, elle se rassura, pensant sans doute qu'un pauvre capitaine comme François de Favart n'oserait porter la main sur la fille du baron de Valbelle. Cette pensée dissipa son trouble et rendit la confiance et la tranquillité à son âme si émue tout à l'heure.

Le capitaine hésitait à approcher ; lui, naguère si ferme et si résolu, était à présent d'une timidité extrême. Tant il est vrai que l'amour véritable et bien senti est craintif et respectueux. Pourtant, s'enhardissant peu à peu par le silence de Thérèse, il s'approcha lentement et les yeux baissés ; puis, quand il fut assez près de la jeune fille, il arrêta sur elle un regard plein de mélancolie et de repentir, dont la tendre expression fut confirmée par ses paroles.

— Votre cœur généreux, dit-il, s'est sans doute révolté plusieurs fois déjà des violences auxquelles vous avez été soumise. Moi-même, je me suis reproché bien amèrement, croyez-le, mademoiselle, un moment de délire où ma raison éperdue m'a fait dévier d'une route franche et loyale. Oh! grâce, Thérèse! au nom de mon repentir et de mon attachement, oubliez ma conduite et ne vous souvenez plus que de mon amour et de ma passion pour vous.

A ces derniers mots, mademoiselle de Valbelle se leva ; promenant un regard de fierté sur son amant humilié, et imprimant à ses lèvres une contraction dédaigneuse :

— Vous oubliez, monsieur, dit-elle en se dressant de toute sa hauteur, qui je suis et qui vous êtes vous-même ; faut-il donc vous le rappeler ?

De Favart était loin de s'attendre à des paroles si blessantes de la part d'une jeune fille complétement en son pouvoir. Il pensait avoir à lutter contre des larmes et des prières, et non contre une arrogance tout à fait hors de saison. Aussi ne put-il maîtriser le premier mouvement de son amour-propre blessé. Il releva fièrement la tête, et se cambrant devant sa victime :

— Je n'ai rien oublié, mademoiselle, dit-il avec une certaine inflexion de rudesse ; ce serait à moi à vous rappeler notre position respective.

— Je suis loin de comprendre, monsieur, la portée de vos paroles, répondit mademoiselle de Valbelle avec la même hauteur.

— Vous ne voyez donc pas que vous êtes seule ici avec moi, que mon amour a su niveler nos rangs et nos fortunes ; en un mot, qu'il n'y a dans cette chambre qu'une jeune fille sans force et sans soutien en présence des désirs effrénés d'un homme fort et amoureux.

Et, comme si ce langage eût eu quelque chose de blessant pour son courage et eût révolté les nobles sentiments de son âme, le capitaine baissa de nouveau les yeux, et, rendant à sa voix le timbre doucereux qu'elle avait d'abord, il reprit :

— Mais ne craignez rien, Thérèse, mon attachement est trop pur pour que j'abuse de votre position et triomphe de votre faiblesse. Non, non. Je veux que les plaintes de mon âme trouvent un écho dans la vôtre, et que nos deux cœurs, réunis à jamais, s'enivrent de l'harmonie de leur amour.

— Ce n'est point en m'enlevant à ma famille et en me donnant le déshonneur en échange que vous pourrez m'inspirer de l'admiration et de l'attachement pour vous.

— Ah ! ne m'accusez pas, Thérèse : si vous connaissiez les tortures affreuses que j'ai endurées ; si vous aviez sondé la plaie profonde de mon cœur ; si vous aviez pénétré les pensées de désespoir et de mort qui brûlaient ma tête dans le jour et remplissaient mes nuits de fantômes terribles, vous excuseriez mon délire et ne m'imputeriez pas à crime ce que je croyais être pour moi le bonheur et la vie. Mon amour seul est coupable ; pouvez-vous ne pas pardonner à mon amour, qui remuerait ciel et terre pour un seul de vos regards !

Le capitaine était tombé à genoux ; il avait accompagné ses dernières paroles d'un accent si tendre et si touchant, d'un regard si mélancolique qu'obscurcissait encore une larme furtive, que la jeune fille se sentit émue elle-même. Elle tendit la main à de Favart, qui y appliqua plusieurs fois ses lèvres brûlantes, et le pria de la laisser seule, accompagnant ses paroles d'un sourire qui fit naître dans le cœur du capitaine les espérances les plus grandes et les plus insensées.

Cependant plusieurs jours se passèrent sans que jamais aucune de ses espérances vînt à se réaliser. La jeune fille opposait toujours la résistance la plus absolue, et quand la persistance de de Favart devenait par trop pressante, mademoiselle de Valbelle menaçait de se soustraire par la mort au déshonneur qui lui serait fait.

Le capitaine, de son côté, n'osait employer la force pour s'assurer la possession de son amante, soit que ce moyen répugnât à son amour et à sa loyauté, soit qu'il craignît que la jeune fille n'exécutât le projet de suicide dont elle lui parlait.

Cependant il fallait d'une manière ou d'une autre sortir de cette position équivoque. L'amoureux tenta un suprême effort. Il n'y fut pas plus heureux. Désespérant alors de surmonter l'antipathie ou du moins l'indifférence de Thérèse, il eut le courage de lui dire :

— Puisque mon amour doit être le chemin de ma tombe, je suis prêt à subir ma destinée ; je vais vous rendre à votre famille, mademoiselle ; tandis que dans les bras d'un autre vous goûterez les joies de ce monde, j'expierai, moi, dans les horreurs du supplice la folle prétention que j'avais eue d'être aimé par vous. Adieu, Thérèse, je veillerai dans le ciel sur votre bonheur et votre félicité.

Le capitaine sortit précipitamment. Il avait ordonné le matin de lui amener une voiture et un cheval de selle; il prit ce dernier et partit au galop pour Paris.

Un laquais, sur l'ordre de de Favart, alla quérir mademoiselle de Valbelle, et la ramena rapidement au brillant hôtel de son père.

VI.

Comme il l'avait dit lui-même, de Favart ne voyait plus dans la vie qu'amertume et douleurs; l'existence était devenue pour lui une pesante chaîne dont il lui tardait de se débarrasser, et, dans son désespoir, il crut encore à un bonheur : celui de mourir pour sa bien-aimée. Dans le trajet de Juvisy à Paris, qu'il parcourut avec toute la vitesse de son cheval, mille idées confuses de tristesse et de désenchantement surgirent de son cerveau malade. Quelquefois aussi son esprit, se créant une vie impossible, se berçait des rêveries les plus douces qu'il ne lui était même plus permis d'espérer; mais revenant bientôt aux tortures dont son âme était déchirée et aux réalités accablantes du moment, il se complaisait dans la pensée d'une mort prochaine, qui peut-être attirerait enfin sur lui un regard de pitié de l'insensible Thérèse. Hélas! c'est l'histoire de tous les amoureux : ils voient dans le trépas la jouissance d'emporter avec eux une pensée consolante et de savourer à leurs derniers instants une parole moins sévère ou un sourire de regret et de compassion. Cette joie était la dernière à laquelle le capitaine pût prétendre en ce monde, et il s'y cramponna avec toute la vigueur du désespoir.

Cependant, avant de mettre son projet à exécution, il voulut voir encore la femme dont l'amitié et le dévouement avaient tout fait pour apporter un terme à ses douleurs; il se rendit chez la Maupin dès son arrivée à Paris.

La comédienne fut frappée de l'altération répandue dans les traits de François; elle devina sans peine, dans cet accablement muet et sombre, la défaite de son ami et pressentit le dessein funeste auquel il s'était arrêté. Elle avait pour le capitaine un attachement véritable et profond; elle ne pouvait donc ne pas tout faire pour prévenir une catastrophe dont son cœur aurait certainement beaucoup à souffrir.

Lui serrant affectueusement les mains :

— Pauvre ami! lui dit-elle, je sais tout.

— Qui a pu vous dire, interrompit avec étonnement de Favart, que les brûlantes inspirations de mon âme avaient dû se taire et s'éteindre devant l'indifférence de mademoiselle de Valbelle?

— La pâleur de vos joues, le bouleversement de vos traits et les larmes qui mouillent vos paupières, n'ont pu me cacher votre peine et m'ont révélé toute l'étendue de vos douleurs.

— Oui, plus d'espérances, plus de douces pensées! une certitude terrible dévaste mon âme, et, au dedans comme au dehors de moi, je ne sens plus que le vide et le néant. Tous les liens qui m'attachaient à la vie sont rompus. Malheur et anathème sur moi!

Des sanglots tumultueux l'interrompirent et ses pleurs coulèrent plus abondamment. La Maupin, l'attirant doucement à elle, voulut calmer ce poignant désespoir :

— Chassez, lui dit-elle, ces idées funestes et ne fermez pas votre cœur à l'espérance.

— Hélas! répondit tristement le capitaine, je l'ai conservée tant que le doute m'était encore permis. Mais aujourd'hui que la réalité pèse de tout son poids sur ma pauvre existence, il ne me reste plus qu'à expier dans les supplices la vanité de mon fol amour et sa tentative désespérée.

— Quoi! s'écria l'actrice avec étonnement, vous voudriez vous-même aller offrir votre tête au courroux de Sa Majesté et à la vengeance du baron de Valbelle? Oh! non François, je vous épargnerai ce trait de démence.

— Qu'importe que je me présente moi-même ou que la garde vienne me quérir? ne suis-je pas voué d'avance au geôlier de la Bastille?

— Non, sans doute. Thérèse seule peut vous accuser, et je suis certaine qu'elle ne le fera pas.

— Je ne puis laisser peser le déshonneur sur elle; il faut que je proclame à la face de tous son innocence et sa pureté.

— Votre générosité va trop loin, ami : écoutez-moi. Si mademoiselle de Valbelle ne vous dénonce point à Sa Majesté, comme je le crois, c'est qu'elle cache au fond de son cœur un sentiment d'estime et peut-être d'amour pour vous, et alors espérez, la vie peut renaître brillante et fortunée. Si, au contraire, votre entreprise est dévoilée, eh bien! allez expier dans les cachots les rêves insensés dont vous vous étiez bercé.

La Maupin continua à développer cette thèse, et fit si bien qu'un rayon d'espérance vint encore éclairer l'âme dévastée du capitaine, tant, au milieu de l'infortune la plus réelle, l'homme se saisit avidement de tout ce qui peut le sauver du naufrage.

Il fut donc convenu que de Favart ne mettrait point à exécution son projet, et qu'il attendrait les événements.

Pendant que la scène précédente se passait chez mademoiselle Maupin, Thérèse était rentrée dans l'hôtel de son père. Après la joie que causa son retour inattendu, le baron voulut savoir la cause de sa disparition. La jeune fille lui raconta dans tous ses détails ce que nous savons déjà, mais se refusa obstinément à nommer son ravisseur. C'était précisément ce qu'il importait le plus au père de connaître, afin d'obtenir satisfaction sur tous les points, si l'amant était noble, ou attirer sur sa tête le courroux de Sa Majesté, si son rang ne lui permettait pas d'effacer la tache imprimée à l'honneur de sa maison. La jeune fille fut inébranlable : prières, menaces, supplications, rien ne put vaincre sa résistance.

Le père s'adressa alors au roi, ou plutôt à madame de Maintenon. Celle-ci, pour lever toute crainte dans le cœur de Thérèse, au sujet de son amant que l'on avait droit de croire heureux, ou bien encore pour décider celui-ci à se faire connaître lui-même ; la favorite, disons-nous, fit signer au roi la grâce pleine et entière du coupable, et la promesse d'assister au mariage des deux jeunes gens.

Le baron crut avoir fait un acte de haute politique. Il courut radieux présenter à sa fille l'écrit de Sa Majesté. A cette vue la résistance de Thérèse fut un peu plus opiniâtre que précédemment.

La conduite réservée du capitaine, son amour respectueux et sa noble loyauté avaient touché l'âme de mademoiselle de Valbelle, et y avaient fait naître un sentiment d'estime et de commisération. Forte de son innocence et de sa pureté, la fille du baron ne pouvait consentir à briser pour toujours une existence belle de jeunesse et d'avenir; d'ailleurs, elle sentait en elle je ne sais quoi qui la poussait à l'indulgence et la portait à pardonner une faute, dont l'amour seul avait ourdi la trame.

D'un autre côté elle n'aimait point François de Favart. Si d'abord elle avait caché le nom de son ravisseur, pour le soustraire à la colère du roi et à la vengeance de son père, elle ne pouvait plus le dévoiler, alors qu'on voulait en faire son époux.

De Favart ignorait toutes ces circonstances : il se voyait toujours menacé par le glaive de la justice; l'incertitude où le plongeait cette crainte incessante étant pour lui un sujet d'ennui aussi fort que la triste réalité de son malheur, il résolut de sortir de cette fausse position, et un jour, à l'insu de la Maupin, il dévoila sa faute à Monsieur, depuis longtemps son protecteur, avec prière de hâter, auprès du roi, le châtiment qui lui était réservé.

Comme le pardon du capitaine était signé depuis quelques jours, le baron de Valbelle fut de suite averti que le ravisseur de sa fille était connu et que la réparation la plus complète lui serait donnée.

Le baron, en apprenant le nom du coupable, voulut revenir sur ses pas et refuser de faire entrer dans sa famille un simple capitaine des gardes. Mais le roi objecta qu'il ne pouvait mentir à sa signature, et que d'ailleurs le simple capitaine des gardes serait suffisamment anobli par la présence du roi à son mariage. M. de Valbelle fut obligé de se soumettre à la volonté royale, et s'il déguisa son mécontentement devant Louis XIV, il y donna un libre cours dans l'entretien qu'il eut avec sa fille sur ce sujet.

— Soyez fière et heureuse, lui dit-il avec une ironie amère, vous, l'héritière unique du baron de Valbelle; vous, qui auriez pu prétendre aux plus nobles gentilshommes de France, vous allez devenir l'épouse du capitaine François de Favart, fils cinquième de je ne sais quel gentillâtre de campagne.

— Moi, répondit Thérèse qui ne put maîtriser un premier mouvement de terreur, de quel droit m'impose-t-on une pareille mésalliance?

— Mais, s'écria le baron avec un sourire contraint, parce que vous vous êtes abaissée jusqu'à en faire votre amant et vous faire enlever par lui.

La pauvre enfant fut stupéfaite à cette révélation terrible; elle voyait se réaliser ce qu'elle redoutait le plus, c'est-à-dire son union avec le capitaine. Cependant elle puisa de nouvelles forces dans l'imminence même du péril, et ne voulut pas s'avouer vaincue avant d'avoir tenté tous les moyens que lui suggérait le désespoir. Le premier qui se présenta fut de nier, selon la manière dont on avait pénétré le secret de son enlèvement. Laissant se calmer l'effroi qui avait sensiblement ralenti les pulsations de son cœur, elle répondit avec une indignation feinte :

— Qui ose porter contre moi cette odieuse accusation? L'avez-vous pu croire, mon père?

— C'est le capitaine, et il est difficile de ne pas ajouter foi aux paroles d'un homme qui fait contre lui-même la plus grave déposition.

Thérèse entrevit tout à coup quelques chances de succès à soutenir son mensonge. Elle se leva précipitamment, et promenant sur son père un regard d'une noble fierté :

— Ah! vous avez cru aux paroles de cet homme! Vous n'avez donc pas vu que c'était un indigne calcul, et qu'en s'avouant mon ravisseur, il voulait avoir les bénéfices de la clémence du roi. Ah! vous n'avez pas compris cela, mon père, et au lieu de repousser cet intrigant, vous avez mieux aimé accuser votre fille, et la croire coupable d'une basse lâcheté.

A cette sortie violente de Thérèse, le baron sentit renaître son orgueil aristocratique, et avec lui la joie la plus franche et la plus profonde. Il se rapprocha d'elle, prit dans ses mains sa belle tête qu'il couvrit de baisers, et, au milieu des larmes de bonheur et de reconnaissance, il ne put prononcer que quelques paroles d'une voix émue :

— Pardonne à mon égarement, disait-il, la douleur avait obscurci la lucidité de ma pensée... Ah! je te crois, Thérèse, tu es toujours digne du noble nom que tu portes.

Mademoiselle de Valbelle, puisant de nouvelles forces dans les paroles de son père, et s'enhardissant en proportion de ses succès, ajouta, pour fortifier son mensonge :

— Quand un châtiment était suspendu sur la tête de mon ravisseur,

M. de Favart s'est prudemment tenu à l'écart; mais quand il s'est agi de conquérir avec ma main le rang et la fortune des Valbelle, alors il n'a plus hésité, et il n'a pas craint d'ajouter à sa lâcheté une infamie et un mensonge... Où sont les preuves de ce qu'il avance? continua Thérèse après une courte pause et en s'animant; de quel droit ses paroles ont-elles plus de valeur que mes affirmations ?... Ah! mon père, dites-moi que vous ne croyez plus à ce mensonge, et que vous n'avez pas méconnu le sang qui coule dans mes veines.

Et la jeune fille tomba en pleurant dans les bras du baron. Celui-ci calma la douleur et l'indignation de son enfant, et promit de démasquer au roi toute la fourberie de cet ambitieux de nouvelle espèce.

En effet, le jour même, M. de Valbelle déposa sa plainte aux pieds de Sa Majesté. Louis XIV eut lieu d'être surpris de la tournure que prenait cette affaire, et, poussé par madame de Maintenon, il se promit de rechercher la vérité au milieu de ces contradictions flagrantes. Tour à tour il interrogea Thérèse et M. de Favart. Dans les réponses presque toutes monosyllabiques de la première, il crut reconnaître quelque chose de contraint et de forcé qui n'était pas l'expression naturelle d'une conscience blessée. Il pensa qu'une partie de la vérité lui était cachée, ce qui le disposa peu favorablement pour mademoiselle de Valbelle.

Le capitaine, au contraire, entourait son récit de tant de détails et l'accompagnait d'une expression si vraie de franchise et de naïveté, qu'on ne pouvait pas ne pas concentrer sur lui tout l'intérêt de la cause. Cependant le roi était encore indécis, tant il était influencé par la haute position de la maison de Valbelle. Pourtant il fallait sortir de ces incertitudes, et frapper un coup décisif pour éclairer les ténèbres de cette mystérieuse aventure. Il résolut de mettre les deux parties en présence, espérant avec raison que la vérité démasquerait le mensonge.

Pendant tous ces pourpalers, de Favart avait été mis au courant de l'affaire: il savait qu'on ne recherchait plus un coupable pour le punir, mais bien un tendre amant pour l'unir à sa maîtresse. La clémence du roi l'avait presque découragé; il répugnait à sa délicatesse de s'imposer à une femme à qui, en échange d'un nom illustre et d'une fortune considérable, il ne pouvait apporter que son amour, patrimoine sublime, si l'on veut, mais de bien peu de valeur aux yeux du monde.

La Maupin, qui n'avait jamais cessé d'être l'ange tutélaire et le confident de son ami, ne partageait point ses scrupules. Son âme généreuse se révolta de l'indigne fausseté de Thérèse, mais ni ses paroles ni son regard ne laissèrent percer cette indignation, tant elle avait à cœur de voir se réaliser les désirs amoureux de François. Elle voulut apporter dans la défense du capitaine l'appui de son témoignage, et se promit de faire triompher elle-même la bonne cause au tribunal de Sa Majesté.

Au jour fixé par le roi pour mettre en présence les deux parties adverses, la Maupin obtint de Monsieur une audience particulière, pendant laquelle elle expliqua au prince toute la part qu'elle avait prise à l'enlèvement de mademoiselle de Valbelle, et le supplia de la faire intervenir comme témoin dans le procès alors pendant devant le roi. — Le prince se prêta avec bonne grâce à la demande de la comédienne et l'introduisit, avec l'assentiment de Louis XIV, dans une pièce attenant à la salle, où se tenait le tribunal suprême.

La Maupin était admirablement vêtue en femme : une robe de velours noir, légèrement ouverte sur la poitrine, à la mode du temps, à manches longues, pendantes et retenues par un nœud de perles, se relevait gracieusement en arrière et sur les côtés, pour laisser voir en dessous une autre robe de satin blanc, dont la longueur n'empêchait point d'apercevoir de riches bas verts, aux coins couleur de rose, ainsi que les portaient les belles dames de l'époque. Son collet, bordé de riches dentelles, était rabattu et laissait admirer dans toute leur beauté les formes gracieuses de son cou. Un ruban rose soutenait sa coiffure à la Fontanges; et pour ne rien oublier dans ce costume du grand siècle, la Maupin, comme toutes les dames de ce temps, avait caché sa figure sous un de ces masques en velours noir, doublés de satin blanc, que l'on appelait *loup*.

Depuis assez longtemps le capitaine de Favart et mademoiselle de Valbelle plaidaient chacun leur cause ; le premier avec cette timidité, cette retenue et cette naïveté qui caractérisent si bien l'amour véritable et que donne seule une cause juste ; Thérèse, au contraire, avec cette irascibilité de paroles, cette ténacité dans les arguments qu'engendrent les besoins d'une cause mauvaise, comme s'il eût fallu à son esprit de quoi s'étourdir sur le fond même du litige.

Le roi n'osait encore se former une opinion, quand il ordonna que la Maupin fût introduite et entendue. L'actrice déposa son masque en présence de Louis XIV, et raconta dans tous ses détails le rôle important qu'elle avait rempli dans le rapt de Thérèse.

Aux premières paroles qu'avait prononcées la fille de l'Opéra, un changement subit s'était opéré chez mademoiselle de Valbelle ; sa figure avait tour à tour exprimé l'étonnement, la joie, la crainte, etc., et chacun de ces sentiments se peignait avec tant de rapidité sur ses traits, qu'il était presque impossible d'en marquer le passage. On s'apercevait seulement qu'un orage terrible se formait dans son cœur, comme la tempête qui se fait précéder sur les eaux limpides de l'Océan par une multitude de vents sans direction déterminée, mais avant-coureurs certains d'un bouleversement immense.

Cependant, à mesure que l'actrice avançait dans son récit, la physionomie de Thérèse prenait plus de fixité : les yeux largement ouverts et fixes, la bouche béante et le cou tendu, la jeune fille semblait vouloir aspirer par tous les sens les paroles de la Maupin. Insensiblement, et comme tout à fait en dehors de sa volonté, elle avait quitté le siége où elle était assise, et, au moment où la complice de de Favart racontait sa dernière entrevue dans la petite maison de Juvisy, en rappelant le don de la bague qu'elle avait acceptée, mademoiselle de Valbelle, par un mouvement spontané, se précipita vers la Maupin, et poussant un cri terrible, comme si une rupture mortelle s'était subitement produite dans un de ses organes, elle tomba presque morte dans les bras de l'actrice.

Des soins lui furent promptement prodigués. Revenue à elle, la pauvre jeune fille rendit entièrement hommage à la vérité, et déclara être prête à épouser son ravisseur, le capitaine François de Favart. Le contrat fut signé le jour même, et le roi y donna, à l'heureux mari, le titre de marquis de Favart, rendu si malheureusement célèbre vers la fin du même siècle par le petit-fils de François, qui, sur l'ordre de la Convention nationale, fut pendu en place de Grève, aux acclamations de la populace.

. . . .

. . . .

. . . .

Personne n'avait soupçonné l'amour de Thérèse pour le petit page, Jules de Maupin, et nul ne sut jamais les tortures de cet amour impossible.

Paris. — Imprimerie de L. MARTINET, rue Mignon, 2.

L'OEil-de-Bœuf des Théâtres forme un gros volume composé de douze livraisons, contenant chacune 1° une nouvelle-roman, dont le sujet est emprunté à la vie intime d'un acteur, d'une actrice ou d'un auteur dramatique; 2° le plan gravé de l'intérieur d'un théâtre de Paris, avec le numéro des stalles et des loges, et le nombre de places de chaque loge; 3° une notice historique concernant le théâtre qu'elle accompagne, suivie du personnel administratif et artistique et du prix des places de ce théâtre.

Toutes les livraisons sont en vente et ont paru dans l'ordre suivant :

	Gravures.	Titre de la Nouvelle-Roman.
1re livraison.	Opéra.	L'Amour d'une Sirène.
2e —	Théâtre-Français.	Une Conspiration à For-l'Évêque.
3e —	Opéra-Comique. .	Un Moment d'erreur.
4e —	Odéon	Un Comédien en pénitence.
5e —	Italiens.	Une Vengeance d'outre-tombe.
6e —	Vaudeville	Un Amour impossible.
7e —	Variétés.	Ce que rapporte la poésie.
8e —	Porte St-Martin. .	Une Vendetta.
9e —	Gymnase.	Deux Cœurs pour un amour.
10e —	Historique	Une Fleur de Bal.
11e —	Montansier. . . .	Les Diamants de la Marquise.
12e —	Ambigu	Une passion à bord.

Chaque livraison forme séparément un tout complet; réunies entre elles, ces 12 livraisons composent un fort volume dont *une demi-livraison* supplémentaire donne le titre, le prologue, l'épilogue et la table des matières. Cette demi-livraison se trouve chez l'éditeur, 43, rue Vivienne, et chez tous les libraires et marchands de nouveautés de Paris.

Paris. — Imprimerie de L. Martinet, rue et hôtel Mignon, 2.

L'ŒIL-DE-BŒUF

DES THÉATRES

PAR

FÉLIX ROUBAUD.

Septième Livraison.

VARIÉTÉS.

A PARIS
CHEZ JONAS-LAVATER, EDITEUR,
43, RUE VIVIENNE;
ET A LA PAPETERIE DE PARIS, NERAUDAU,
46 ET 48, RUE DES FOSSÉS-MONTMARTRE.

L'Œil-de-Bœuf des Théâtres forme un gros volume composé de douze livraisons, contenant chacune 1° une nouvelle-roman, dont le sujet est emprunté à la vie intime d'un acteur, d'une actrice ou d'un auteur dramatique; 2° le plan gravé de l'intérieur d'un théâtre de Paris, avec le numéro des stalles et des loges, et le nombre de places de chaque loge; 3° une notice historique concernant le théâtre qu'elle accompagne, suivie du personnel administratif et artistique et du prix des places de ce théâtre.

Toutes les livraisons sont en vente et ont paru dans l'ordre suivant :

		Gravures.	Titre de la Nouvelle-Roman.
1re	livraison.	Opéra.	L'Amour d'une Sirène.
2e	—	Théâtre-Français .	Une Conspiration à For-l'Évêque.
3e	—	Opéra-Comique. .	Un Moment d'erreur.
4e	—	Odéon	Un Comédien en pénitence.
5e	—	Italiens.	Une Vengeance d'outre-tombe.
6e	—	Vaudeville	Un Amour impossible.
7e	—	Variétés.	Ce que rapporte la poésie.
8e	—	Porte St-Martin. .	Une Vendetta.
9e	—	Gymnase.	Deux Cœurs pour un amour.
10e	—	Historique	Une Fleur de Bal.
11e	—	Montansier. . . .	Les Diamants de la Marquise.
12e	—	Ambigu	Une passion à bord.

Chaque livraison forme séparément un tout complet; réunies entre elles, ces 12 livraisons composent un fort volume dont *une demi-livraison* supplémentaire donne le titre, le prologue, l'épilogue et la table des matières. Cette demi-livraison se trouve chez l'éditeur, 43, rue Vivienne, et chez tous les libraires et marchands de nouveautés de Paris.

CE QUE RAPPORTE LA POÉSIE.

I.

Le 23 février 1848, à sept heures du soir, au moment où une partie de Paris s'illuminait en l'honneur de la réforme obtenue et du renversement du ministère Guizot, deux jeunes gens, l'un et l'autre à la force de l'âge, dînaient dans un des restaurants du boulevard des Italiens. Camarades d'enfance et de collége, ils s'étaient liés d'une amitié presque fraternelle, bien qu'en politique ils se fussent rangés sous des drapeaux ennemis.

Charles d'Albouy avait été élevé dans les idées légitimistes et était resté fidèle à cette opinion plutôt par sentiment que par conviction. Livré à des travaux littéraires et surtout de théâtre, aimant la vie insouciante et gaie de l'artiste, il dédaignait de descendre dans l'arène politique, à laquelle ne l'avaient point préparé d'ailleurs des études sérieuses et spéciales. Cependant il professait un souverain mépris pour la branche cadette des Bourbons, à laquelle il reprochait d'avoir usurpé la place de ses aînés, et portait au régime constitutionnel une haine implacable, parce qu'il se trouvait avec lui dépouillé des priviléges de sa naissance et de son nom. Tous ses instincts et toute sa science politique se résumaient dans ces deux sentiments, le mépris et la haine, au service desquels il était capable de mettre sa liberté et sa vie.

Son camarade était arrivé au même but, mais par une route toute différente et par des motifs tout opposés. Abordant les plus hautes questions de la philosophie et de la science politique et sociale, Jules Leblond n'admettait, pour gouverner les hommes, que deux principes essentiellement contraires, le principe d'autorité et le principe de liberté. Il regardait le premier comme mort dans notre pays, et il en appelait à la France entière qui d'enthousiasme avait sapé le trône en 89, avait résisté à l'Europe coalisée et royaliste, avait abandonné l'empereur qui l'avait cependant couverte de gloire et avait salué avec joie la Révolution de 1830. Dans sa conviction profonde, la France avait pour toujours rompu avec le principe d'autorité et ne reconnaissait plus que le principe de liberté.

Le régime constitutionnel ne trouvait pas grâce à ses yeux : Jules Leblond considérait l'alliance des deux principes comme une folle utopie dont l'expérience devait coûter la ruine et le déshonneur du pays. En philosophie, disait-il, l'éclectisme a abouti à la négation de tout, au scepticisme le plus abject ; en politique, le régime constitutionnel conduira fatalement à l'égoïsme et à tous les crimes qui en sont la suite. L'histoire des dix-huit dernières années ne lui donnait pas tout à fait tort.

Charles d'Albouy et Jules Leblond avaient donc une communauté de haine qui eût suffi pour les rapprocher, s'ils n'eussent été déjà unis par une longue et véritable amitié. Pendant les journées du 22 et du 23 février, ils s'étaient mêlés au peuple, l'excitant à une révolution et non à une émeute. Leur cri de vengeance contre la monarchie constitutionnelle, qui étendait sur le beau pays de France le funèbre linceul de la banqueroute et du déshonneur, avait trouvé des échos dans les populeux faubourgs qui avaient déjà stigmatisé du titre de *voleurs* tous ces parasites effrontés, vivant de honte et de corruption. Cependant malgré leurs efforts, la lutte n'avait abouti qu'à un changement de ministère, et nos deux jeunes gens, désolés d'un pareil résultat, réparaient à table leurs forces abattues par la fatigue et la veille.

— C'est partie remise ! dit tristement Charles d'Albouy.

— Oui, c'est partie remise ! répondit gravement le démocrate, mais cette escarmouche portera ses fruits : le peuple a retrouvé le chemin de la résistance qu'il avait oublié depuis neuf ans, alors que la politique des d'Orléans avait tenté de châtrer son cœur de tous les sentiments généreux et libéraux. C'est partie remise, comme tu le dis, mais à courte échéance.

Et après un moment de silence :

— En attendant, ajouta-t-il, je propose de regagner chacun notre lit, et de demander au sommeil l'oubli du triste résultat de ces deux jours.

— Mon très cher, répondit Charles en souriant, ta motion est pleine d'à-propos et d'intérêt, mais je la combats en ce qui me concerne.

— Tu veux tenter cette nuit, demanda Jules avec vivacité, un sublime et dernier effort ?

— La partie est remise, ai-je dit tout à l'heure, et toute tentative aujourd'hui serait non seulement périlleuse, mais encore superflue.

— Ah ! je devine, s'écria Jules en riant. Rosita.....

— Oh ! ne prononce jamais devant moi ce nom exécré, interrompit Charles avec animation ; cette femme est mon mauvais génie, et depuis le jour néfaste où je l'ai connue, une puissance infernale me poursuit et m'accable.

— J'ignore si quelque malheur t'a frappé, observa le républicain, mais tu m'as toujours paru très heureux avec..... tu sais? je n'ose pas dire le nom.

— Rien en effet ne manquait à mon bonheur, répondit d'Albouy, j'aimais Rosita de toutes les forces de mon âme, et je puis dire que j'en étais aussi parfaitement aimé. Oh! mon amour tenait du délire et de la frénésie; l'image de Rosita, toujours présente à mon esprit, se retrouvait le jour dans toutes mes pensées, et se reflétait la nuit dans chacun de mes rêves; son nom, il me semblait l'entendre dans le bourdonnement du zéphyr, dans le murmure de l'eau, dans le chant des oiseaux, partout, dans tous les bruits qui frappaient mon oreille. J'aimais Rosita comme un insensé, et dans ma folie je fis des vers pour elle.

— Mais ce n'est pas un crime, répondit Jules en riant, et les dithyrambes amoureux ont toujours été respectés, même par la sainte inquisition.

— Depuis ce moment funeste où ma main aurait dû se glacer, un malheur pour moi a constamment suivi, dans les vingt-quatre heures, la vue de Rosita : la première fois, le lendemain même du jour où je lui donnai ces vers maudits, je faillis tuer mon père en le versant sur les bords d'un ravin; une autre fois, j'eus la maladresse de casser un cabaret de famille, auquel ma mère attachait un sentiment de religieuse vénération; une autre fois, je fus volé d'un bijou précieux, et je perdis au jeu une somme importante; en un mot, à chaque vue nouvelle de Rosita, j'avais à déplorer quelque nouveau malheur. Malgré mon amour, je dus rompre une liaison que condamnaient ma sûreté, celle de ma famille, ma fortune, ma position, mon avenir, tout en un mot, puisque tout pouvait disparaître par l'influence infernale d'un regard de Rosita.

— Je te croyais moins superstitieux, observa Leblond en souriant, et ton histoire mérite de trouver place dans le recueil des contes de fées.

— Raille à ton aise, répondit Charles sur le même ton d'exaltation, mais l'implacable réalité me fait durement expier le crime d'avoir fait des vers à Rosita. Oh! fatale inspiration! faire des vers pour une femme!!! moi qui toujours ai ri de la verve de ces amants transis qui s'occupent à chanter les charmes de leur maîtresse, au lieu de les caresser! moi! avoir fait des vers pour une femme! Oh! mais j'avais perdu la raison! et le ciel me punit cruellement de cet instant de folie!!!

Charles plaçait la cause de ses infortunes dans un sentiment et une croyance si bizarres, que son désespoir paraissait burlesque, et n'inspirait ni commisération ni pitié, tant nous sommes portés à railler les douleurs que nous ne comprenons pas.

— Sans doute, fit Jules avec un sourire ironique, tu as détruit jusqu'au souvenir de ces vers, source de tes supplices?

— Demande au galérien s'il oublie les fers qui le chargent; demande au roué s'il oublie les liens qui le déchirent, mais ne me demande pas si j'ai oublié les vers que m'inspira le diable en personne. Je les vois écrits sur chaque muraille, plus terrible que le *Mane Thecel Phares* du festin de Balthazar ; je les entends murmurer à mon oreille par les mille bruits de la grande ville ; et je les retrouve dans le chant criard des Auvergnats et des Savoisiens ! ! c'est un supplice incessant ajouté aux malheurs qui suivent constamment pour moi la vue de Rosita ! !

— Je suis curieux de connaître cette poésie infernalement magique, dit Jules sans cesser de sourire, et d'apprendre de quelle manière tu conversais avec les Muses.

— Oh ! c'est la seule fois... répondit Charles.

— Et ton coup d'essai, interrompit Leblond, t'a pour toujours guéri de ces relations dangereuses ?

— Sous tous les rapports, répondit d'Albouy, car je n'ai pas même la consolation d'avoir fait de bons vers.

— Voyons.

Et Charles, cachant son front dans ses deux mains, murmura d'une voix sourde et émue les strophes suivantes :

A mon ciel, où tout est sombre,
Brillent des astres sans nombre,
Quand me vient ma Rosita ;
Mais toute splendeur s'efface
Et disparait dans l'espace,
Quand ma Rosita s'en va.

Toute chose semble prendre
Un air plus riant, plus tendre,
Quand me vient ma Rosita ;
Mais la noire inquiétude
Seule emplit ma solitude,
Quand ma Rosita s'en va.

De mon bienfaisant génie
J'entends la douce harmonie,
Quand me vient ma Rosita ;
Mais en mon âme muette
Meurt toute chanson de fête,
Quand ma Rosita s'en va.

Plein d'une sainte croyance,
Mon cœur s'ouvre à l'espérance,
Quand me vient ma Rosita ;
Mais l'espoir s'enfuit et passe,
Et le doute le remplace,
Quand ma Rosita s'en va.

— Charmant! délicieux! s'écria Jules, dès que son ami eut fini, je ne te savais pas poëte et surtout élégiaque à ce point!

— Hélas! répondit tristement Charles, plût au ciel que je n'eusse jamais usé du don fatal de faire des vers!

— Ami, interrompit Leblond, je te conseille d'adresser à Rosita de nouvelles strophes qui, j'en suis sûr, détruiront l'effet des premières.

— Que l'enfer m'engloutisse, s'écria vivement d'Albouy, si j'accouple encore deux mots à la même rime! Le remède à mon mal n'est pas là; il est ailleurs.

— Et tu refuses de te l'appliquer?

— Depuis un mois, au contraire, je travaille à me le procurer, et ce soir enfin je mettrai à l'épreuve son efficacité.

— Ta maladie, fit Jules en riant, est assez bizarre pour que j'aie à cœur d'en connaître le palliatif.

— Rien n'est plus simple, répondit Charles revenant peu à peu à la gaieté de son caractère: l'amour de Rosita m'a probablement marqué d'un stigmate fatal, qui, dans certaines circonstances données, me désigne aux coups du malheur; d'autres amours pourront effacer ce stigmate et me débarrasser enfin de la fatalité qui me poursuit.

— Et ce soir tu tentes l'épreuve?

— Oh! mon ami, une femme charmante (je le suppose du moins, car je ne l'ai jamais aperçue qu'à la distance d'un demi-kilomètre), gracieuse comme une sylphide, brune comme une Andalouse, agaçante comme un lutin.....

— Toujours à la distance d'un demi-kilomètre? interrompit Jules en riant.

— Toujours, répéta Charles sans s'arrêter à l'air moqueur de son camarade; et ce soir, à minuit, j'éteindrai dans ses bras la terrible fatalité dont m'accable l'amour de Rosita.

— A minuit! murmura Jules sur un ton mélodramatique, à minuit! l'heure des crimes et du sommeil des portières!

— En fait d'amour, répondit d'Albouy, l'homme propose et la femme dispose.

— Mais pour avoir ainsi disposé de l'heure de minuit, ta dame doit avoir à tromper la vigilance d'un époux, d'une mère, d'un entreteneur ou d'un Argus quelconque?

— Je ne sais; à travers le demi-kilomètre qui nous sépare, je n'ai pu sonder le mystère dont elle s'enveloppe, ni soulever le voile qui cache sa conduite.

— Ton aventure m'intrigue, et si je te connaissais moins....

— Ah! mon cher, interrompit Charles, c'est l'histoire de toutes les maisons de Paris. Mon cabinet de travail est en face des fenêtres de ma belle, et à force de nous voir, elle à broder et moi à écrire, nous en sommes venus à échanger d'abord des regards, puis des signes, et enfin à nous donner un rendez-vous.

— Mais le demi-kilomètre? fit Leblond en souriant.

— Au numéro 12 de la rue Bleue, que j'habite, se trouve au fond de la cour un appartement dont une arrière-pièce regarde la rue Ribouté; au n° 14 de la même rue Bleue, loge la dame de mes pensées; une face de ce n° 14 est sise sur la rue Ribouté et domine l'arrière-pièce de mon appartement qui me sert de cabinet de travail. C'est donc à travers la rue Ribouté, à travers la cour du n° 12 et à travers encore une immense remise, que nos regards, nos signes et notre rendez-vous se sont échangés. La vue la plus perçante ne pourrait distinguer à cette distance la figure d'une femme, et je suis sûr d'avoir maintes fois rencontré ma belle, sans la reconnaître jamais.

Nos deux interlocuteurs furent interrompus tout à coup par une espèce de vague mugissement, par une explosion subite de bruits sourds et confus. Bientôt les cris deviennent plus distincts; aussitôt les boutiques se ferment à la hâte, les lampions s'éteignent comme par enchantement, et le flot populaire, fuyant dans la direction opposée au boulevard des Capucines, pousse dans les airs des cris lugubres : *Vengeance! Aux armes!! on assassine lâchement nos frères!!!*

A cet appel formidable, d'Albouy et Leblond se lèvent précipitamment, et, ne pouvant plus douter de l'énergique fureur du peuple, ils s'embrassent avec une joie convulsive.

— La lutte recommence, s'écrie Charles, retrouvant le premier la parole au milieu de son émotion. Oh! elle sera terrible cette fois, et malheur aux insensés qui avaient résolu de traîner la France dans le dernier égout de l'infamie!

— La victoire est certaine, répondit Jules, le peuple ne pousse jamais en vain son suprême cri de vengeance.

Et après un moment de muette réflexion :

— Allons reprendre nos places, dit le républicain, parmi les défenseurs de la gloire et de la fortune du pays; nous devons avoir à honneur de débarrasser la France de ses plats intrigants et de ses voleurs.

Et tous deux, se tenant par la main, allèrent se mêler au peuple, qui criait *vengeance!* et appelait aux armes.

II.

Dans la soirée du 23 février 1848, à partir de dix heures, la ligne des boulevards, depuis le ministère des affaires étrangères jusqu'à la Bastille, présentait une animation étrange et bien opposée à celle qui remplit d'ordinaire ces élégants quartiers de la capitale. Les promeneurs paisibles, les riches désœuvrés et les femmes galantes avaient cédé la place aux hommes du peuple qui, pénétrés de la grandeur et de la sainteté de leur œuvre, semblaient se recueillir en eux-mêmes, pour mieux se préparer à une lutte que les souvenirs de 1832 et de 1839 leur promettaient terrible. Magasins, boutiques et maisons, tout était fermé; de temps à autre cependant, une porte s'ouvrait avec précaution et l'on en voyait sortir des hommes et souvent même des femmes, qui apportaient aux travailleurs nocturnes, tantôt des provisions de bouche et tantôt des armes de toutes formes. Le silence sépulcral, étendu comme un linceul sur cette partie de Paris, n'était interrompu que par le bruit de la cognée sapant les arbres du boulevard et par le grincement criard de la scie coupant à leur base les colonnes de Vespasien. Les candélabres du gaz avaient été également abattus ; seulement quelques tuyaux, tronçons informes dont le diamètre n'était pas entièrement oblitéré, laissaient échapper des flots de lumière qui, ballottés par le vent, éclairaient d'une lueur douteuse ces scènes de désolation.

Les ouvriers de cette œuvre étrange échangeaient peu de paroles, comme s'ils avaient craint de perdre une seule minute de leur temps précieux ; le Parisien, si léger d'ordinaire, était tout à sa vengeance.

Un des points les plus animés de ce chantier immense était sans contredit la porte Montmartre. Là des préparatifs formidables étaient faits; pendant que ceux-ci amoncelaient tout ce que leur activité pouvait découvrir, ceux-là, assis en rond devant les premières maisons de la rue du Faubourg, fondaient des balles et faisaient de la poudre-coton. Des femmes, réunies sous une porte cochère, à la lueur d'une chandelle, effilaient du linge et préparaient de la charpie. L'ordre le plus parfait et la discipline la plus sévère se faisaient remarquer dans cette troupe de travailleurs : des chefs, que l'on reconnaissait à des brassards de laine rouge, dirigeaient l'ensemble des opérations, modéraient et régularisaient l'exaltation fiévreuse dont tout le monde était alors saisi.

D'Albouy et Leblond s'étaient mêlés en volontaires aux faiseurs de la gigantesque barricade du boulevard Montmartre. Armés chacun d'un pieu, ils avaient bientôt appris à soulever les plus lourds pavés et à édifier ces formidables forteresses contre lesquelles s'est brisée deux fois la royauté parjure.

Tout à coup un bruit sourd se fait entendre au loin dans la direction de la porte Saint-Denis ; on dirait le roulement de caissons d'artillerie et le piétinement des chevaux.—Aux armes ! s'écrie un soldat de l'insurrection ; et bientôt toute une petite armée est rangée en bataille derrière un tas de pavés, d'arbres et de voitures, amoncelés sans art et sans solidité. Le chef de poste, pensant avec raison que cet amas confus de tous les éléments de barricades serait emporté par le premier boulet ou par une simple charge de cavalerie, ne voulut point exposer inutilement la vie de ses hommes et fit sonner la retraite. Au même instant, et, comme il allait expédier deux émissaires pour s'assurer des mouvements et des intentions de l'ennemi, il reçut du chef du poste de la porte Saint-Denis l'ordre d'ouvrir un passage à la troupe qui, l'arme au bras, escortait deux pièces d'artillerie, depuis Vincennes jusqu'à la place du Carrousel.

Aussitôt la chaussée du boulevard est débarrassée de tout obstacle et les travailleurs de la barricade forment la haie, au milieu de laquelle s'engage bientôt la tête de la colonne militaire. Cette scène avait tout à la fois quelque chose de lugubre et d'imposant!! pas un cri ne vint se mêler au bruit des caissons et de la marche monotone des soldats. Ceux-ci, tristes et pensifs, semblaient s'indigner du rôle infâme qu'on leur imposait, et regardaient avec mélancolie ces éléments formidables de défense, sur lesquels demain peut-être ils trouveront la mort. Le peuple, lui aussi, était sous l'empire d'un sentiment douloureux; ces hommes qu'on armait contre lui étaient ses frères, et tous, peuple et soldats, avaient la même origine, les mêmes intérêts et les mêmes droits. Il voyait sans crainte les instruments de guerre que les artilleurs traînaient à leur suite; car, au moment suprême du combat, le peuple, que nul intérêt n'enchaîne, ne pense qu'à l'honneur de son drapeau et à la sainteté de sa cause.

Le défilé de la troupe dura à peu près dix minutes, et quand le dernier peloton se fut perdu dans les ténèbres du boulevard :

— A l'œuvre, s'écria le chef, les assassins de nos frères veulent échapper à notre vengeance par de nouveaux crimes; ils veillent aux Tuileries, non pour adoucir les blessures qu'ils nous ont faites, mais pour imaginer les moyens d'éteindre dans des flots de sang jusqu'au souvenir de leurs forfaits; ils tremblent à cette heure, j'en suis sûr, devant la colère du peuple. Qu'ils se brisent demain contre nos barricades!

— Non, plus de cette *honteuse boutique!* s'écria un marchand dont l'établissement à l'entrée du faubourg Montmartre servait de magasin de guerre.

Et tous se remirent à l'œuvre, en entonnant le chant des Girondins (1).

En ce moment l'horloge de la rue Chauchat sonna minuit.

Charles se rapprocha de son ami, et lui remettant le pieu dont il était armé :

— J'ai le pressentiment, dit-il, que la journée de demain me sera fatale,

(1) Tous les détails sur les événements politiques, contenus dans cette nouvelle, sont de la plus grande exactitude. Témoin et quelquefois acteur, l'auteur ne relate que ce qu'il a vu ou entendu.

je ne veux pas emporter le regret d'avoir manqué un rendez-vous d'amour.

— Tes précautions oratoires sont inutiles, répondit Jules en riant; va voir ta belle inconnue, mais n'oublie pas dans l'ivresse de ses baisers la patrie, l'honneur et l'amitié.

— Tu peux garder ma place sur la barricade, s'écria d'Albouy, tu ne la trouveras vide qu'après ma mort.

Et, serrant la main de son camarade comme pour donner à ses paroles une sanction plus authentique, il se dirigea par le faubourg Montmartre vers le lieu de son rendez-vous.

— Oh! *le faigniant!!* s'écria un gamin en le voyant partir, il *cagne* à l'ouvrage.

— Te tairas-tu, vermine, répondit Charles, craignant avec raison que les paroles de l'enfant n'attirassent quelque désagrément au fugitif : c'est un bon citoyen qui va faire une ronde.

— Pour lors, répliqua le moutard, se remettant à soulever les pavés, y a pas de mal: c'est sans rancune.

Et Leblond reprit sa place au milieu des travailleurs.

Dix minutes à peine s'étaient écoulées, quand tout à coup Charles reparut à la barricade, les traits bouleversés et sous l'empire d'un tremblement nerveux.

— Oh! mon ami, dit-il à Jules, après l'avoir mené à l'écart, je suis le plus malheureux des hommes! c'en est fait, mon pressentiment de tout à l'heure est maintenant une certitude, et la première balle qui sera lancée demain me fera sauter la cervelle.

— Mais tu es fou, répondit Leblond, partageant l'émotion de son camarade, que s'est-il donc passé depuis ton départ?

— Ce qui s'est passé! interrompit vivement d'Albouy en regardant son compagnon d'une manière bizarre; ce qui s'est passé! mais tu ne le devines donc pas? Cette femme, cette inconnue, à qui je fais la cour depuis un mois...

— A la distance d'un demi-kilomètre! interrompit Jules commençant à comprendre et voulant par la raillerie dissiper les funestes présages de son ami.

— Oh! plût au ciel qu'il m'eût été donné de la voir de plus près! mais une fatalité implacable me poursuit, et cette femme que j'avais rêvée si bonne et qui devait briser la chaîne qui me lie au malheur, cette femme..... cette femme..... c'est Rosita.

Et comme honteux d'avoir prononcé ce nom, il cacha sa tête dans ses mains.

Leblond employa toute son éloquence à le rassurer et à combattre la fâcheuse disposition de son esprit: tour à tour moqueur et sérieux, il appela à son aide tous les arguments et toutes les armes que pouvaient lui fournir la raison et la raillerie.

Charles ne répondait à aucune objection et semblait méditer quelque grand dessein. Tout à coup relevant la tête et prenant convulsivement le bras de son ami :

— L'arrêt est irrévocable, dit-il, je mourrai demain.

Jules l'arrêtant à cette première phrase :

— Si cette idée absurde, dit-il, est si profondément gravée dans ton âme, tu ne dois pas rester au milieu de nous, va t'enfermer chez toi.....

— M'enfermer! interrompit Charles avec vivacité, mais le trépas viendra me chercher jusque dans les entrailles de la terre! M'enfermer! mais le plafond de ma chambre tombera sur ma tête, ou le parquet croulera sous moi! Il faut que je meure, j'ai vu Rosita; et mourir pour mourir, je préfère la mort sur la barricade.

Il n'était pas facile de répondre à de pareils arguments; Jules se contenta de hausser les épaules. Charles continua :

— Demain, lorsque les pas du vainqueur fouleront mon cadavre, tu iras chercher Rosita (elle loge rue Bleue, n° 14), et tu l'emmèneras contempler la triste victime de son amour; tu la forceras sur mes restes inanimés à te restituer les strophes fatales qu'elle n'a jamais voulu me rendre, et tu m'en feras une hécatombe. Alors, mais seulement alors, mon ombre ne sera plus errante et désolée.

Charles avait dit ses bizarres volontés dernières avec un accent si pathétique et si convaincu, que Jules ne sut s'il devait rire de l'idée de son ami ou s'associer à son émotion. Prenant un parti mixte, il allait répondre d'une manière semi-sérieuse et semi-railleuse, quand le gamin de tout à l'heure s'approchant d'eux :

— T'as donc fini ta ronde, citoyen? dit-il à d'Albouy.

— Elle est belle, ma ronde! répliqua machinalement celui-ci.

— T'as donc vu les municipaux? demanda l'implacable gamin.

— Si je n'avais aperçu qu'eux, murmura Charles avec rage, mais j'ai vu Rosita.

— Qu'est-ce que t'a dit, *c'ste* bête! reprit l'enfant en plaçant bravement sur l'oreille son chapeau de papier.

— Que nous serions tous morts demain, répondit Jules, voulant se débarrasser de l'importun.

— Ah! s'écria le gamin en brandissant un barreau de fer qui lui servait à dépaver la rue, c'est en nous rôtissant comme des goujons, qu'ils pensent gagner l'argent de leur gouvernement! qu'ils y viennent!!

Et montrant du doigt la barricade :

— Préparons la rôtissoire pour les municipaux, s'écria-t-il! Allons, pas de *faignantise*, citoyens, à l'ouvrage!

— L'enfant a raison, dit Charles mélancoliquement, allons élever ma tombe.

Et tous les trois se remirent à l'œuvre.

Lorsque le jour parut, la barricade du boulevard Montmartre était une forteresse imprenable. Deux remparts formidables, l'un regardant la porte Saint-Denis et l'autre le boulevard des Italiens, laissaient entre eux un espace dans lequel se tenaient les défenseurs de la liberté. Toutes les rues voisines étaient également barricadées, et couvertes de tessons de bouteilles afin d'en empêcher le parcours à la cavalerie. Paris présentait partout le même aspect; dès ce moment, la cause de la royauté était perdue et M. Bugeaud lui-même n'eût pu faire un pendant à sa victoire de la rue Transnonain.

D'ailleurs la troupe était peu disposée à servir une dynastie qui, revenant aux plus mauvais jours de la restauration, remplissait le cadre des officiers par des courtisans ou des coureurs de salon, et qui la faisait assister l'arme au bras à toutes les hontes que nous infligeaient les puissances étrangères : notre lâche abandon dans la question égyptienne, l'indemnité Pritchard, notre abaissement devant l'Angleterre, alors qu'il s'agissait de l'honneur national, et notre arrogance vis-à-vis la même puissance alors que des intérêts de famille étaient seulement en jeu, avaient aigri l'armée dont le patrimoine est la gloire de la France.

Le peuple, de son côté, partageait les généreux sentiments du soldat : depuis une année surtout le crime semblait s'être réfugié dans les hautes classes de la société, dans celles qui étaient au pouvoir : un pair de France, un ami de la famille royale, avait assassiné sa femme avec l'atrocité et la barbarie d'un sauvage; un autre pair de France, investi des plus hautes fonctions diplomatiques, était enfermé comme fou, pour colorer ses actes de brutalité; un autre ambassadeur, accusé d'avoir extorqué un double contrat de mariage dans l'ivresse d'une orgie de deux jeunes filles, se coupait la gorge à Naples, n'ayant trouvé qu'ingratitude chez ceux-là même pour qui il avait traîné la France dans les mystères d'Aranjuez; un ministre condamné pour concussion; un ex-ministre, ami du roi, condamné pour vol; un officier d'ordonnance du château forcé de fuir pour avoir triché au jeu; l'hôtel des Capucines devenu le réceptacle de toutes les transactions infâmes, de tous les trafics les plus déshonorants; partout, sur tous les points, le crime semblait avoir été inoculé dans cette classe sur laquelle Louis-Philippe reposait son trône. A tort ou à raison, la conscience publique faisait remonter jusqu'au système la cause de toutes ces turpitudes, et à un moment donné, l'armée et le peuple se trouvèrent d'accord pour relever l'honneur de la France si odieusement outragé.

Les barricades ne furent point attaquées. Charles d'Albouy et Jules Leblond, n'espérant plus une lutte, que les soldats avaient rendue impossible en se mêlant au peuple, quittèrent leur poste à onze heures du matin et se dirigèrent du côté des Tuileries.

— Tes pressentiments sont en défaut, dit Jules en riant, tu ne mourras pas aujourd'hui d'une balle.

— Il m'arrivera quelque chose de pire, répondit Charles, la journée d'aujourd'hui se terminera encore par un changement de ministère.

— Mais nous tous qui étions aux barricades, répliqua Leblond avec animation, nous n'avons pas une Rosita de malheur ! !

Ils furent arrêtés au coin de la rue de la Paix par un rassemblement tumultueux au milieu duquel se trouvaient à cheval MM. de Lamoricière et Jules de Lasteyrie. Le général faisait de vains efforts pour obtenir le silence; enfin il y parvint, et saluant courtoisement la foule :

— *Le roi*, dit-il, *vient de composer un ministère avec MM. Thiers et Barrot ; j'ai eu l'honneur d'être nommé commandant des gardes nationales de la Seine, à la condition que tous les postes seront remis aux enfants de la cité.* (Textuel.)

Le peuple resta morne et silencieux.

Tout à coup un homme, la tête enveloppée d'un mouchoir de coton et un fusil à la main, débouche par la rue Neuve-des-Augustins, et se précipitant au milieu de la foule:

— Aux armes ! s'écrie-t-il ; les municipaux font au Château-d'Eau une boucherie du peuple.

Un frémissement de rage parcourut la foule, et tous, d'une voix menaçante :

— Au Château-d'Eau ! s'écrièrent-ils.

Et ils se précipitèrent sur les pas de l'inconnu.

Jules et Charles les suivirent et se mêlèrent au combat sur la place du Palais-Royal.

Nous ne rapporterons pas les incidents de cette lutte mémorable, dans laquelle la royauté perdit les quelques défenseurs qui lui restaient.

Après la prise du Château-d'Eau, les deux amis se rendirent aux Tuileries et le soir à l'Hôtel-de-Ville ; ils assistèrent à la proclamation du gouvernement provisoire, et, sûrs désormais de la chute de leur ennemi commun, ils pensèrent aux besoins de leur estomac et à la faiblesse de leurs forces.

Ils quittèrent la place de Grève et se dirigèrent par les quais vers le quartier de leurs demeures.

Le peuple, n'ayant plus d'ennemis à combattre et possédant une ample provision de cartouches, tirait des coups de fusil en signe de réjouissance. Ces divertissements étaient dangereux, surtout le soir du 24 février, après la visite intéressée qui avait été faite aux caves des Tuileries et du Palais-Royal.

Les deux jeunes gens poursuivaient leur marche à travers des monceaux de barricades et des chevaux morts, éclairés par la lueur vacillante de quelques torches et au bruit incessant des coups de feu dont les balles sifflaient parfois à leurs oreilles.

— Le peuple est vainqueur et tu n'es pas mort, dit Charles en riant, je ne crois plus à la puissance de ta Rosita.

— La révolution, répondit d'Albouy souriant aussi, a emporté du même coup Louis-Philippe et mon mauvais génie, deux calamités...

Un coup de fusil retentit tout à coup, et une balle qui lui traversa la cuisse ne lui permit pas d'achever.

Jules le reçut dans ses bras, et quand le blessé eut été remis du premier sentiment de douleur :

— Insensé que j'étais ! s'écria-t-il.

Et se tournant vers son ami :

— Crois-tu maintenant à ma fatalité ? dit-il mélancoliquement, il y a vingt heures que j'ai vu Rosita ! !

On lui prépara un brancard à la hâte, et quatre hommes du peuple le rapportèrent chez lui.

III.

La blessure de Charles n'était pas grave, et quoiqu'elle n'eût intéressé aucun organe important, elle le força à garder près de deux mois le repos.

Jules venait le voir tous les jours et le tenait au courant des affaires politiques, qui à cette époque occupaient une si large place dans la vie de chacun de nous. Le malade s'intéressait surtout au récit des solennités républicaines, et sa haine contre Rosita, ou plutôt contre la fatalité qui le poursuivait sous la figure de Rosita, augmentait à chaque fête d'où sa blessure le tenait éloigné. Enfin sa santé se rétablit entièrement et lui permit d'assister à la fête de la fraternité.

Cette fête, promise pour le 14 mai, fut renvoyée au 21. Charles eût volontiers mis ce retard sur le compte de son mauvais génie, si le hasard l'eût montré à sa vue ; mais depuis le 24 février il s'était bien gardé d'ouvrir la fenêtre de son cabinet, et il avait même dédaigné de s'informer indirectement de sa voisine, tant était profonde la croyance en sa fatale destinée.

Les ménagements, nécessaires à toute convalescence, ne permettant pas à d'Albouy de se mêler aux rangs de la garde nationale, il obtint un billet pour se placer sur l'estrade élevée devant l'École-Militaire. Il se promettait à l'avance une grande joie de cette fête, que tout annonçait comme la plus belle, depuis l'établissement de la République. Les membres de l'Assemblée nationale, les députations de tous les départements et les gardes nationales accourues à Paris à l'occasion du 15 mai, donnaient à cette solennité un caractère véritablement patriotique et qui était l'expression véritable des vœux de la France entière.

Une immense estrade avait été dressée devant l'École-Militaire, destinée aux corps constitués de l'État et à tout un monde de femmes élégantes.

Ce fut là que Charles alla se placer.

Au fond de l'estrade se trouvait un buffet somptueusement garni, car la fête, commencée le matin à neuf heures, devait se prolonger jusqu'à la nuit.

La tête du cortége se mit en route et défila aux cris mille fois répétés de : *Vive la république! vive l'Assemblée nationale!!*

Pendant deux heures, d'Albouy ne put se lasser de contempler le spectacle magique qu'offrait le champ de Mars ; mais toute admiration a des bornes, surtout quand l'estomac crie famine.

Il se dirigea vers le buffet.

L'affluence était grande ; il parvint avec peine à se saisir d'une aile de volaille, et debout, il contenta son appétit en marquant du pied la marche guerrière qui retentissait au dehors ; cet exercice lui devint funeste : son pied en mouvement heurta un pied mignon de femme, qui poussa aussitôt un léger cri de douleur. Charles, obéissant aux lois de la plus simple politesse, allait excuser son étourderie, lorsque regardant la personne blessée, il pâlit tout à coup, et portant avec désespoir la main dans ses cheveux :

— Rosita! s'écrie-t-il, encore Rosita!!!

Et, laissant tomber l'aile de volaille, il s'enfuit avec la rapidité de l'éclair.

Arrivé sur l'estrade, il se précipite à travers les banquettes remplies de monde, pousse l'un, renverse l'autre, froisse les toilettes des dames, et les spectateurs, tant ses traits sont bouleversés et tant sa démarche est chancelante, n'osent lui faire un crime de sa brusquerie, car tous le prennent pour un fou.

Entièrement absorbé par la terreur dont il est saisi, l'infortuné ne s'aperçoit pas de l'impression qu'il produit et se prend à murmurer parfois : Fuyons, fuyons; l'estrade en s'écroulant va m'engloutir sous ses décombres!!!

Enfin il parvint à gagner l'extrémité d'un gradin, et au risque de se casser le cou, il franchit d'un saut le mur de planches qui s'élevait de ce côté.

Libre de toute entrave, il erra longtemps sans direction, au milieu de l'immense champ de Mars, que transformaient en labyrinthe inextricable les mille colonnes de l'armée et de la garde nationale.

Le hasard le poussa vers la légion d'artillerie. Cette légion, composée presque exclusivement de jeunes hommes, mettait à profit les loisirs que lui faisaient de nombreuses stations, en absorbant avec gaieté les provisions de bouche dont s'étaient munis les vivandières et les marchands ambulants.

Charles heurta de front la première colonne et fut reçu par une grêle de quolibets. Mais tout aussitôt il entendit prononcer son nom et reconnut son ami Jules Leblond, qui, par ses opinions républicaines, avait sa place marquée dans la légion d'artillerie.

Charles va droit à lui, et sans prendre garde aux témoins indiscrets de sa confidence :

— Je viens de voir Rosita, dit-il, quel malheur va donc m'arriver?

— Celui de partager mon modeste cervelas, répond Jules, ne s'identifiant en aucune façon à la tristesse de son ami, et de boire avec moi un verre de piquette.

— Encore, poursuivit d'Albouy tout entier à ses pressentiments et sans s'arrêter à la réponse de son ami, si je pouvais savoir le coup qui me menace, je souffrirais moins, ce me semble, parce que je m'armerais, pour le recevoir, de courage et de résignation ; mais non, rien qu'une fatalité horrible et inconnue...

— Je te répète pour la seconde fois, interrompit Jules en riant, que la vue de ta Rosita te vaudra ce matin un déjeuner détestable, et tels qu'on doit à coup sûr les faire dans les plaines de la Mitidja.

Charles garda le silence d'un air préoccupé.

Son ami, profitant d'une halte, sortit des rangs de son escadron, et menant d'Albouy à l'écart :

— Tu ne peux, lui dit-il, refuser le déjeuner que je t'offre; mes camarades t'appelleraient *aristo*, et me reprocheraient sans cesse notre amitié. Si tu tiens à ne pas me compromettre, oublie un instant ta Rosita, et accepte ce morceau de pain et cette tranche de cervelas. Cette concession te permettra de marcher à côté de nous, et j'ose t'assurer que tu ne seras victime d'aucune catastrophe, tant que tu seras en l'agréable société des artilleurs.

Charles, malgré le trouble dont il était saisi, n'eut pas le courage de refuser; prenant le pain et le cervelas que lui tendait Jules, il le suivit au milieu de ses camarades de l'escadron.

Autour de chaque corps militaire appelé à la fête, circulait un nombre infini de petits marchands, dont les provisions se composaient d'une manière exclusive, de pain, de fromage et de cervelas; d'autres s'étaient contentés de la spécialité des liquides et portaient dans des immenses paniers de l'eau-de-vie, des liqueurs et des vins, affreux rebuts des plus méchants cabarets de barrière. La nécessité est une loi bien terrible!! un soleil de plomb, se répercutant mille fois sur les casques et les armes, une marche longue et fatigante, la poussière que soulevaient le galop des chevaux et les pas des fantassins, tout dans cette journée brûlante concourait à exciter une soif qu'il fallait à tout prix satisfaire. Mais, d'un côté, comme il est de convention que les liqueurs alcooliques sont seules compatibles avec le caractère du soldat français, et que d'autre part, le débit de l'eau eût fait une concurrence fâcheuse à la vente des autres liquides, tous les marchands avaient bien pris garde de ne point en embarrasser leur cargaison ; on n'eût peut-être pas trouvé ce jour-là deux litres d'eau potable dans tout le champ de Mars : force était donc de se contenter de l'horrible breuvage, dans lequel le bois de Campêche et le sulfate de cuivre jouaient le principal rôle.

Charles suivit l'exemple de tout le monde, et après avoir absorbé son morceau de pain et sa tranche de cervelas, se fit verser un verre de vin. Il avait à peine touché le liquide du bout des lèvres que, le retirant avec dégoût :

— C'est du poison, s'écria-t-il.

Et, comme il allait le répandre à terre, Jules l'arrêta et lui murmura à l'oreille :

— Fais un effort, sois aujourd'hui peuple comme nous.

— Mais je ne pourrai jamais boire cette affreuse drogue !

— Du courage, répondit Leblond en souriant, c'est la vue de Rosita qui te vaut ce calice d'amertume.

Et d'Albouy, presque convaincu de la nécessité de cette nouvelle épreuve, avala d'un seul trait le contenu de son verre.

Les clairons de l'artillerie sonnèrent la marche :

— Ne nous quitte pas, dit Jules en reprenant son rang ; nous irons ensemble, après le défilé, réparer le frugal déjeuner que je t'ai forcé de faire.

— Dieu me garde de défiler avec vous, répondit Charles, Rosita est sur l'estrade !

Malgré ses instances, l'artilleur ne put décider son ami à le suivre, et désireux l'un et l'autre de terminer joyeusement la fête de la Concorde, ils se donnèrent rendez-vous dans un estaminet voisin, fréquenté d'habitude par les officiers de l'école militaire.

A deux heures la légion d'artillerie était libre ; fidèle à sa parole, Jules courut retrouver d'Albouy ; celui-ci ne se trouvait pas dans la salle de l'estaminet, remplie d'une foule bruyante et d'une atmosphère de fumée de tabac. Étonné de cette absence, Leblond s'adressa à la dame du comptoir, lui fit le portrait de son ami et lui demanda si elle ne l'avait pas aperçu.

— Le monsieur que vous cherchez, répondit la dame, a été assez fortement indisposé tout à l'heure ; nous l'avons transporté dans un lit de la maison, où il se trouve encore.

Et dans le but de faire excuser son espèce d'indifférence :

— La foule qui nous envahit ne m'a pas permis de m'occuper de lui comme je l'aurais voulu, mais deux médecins sont à son chevet et le soignent.

Jules n'attendit pas la fin de cette phrase et se fit conduire auprès du malade.

Le spectacle qui s'offrit à sa vue était navrant : d'Albouy se roulait dans des convulsions et des coliques épouvantables et couvrait le parquet et le lit de ses vomissements ; il poussait de temps à autre des cris sourds avec un accent de terrible souffrance.

Leblond fut anéanti, mais reprenant bientôt la raison, il jeta son mousquet dans un coin de la chambre, et, s'approchant du malade, il essaya par de douces et bonnes paroles à calmer ses douleurs.

Charles, se levant tout à coup à demi sur le lit et regardant l'artilleur d'une manière étrange :

— J'ai vu Rosita, s'écria-t-il, et je suis empoisonné ! !

Les médecins confirmèrent ce diagnostic, et attribuèrent l'empoisonnement au sulfate de cuivre.

— Cet accident n'aura probablement pas de suites graves, ajouta un des deux Esculapes ; la quantité de poison absorbée est peu considérable, et monsieur n'en a éprouvé de si rudes effets que par ce qu'il était encore convalescent d'un longue maladie.

Jules accepta avec joie cette assurance de la science, et quand Charles eut retrouvé un peu de tranquillité, il le ramena chez lui dans un fiacre.

Pendant toute la route d'Albouy ne fit que murmurer : — J'avais vu Rosita, j'avais vu Rosita !!!

IV.

Le médecin avait dit vrai : l'empoisonnement n'avait pas eu de suites sérieuses, et la générale au 23 juin trouva Charles tout prêt à défendre *l'ordre, la propriété et la famille.*

Cette affreuse lutte de géants qui pendant quatre jours et trois nuits tint Paris en suspens commença par une escarmouche à la porte Saint-Denis. Quelques compagnies de garde nationale de la seconde légion, obéissant à leur courage et cédant à leur impatience, s'avancèrent à tout hasard contre la barricade qui leur était signalée comme la plus proche de leur mairie ; cette barricade à peine commencée ne pouvait être un rempart pour les insurgés : ceux-ci, à l'approche des gardes nationaux, se répandirent dans les maisons voisines et soutinrent le feu du haut des fenêtres qu'ils avaient envahies. On sait la résistance qu'opposa la maison Jouvin.

D'Albouy, en sa qualité d'habitant de la rue Bleue, faisait partie de la seconde légion et se trouvait dans le détachement qui avait commencé la bataille à la porte Saint-Denis.

Les gardes nationaux étaient dans une position fâcheuse : exposés au feu d'un ennemi invisible, ils n'avaient que l'alternative ou de se retirer, ou de débusquer leurs adversaires, afin de se trouver face à face avec eux. Ils s'arrêtèrent à ce dernier parti et pénétrèrent courageusement dans toutes les maisons dont s'étaient emparés les insurgés.

Cette audacieuse tentative réussit ; les vaincus s'enfuirent de tous côtés, et, dans le but de prévenir une surprise, les vainqueurs explorèrent toutes les habitations du quartier.

Charles, qui avait comme par miracle échappé plusieurs fois à la mort, suivit l'exemple de ses camarades et se chargea avec quelques uns d'entre eux de visiter la rue Mazagran.

La petite troupe se mit en marche et ses membres entrèrent deux à deux dans chaque maison. D'Albouy s'arrêta au n° 16 *bis* et en franchit rapidement l'entrée avec un de ses compagnons.

Le premier étage fut minutieusement exploré et ne présenta aucune trace d'insurgés. Au second étage, la porte à laquelle les visiteurs frappèrent resta muette :

— Ouvrez ! s'écria Charles en grossissant sa voix, ou nous faisons voler en éclats cette porte.

Des pas se firent entendre et la porte s'ouvrit :

— Vous aviez donc intérêt à ne pas nous recevoir, dit d'Albouy avec rudesse et en pénétrant dans l'appartement.

— Hélas ! répondit la personne qui avait ouvert, ma maîtresse est dans un tel état de frayeur....

Elle n'acheva pas, les deux gardes nationaux étaient déjà loin d'elle.

Ceux-ci, après avoir minutieusement visité la cuisine et la salle à manger qu'ils trouvèrent sur leurs premiers pas, abordèrent une pièce dans un coin de laquelle se tenait accroupie une jeune femme tremblante d'effroi.

— Madame, dit d'Albouy en entrant, pardonnez un devoir nécessaire...

A ces mots l'inconnue releva la tête et Charles cessa de parler, pâlit, et reculant de trois pas :

— Rosita ! s'écrie-t-il. Malédiction ! c'est Rosita ! !

Et, comme frappé par la foudre, il se laissa choir dans un fauteuil.

Son compagnon, croyant assister à une scène de la vie domestique, voulut se retirer par discrétion ; mais Charles, rappelé à la réalité par la crainte de se trouver seul avec son mauvais génie, se cramponna à son bras et l'entraînant vers la porte :

— Fuyons, fuyons, lui dit-il, cette maison doit être pleine d'insurgés ! aurons-nous le temps d'arriver jusqu'à la rue ?

Et il emporta de vive force son camarade.

Aucun accident ne leur survint; mais d'Albouy, toujours dominé par ses frayeurs, résolut de déserter une lutte qui devait, selon ses pressentiments, lui devenir fatale.

Il rentra chez lui. Pour la première fois depuis le 24 février, il ouvrit la fenêtre de son cabinet, certain de ne plus voir en face la redoutable Rosita. Ses yeux rencontrèrent un frais et joli visage de jeune femme, qui guettait peut-être le retour d'un frère ou d'un époux; Charles se prit à considérer cette ravissante apparition, et il oublia dans sa contemplation muette les pensées sinistres qui naguère occupaient son esprit. Peu à peu le calme, se fit en lui et quand sa voisine, blessée peut-être des regards indiscrets qui s'étaient fixés sur elle, quitta son poste d'observation, Charles avait presque perdu le souvenir de sa fatale rencontre.

Le son du tambour battant la générale le rappela à la réalité.

— Que je reste où que je sorte, se dit-il froidement et en fermant la fenêtre de son cabinet, je n'éviterai pas le malheur qui doit m'atteindre; mon arrêt est écrit au grand livre du destin, et quelque chose que je fasse, je ne parviendrai ni à le changer ni à l'effacer.

Et reprenant ses armes, il retourna dans les rangs de la garde nationale.

Il ne resta pas longtemps inactif. S'adjoignant quelques courageux volontaires, il résolut, malgré les conseils prudents qu'on lui donna, d'aller explorer les environs de Saint-Séverin où la lutte avait pris des proportions gigantesques.

Ce quartier, centre d'opérations des insurgés, s'appuyait sur le faubourg Saint-Marceau, touchait à la rue Saint-Jacques, et avait en face la cité, que défendaient d'énormes barricades. Le terrain était d'ailleurs admirablement choisi pour la résistance : composé en entier de rues étroites et tortueuses, le quartier Saint-Séverin était impénétrable à des troupes régulières.

Charles et sa petite troupe osèrent s'engager dans ce dédale de ruelles et dès les premiers pas furent arrêtés dans leur marche; une décharge de mousqueterie à laquelle ils étaient loin de s'attendre les dispersa de tous côtés, et le malheureux d'Albouy, perdu dans ce labyrinthe qu'il connaissait à peine, tomba entre les mains des insurgés.

— A mort! à mort! criait-on de tous côtés.

Et l'infortuné se voyait désarmé, tiré dans tous les sens.

Persuadé que sa dernière heure était venue.

— Qu'ai-je à espérer? se dit-il, j'ai vu Rosita!!!

Cependant les cris augmentaient, et les clameurs confuses de cette foule ivre de sang attirèrent quelques défenseurs, momentanément inactifs, des barricades voisines.

Tout à coup un des nouveaux venus fend le cercle compacte qui étreignait d'Albouy, et prenant le prisonnier sous son égide :

— Cet homme n'est point un ennemi du peuple, s'écria-t-il; qui parle de le tuer? il s'est battu tout à l'heure à côté de moi sur la barricade, et son costume de garde national n'est pas une preuve suffisante pour le condamner.

Et soulevant la blouse dont il était couvert :

— Et moi aussi, dit-il, je porte le costume d'artilleur de la garde nationale; qui osera m'appeler ennemi du peuple et demander ma tête?

Et la foule enthousiasmée poussa des vivat en l'honneur de la garde nationale.

D'Albouy avait reconnu son ami Jules Leblond.

— Du courage, lui dit à voix basse ce dernier et en lui serrant la main, du courage, tu es sauvé.

Au même instant, quelques décharges de mousqueterie annoncèrent aux insurgés que l'attaque de leurs barricades commençait :

— A vos postes! s'écria l'artilleur.

Et emmenant Charles avec lui :

— Dans un instant, lui dit-il, quand tout le monde sera au feu, tu entreras dans une maison pour attendre la fin de la lutte. Tu ne peux t'échapper encore, et je ne veux pas te forcer à te battre avec nous, contre tes opinions.

— Je ne te quitte plus, répondit d'Albouy chez qui la reconnaissance parlait plus haut que la politique et le danger.

— Eh bien! suis-moi, fit Jules.

Et tous les deux allèrent prendre place derrière une barricade.

Le combat fut long et sanglant; mais les insurgés, malgré leur courage et leur résistance désespérée, durent abandonner la position.

Un sauve-qui-peut commença :

— Tu n'as rien à craindre, toi, dit Leblond à d'Albouy en lui serrant la main; retourne dans ton quartier et prie pour l'âme de ton ami.

Et il disparut dans une rue étroite conduisant à la place Maubert.

Resté seul, Charles chercha à s'orienter dans ce quartier inconnu pour lui et coupé dans tous les sens par des barricades; incertain dans sa marche, il fut bientôt arrêté par les vainqueurs qui franchissaient au pas de course les obstacles élevés contre eux.

— A mort! le traître! à mort! s'écria la mobile en s'emparant de d'Albouy.

Celui-ci eut beau protester de son innocence et de ses opinions politiques, il était poussé, déchiré et maltraité.

— Sur la barricade! continuait l'implacable mobile. A mort! fusillons-le!

L'infortuné supportait avec résignation les traitements barbares qu'on lui infligeait et les excusait presque en pensant à Rosita.

Heureusement pour lui, un chef d'escadron de l'artillerie de la garde nationale intervint, et protégeant de son sabre le pauvre prisonnier :

— *Tas de sauvages*, s'écria-t-il, *je casse la tête à celui qui touche un cheveu de cet homme!* (Historique.)

Et, saisissant Charles par le collet de son habit, il l'emmena à travers la troupe frémissante des mobiles et le conduisit jusque sur la place de Grève où des gardiens s'en emparèrent et le jetèrent au milieu d'autres prisonniers dans les bas-fonds de l'Hôtel-de-Ville.

V.

Après les fatales journées de juin 1848, les prisons de Paris furent insuffisantes pour contenir tous les captifs; ceux de ces derniers qui se trouvaient entassés pêle-mêle dans les caves des Tuileries et de l'Hôtel-de-Ville furent transférés dans les forts, en attendant que la justice sommaire des conseils de guerre eût décidé de leur sort.

Charles d'Albouy subit la destinée de ses compagnons d'infortune, et fut conduit après la lutte dans les casemates du Mont-Valérien.

Les magistrats chargés de l'instruction de cette immense affaire ne pouvaient raisonnablement statuer dans un bref délai sur la culpabilité ou l'innocence de chaque prévenu. Il leur fallait le temps de vérifier toutes les protestations qui leur parvenaient et de recueillir les témoignages pour éclairer leurs consciences.

D'Albouy dut se résigner à ces lenteurs indispensables, et ce ne fut guère que deux mois après son incarcération qu'il parvint à établir la vérité sur son compte, par les attestations de ses camarades de la 2e légion.

Quand l'ordre arriva de l'élargir :

— O Rosita! s'écria-t-il, je me souviendrai de ta rencontre au 22 juin 1848.

L'épreuve qu'il venait de passer l'éloigna pour toujours, on le comprend, des querelles politiques. Il résolut de reprendre le cours interrompu de ses occupations favorites et de travailler de nouveau pour le théâtre où de brillants succès l'avaient accueilli au début de la carrière. Son genre était le vaudeville, et les *Variétés* son théâtre de prédilection.

Il voulut faire une rentrée digne de sa réputation et prépara une pièce en deux actes dans laquelle il répandit à profusion toutes les pierres chatoyantes de son esprit. Il plaça sur cet ouvrage les plus hautes espérances et n'eut ni paix ni trêve qu'il ne l'eût achevé.

Le jour de la première représentation arriva enfin, et d'Albouy, quoiqu'il n'en fût pas à son coup d'essai, ne put se défendre d'un sentiment de crainte. Cependant il parvint à dompter ses frayeurs et à se donner du courage, en pensant que tout lui réussissait, hormis les jours où il voyait Rosita. Aussi pour éviter la rencontre de cette femme fatale, il s'entoura de précautions infinies : d'abord il resta enfermé chez lui toute la journée et fit défendre sa porte à tous les visiteurs; puis, le soir, il se rendit au théâtre en voiture, n'osant même regarder à travers les portières, et alla s'asseoir dans une stalle d'orchestre, tournant le dos à la salle et ne détachant sous aucun prétexte ses regards du rideau.

Au moment où, selon l'usage antique et solennel, les trois coups retentissaient sur la scène, le directeur s'approcha de Charles et sur le ton de la confidence :

— Un accident vient de nous arriver, dit-il.

— Grands dieux ! répondit d'Albouy avec un accent qui trahissait son émotion.

Et baissant la voix comme pour se parler à lui-même :

— Pourtant, dit-il, je n'ai pas vu Rosita !

— L'accident est de peu d'importance, reprit le directeur, mais j'ai dû vous en prévenir.

— Voyons, dit Charles, respirant à peine.

— L'actrice, chargée du rôle de la soubrette, s'est trouvée mal tout à coup, et nous avons dû la remplacer...

— Ce n'est que cela? interrompit Charles rassuré, ce rôle ne demande pas une grande science du théâtre et n'exige d'autre qualité que celles de savoir marcher, remettre une lettre et distinguer un homme d'une femme.

— Ce rôle est en effet si ingrat, répondit le directeur, qu'à défaut du titulaire il ne pouvait être accepté que par une débutante, désireuse de montrer sa bonne volonté. D'ailleurs, poursuivit-il en souriant, ma jeune pensionnaire, engagée depuis hier seulement, est douée d'une de ces figures ravissantes qui font à elles seules le succès d'une pièce.

L'orchestre avait fini la ritournelle et le rideau se leva.

Le premier acte, accueilli avec faveur, fut pour d'Albouy le prélude d'un triomphe complet. Ses espérances commençaient à se réaliser, et tout entier à son bonheur, il se concentra en lui-même, comme pour ne rien perdre de la félicité intérieure qu'il ressentait.

L'annonce du second acte parvint seule à le tirer de son extase; les applaudissements qui en saluèrent les premières scènes étaient un heureux augure pour la fin.

Le dénoûment arrivait à la suite d'une lettre que la soubrette devait, avec discrétion, remettre à sa maîtresse. A cela se réduisait le rôle de la débutante improvisée, et Charles, à coup sûr, n'avait aucune crainte pour cette partie de son ouvrage, et sans l'avertissement du directeur il n'eût peut-être pas pris garde à la personne chargée de ce rôle infime.

Un sentiment de curiosité força son attention à l'entrée de la soubrette :

mais celle-ci avait à peine fait deux pas sur la scène, que Charles, pâlissant et se levant, comme poussé par une force irrésistible :

— Rosita ! s'écria-t-il à haute voix, encore Rosita !!!

Et il retomba lourdement sur son siége.

Cette exclamation, poussée pendant la partie la plus intéressante de la pièce, souleva dans la salle une tempête effroyable.

La débutante, troublée tout à la fois par l'interruption de Charles et par les cris du public, remit la lettre au mari et resta sans mouvements, comme métamorphosée tout à coup en statue.

Le peuple des théâtres est impitoyable ; abandonnant l'interrupteur de tout à l'heure, celui des *Variétés* changea sa colère en lazzi qu'il adressa des quatre coins de la salle à la malheureuse soubrette.

Cependant le calme tendait à renaître et quelques éclats de rire se faisaient encore seuls entendre, quand un spectateur du parterre, en voulant imposer silence aux rieurs, souleva un nouvel orage, beaucoup plus violent que le premier.

Charles, au désespoir, regarda machinalement vers le parterre, et dans le fâcheux agitateur il reconnut son ami Jules Leblond.

La salle s'était partagée en deux camps, s'adressant tour à tour des menaces et des défis ; les moins belliqueux ou les neutres, craignant une rixe sérieuse, tentèrent une diversion et étouffèrent dans le bruit des sifflets les injures que se lançaient mutuellement les deux partis.

Il n'en fallait certes pas tant pour faire tomber une pièce. L'ouvrage de Charles ne fut même pas terminé, et le rideau se baissa au milieu des rires et des huées d'une foule aveugle et irritée.

D'Albouy était comme un fou ; il se précipita hors de la salle, en murmurant entre ses dents crispées :

— Rosita ! toujours Rosita.

VI.

Jules Leblond se présenta le lendemain de bonne heure chez d'Albouy, pour lui expliquer sa conduite et lui offrir toutes les consolations de l'amitié.

— Ne parlons plus de ces choses, interrompit Charles dès les premiers mots, avec un air sinistre. Après tous les malheurs qui me sont arrivés, et dans la perspective de ceux que me promet la rencontre de Rosita, je dois mettre l'espace entre cette femme et moi. — J'ai résolu de quitter Paris.

— Quoi ! s'écria Jules avec étonnement.

— Laisse-moi t'exposer mon plan ; je l'ai dressé cette nuit, pendant l'insomnie que m'occasionnaient les sifflets, toujours retentissants à mon oreille.

Charles alluma un cigare et continua.

— Pour m'éloigner de Paris où la littérature suffit à ma vie, il me faut une place, car je suis sans fortune. — J'ai pensé à une sous-préfecture.

— Diable ! fit Leblond, c'est bien chanceux.

— J'ai tout calculé : par mes opinions bien connues j'appartiens au grand parti de l'ordre, et, comme M. Léon Faucher, aujourd'hui ministre de l'intérieur, est un extra de ce parti, j'ai dix chances contre une pour obtenir ma sous-préfecture, surtout si je suis appuyé par quelque représentant, ami de la propriété et de la famille.

— Je pensais, observa Jules en ricanant, que depuis l'accouchement de la duchesse de Berri à Blaye, il y avait en France des mains qui ne se devaient jamais toucher et des services qui ne se pouvaient demander ni rendre?

— Cela est vrai, répondit Charles, mais nécessité n'est pas loi, et il faut bon gré, mal gré que je fuie Paris et surtout Rosita.

— D'ailleurs, ajouta Jules sur le même ton, soldat obscur mais fidèle, tu ne fais que suivre l'exemple de tes chefs.

— Indique-moi alors, s'écria d'Albouy, un autre moyen de sortir d'embarras?

— Fais ce que dira ta conscience, répondit Jules en prenant son chapeau ; chez nous le véritable républicain ne transige jamais avec l'honneur.

Et il referma la porte sur lui.

— L'honneur ! l'honneur ! murmura d'Albouy resté seul, cela est facile à dire, et je ne crois pas y manquer en demandant à servir mon pays.... et à fuir Rosita.

Et, de plus en plus pénétré de la bonté de son plan, il porta sa demande chez un représentant de ses amis, avec prière de l'appuyer auprès de M. Léon Faucher.

Le mandataire du peuple lui promit tout son concours et lui donna les plus belles espérances.

Quelques jours se passèrent dans l'attente, au bout desquels d'Albouy se décida à s'informer auprès de son ami à quel point se trouvait son affaire.

Le représentant auquel il s'était adressé, homme influent du *parti de l'ordre*, était par cela même, au moment où nous parlons, traqué tous les matins par une foule nombreuse de solliciteurs.

D'Albouy se hâta pour ne pas attendre ; mais, quelle que fût la diligence qu'il mit à accomplir sa démarche, il fut devancé par une personne et forcé de subir le sort commun aux solliciteurs. Enfin la porte du cabinet s'ouvrit, et une femme, remarquable par sa beauté et sa toilette, sortit, suivie du représentant.

Charles jeta un regard de curiosité sur l'inconnue, mais à peine l'avait-il aperçue, que reculant de trois pas avec effroi :

— C'est elle encore ! s'écria-t-il, c'est Rosita !!!

Et il cacha sa tête dans ses mains.

Le représentant, après avoir reconduit la visiteuse, s'approcha de son ami ; mais celui-ci lui prenant vivement le bras :

— *Tu quoque*, lui dit-il, vous aussi, vous connaissez cette femme maudite.

Le député regarda d'Albouy avec étonnement, et sembla demander l'explication de cette exclamation que rien ne paraissait légitimer.

Charles le comprit, il continua :

— Je n'ai jamais vu cette femme sans avoir été victime dans les vingt-quatre heures de quelque malheur.

Le représentant, sceptique comme la caste à laquelle il appartenait, l'interrompit en riant :

— Je ne vous savais pas superstitieux à ce point, dit-il et je vous croyais une raison plus solide.

D'Albouy allait répondre, quand son ami lui prenant les mains :

— Ne parlons plus de ces niaiseries, dit-il; votre affaire est à peu près terminée; j'ai la parole du ministre, j'aurai aujourd'hui sa signature.

Le bonheur de Charles ne fut pas aussi complet qu'on aurait pu le penser : le souvenir de sa rencontre avec Rosita troublait son esprit et jetait un voile funèbre sur sa joie; il ne doutait pas qu'un malheur ne dût lui arriver, et comptant bien que ce malheur serait le dernier, s'il était nommé à sa sous-préfecture, il s'offrit en holocauste à la destinée : il essaya des chemins de fer et alla à Versailles. Le chemin de fer ne lui procura aucun accident; à Versailles, il courut au bois de Satory sur un cheval de louage, avec l'espérance de se casser un bras ou une jambe : le cheval le ramena sain et sauf, mais désespéré de sa promenade; enfin il rentra à Paris par les voitures, demandant à Dieu la faveur d'une catastrophe : mais Dieu resta sourd à sa prière, et l'infortuné arriva chez lui, le cœur navré du résultat négatif de ses tentatives.

Une lettre lui fut remise, et il reconnut à la suscription l'écriture du représentant.

— Enfin ! s'écria-t-il.

Et il rompit triomphalement le cachet, comme s'il n'avait plus rien à craindre de la destinée; mais pâlissant au premier mot, il laissa tomber la missive, et labourant avec ses doigts les touffes de ses cheveux :

— Malédiction, s'écria-t-il, malédiction sur Rosita ! !

Lorsque sa colère se fut un peu calmée et que par l'excès même de sa souffrance, son âme eut repris quelque courage, l'infortuné ramassa la lettre et réunit toutes ses forces pour la lire dans son entier ; elle était ainsi conçue :

« J'ai la douleur de vous annoncer, mon cher ami, que le ministre m'a » refusé aujourd'hui sa signature pour votre nomination ; jamais, m'a-t-il » dit, je ne ferai sous-préfet de mon administration un homme blessé sur » les barricades de février, et pris les armes à la main sur celles du mois de » juin. J'ignorais ces circonstances de votre vie et je n'ai pas insisté. »

— Tout se réunit pour m'accabler, dit tristement Charles, en laissant tomber sa tête sur sa poitrine, et les coups que m'a déjà portés Rosita me sont la cause de nouvelles blessures !

Et il s'abîma dans une douleur profonde.

VII.

Le projet de fuir Paris était passé dans l'esprit de d'Albouy à l'état d'idée fixe. Sans fortune, sans espoir de place, désespéré et la tête perdue dans les hallucinations les plus étranges, il ne vit que le mariage pour se tirer de l'impasse où il était engagé, comptant sur la dot de sa femme pour aller s'établir en province.

Les demoiselles à marier ne manquent nulle part, et encore moins à Paris. Charles, dont la vie n'avait rien de répréhensible et dont la famille était sous tous les rapports honorable, fut agréé comme gendre futur par un quart d'agent de change.

Charles, dans le cœur duquel se reflétait l'enthousiasme de son imagination, ne tarda pas à se passionner pour sa fiancée dont il parvint bientôt à se faire aimer. Il éprouvait tant de bonheur qu'il avait à chaque instant besoin de l'épancher au dehors.

— Je suis dans l'ivresse du ravissement, dit-il un jour à son ami Jules Leblond ; plus je vois ma fiancée, plus je rêve de félicités ; et plus je me rapproche du jour solennel, plus je nargue la fatalité qui m'a jusqu'à présent poursuivi.

— Je t'ai devancé dans la voie du bonheur, répondit Jules, j'ai fait ces jours-ci la connaissance d'une jeune lingère qui m'a donné tout l'amour de son cœur et à qui j'ai voué aussi une affection sans bornes. Ah ! oui, les véritables joies sont dans l'union de deux âmes aimantes, et j'ai hâte de te voir uni à celle que tu aimes.

Charles tendit la main à son ami, et la serrant en signe de remercîment et de reconnaissance :

— Je sais, dit-il, tout ce que cette union a de voluptés pures ; un instant je les ai goûtées avec Rosita ?

A ce nom, Jules, laissant errer un sourire sur ses lèvres :

— Sais-tu bien, lui dit-il, que ton histoire, véritablement extraordinaire, m'a inspiré le désir de voir cette Rosita.

— Dieu te préserve d'un pareil malheur! interrompit vivement d'Albouy, la vue de cette femme te produirait l'effet de la tête de Méduse.

— Je ne redoute pas une semblable influence ; j'ai pour contre-balancer la puissance de ce regard infernal la protection d'un ange tutélaire et d'un bon génie.

— Tu m'as dit tout à l'heure, demanda Charles, heureux de changer le sujet de la conversation, que ta maîtresse était lingère ?

— Sans doute.

— Elle pourrait m'être d'une grande utilité pour le choix et la confection de la corbeille de noces.

— Certainement, répondit Jules, et je me porte garant de son bon goût et de son plaisir à être agréable à un de mes amis.

Jules sortit son carnet, écrivit à la hâte quelques lignes au crayon, et les remettant à Charles :

— Voici l'adresse de Julie, et deux mots pour elle : pourtant je suis prêt à t'accompagner, si tu le désires.

—J'ai plusieurs courses à faire, répondit d'Albouy, et je ne sais l'heure à laquelle je passerai chez ta maîtresse ; mais j'irai positivement aujourd'hui, car ma fiancée a peur du choléra et veut s'éloigner au plus vite de Paris.

Les deux amis se séparèrent, et Charles, ainsi qu'il l'avait dit, se mit à parcourir les magasins de l'élégance et de la nouveauté. Le tour de visiter la lingère arriva, et, joyeux à la pensée de s'occuper de sa fiancée, d'Albouy se présenta à la boutique indiquée ; mais il avait à peine eu le temps d'en ouvrir la porte et de jeter un coup d'œil dans l'intérieur, que sortant de trois pas en arrière :

— Rosita ! s'écria-t-il, encore Rosita ! ! !

Et, les lèvres tremblantes, les yeux hagards, la pâleur sur la figure et la douleur dans l'âme, il se fit reconduire chez lui, où il résolut d'attendre, pendant les fatales vingt-quatre heures, le coup qui devait le frapper.

— Que va-t-il m'arriver? disait-il sur un ton de fureur concentrée, en arpentant à grands pas la diagonale de sa chambre ; le plafond va-t-il s'écrouler ?

Et levant les yeux et menaçant le plafond de ses poings fermés :

— Oh ! le gredin est solidement construit, il ne me cassera pas un membre.

Et touchant chaque meuble avec une espèce de désespoir *insensé* :

— Ils sont tous bien solides, dit-il, aucun ne tombera sur moi.

Et après quelques instants d'un silence terrible :

— Oh ! si je pouvais m'étouffer en mangeant, dit-il avec un sourire de damné, et subir l'opération de la trachéotomie !

Et sonnant son domestique :

— Monte-moi des sardines, ou tout autre poisson hérissé d'épines

Charles mangea les sardines sans précaution ; mais ses dents, en se crispant sous ses mouvements de rage et de colère, broyaient les arêtes et annulaient ainsi toute chance d'étouffement.

D'Albouy était désespéré ; il appelait à lui le malheur, et le malheur semblait dédaigner ses prières : il passa le reste de la soirée en maudissant le sort, Rosita et la poésie. Au moment où, brisé par le supplice de l'attente et les tortures de la crainte, il allait demander au sommeil l'oubli de ses angoisses et de ses frayeurs, un coup violent fut donné à sa porte, et Charles, comme réalisant tout à coup le fatal espoir qu'il avait longtemps caressé, se précipita à moitié déshabillé vers la porte, et l'ouvrant avec précipitation :

— Enfin, s'écria-t-il, voici la fatalité !!!

Un domestique tout effaré lui annonça que sa fiancée était prise d'une attaque de choléra.

— Malédiction ! s'écria d'Albouy.

Et il tomba presque inanimé sur un fauteuil.

Quand il revint à lui, il vit dans toute son horreur le coup qui le frappait. Fou de désespoir, il se précipita en manches de chemise hors de sa demeure et arriva chez sa fiancée dans un état de douloureuse exaltation.

Le médecin sortait de l'appartement de la malade; Charles courut à lui, et lui parlant plus par le regard que par la bouche :

— Espoir? s'écria-t-il.

— Il n'y a plus que Dieu qui puisse la sauver, répondit le docteur, la science est impuissante.

D'Albouy resta sans forces et s'affaissa sans mouvement sous lui-même. Le médecin avait dit vrai : aux premiers rayons de l'aurore, la fiancée de Charles avait cessé de vivre.

VIII.

Depuis le fatal événement qui lui avait ravi toutes ses espérances et tous ses rêves dorés, le malheureux d'Albouy était devenu comme insensible aux choses du monde extérieur et semblait ne plus vivre que d'une existence intime et personnelle. Cependant la vie revint peu à peu dans ce corps, dont la vitalité s'était un instant concentrée dans le cœur, et, à mesure que l'état normal se rétablissait, l'intelligence de Charles percevait mieux toute l'étendue de son infortune. Enfin la raison reprit son empire, et le pauvre jeune homme, mesurant la profondeur de l'abîme creusé sous ses pas :

— C'en est trop, s'écria-t-il, il faut que j'en finisse avec cette épouvantable fatalité qui m'accable.

Et se faisant conduire au magasin de lingerie où il avait vu Rosita, il demanda à cette dernière un moment d'entretien.

Rosita avait vingt ans ; elle appartenait à cette classe de la bourgeoisie dont les membres sont appelés *parvenus;* son père, honnête marchand de la rue Saint-Denis, avait par son travail, son économie et son activité, amassé quelque fortune dont il avait employé une partie à l'éducation de sa fille unique. Rosita avait été mise au Sacré-Cœur et avait puisé dans la compagnie de ses aristocratiques compagnes un dégoût, nous pourrions même dire une haine implacable pour les idées positives et la vie terre à terre des petits marchands de la rue Saint-Denis. Hélas! c'est là l'histoire de bien des jeunes filles!! Rosita, rentrée dans la maison paternelle, se trouva humiliée des manières bourgeoises qu'elle y rencontra, et, comparant son éducation avec celle de ses parents, elle se reconnut une supériorité qui étouffa en son cœur tout sentiment de respect et de condescendance. L'imagination toute remplie des rêves enchanteurs d'un monde idéal, elle s'indigna de ne pas mener cette vie de luxe, de fêtes et de plaisirs que lui avaient si souvent décrite ses camarades, aristocratiques rejetons du faubourg Saint-Germain.

Comme dans toutes les pensions où la vanité seule est satisfaite, Rosita n'avait puisé au Sacré-Cœur qu'une instruction incomplète et n'avait ouvert sa jeune intelligence qu'aux prétentions de l'orgueil et de la suffisance. Elle regardait comme indignes d'elle les travaux ordinairement dévolus à la femme, et se croyait appelée à une haute destinée artistique ou littéraire. Tous ces beaux rêves vinrent se heurter contre le positivisme du comptoir, et l'âme de la jeune fille se révolta contre les lourdes chaînes avec lesquelles on voulait arrêter son vol.

Longtemps Rosita combattit les tentations de ses espérances et de son orgueil, mais un jour, craignant d'étouffer dans la lourde atmosphère de la rue Saint-Denis, elle alla demander aux brillants quartiers de Paris, dont les mœurs lui semblaient faire partie de son monde idéal, la liberté, l'amour et la poésie.

Ce fut au milieu de ces douces illusions qu'elle rencontra Charles d'Albouy et l'aima : leur union dura peu, nous savons comment elle fut brisée.

Malgré son abandon, Rosita avait conservé à son premier amant une affection que rien n'avait pu éteindre, et son cœur était toujours pour lui un ardent foyer d'amour.

A la proposition que Charles venait de lui faire, elle crut à un rapprochement, et, joyeuse de cette espérance, elle emmena le visiteur dans sa chambre ; mais son illusion fut de courte durée, car d'Albouy, prenant *ex abrupto* un ton menaçant :

— Je suis à bout de souffrances!! s'écria-t-il, je viens ici lasser la destinée ou mourir sous vos coups.

— Mourir sous mes coups ! interrompit la pauvre jeune femme qui eût tout sacrifié pour épargner une peine à son ami.

— Oui, la mort est préférable, reprit Charles avec plus d'exaltation encore, à tous les supplices que vous m'infligez.

— Mais je ne vous comprends pas ! répondit Rosita étonnée et effrayée tout à la fois moins des paroles que de l'air sinistre de son interlocuteur.

— Elle ne me comprend pas ! fit celui-ci avec un ricanement de damné. Elle ne me comprend pas, quand je viens, brisé à ses pieds, lui demander comme une faveur de m'achever d'un seul coup.

— Mais qu'ai-je donc fait? demanda la jeune femme avec un double sentiment de crainte et d'effroi.

— Vous avez fait un pacte avec le démon, afin de me faire expier le crime de vous avoir adressé des vers ! Oh ! soyez satisfaite ! votre infernal complice a tenu toutes les clauses du traité, et depuis dix-huit mois à peine il m'a pour chaque rime imposé quelque nouveau malheur ; et c'est vous, barbare, qui, m'attirant sur vos pas, me désigniez à la rage de votre impitoyable auxiliaire.

— Moi ! s'écria Rosita toujours dominée par la frayeur.

— Vous quittez la chaussée d'Antin où je vous avais laissée, pour venir me poursuivre jusque dans ma retraite de la rue Bleue.

— Je ne pouvais plus habiter un logement trop plein de votre souvenir.

— Je tombe dans le piége que vous me tendez à un demi-kilomètre de distance, et le lendemain je reçois une balle, non sur la barricade, c'eût été trop honorable, mais au coin d'une rue et après la victoire. — A peine rétabli de ma blessure, vous évoquez mon mauvais génie pour qu'il me pousse vers vous à la fête de la Fraternité.

— Tout Paris était ce jour-là au champ de Mars.

— Le soir j'étais mourant, empoisonné par le sulfate de cuivre. — Un mois et demi après, je vous retrouve sur mon passage, rue Mazagran...

— Mes ressources pécuniaires me forçaient à des économies et je dus quitter mon logement de la rue Bleue.

— Le même jour je faillis être fusillé deux fois ; mais comme un malheur réel devait m'atteindre, je fus emprisonné et envoyé dans les casemates des forts par ceux-là même dans les rangs desquels j'avais combattu. — Dégoûté des luttes politiques, je retourne à mes travaux de théâtre, et dès mes premiers pas je viens me heurter contre vous.

— J'étais sans pain, j'acceptai un emploi de figurante aux *Variétés*.

— Je suis sifflé et cet échec me ferme la route du théâtre ; — je veux quitter Paris, mettre l'espace entre vous et moi ; je demande une place de sous-préfet, je vous rencontre...

— Je sollicitais moi-même un bureau de tabac, et nous avions le même protecteur.

— Et le soir j'apprends le refus positif du ministre à me donner sa signature. — J'arrive à un autre moyen de vous fuir et je me détermine à me marier. Tout semblait me sourire, la fatalité paraissait enfin s'être lassée ; mais je vous retrouve dans un magasin de lingerie...

— Ma demande de bureau de tabac avait échoué, le théâtre n'allait pas à mes moyens, et, comme il fallait vivre, je me fis lingère.

— Le même jour, ma fiancée se meurt d'une attaque de choléra.

D'Albouy s'arrêta, et croisant les bras et regardant fixement son ancienne maîtresse :

— Voilà ce que vous avez fait, s'écria-t-il avec rage : comprenez-vous maintenant ? Oh ! mais je suis las de toutes ces tortures, et voici ce que j'ai résolu de faire à mon tour.

Et prenant un siége :

— Je suis ici, dit-il, je n'en sors plus : ou la fatalité se calmera, ou, forcée de me frapper à chaque instant, à chaque minute, elle aura bientôt brisé ce qui me reste encore de forces.

A cette résolution étrange, Rosita sentit pénétrer en son âme un rayon d'espérance et de bonheur ; mais Charles se méprenant sur ses sentiments :

— Toute résistance est inutile, s'écria-t-il, ma résolution est inébranlable ; j'ai prévu toutes vos objections, un amant....

— Oui, cela est vrai, interrompit Rosita, j'ai cédé aux obsessions d'un homme que je n'aime pas.

— Que m'importe ! fit d'Albouy, ayez cinquante amants, je serai le cinquante et unième. Aimez-moi ou ne m'aimez pas, je ne vous quitte plus.

Des pas se firent entendre dans l'escalier.

— C'est lui ! s'écria Rosita avec inquiétude.

— Qui lui ? demanda Charles.

— L'homme qui m'a séduite.

— Ah ! tant mieux ! répondit d'Albouy avec un accent de rage triomphante.

Et il alla lui-même ouvrir à l'amant de Rosita.

Mais à sa vue, s'arrêtant tout à coup :

— Jules ! s'écria-t-il.

— Charles ! répondit le nouveau venu.

Et tous deux se tendirent amicalement la main.

La jeune femme respira plus librement.

Après un moment de silence, d'Albouy reprit :

— Tu es l'amant de cette femme ?

— Tu l'aimes aussi ? demanda Leblond.

— Moi ? répondit Charles, comme blessé par cette question, mais c'est Rosita d'Hermilly, mon implacable mauvais génie ! !

— Hélas ! fit la pauvre femme.

— Eh bien, reprit d'Albouy, il faut que tu m'admettes au partage de ton bonheur.

Jules regarda tour à tour avec étonnement son ami et sa maîtresse, et parut ne rien comprendre à cette scène où pourtant un rôle lui était assigné.

— Tâchons d'être lucides, dit-il en riant : madame s'appelle pour toi Rosita et porte pour moi le nom de Julie.....

— Plût au ciel ! s'écria Charles, qu'elle se fût toujours nommée Julie ; je n'aurais peut-être pas fait des vers.

— Je comprends, poursuivit Leblond, le nom de Julie est un nom de guerre ; mais ce que je comprends beaucoup moins, c'est que tu veuilles devenir l'amant d'une femme qui t'inspire de la répulsion et de l'horreur.

Charles lui dévoila le projet dont quelques instants auparavant il avait fait part à son ancienne maîtresse.

— Si la possession de madame d'Hermilly est nécessaire à ta tranquillité, répondit Jules, j'y consens ; Rosita de son côté, si j'en crois son *hélas!* de tout à l'heure, n'est pas indifférente à cette proposition. Je vous aime tous les deux, non pour moi, mais pour vous, et je m'estime encore assez heureux si j'emporte dans ma solitude l'assurance de votre bonheur.

Et, tendant une main à chacun de ses auditeurs, il les rapprocha l'un de l'autre et scella cette réconciliation dans un embrassement commun.

— Et maintenant, dit-il avec un sourire de satisfaction, afin de prévenir toute nouvelle catastrophe, toi, Rosita, restitue à Charles la poésie dont il est l'auteur, et toi, ami, ne te hasarde plus à composer des vers.

— Je le jure ! s'écria d'Albouy avec un accent de profonde conviction.

Il tint parole, et la fatalité cessa de le poursuivre.

Paris. — Imprimerie de L. Martinet, rue Mignon, 2.

L'ART DU DENTISTE.

L'ART DU DENTISTE, arrivé à un certain degré de perfection, resta longtemps stationnaire, dans la croyance où furent les praticiens qu'il n'y avait plus rien à faire pour le perfectionner. William Rogers a détruit cette erreur en nous montrant tous les ans quelque nouvelle découverte pour son amélioration. D'abord, ce sont ses *dents osanores* posées sans crochets ni ligatures, et sans extraction des racines, particulièrement recommandées pour leur légèreté dans la bouche aux vieillards ou personnes dont la bouche irritable ne pourrait supporter une forte pression ou tension, soit de ressorts, de plaques ou de crochets. Après de nombreux essais plus ou moins fructueux, *William Rogers* parvint à donner à ses dents une plus grande transparence, jointe à une solidité à toute épreuve, et sous le nom de *dents osanores indestructibles*, nous fit voir le chef-d'œuvre de l'art dentaire ; ces mêmes dents fabriquées aujourd'hui à la mécanique, avec une promptitude et une précision sans égale, sont néanmoins d'un prix très modéré. *William Rogers* n'a pas été moins heureux dans les recherches qu'il a faites pour les autres branches de son art ; *son ciment pour plomber ses dents soi-même* est encore une invention précieuse et à la portée de tout le monde par la modicité du prix. Ce *ciment* ou *émail inaltérable* s'applique facilement et sans douleur, adhère à la dent, en devient à l'instant même partie, et fait disparaître toute trace de carie ; *son eau Rogers, pour embaumer les dents* quand elles sont trop douloureuses pour être plombées, est encore un de ces secrets bienfaiteurs qu'on ne saurait trop apprécier. Chaque flacon de ces deux articles se vend 3 fr. chez l'inventeur, 270, rue saint-Honoré, et chez les principaux pharmaciens.

Nous venons de parler des différentes améliorations apportées par *William Rogers* dans la pratique de son art ; il nous reste à parler des *ouvrages remarquables* dont il a doté la *science dentaire* pour le développement de ses théories. D'abord son *Encyclopédie* du dentiste, récapitulation des pratiques employées par les anciens dentistes, et des différentes phases de progrès obtenus dans l'art dentaire, depuis son origine jusqu'à nos jours. Prix, 7 fr. 50 c.

Dictionnaire des sciences dentaires, publié dernièrement par *William Rogers*, le plus étendu et le plus complet des ouvrages écrits pour sa profession. Cet ouvrage est un résumé, non seulement des doctrines de l'auteur, mais encore de tous les perfectionnements apportés dans l'odontotechnie ; c'est le divulgué détaillé de la fabrication des dents artificielles jusqu'à la découverte des osanores et des différentes améliorations apportées dans ces dernières par l'inventeur. Prix, 10 fr. Nous devons encore à *William Rogers* plusieurs ouvrages utiles et d'un mérite incontestable, que l'on peut se procurer chez lui, rue Saint-Honoré, 270, à Paris.

(Extrait de l'*Annuaire médical.*)

Paris. — Imprimerie de L. MARTINET, rue Mignon, 2.

L'ŒIL-DE-BŒUF

DES THÉATRES

PAR

FÉLIX ROUBAUD.

Huitième Livraison.

PORTE SAINT-MARTIN.

A PARIS
CHEZ JONAS-LAVATER, ÉDITEUR,
43, RUE VIVIENNE ;
ET A LA PAPETERIE DE PARIS, NERAUDAU,
46 ET 48, RUE DES FOSSÉS-MONTMARTRE.

L'Œil-de-Bœuf des Théâtres forme un gros volume composé de douze livraisons, contenant chacune 1° une nouvelle-roman, dont le sujet est emprunté à la vie intime d'un acteur, d'une actrice ou d'un auteur dramatique; 2° le plan gravé de l'intérieur d'un théâtre de Paris, avec le numéro des stalles et des loges, et le nombre de places de chaque loge; 3° une notice historique concernant le théâtre qu'elle accompagne, suivie du personnel administratif et artistique et du prix des places de ce théâtre.

Toutes les livraisons sont en vente et ont paru dans l'ordre suivant :

	Gravures.	Titre de la Nouvelle-Roman.
1re livraison	Opéra	L'Amour d'une Sirène.
2e —	Théâtre-Français	Une Conspiration à For-l'Évêque.
3e —	Opéra-Comique	Un Moment d'erreur.
4e —	Odéon	Un Comédien en pénitence.
5e —	Italiens	Une Vengeance d'outre-tombe.
6e —	Vaudeville	Un Amour impossible.
7e —	Variétés	Ce que rapporte la poésie.
8e —	Porte St-Martin	Une Vendetta.
9e —	Gymnase	Deux Cœurs pour un amour.
10e —	Historique	Une Fleur de Bal.
11e —	Montansier	Les Diamants de la Marquise.
12e —	Ambigu	Une passion à bord.

Chaque livraison forme séparément un tout complet : réunies entre elles, ces 12 livraisons composent un fort volume dont *une demi-livraison* supplémentaire donne le titre, le prologue, l'épilogue et la table des matières. Cette demi-livraison se trouve chez l'éditeur, 43, rue Vivienne, et chez tous les libraires et marchands de nouveautés de Paris.

LA VENDETTA.

Prologue.

La nuit était froide et obscure, la neige tombait en flocons épais, et le vent, s'engouffrant dans les maquis en rafales glacées, forçait les bandits à chercher un refuge moins inhospitalier; aussi les voltigeurs, cette milice si renommée en Corse, se tenaient enfermés dans leurs casernes et donnaient quelque relâche aux malheureux proscrits. Plus que tout autre peut-être, la petite ville de Corte profitait de cette trêve. Son adossement à des montagnes escarpées, et sa position au milieu d'une nature inculte et sauvage, la rendaient journellement le théâtre de luttes sanglantes et de combats acharnés. Heureux de cette paix passagère, les habitants semblaient vouloir, dans un repos complet, oublier tant de nuits troublées par des coups de feu ou par la présence redoutée de quelque fameux bandit. Leur quiétude était si profonde, qu'au moment où commence notre récit une seule maison présentait encore quelque trace de vie.

Cette demeure, dont les murs blanchis à la chaux se confondaient avec la neige qui l'enveloppait, se composait d'un rez-de-chaussée, destiné aux étables et à la cuisine, et d'un seul étage dont les fenêtres entrebâillées laissaient percer un faible éclat de lumière.

Dans une chambre de cet étage, éclairée par les rayons douteux d'une veilleuse, gisait sur son lit de mort une femme, parvenue à peine au milieu de la course qu'une forte constitution semblait lui promettre. Les douleurs de l'âme avaient usé cette existence avant l'âge, et leur action continue l'avait peu à peu amenée vers un dépérissement dont le terme fatal n'était pas éloigné. La mourante laissait pendre hors du lit son bras décharné, dont la main se trouvait dans celle d'un jeune homme agenouillé auprès de la couche mortuaire, et qui tempérait par ses larmes la sécheresse de cette peau déjà presque froide.

Tandis que la moribonde réunissait avec peine les restes épars d'une activité presque nulle, le jeune homme comprimait difficilement dans ses veines le sang généreux des enfants du midi. Ce dernier avait en effet vingt-cinq ans et était originaire de la Corse. Les courses à travers les maquis, l'air tonique des montagnes, les chaleurs fortifiantes du soleil méridional, la frugalité de l'homme des champs, tout enfin avait concouru à le doter d'une de ces constitutions robustes et exceptionnelles au milieu du luxe de la civilisation et de l'atmosphère débilitante de nos grandes villes. Sa haute stature et sa taille cambrée se prêtaient aux mouvements les plus multiples et les plus souples, et ses larges épaules renfermaient de puissants poumons où la vie pénétrait à flots abondants et sonores. De longs cheveux noirs tombaient en boucles pressées sur la peau brune de son cou, et encadrait sa figure d'un ovale parfait, dont l'expression avait quelque chose de rude et de langoureux, de doux et de terrible à la fois ; et si, comme on le dit, l'âme se révèle tout entière dans le regard, l'âme de ce jeune homme devait être accessible à toutes les passions.

Mais au moment où s'ouvre notre récit, des larmes voilaient ses yeux, et des sanglots tumultueux, s'échappant de sa poitrine, semblaient vouloir déguiser l'instant fatal où le dernier souffle de la malade se ferait entendre.

Cependant, la pauvre femme, réunissant un reste de forces dans un sublime effort, attira à elle le jeune homme, et d'une voix que l'agonie rendait chevrotante :

— Mon fils, lui dit elle, avant de quitter ce monde, l'âme de ta mère t'impose un rigoureux devoir. Jure-moi de ne point laisser mon ombre errante et désolée et de sauver ma mémoire de la malédiction des ancêtres.

La figure du Corse s'anima à ces paroles, sa main droite s'étendit sur la couche mortuaire et sa bouche murmura le serment demandé.

Semblable au voyageur qui, tremblant devant une route escarpée, la franchit vigoureusement dès qu'il y est engagé, la mourante reprit avec plus d'assurance :

— Quand j'épousai ton père, Marc-Antonio Cavaliero, j'avais été séduite et abandonnée.

A cette révélation, le fils de la malade poussa un cri et fit involontairement un pas en arrière. Sa mère le rappela, et le couvant d'un regard mélancolique et tendre :

— Antonio, poursuivit-elle, ne me condamne pas ; en faisant entrer Marc-Antonio dans la couche souillée de Catharina Corbadi, j'ai voulu assurer la vengeance de mon déshonneur.

Une quinte de toux la força de s'interrompre, et après avoir bu quelques gouttes d'une potion calmante, la malade reprit :

— La mort me presse, Antonio, je ne puis te dire dans ses moindres détails cette histoire malheureuse. Quelques mois après ta naissance, Marc-Antonio suivit dans la tombe mon seul frère, confident de ma honte, et tous deux attendent de toi, dans le ciel, la réhabilitation de leur honneur.

La voix de Catharina allait en s'affaiblissant. Le jeune homme entoura sa mère de ses bras, comme pour empêcher le dernier souffle de s'envoler avant d'avoir appris le nom de l'homme qu'il devait poursuivre de sa vengeance.

— Ma mère! s'écria-t-il, un mot encore...

Et sa bouche se rapprocha des lèvres de la mourante comme pour *aspirer* ce mot tant désiré.

La pauvre femme fit un dernier effort, et s'arrêtant après chaque syllabe :

— Le comte Alexis de Randal, dit-elle, me rendit mère à dix-huit ans... Les événements politiques le rappelèrent à Paris, et depuis, ton frère...

La parole expira sur les lèvres de Catharina...

— Et mon frère, répéta Antonio en agitant le bras de sa mère.

Mais la femme de Marc-Antonio Cavaliere s'était affaissée sur elle-même, et la mort avait glacé pour toujours le sang dans ses veines. . . . .

. . . .

Huit jours après, dans un coin du cimetière de Corte dont la terre paraissait fraîchement remuée, deux jeunes gens priaient agenouillés autour d'une modeste croix noire. L'un était Antonio Cavaliere et l'autre une jeune fille charmante de grâces et de beauté.

— Mariana, dit Antonio à sa compagne, jure sur la tombe de ma mère de ne pas oublier pendant mon absence tes promesses d'amour.

— Je le jure, répondit avec fermeté la fiancée du Corse.

— Et moi, reprit celui-ci, je jure de ne rejoindre ma fiancée qu'après avoir vengé l'honneur de ma famille.

Et tous deux, se prenant la main, sortirent du champ funèbre. A la porte ils se séparèrent : Antonio, résigné, prit la route de Bastia, et Mariana, les larmes aux yeux, regagna lentement la demeure paternelle.

I.

Neuf heures du soir sonnaient à l'horloge du Luxembourg, quand le comte Théobald de Randal, dans un brillant costume, la joie peinte sur la figure, comme il convenait à un jeune époux de huit jours, se présenta discrètement à la porte de la chambre de sa femme. Avant de franchir le seuil de ce sanctuaire, dont il n'avait pas encore assez pénétré les mystères pour être complétement à l'abri de toute émotion, il s'arrêta, suspendit son haleine et essaya de recueillir quelque souffle parfumé ou quelque bruit délicieux, avant-coureurs d'une félicité plus grande.

Après ce premier tribut d'un amour respectueux, même après la victoire, le comte annonça sa présence par un petit coup frappé à la porte.

Une caméristé vint ouvrir, et l'heureux époux tressaillit de bonheur, comme à la première nuit de ses noces.

La beauté de madame de Randal, le négligé de sa toilette, et le gracieux abandon de son corps sur les moelleux coussins d'une ottomane, étaient une explication suffisante au doux émoi de Théobald. Celui-ci, pour la millième fois sans doute, se prit à détailler des charmes qui, loin de perdre à cette analyse, gagnaient au contraire à chaque nouvel examen. Tous les traits de sa figure étaient d'une parfaite régularité de lignes ; la peau, blanche et lisse comme le satin, se nuançait insensiblement avec de nombreuses touffes de cheveux blonds qui retombaient, gracieuses, sur les contours veloutés de deux épaules d'albâtre. Des yeux bleus, largement fendus et surmontés de deux arcades de cils dessinés par la main des Grâces, avaient cette expression langoureuse et triste des idéales Allemandes. C'est qu'en effet, l'âme de la comtesse se plaisait au milieu des sphères éthérées : une instruction solide, une étude approfondie des arts avaient développé de bonne heure les germes heureux de son intelligence et de son cœur ; mais sa jeune imagination, échauffée par le récit des grandes actions des héros et des sages, électrisée par les suaves mélodies des Haydn, des Beethoven et des Schubert, émue par le pinceau magique des Raphael et des Michel-Ange, quittait parfois les basses régions de la réalité, pour s'égarer dans le monde des rêveries et des mensonges. Madame de Randal avait voulu combattre cette tendance fâcheuse de son esprit ; mais comment arrêter les élans d'une imagination trop vive et trop enthousiaste ? Souvent le besoin de se faire un Éden à sa convenance réagissait sur son cœur, et alors la folle enfant, transportée tout entière dans ce paradis, s'éprenait d'un amour véritable pour ses personnages fictifs et ses héros imaginaires. Hélas ! c'était tout autant de désillusions que la pauvre jeune femme se préparait dans le monde !

Cependant rien n'obscurcissait le bonheur qu'elle s'était promis, et le mariage réalisait les beaux rêves dont elle s'était bercée : unie à son époux par un attachement véritable, la comtesse trouvait en lui un amour tout aussi profond et tout aussi dévoué. Riches, jeunes et beaux tous les deux, ils entrevoyaient l'avenir sous les couleurs les plus riantes et sous les aspects les plus gracieux. Mariés depuis huit jours à peine, ils étaient encore dans toute l'ivresse de la lune de miel, ainsi que dirait un Anglais, et Théobald avait à peine eu le temps de s'habituer au titre de comte, qui lui avait été donné en cadeau de noces et qui ne lui revenait de droit qu'à la mort de son père.

Ce dernier, dont la vie avait traversé l'orage révolutionnaire de 89, sentait le besoin d'oublier, dans une vieillesse retirée et tranquille, les agitations de sa jeunesse, et les fatigues de ses longues pérégrinations; renonçant au monde, il avait demandé aux ombrages de Villarceaux, tout peuplés du souvenir de Ninon de Lenclos, quelque réminiscence des fêtes galantes du XVIIIe siècle.

Son abdication au titre de comte n'avait point été le dernier acte de sa vie mondaine. Il avait patronné dans les salons de Paris un jeune Corse, le chevalier Miquellini, se prétendant le fils d'un gentilhomme de cette île, qu'il avait autrefois connu à Bastia. Facile, enthousiaste, il s'était pris de passion pour l'insulaire et l'avait vivement recommandé, en disant adieu à la grande ville, à la bienveillance de Théobald et de sa bru.

Malheureusement celle-ci ne partageait point les sympathies de son beau-père : soit que mue par un pressentiment funeste, son âme eût eu, dans les sphères idéales où elle vivait, quelque révélation d'un malheur prochain, soit que blessé par quelques paroles galantes du chevalier, son cœur se fût indigné à la pensée d'un autre amour que celui de Théobald, madame de Randal éprouvait pour le Corse un éloignement insurmontable et sentait courir par ses membres un frisson glacial, toutes les fois que Miquellini arrêtait sur elle ses deux grands yeux noirs à l'expression farouche.

Au moment où Théobald entrait radieux dans sa chambre, Noémie (c'était le nom de la jeune femme) était sous l'empire de cette crainte. Le front dans la main, elle semblait ne livrer qu'avec répugnance son joli pied aux soins d'une caméristo.

— Comme une reine, lui dit son époux avec un tendre sourire, vous allez faire attendre vos admirateurs.

Madame de Randal se souleva à demi sur l'ottomane, et attirant à elle son mari :

— Théobald, lui dit-elle avec une adorable mélancolie, renonçons à ce bal.

— Cela est impossible, répondit le comte en s'asseyant près de sa femme et en lui prenant la main ; la marquise ne donne cette soirée qu'à notre occasion ; c'est un rendu de noces, nous sommes les héros de la fête, et tu comprends, Noémie, que notre absence serait inqualifiable.

— Vous avez raison, Théobald ; mais je sens en mon cœur un serrement pénible, quelque chose d'instinctif qui amène des pleurs dans mes yeux.

— Enfant ! n'es-tu par sûre de mon amour?

— Ah ! Théobald, je ne doute pas de votre amour.

— Eh bien, alors ?

— A côté de vous, qui m'aimez et me protégez, je vois souvent dans mes rêves, quelquefois même au milieu de la réalité de la veille, un spectre terrible qui m'emporte loin de vous, qui me souille de ses caresses et qui m'entoure de ses bras rouges de sang. Ce spectre, Théobald...

Et la jeune femme, saisie d'effroi, se serra contre son mari.

— Ce spectre, poursuivit-elle en tremblant, je l'ai rencontré dans le monde : c'est le chevalier Miquellini.

— Lui, fit Théobald en riant, le protégé de mon père. Ah ! ne dis jamais cela en présence du comte Alexis de Randal.

— Oh ! ne riez pas des appréhensions d'une âme superstitieuse, interrompit Noémie, car les pressentiments sont les liens invincibles qui nous rattachent à Dieu.

— Cependant, dit le jeune époux en reprenant sa figure gracieuse, il me paraît impossible de renoncer à la soirée de la marquise de Fronsac.

— Puisque vous croyez, répondit la comtesse avec un accent plaintif de résignation, que nous avons à remplir un devoir indispensable, nous irons ; mais que le ciel veille sur nous et nous préserve de tout malheur !

Un baiser la récompensa de sa condescendance.

Théobald se retira pour laisser toute liberté aux caméristes de sa femme.

Quand celle-ci fut prête, les deux époux montèrent dans un brillant équipage, dont les chevaux franchirent rapidement l'espace qui séparait la rue de Tournon de l'hôtel de la marquise de Fronsac.

Cet hôtel, situé dans le faubourg Saint-Honoré, avait sa porte cochère largement ouverte et était précédé d'une cour où des girandoles de lampions diversement colorés se mariaient à des guirlandes de fleurs ; des voitures et une foule de valets de pied la remplissaient de tumulte et de confusion. Un perron, dont les marches étaient recouvertes de tapis, et dont les parties latérales étaient surchargées de candélabres et de vases odorants, conduisait dans une première pièce où les femmes déposaient leurs fourrures et les hommes leurs manteaux. Une antichambre, destinée aux oisifs et aux curieux, séparait le vestiaire des salons, et était, pour ainsi dire, le parvis du temple où s'agitaient les déesses de la soirée.

Au moment où le comte et la comtesse de Randal traversèrent cette salle, un homme, jusqu'alors caché dans l'embrasure d'une fenêtre, fendit les rangs pressés des spectateurs et se montra aux regards des deux époux ; en l'apercevant, Noémie sentit le sang se glacer dans ses veines, et, penchant vers Théobald sa tête pâlie :

— Le voilà, murmura-t-elle tout bas.

Et elle entraîna son mari loin de cet homme.

Celui-ci les suivit et pénétra avec eux dans les riches salons de la marquise de Fronsac.

Tout était sombre et fatal dans l'inconnu : ses cheveux noirs, sa peau basanée, ses yeux bruns au regard farouche se confondaient presque avec un costume sévère, dont le monotone ensemble n'était interrompu par aucune couleur de fantaisie. Sa marche était grave, et ses mouvements calculés, comme ceux d'une bête fauve qui guette le moment de se saisir d'une proie.

Cet être mystérieux ne perdit point la comtesse de vue. Quand elle se fut assise et que le flot toujours croissant de la foule l'eut séparée de Théobald, il s'approcha respectueusement d'elle et lui demanda la faveur d'un quadrille.

Noémie, tremblante d'effroi, murmura tout bas quelques paroles incompréhensibles :

— Ne faisons point de scandale, madame, répondit l'inconnu d'une voix presque impérieuse : que dira-t-on de vous si vous refusez de danser avec le protégé du comte Alexis de Randal ?

La pauvre femme, entièrement dominée par la peur et par le regard magnétique de cet homme, lui présenta machinalement son carnet.

L'inconnu s'en empara avec une joie féroce et inscrivit le nom du chevalier Miquellini en regard de la seconde valse.

Ainsi que l'avait dit Théobald, la fête de la marquise de Fronsac était toute en son honneur. Accablé de félicitations, entouré des prévenances générales, le jeune époux avait dû se résigner à son rôle important et répondre aux serrements de mains et aux congratulations qui lui arrivaient de toutes parts. Mais à mesure que ces preuves de sympathie se multipliaient, il était refoulé vers la porte d'entrée par le flot toujours mouvant et toujours grossissant des danseurs. Il lui était impossible de se rapprocher de Noémie, qui était elle-même enfermée dans un cercle compacte et complimenteur.

La foule était si nombreuse, les rangs si pressés et le bourdonnement des causeries si grand, que Théobald, repoussé jusqu'à l'antichambre attenant au vestiaire, n'entendit pas le signal de la seconde valse, accordée par sa femme, il le savait, au chevalier Miquellini.

Celui-ci n'eut garde de l'oublier, et force fut à Noémie de remplir l'engagement qu'elle avait tacitement souscrit.

Les valseurs avaient à peine eu le temps de franchir pour la seconde fois l'espace réservé, que des laquais effarés se précipitant dans la salle :

— Au feu ! au feu ! s'écrièrent-ils.

Et quelques langues de flamme vinrent, à travers la porte entr'ouverte du vestiaire, lécher les premières draperies de l'antichambre.

Ces cris lugubres se répétèrent aussitôt de proche en proche, et la vue de l'incendie augmentant le premier moment de terreur, tout le monde chercha son salut dans la fuite. Mais la fuite était presque impossible : chacun, obéissant aux inspirations de son trouble, se précipitait vers la porte de l'antichambre et reculait épouvanté devant le spectable qu'il y rencontrait. Cette marche en sens contraire, ces brusques retours sur soi-même, en portant la confusion à son comble, paralysaient les mouvements de ceux que l'incendie menaçait dans la première pièce.

Théobald était de ce nombre.

Effrayé moins de ses périls que des dangers auxquels était exposée Noémie, il faisait de sublimes efforts pour fendre les flots de la foule toujours plus compacte ; dans sa rage de ne pouvoir vaincre cette résistance, il se souvint des fâcheux pressentiments de la comtesse. Oh ! alors, son désespoir n'eut plus de bornes ! son malheur lui donna la croyance aux superstitions, aux présages, à tout ; il implora Dieu, l'enfer, les anges et le démon ! sa tête était un chaos où mille idées bizarres tourbillonnaient confusément ; sa bouche murmurait des phrases incompréhensibles où les noms de Néomie et de Miquellini étaient tour à tour mêlés. Le pauvre jeune homme était fou de désespoir !!

Tout à coup de nouveaux cris se font entendre : une issue est ouverte aux fugitifs, chacun s'y précipite et Théobald peut enfin rentrer dans le salon.

Mais il n'était plus temps.

La marquise de Fronsac avait en effet indiqué un escalier dérobé, et le chevalier Miquellini s'y était précipité le premier, emportant dans ses bras la comtesse évanouie ; la frayeur de l'incendie, les cris de détresse et la confusion générale, en venant se mêler aux émotions dont son âme était déjà remplie, avaient amené cet anéantissement de madame de Randal.

Au moment où Théobald, parvenu au milieu de la salle du bal, appelait et cherchait vainement sa femme, le Corse la déposait, toujours sans mouvement, sur les coussins d'une voiture, qui partit au galop précipité de deux chevaux ardents.

II.

La voiture du chevalier Miquellini, après un léger détour, aborda les boulevards et les franchit rapidement jusqu'à la hauteur de la Bastille ; puis, tournant à droite, elle roula quelque temps dans la rue Saint-Antoine, dévia une seconde fois à gauche pour prendre la rue Saint-Paul, et s'arrêta enfin devant le n° 10 de la petite rue des Lions.

Au bruit que le véhicule avait fait dans ce quartier peu aristocratique, le corridor de la maison n° 10 s'était subitement éclairé, et un homme, armé d'une torche, s'était présenté à la porte.

— As-tu donc fait un pacte avec les voisins, lui cria la voix sévère de Miquellini, pour les initier à toutes nos affaires ? Éteins ta lumière, si tu crains qu'une balle, en la mouchant, ne t'apprenne à mieux me servir.

Le flambeau fut éteint et la scène ne fut plus éclairée que par la pâle clarté d'un lampion, brûlant au fond du corridor.

— Tout est-il prêt ? demanda le chevalier du fond de la voiture et sur le même ton de rudesse.

— La chambre du côté de l'eau est toute chaude et parfumée, répondit l'homme au flambeau en s'inclinant; et le salon est décoré et illuminé d'après les ordres que j'ai reçus.

Le Corse descendit alors de la voiture, emportant dans ses bras la comtesse toujours privée de mouvement, pénétra rapidement dans le sombre corridor, au bout duquel il déposa son fardeau sur la première marche de l'escalier.

Le domestique avait pris le lampion et attendait que son maître continuât sa route. Mais celui-ci paraissait au bout de ses forces et semblait peu disposé à recommencer sur de nouveaux frais.

— Donne-moi ta lampe, lui dit-il, prends cette femme, et suis-moi.

Le laquais obéit.

Ils montèrent ainsi jusqu'au troisième étage.

Arrivés devant une porte de modeste apparence et toute hérissée de têtes de clous :

— Comment s'ouvre ton loquet? demanda Miquellini.

— Comptez jusqu'à sept sur la colonne verticale des clous, de haut en bas, en partant de la serrure, répondit le laquais sans déposer son fardeau.

Le maître compta jusqu'à sept.

— J'y suis, dit-il.

— Sur cette rangée horizontale, reprit le domestique, comptez encore jusqu'à sept en partant toujours du côté de la serrure.

Le maître compta de nouveau.

— C'est fait, dit-il quand il eut fini.

— Poussez fortement avec le pouce la septième tête de clou de cette septième rangée horizontale.

Le domestique parlait encore que la porte, tournant d'elle-même sur ses gonds, livra tout à coup passage à des flots de lumière et de parfums : un escalier, couvert de tapis moelleux et bordé de chaque côté de fleurs odorantes, succédait à l'escalier tournant et sombre dont les marches crevassées avaient fait plus d'une fois trébucher Miquellini. Ce dernier escalier, loin d'être la continuation élégante du premier, conduisait au contraire dans un autre corps de logis, dont le plan était inférieur à celui du palier sur lequel s'étaient arrêtés nos personnages.

Ceux-ci, après avoir refermé la porte qu'ils avaient si mystérieusement ouverte, descendirent quelques marches du nouvel escalier et pénétrèrent à gauche, dans une chambre éclairée par une unique veilleuse suspendue au plafond. Un riche tapis en couvrait le parquet et deux cassolettes en parfumaient l'air.

Caché sous des rideaux de damas rouges et protégé par un ciel parsemé de roses, un lit d'acajou à incrustations d'ivoire était dressé au fond d'une alcôve que d'épaisses draperies garantissaient contre les rayons indiscrets d'une lumière trop intense.

Le chevalier écarta les draperies, et ouvrant les rideaux de damas :

— Mets doucement ton fardeau sur le lit, dit-il au domestique.

Après que celui-ci eut obéi, il s'empara du bras de la jeune femme et en explora minutieusement l'artère ; mais ne percevant aucune pulsation sous ses doigts :

— Sais-tu, demanda-t-il avec vivacité, si dans le quartier habite un médecin ?

— J'en connais un dans la rue Saint-Paul, répondit le valet.

Et, sur un signe du maître, celui-ci courut le chercher.

Miquellini sortit bientôt aussi de cette chambre, et descendit dans un appartement inférieur et splendidement illuminé.

Il jeta un rapide coup d'œil autour de lui, et ne trouvant rien à reprendre dans l'exécution de ses ordres, il s'approcha d'une table dont le marbre supportait deux flacons bizarres de forme et de couleur.

Les prenant tour à tour et les examinant avec un sourire de contentement :

— Voici l'élixir, dit-il, que Gilead de Salomon a légué à ses adeptes ; voici le narcotique préparé d'après la formule des quakers de Lancastre :— tout cela peut servir, ayons-les toujours sous la main.

Et il remit à la même place et en évidence les deux flacons.

Des pas se firent alors entendre, et une porte, cachée sous la tenture de l'appartement, s'ouvrit comme d'elle-même et livra passage au domestique qui annonça le médecin.

Sur un signe du maître l'homme de l'art parut.

Le laquais se retira.

— Monsieur le docteur, dit le chevalier, quels sont les cas où l'on peut être tout à coup privé de sensibilité et de mouvement ?

— Dans quatre cas, répondit résolûment l'Esculape.

— Ah ! fit Miquellini.

— Une attaque nerveuse, poursuivit le médecin, une attaque d'apoplexie, une syncope et la mort.

— Ces divers accidents peuvent-ils se produire sous l'influence de la même cause : une forte émotion, par exemple ?

— Je le crois, monsieur.

— Et la science vous donne-t-elle les moyens de distinguer ces divers états ?

— Sans doute ; les moyens sont infaillibles.

— Je croyais votre science moins sûre d'elle-même ?

— C'est une erreur, monsieur, pour les cas qui nous occupent.

— Cet examen demande-t-il beaucoup de temps et une minutieuse investigation ?

— Cinq minutes, monsieur.

— Très bien.

— Le temps de vérifier l'état du pouls.

— Le bras seul du malade vous suffira alors ?

— Oui.

— A merveille, monsieur le docteur, suivez-moi.

Et le chevalier précéda le médecin dans la chambre où était couchée la jeune femme, entièrement cachée sous les rideaux de damas rouge.

Prenant un des bras de Noémie, il l'attira en dehors des draperies de l'alcôve et le présenta à l'homme de l'art.

Celui-ci en explora l'artère avec soin, et après un moment de silence solennel :

— Nous avons affaire à une syncope, dit-il, et la médication est des plus faciles.

— Je vous écoute, monsieur.

— Exposer la malade à l'air frais, lui faire respirer des sels, répandre sur sa figure quelques gouttes d'eau fraîche, et rompre les liens qui pourraient gêner la circulation : telle est la thérapeutique que je juge nécessaire.

— Est-ce tout, monsieur ?

— C'est tout.

— De quelle durée sera cette syncope ?

— Un quart d'heure, une demi-heure au plus.

— C'est on ne peut mieux.

— Cependant, reprit le médecin se ravisant, si après une heure de l'emploi de ces moyens, quelque mouvement ne s'était pas produit ; alors, monsieur...

— Eh bien ! alors ? demanda Miquellini voyant hésiter le docteur.

— Alors, il y aurait mort.

— Mort ! répéta le chevalier.

Et se tournant vers le médecin.

— Votre science n'est donc pas infaillible ? lui demanda-t-il avec presque un air de défi.

— La syncope et la mort ont le même signe dans le pouls; l'absence de pulsations ; mais notre embarras se dissipe sitôt que nous interrogeons la respiration.

— Et pour ce nouveau mode de diagnostic... ?

— Il faut la bouche de la malade.

Le Corse réfléchit un instant, puis il reprit :

— Êtes-vous sûr, monsieur le docteur, qu'il ne peut exister ici que la syncope ou la mort ?

— J'en suis sûr.

— S'il y a mort, toutes les ressources de l'art sont inutiles ; dans le cas contraire, les simples moyens que vous avez indiqués suffisent ?

— Ils suffisent.

— C'est bien, fit Miquellini.

Et il ramena le médecin dans le premier salon.

Sur le bruit d'une sonnette qu'il agita, le domestique parut sur la porte masquée.

— Reconduisez monsieur, dit-il.

Et, s'approchant du docteur, il lui mit dans les mains une bourse remplie d'or.

Resté seul, le chevalier courut à la chambre de la malade et en ouvrit largement les fenêtres.

Tout était tranquille au dehors, et ce calme plat de la nuit n'était même pas interrompu par les cris ou les chansons des mariniers de la Seine dont les eaux baignaient les premières marches de ce mystérieux hôtel. Au milieu de cette nature paisible, la lune seule semblait se mouvoir ; ses rayons, tamisés par les brumes de l'hiver, pénétrèrent dans la chambre, et se mariant à la pâle lueur de la veilleuse, l'éclairèrent d'un demi-jour mélancolique et triste comme les arbres de l'île Saint-Louis, dont les ombres dépouillées s'étendaient vis-à-vis, ainsi que des spectres fantastiques. Une douce brise vient également rafraîchir l'atmosphère de cet appartement échauffée par les tièdes émanations des cassolettes et par la flamme des bougies de l'escalier.

Miquellini s'approcha alors du lit, prit la jeune femme dans ses bras et la déposa au pied de la fenêtre ouverte.

Fidèle aux prescriptions du docteur, il relâcha le corsage qui comprimait la poitrine de Noémie, et brisa les liens qui empêchaient tout retour du sang vers le cœur ; il ne put se défendre d'un frisson d'irrésistible désir à la vue d'une gorge, dont les contours veloutés semblaient avoir été sculptés par une main divine.

A genoux près de la comtesse inanimée, il en contempla quelque temps avec extase tous les charmes et toute la perfection.

— Qu'elle est belle ! se dit-il, même au milieu des pâleurs de la mort ! et combien sera-t-elle plus belle, si la vie rentre dans ces artères en ce moment inactives ! !

Et, se penchant sur la figure de Noémie, il en écarta les nombreuses boucles de cheveux qu'y avait amenées une négligence forcée.

Par suite de ce mouvement, la lune tomba d'aplomb sur le pâle visage de madame de Randal, et ses rayons blafards semblèrent augmenter la teinte mélancolique dont chaque trait était empreint.

Le chevalier, toujours à genoux et soutenant sur sa poitrine la tête de la jeune femme, souriait comme une bête fauve à la vue d'une proie certaine, et savourait d'avance les voluptés que lui promettait la possession de tant de charmes. Sa figure, également éclairée par les rayons douteux de la lune, était hideuse de laideur : avec son infernal et lubrique sourire, on eût dit la tête diabolique de Méphistophélès à côté du poétique visage de Marguerite ; ses yeux, injectés par la concupiscence, plongeaient avidement dans cette gorge dont un coup de ciseau lui avait révélé les célestes mystères. Cette vue, les rêves de son imagination méridionale et le contact de la jeune femme, augmentèrent graduellement l'exaltation de ses sens et la poussèrent à un point où, pour se soustraire à la pensée de contenter ses désirs sur ce corps privé de sensibilité, le Corse fut forcé d'abandonner sa place et de demander à la fraîcheur de la nuit le calme de ses esprits.

Il plaça un oreiller sous la tête de Noémie, et se rappelant une partie de l'ordonnance du docteur, il aspergea avec ses doigts plongés dans l'eau froide le front et les tempes de la comtesse.

Les muscles semblèrent, en se contractant tout à coup, vouloir éviter l'action de ce contact glacé.

Miquellini accueillit ce mouvement avec une joie sauvage.

—Ce n'est qu'une syncope ! s'écria-t-il ; dans une heure elle est à moi ! ! !

Et il versa quelques gouttes de vinaigre sur la lèvre supérieure de la malade, qu'il frictionna pendant quelques minutes.

Cette opération eut un plein succès : l'odeur pénétrante de l'acide acétique, en allant réveiller dans le cerveau, comme aurait dit Descartes, les esprits animaux, rappela la vie et le mouvement dans ce corps si beau et sur cette figure si poétiquement pâle.

La comtesse essaya d'entr'ouvrir les paupières, mais ses yeux longtemps appesantis ne purent même supporter la clarté blafarde de la lune.

Le chevalier suivait avec anxiété ce pénible retour à la vie ; à genoux à côté de la jeune femme, il continuait à lui faire sentir la liqueur bienfaisante.

Enfin les mouvements de la malade revinrent plus distincts et plus étendus. Le bras, quittant la position horizontale tout le long du corps, se dévia insensiblement de cette ligne et se rapprocha peu à peu de la direction horizontale; puis tout à coup, madame de Randal le ramenant vers elle, et portant la main à son front :

— Théobald ! s'écria-t-elle, au secours...

Et, se soulevant à demi sur elle-même, elle promena de par toute la chambre un regard étonné, et parut tout inquiète de ne point rencontrer les objets qu'elle avait l'habitude de voir.

— Où suis-je? dit-elle enfin après un moment d'hésitation et en essuyant les gouttes de sueur froide qui découlaient de son front ; où suis-je ? et qui m'a amenée dans ces lieux ?

— Ne craignez rien, madame, répondit Miquellini qui jusqu'alors s'était tenu caché derrière la jeune femme.

Mais celle-ci, reconnaissant la voix du Corse en même temps qu'il se montrait à elle, bondit sur le tapis comme une biche légère et se trouva d'un saut à l'autre extrémité de la chambre.

— Vous, chevalier Miquellini ! s'écria-t-elle, tremblante d'effroi et de faiblesse, vous êtes donc un démon !

— Oui, car l'enfer tout entier est dans mon âme !

Et faisant un pas vers Noémie :

— Il est temps enfin, poursuivit-il, que je vous fasse connaître les tourments que j'endure, et que je vous dise la fatalité qui m'a poussé sur vos pas. Une haine implacable, née du déshonneur de ma mère, existe entre ma famille et celle du comte de Randal. Vous savez sans doute, madame, ce qu'est une haine en Corse?

— C'est la mort ! s'écria la comtesse épouvantée.

— Comme vous, je croyais que le cœur, lorsqu'il renfermait la haine, était inaccessible à tout autre sentiment; je me trompais, madame : je vous vis et je vous aimai.

Et fixant sur Noémie son regard sombre :

— Mais vous étiez la comtesse de Randal, poursuivit-il, et j'avais à me venger de votre famille. Sollicité tour à tour par ces deux passions contraires, j'ai cherché à satisfaire à la fois mon amour et ma haine, à contenter mes désirs sans renoncer à ma vengeance.

— O ciel ! s'écria la jeune femme, cachant ses yeux en pleurs dans ses mains.

—Oui, vous êtes à moi maintenant, répondit Miquellini avec un ricanement diabolique, et le déshonneur public du comte de Randal apaisera peut-être l'ombre errante de ma mère.

A cette déclaration formelle, la jeune femme releva la tête et se précipitant vers la fenêtre restée ouverte :

— Si vous faites un pas vers moi, dit-elle résolument, je demande à la mort un refuge contre vous.

Et étendant la main pour écarter une touffe de plante grimpante qui garnissait le balcon, elle rencontra un treillage suffisamment épais et fort pour l'arrêter dans sa détermination.

Miquellini souriait de l'étonnement de la comtesse.

— Les verrous se cachent sous des fleurs, comme la vengeance se dérobe sous l'amour.

Cependant la fermeté dont Noémie venait de faire preuve lui commanda de changer de tactique.

— Pardonnez-moi, madame, dit-il en tombant à genoux et d'une voix suppliante et tendre; la douleur avait aigri mon âme, et je suis maintenant honteux de mes emportements. Non, je ne veux pas vous associer à ma haine, vous ange de douceur et d'amour! non, je ne veux point vous arracher à votre nature divine, pour vous traîner sans pitié dans les passions fangeuses de l'homme. Non, non; restez dans votre sphère bénie, n'alliez pas votre âme toute parfumée d'amour à la pensée de vengeance qui brûle mes os, comme la robe de Déjanire! C'est ainsi que je vous aime, c'est au milieu de cette atmosphère de tendres sentiments que je veux faire monter vers vous les saintes aspirations de mon cœur. Ange adoré, ne repoussez pas mes vœux! qu'un mot, qu'un regard me dise votre pitié, car je suis plus malheureux de mon amour que du déshonneur de ma mère.

Ce langage, tout à la fois respectueux et passionné, dissipa en partie la frayeur de la comtesse; elle espéra se sauvegarder plus facilement contre les tentatives d'un amoureux que contre la vengeance d'un Corse.

Se rapprochant donc de Miquellini et lui prenant sans défiance les mains tendues vers elle:

— Relevez-vous, chevalier, lui dit-elle, et songez...

Mais le jeune homme, saisissant lui-même les mains de Noémie, tira à lui sa victime et la fit tomber dans ses bras. La pauvre femme poussa un cri perçant, aussitôt étouffé par un lubrique baiser. La hardiesse de son ennemi, le contact impur de ses lèvres et surtout l'instinct de la pudeur menacée, donnèrent tout à coup à son corps une force et une adresse surhumaines, et à son âme un courage sublime; appelant à son aide toute la souplesse de sa taille et toute la flexibilité de ses muscles, elle essaya d'échapper à l'étreinte fatale qui la retenait.

Miquellini, plus fort mais moins adroit que madame de Randal, l'avait entraînée dans sa chute et opposait sa vigueur aux ruses et à l'agilité de son adversaire. Celle-ci, déjà brisée par cette lutte inégale et comme clouée sur le tapis par les deux mains du Corse, sentait ses forces faiblir et entrevoyait avec terreur le moment d'une défaite complète. Cependant son courage croissait avec l'imminence du péril, et plus ses membres s'affaissaient, plus son âme s'indignait de l'outrage que supportait sa vertu.

Le chevalier, presque sûr de la victoire, grimaçait un infernal sourire. Sa bouche, murmurant des mots incompréhensibles de volupté et de vengeance, s'approcha de nouveau, brûlante, des lèvres de Noémie. Ce contact produisit sur la victime l'effet d'une commotion électrique, et, mue comme par un ressort irrésistible, la comtesse bondit sur elle-même et renversa le jeune homme. Mais celui-ci, resserrant tout à coup son étreinte, l'entraîna encore dans sa chute.

La lutte recommença.

Avant de donner le temps à Miquellini de reprendre sa position première, Noémie, souple et agile, glissa d'entre ses bras, comme une couleuvre, et, dégagée alors de tout lien, elle chercha dans un angle de la chambre une position défensive plus sûre.

Furieux de son peu de succès, le chevalier se releva à son tour; et lançant un regard menaçant sur la pauvre jeune femme :

— Ceci, s'écria-t-il, n'est point le vain simulacre des derniers combats de la pudeur ! !

— Vous croyiez donc, misérable ! répondit la comtesse, suffoquée par l'indignation, que je voulais me donner à vous ?

— Eh bien ! puisque mon amour est vaincu, que du moins ma vengeance triomphe !

Et, laissant un instant seule madame de Randal, brisée par l'éclat de cette voix terrible, il rentra bientôt, un poignard d'une main et un flacon de l'autre.

— La haine d'un Corse, avez-vous dit tout à l'heure, c'est la mort, reprit-il : choisissez, madame, du poignard ou du poison.

Noémie, tremblante d'effroi et inondée de larmes, demandait grâce :

— Le comte de Randal, répondit le Corse, a-t-il eu pitié de ma mère ? et vous-même, madame, avez-vous pitié de mon amour !!

— Mais moi, j'aime Théobald, s'écria la comtesse se ranimant à la pensée de son mari.

— Ah ! vous aimez Théobald ! répliqua Miquellini avec un ricanement de damné, le fils du comte Alexis de Randal ; oh ! vous l'aimez, madame ! Eh bien ! il me faut votre mort ou son déshonneur.

— Oh ! son déshonneur, jamais.

— Alors, choisissez, madame, du poignard ou du poison.

Victime résignée, la comtesse s'avança vers Miquellini.

— Frappez, lui dit-elle, pour que la vue de mon sang vous empêche de satisfaire votre brutalité sur mon cadavre.

— Impitoyable comme vous, je veux vous tourmenter jusque sur le seuil de la tombe. Buvez le poison.

Noémie hésita.

— J'ai été charitable, reprit le Corse, le breuvage est actif et votre mort sera sans souffrances.

Poussé par un dévouement sublime, la comtesse prit le flacon et en avala toute la liqueur.

— Vous êtes vengé maintenant, dit-elle mélancoliquement au chevalier ; laissez-moi donner ma dernière heure à la prière et à mon mari.

Mais Miquellini, poussant un rire de démon :

— Vous ne mourrez pas, madame ! s'écria-t-il.

— Quel est alors le breuvage que j'ai pris ? demanda la comtesse plus tremblante à une pensée de honte qu'à la vue de la mort.

— C'est l'amour charnel qui est entré dans vos veines, répondit le Corse avec une joie sauvage ; ce sont des désirs effrénés qui brûleront vos os et incendieront votre sang. Oh ! vous êtes bien à moi à présent, madame, et ce que je n'ai pu obtenir de votre condescendance, je le devrai à la liqueur aphrodisiaque de Gilead de Salomon.

— Vous vous trompez, monsieur le chevalier, répliqua Noémie, se révoltant à l'idée de sa défaite ; ma volonté est assez forte pour imposer silence à l'exaltation de mes sens.

— Oh ! madame, répondit le jeune homme avec ironie, vous ne connaissez ni la puissance irrésistible des désirs, ni les étonnantes propriétés de ce baume. Votre volonté? dites-vous ; mais elle se brisera contre les appétits de vos sens. La passion brutale ne raisonne pas, madame ; elle renverse et rompt tout ce qui lui fait obstacle, et votre volonté, loin de rester la maîtresse de vos actions, deviendra l'esclave servile de la débauche de vos organes. Oh ! rendez grâces à Dieu d'avoir déposé dans votre cerveau les pensées les plus généreuses et dans votre cœur les sentiments les plus purs, afin de les voir se noyer en un instant au fond de la cornue d'un alchimiste !

Et le chevalier se prit à rire comme un démon.

La liqueur aphrodisiaque commençait à agir sur la comtesse.

Se laissant choir dans un fauteuil et portant la main à son front d'une manière hébétée, la pauvre femme murmura :

— Ma tête brûle, mes yeux ont le vertige et une flamme ardente parcourt tous mes membres.

Miquellini s'assit à côté d'elle et lui prenant la main restée libre :

— Noémie ! lui dit-il en la regardant fixement comme pour la magnétiser. Oh ! que les voluptés sont douces à qui sait les cueillir ! oh ! combien est suave l'enivrement des caresses et des baisers en feu !

— Va-t'en, démon, interrompit madame de Randal en se levant; j'aime Théobald et je te hais... Non, non, je ne veux pas de tes caresses, elles sont maudites et brûleraient mes lèvres..... Théobald ! Théobald !.....

Et, les yeux remplis de larmes, elle s'affaissa sur elle-même et laissa tomber la tête dans ses mains.

C'était le dernier effort de la volonté, de l'amour et de l'honneur contre l'entraînement irrésistible des sens et la puissance surnaturelle de la liqueur de Gilead.

Le chevalier, plein d'une infernale espérance, continua d'une voix plus pressante :

— Noémie, viens, plongeons-nous dans un océan immense de plaisirs. Dans tes rêves de jeune fille et de femme, n'as-tu jamais vu ce monde idéal où des bienheureux jouissent de félicités éternelles? Noémie, ce monde se réalise ! plus n'est besoin de t'égarer dans des mensonges ! ces félicités t'appartiennent ! dans mes bras sont toutes les voluptés suprêmes : tu y trouveras l'amour, entends-tu, Noémie? l'amour.....

A ce mot magique, la comtesse releva lentement la tête, et jetant sur Miquellini un regard plein de désirs, à travers les larmes qui l'obscurcissaient encore :

— L'amour, dit-elle ; oh ! oui, l'amour......

Ce fut le premier cri de ses sens victorieux.

Le chevalier reprit :

— Comprends-tu l'ivresse de nos embrassements et le délire de notre bonheur ! Oh ! je veux te combler de délices et je veux que vingt fois sur ma bouche tu te pâmes de plaisir.

Madame de Randal regardait le jeune homme d'une manière étrange : les yeux largement ouverts et injectés, la figure bouleversée et tendue vers lui, elle semblait attendre la fin de ses paroles, pour s'élancer vers les délices qui lui étaient promises.

— Oui, à nous, s'écria-t-elle en faisant un pas vers le Corse, les joies infinies des anges et les voluptés de la terre !

— N'est-ce pas, répondit le chevalier, que tout autour de nous nous invite au bonheur ?

— Tout ! tout ! répéta la comtesse en saisissant une main de son séducteur. Viens, étouffe sous tes ardentes caresses mes cris de volupté, mes sanglots d'amour et mes larmes de plaisir.

Noémie était arrivée au dernier terme de l'exaltation. Il était probable qu'au retour du calme, elle ne donnerait point la preuve de son déshonneur, et c'était précisément cette preuve qu'il importait le plus à Miquellini d'acquérir. Il fallait donc l'extorquer à la pauvre femme dans l'état affreux où l'avait mise la liqueur de Gilead.

Le Corse implacable tendit vers ce but :

— Que parles-tu d'ardentes caresses? lui dit-il, en feignant de s'éloigner ; tu ne m'aimes pas.

— Je ne t'aime pas ! interrompit violemment la comtesse. Mais comment nommes-tu cet abandon de la vertu que je fais en ta faveur ? Ingrat ! je suis sourde pour toi aux prescriptions de l'honneur et aux cris de ma conscience ! j'implore tes baisers, je me traîne à tes pieds, j'aspire à la honte, et tu dis que je ne t'aime pas ! Oh ! doute de Dieu, doute de ton existence, doute de tout enfin, mais ne doute pas de mon amour.

— Je n'y crois pas, répondit froidement Miquellini.

— Que faut-il donc faire pour t'en convaincre ? parle, quelle preuve exiges-tu ? je suis prête à tous les sacrifices et je sens en mon cœur pour toi tout un monde de dévouement.

Le chevalier lui prit la main gauche, et montrant l'alliance que la comtesse portait à son doigt annulaire :

— Comme gage de ton amour, lui dit-il, donne-moi cet anneau.

Cette étrange proposition sembla rendre pour un instant la lucidité à l'esprit de Noémie.

— Mais cette bague, répondit-elle, est l'anneau nuptial.

— Qu'importe ?

— Mais le nom de Théobald est entrelacé dans le mien.

— Ne peut-on l'effacer?

— Oh ! te donner cette bague serait un sacrilége !

— Tu vois donc bien que tu ne m'aimes pas ! s'écria le Corse, reculant de trois pas.

Mais le délire érotique revenant plus impérieux à la jeune femme, celle-ci se précipita sur Miquellini et se cramponnant à ses vêtements :

— Plutôt mourir, s'écria-t-elle, que de renoncer à l'ivresse de tes baisers ! Qui que tu sois, ange ou démon, je t'aime, je m'attache à tes pas, soit que tu m'entraînes dans un gouffre, soit que tu m'emportes au paradis.

— La bague ! demanda le chevalier, se débattant contre l'étreinte de madame de Randal.

— Oh ! tu exiges une chose infernale ! s'écria la comtesse, promenant une main crispée dans ses cheveux.

— La bague ! répéta le Corse.

— Mais Dieu me maudira et me frappera de sa colère.

— La bague! répéta plus fortement encore Miquellini, se dégageant tout à fait des bras de Noémie.

— Eh bien ! s'écria celle-ci arrivée au dernier paroxysme de l'exaltation, que la foudre m'atteigne, que le ciel punisse mon sacrilége, qu'importe ! si je m'enivre du parfum de tes voluptés.

Et tirant l'anneau de son doigt, elle le présenta à son séducteur.

— Tiens, lui dit-elle, ne doute plus de mon amour.

Et, folle de désirs effrénés, elle tomba dans les bras de Miquellini.

. . . .

Les premiers lueurs du matin éclairaient à peine le sommet des monuments de Paris, quand une voiture exactement fermée s'ébranla sur le quai Saint-Paul, emportant vers le faubourg Saint-Germain la comtesse Noémie de Randal, pâle, fatiguée et les yeux remplis de larmes.

III.

Quand la comtesse de Randal arriva à l'hôtel de la rue de Tournon, Théobald y était rentré quelques instants avant, brisé par la fatigue et anéanti par la douleur.

La vie est quelquefois assez puissante pour résister aux grandes joies comme aux douleurs morales les plus fortes, puisque Théobald se trouva encore vivant dans les bras de sa jeune et belle épouse.

Celle-ci, éprouvée déjà par les événements de la nuit qu'elle venait de traverser, n'eut pas la force de supporter une nouvelle émotion; elle s'évanouit et Théobald la transporta sur le lit de la chambre nuptiale.

Des soins lui furent promptement prodigués, et pendant que le comte, à genoux au chevet de la malade, adressait au ciel une fervente prière, pour le remercier de lui avoir enfin rendu l'idole de son amour, un laquais lui présenta une lettre dont l'importance, dit-il, était extrême.

Théobald sortit à regret de sa pieuse méditation, et lut cette missive ainsi conçue :

MONSIEUR LE COMTE,

« Sur le lit de mort de ma mère j'ai fait le serment de poursuivre de ma » vengeance la famille de Randal jusqu'à la dernière génération. J'au- » rais pu vous tuer et laver dans votre sang l'honneur de ma maison. Mais » c'eût été peu généreux; vous n'aviez aucun motif de me haïr, tandis » que mon cœur au contraire bouillonnait dans la haine. J'ai voulu rendre » la partie égale entre nous deux et je viens d'accomplir cette œuvre » de galant gentilhomme.

» Pendant l'incendie qui éclata hier si à propos chez la marquise de » Fronsac, j'emportais dans mes bras votre femme. Touchée sans doute de » ce dévouement et de l'amour que je feignais pour elle, la comtesse s'est » livrée à moi, et toujours plus folle de désirs à mesure qu'elle buvait » davantage à la coupe des voluptés, elle a payé de son anneau nuptial la » faveur d'une nouvelle caresse.

» Cet anneau, monsieur le comte, sera la preuve de votre déshonneur.

» Notre inimitié est maintenant égale, et nous avons tous les deux au » cœur une haine que la mort seule pourra calmer. Je vous propose d'avoir » recours à ce moyen extrême, et si votre âme est accessible aux douceurs » de la vengeance, ce bonheur des dieux et des Corses, je vous attends » dans deux heures, sous le mur du parc de Villarceaux où habite votre » père.

» Ce ne sera que sur mon cadavre que vous pourrez reprendre votre » anneau de fiançailles.

» En attendant de nous couper la gorge en parfaits gentilshommes, » recevez l'assurance de la haute considération avec laquelle je suis,

» Monsieur le comte,

» Votre dévoué serviteur, Chevalier MIQUELLINI. »

Le ton ironique de cette lettre était une nouvelle insulte pour le comte de Randal; mais le fond plus que la forme fit refluer tout son sang vers le cerveau et agita ses membres d'un mouvement convulsif; ses yeux eurent le vertige, le papier s'échappa de ses mains tremblantes, et, comme un homme ivre, Théobald se laissa choir sur un fauteuil, à côté du lit de la malade. Sa douleur était si poignante, que pas une larme ne mouillait ses yeux et pas une parole ne sortait de sa bouche. Immobile, muet, le front dans ses mains, il semblait ne plus appartenir aux choses de la terre, quand la comtesse, sortant peu à peu de sa léthargie, étendit par un mouvement involontaire son bras, qui effleura la tête de son mari.

Celui-ci, rappelé à lui par ce contact inattendu, secoua tout à coup son anéantissement, se dressa de toute sa hauteur, et s'emparant avec vivacité de la main gauche de Noémie, il en examina rapidement le doigt annulaire.

— Il a dit vrai ! s'écria-t-il, plus pâle qu'un cadavre.

Et, malgré les cris de la comtesse complétement revenue à elle, il sortit de la chambre, les yeux hagards et les cheveux en désordre.

Un quart d'heure après cette scène, son équipage le conduisait à toutes brides sur la route de Villarceaux.

Le chevalier Miquellini était le premier arrivé au rendez-vous : assis au pied d'un arbre, il fumait phlegmatiquement un cigare, quand il aperçut son adversaire descendre de sa voiture et s'avancer vers lui. Il se leva, et rejetant le manteau dont il était couvert, il fit quelques pas au-devant de Théobald, deux pistolets d'une main et deux épées de l'autre.

— J'ai pensé, monsieur le comte, s'écria-t-il dès qu'il put être entendu, que, dans le trouble où seraient vos esprits, vous oublieriez des armes ; j'ai prévu votre négligence, et...

— Assez de raillerie, monsieur, interrompit Théobald, cherchant vainement à se donner du sang-froid.

— Ce n'est point au moment d'une suprême vengeance, répondit sèchement le Corse, que je me surprendrais à railler. Voici des armes, choisissez.

— J'opte pour les pistolets, répliqua de Randal, ils me permettront de me trouver moins longtemps en face de vous.

— Prenez garde que le sarcasme ne réponde à vos injures, monsieur le comte.

Et lui présentant un pistolet :

— Vérifiez s'il est propre au service, dit-il, c'est une condition que j'exige.

Théobald fit jouer le chien de l'arme, passa le petit doigt dans le canon qui ne présenta aucune trace de saleté, et tira la baguette pour mesurer sans doute la charge.

— Voici une cartouche, lui dit Miquellini, j'ai voulu vous laisser le soin de mâcher la balle.

Un silence solennel suivit ces paroles, pendant lequel les deux adversaires apprêtèrent leurs pistolets.

Miquellini, ayant le premier fini cette opération, fit dix pas en arrière :

— Suivez mon exemple, dit-il, et comptez jusqu'à dix.

De Randal obéit et rétrograda dix fois sur lui-même.

— A la garde de Dieu, s'écria le Corse, et visez juste.

Et les deux champions s'avancèrent l'un contre l'autre.

Sans rien préjuger de leur adresse respective, il était incontestable que le chevalier avait sur le comte un avantage immense, celui du sang-froid. Théobald, toujours sous l'empire de son exaltation douloureuse, semblait plutôt mu par une main étrangère que par une volonté ferme et lucide. Le Corse, au contraire, dont le cœur avait eu le temps de s'habituer aux aiguillons de la haine et dont l'esprit s'était entièrement familiarisé avec sa pensée de vengeance, conservait toute la sûreté de son coup d'œil et toute la justesse de ses mouvements.

Ils marchaient toujours lentement l'un contre l'autre.

Tout à coup une double détonation retentit, et, à travers un léger nuage de fumée, Miquellini vit tomber Théobald. Sa balle lui avait traversé la poitrine.

Il était neuf heures du matin. Le vieux comte Alexis de Randal, surpris du bruit étrange qui de si grand matin troublait sa solitude, se dirigea vers la partie de son domaine où le double coup de feu s'était fait entendre, et aperçut le Corse cachant sous son manteau les deux épées qu'il venait de ramasser.

— Ah! c'est vous, chevalier, dit-il en souriant, qui réveillez de si bonne heure les échos de ces bois ?

Miquellini le laissa avancer jusqu'à la clairière où gisait sans vie son adversaire.

— De concert avec votre fils, répondit-il quand le comte put apercevoir le cadavre de Théobald.

— Mon enfant! s'écria le vieillard, se précipitant sur le corps inanimé et sanglant de l'époux de Noémie.

Miquellini savoura un instant avec une joie féroce la douleur inénarrable de ce père infortuné.

— Ah! s'écria-t-il enfin, ma vengeance est bien complète! mais il me reste encore un devoir à remplir.

Et soulevant sans pitié l'homme aux cheveux blancs :

— Comte Alexis de Randal, dit-il, l'heure de l'expiation est arrivée pour toi : écoute attentivement mes paroles et réponds avec franchise.

Le vieillard, à genoux près du cadavre de son fils, tenait fixé sur le Corse son regard terni par le désespoir.

— Il y a trente ans environ, poursuivit Miquellini, tu as séduit à Corte, une jeune fille que tu as ensuite abandonnée. Cette jeune fille était Catharina Corbadi, qui ne put alors te poursuivre que de sa malédiction.

Ce nom parut ranimer le comte, dont les yeux devinrent plus expressifs.

Le chevalier continua :

— J'ai épousé sa haine et je me suis fait l'instrument de sa vengeance : tu avais déshonoré Catharina Corbadi, et moi j'ai déshonoré la comtesse de Randal ; tu avais apporté l'infamie dans une paisible famille de Corte, et moi j'ai jeté la honte dans une puissante maison de Paris.

— Ma fille, Noémie ! s'écria le vieillard revenant à la réalité :

—Oui, ta fille, interrompit Miquellini d'une voix insultante, s'est abreuvée toute une nuit avec moi à la coupe de l'opprobre et de l'orgie ; toute une nuit, folle de plaisirs, elle a oublié dans mes bras la pudeur, son nom et son mari.

— Tu mens! s'écria tout à coup le comte, se dressant comme un spectre en face du jeune homme.

— Tiens , voici son anneau nuptial qu'elle m'a donné dans l'ivresse de ses baisers; tiens voilà le cadavre de son époux. Théobald a voulu venger son déshonneur , mais ma cause était sainte et le ciel m'a protégé.

— Qui es-tu donc pour que Dieu ne te frappe pas sur l'heure?

— Je suis Antonio Cavaliere , le fils légitime de Catharina Corbadi, la jeune fille que tu as séduite.

— Toi, le fils de Catharina Corbadi ! s'écria le vieillard, cachant sa tête dans ses mains.

— La vengeance est complète et l'âme de ma mère peut maintenant dormir en paix.

Ces dernières paroles furent suivies d'un silence de quelques minutes, pendant lequel on n'entendit que les sanglots étouffés du comte.

Le Corse fut le premier à poursuivre :

— Un enfant naquit de l'amour que tu sus inspirer à Catharina Corbadi; la mort, en glaçant trop tôt les veines de ma mère, m'a empêché d'apprendre la destinée de mon frère : tu dois la connaître, comte de Randal...

— Ton frère , murmura celui-ci pouvant à peine comprimer ses larmes et ses soupirs.

— Oui, qu'as-tu fait de mon frère? demanda Antonio, saisissant le bras de son interlocuteur; car un homme prévoyant comme toi n'a pas dû perdre dans le monde les traces d'un fils, même illégitime, qui pouvait un jour par sa présence troubler le repos de ta famille.

— Oh! ne me demande pas , répondit tristement le vieillard , ce qu'est devenu ton frère ?

— Tu l'as peut-être poursuivi de quelque lâcheté ou de quelque crime. Parle, je veux tout savoir.

— Oh ! ne me force pas à rompre le silence...

— Qu'as-tu fait de mon frère?

Et Cavaliere secouait plus fortement le bras du comte.

Celui-ci montrant le cadavre de Théobald :

— Tu l'as tué, dit-il : que le remords soit ton premier châtiment !

Et sa tête retomba sur sa poitrine.

. . . .

. . . .

Comme si le ciel n'avait point voulu retarder la peine due au fratricide et à l'inceste, le même jour les habitants de Corte conduisaient à sa dernière demeure Mariana, la fiancée du Corse, Antonio Cavaliere.

Épilogue.

Quelque temps après les événements que nous venons de raconter, on lisait dans tous les journaux de Paris : « Une circonstance lugubre a tristement terminé la dernière représentation de *Ruy-Blas* au théâtre de ***. L'acteur qui remplissait le principal rôle, jeune homme d'avenir et de talent, s'est tout à coup arrêté après ce commencement de vers :

Je ne pouvais plus vivre....

» L'actrice chargée du rôle de la reine donne la réplique, et est fort étonnée de ne pas recevoir la sienne. Tout à coup elle aperçoit son camarade s'affaisser complétement et devancer de quelques minutes le dénoûment de la pièce. Le rideau tombé, on accourt, et l'on reconnaît alors que la vie est entièrement éteinte chez le jeune acteur. On a trouvé chez ce malheureux une lettre dans laquelle il annonce que, fatigué de la vie, et miné par des remords, il attente lui-même à ses jours.

» D'après les bruits qui courent, cette mort serait le dénoûment de quelque histoire sombre. »

La rumeur publique avait raison : l'infortuné comédien était Antonio Cavaliere qui, après la mort de son frère, avait cherché dans les agitations et les émotions du théâtre l'oubli de son passé si triste et si fatal.

Il n'avait pu, malgré ses efforts, chasser de son âme ces cruels souvenirs; et alors, poussé par le désespoir, il avait cru ne les pouvoir éteindre que dans le froid de la tombe.

Paris. — Imprimerie de L. Martinet, rue Mignon, 2.

L'ART DU DENTISTE.

L'ART DU DENTISTE, arrivé à un certain degré de perfection, resta longtemps stationnaire, dans la croyance où furent les praticiens qu'il n'y avait plus rien à faire pour le perfectionner. William Rogers a détruit cette erreur en nous montrant tous les ans quelque nouvelle découverte pour son amélioration. D'abord, ce sont ses *dents osanores* posées sans crochets ni ligatures, et sans extraction des racines, particulièrement recommandées pour leur légèreté dans la bouche aux vieillards ou personnes dont la bouche irritable ne pourrait supporter une forte pression ou tension, soit de ressorts, de plaques ou de crochets. Après de nombreux essais plus ou moins fructueux, *William Rogers* parvint à donner à ses dents une plus grande transparence, jointe à une solidité à toute épreuve, et sous le nom de *dents osanores indestructibles*, nous fit voir le chef-d'œuvre de l'art dentaire ; ces mêmes dents fabriquées aujourd'hui à la mécanique, avec une promptitude et une précision sans égale, sont néanmoins d'un prix très modéré. *William Rogers* n'a pas été moins heureux dans les recherches qu'il a faites pour les autres branches de son art ; *son ciment pour plomber ses dents soi-même* est encore une invention précieuse et à la portée de tout le monde par la modicité du prix. Ce *ciment* ou *émail inaltérable* s'applique facilement et sans douleur, adhère à la dent, en devient à l'instant même partie, et fait disparaître toute trace de carie ; *son eau Rogers*, *pour embaumer les dents* quand elles sont trop douloureuses pour être plombées, est encore un de ces secrets bienfaiteurs qu'on ne saurait trop apprécier. Chaque flacon de ces deux articles se vend 3 fr. chez l'inventeur, 270, rue saint-Honoré, et chez les principaux pharmaciens.

Nous venons de parler des différentes améliorations apportées par *William Rogers* dans la pratique de son art ; il nous reste à parler des *ouvrages remarquables* dont il a doté la *science dentaire* pour le développement de ses théories. D'abord son *Encyclopédie* du dentiste, récapitulation des pratiques employées par les anciens dentistes, et des différentes phases de progrès obtenus dans l'art dentaire, depuis son origine jusqu'à nos jours. Prix, 7 fr. 50 c.

Dictionnaire des sciences dentaires, publié dernièrement par *William Rogers*, le plus étendu et le plus complet des ouvrages écrits pour sa profession. Cet ouvrage est un résumé, non seulement des doctrines de l'auteur, mais encore de tous les perfectionnements apportés dans l'odontotechnie ; c'est le divulgué détaillé de la fabrication des dents artificielles jusqu'à la découverte des osanores et des différentes améliorations apportées dans ces dernières par l'inventeur. Prix, 10 fr. Nous devons encore à *William Rogers* plusieurs ouvrages utiles et d'un mérite incontestable, que l'on peut se procurer chez lui, rue Saint-Honoré, 270, à Paris.

(Extrait de l'*Annuaire médical*.)

Paris. — Imprimerie de L. MARTINET, rue Mignon, 2.

[illegible]

DES THÉATRES

PAR

FÉLIX ROUBAUD.

Neuvième Livraison.

GYMNASE.

A PARIS
CHEZ JONAS-LAVATER, ÉDITEUR,
43, RUE VIVIENNE;
ET A LA PAPETERIE DE PARIS, NERAUDAU,
16 ET 18, RUE DES FOSSÉS-MONTMARTRE.

L'Œil-de-Bœuf des Théâtres forme un gros volume composé de douze livraisons, contenant chacune 1° une nouvelle-roman, dont le sujet est emprunté à la vie intime d'un acteur, d'une actrice ou d'un auteur dramatique ; 2° le plan gravé de l'intérieur d'un théâtre de Paris, avec le numéro des stalles et des loges, et le nombre de places de chaque loge ; 3° une notice historique concernant le théâtre qu'elle accompagne, suivie du personnel administratif et artistique et du prix des places de ce théâtre.

Toutes les livraisons sont en vente et ont paru dans l'ordre suivant :

	Gravures.	Titre de la Nouvelle-Roman.
1re livraison.	Opéra.	L'Amour d'une Sirène.
2e —	Théâtre-Français.	Une Conspiration à For-l'Évêque.
3e —	Opéra-Comique.	Un Moment d'erreur.
4e —	Odéon	Un Comédien en pénitence.
5e —	Italiens.	Une Vengeance d'outre-tombe.
6e —	Vaudeville	Un Amour impossible.
7e —	Variétés.	Ce que rapporte la poésie.
8e —	Porte St-Martin.	Une Vendetta.
9e —	Gymnase	Deux Cœurs pour un amour.
10e —	Historique	Une Fleur de Bal.
11e —	Montansier.	Les Diamants de la Marquise.
12e —	Ambigu	Une passion à bord.

Chaque livraison forme séparément un tout complet ; réunies entre elles, ces 12 livraisons composent un fort volume dont *une demi-livraison* supplémentaire donne le titre, le prologue, l'épilogue et la table des matières. Cette demi-livraison se trouve chez l'éditeur, 43, rue Vivienne, et chez tous les libraires et marchands de nouveautés de Paris.

DEUX COEURS POUR UN AMOUR.

I.

La taverne de Bolt-Court dans Fleet-Street, réunissait vers le milieu du XVIIIe siècle tous les beaux esprits de la capitale des trois royaumes unis; c'était le pendant du café Procope de Paris; seulement, au lieu d'y boire le café que Voltaire avait mis à la mode en France, on ne consommait à la taverne de Bolt-Court que de la bière et du porter, et quelquefois du rhum arrivé directement de la Jamaïque; cette dernière liqueur surtout avait une influence heureuse sur la verve des habitués de la taverne, et les échos de la cité, dans laquelle se trouve Fleet-Street, gardent encore le souvenir des saillies de Pope, de la gaieté de Walpole, de l'esprit de Garrick, des bons mots de Foote et des discussions animées de tous les artistes et littérateurs que Londres comptait à cette époque.

Parmi ces derniers, l'hôte le plus assidu de Bolt-Court était sans contredit John Foote: coureur d'aventures comme nos marquis de la régence, pauvre comme Job, insouciant comme un artiste, et spirituel comme un démon, il menait joyeuse vie dans les tavernes et les cabarets, ne payant jamais son écot qu'avec des saillies et des épigrammes; l'esprit était sa monnaie courante, et plus d'un auteur en renom était heureux de l'avoir à sa table. Cette légèreté dans le caractère n'avait en rien altéré la sensibilité de son âme, et l'on eût dit que son cœur avait été largement doté de nobles et belles qualités au détriment de sa raison.

Il s'était lié d'amitié avec un jeune poëte, déjà connu à l'époque dont nous parlons, par deux comédies, jouées à Drury-Lane sous les noms de *l'Apprenti* et du *Tapissier*. Édouard Murphi ne ressemblait à Foote que du côté de la pauvreté. D'un caractère studieux et grave, il prenait la vie au sérieux et ne la dépensait ni en bons mots ni en folles orgies de cabaret. Ambitieux plutôt par instinct que par calcul, aimant la gloire, non pour la fortune qu'elle donne, mais pour la satisfaction qu'elle procure, il s'était livré aux travaux de théâtre, afin de contenter tout à la fois son amour-propre et sa passion poétique. Enhardi par le succès de ses deux premières comédies et toujours plus avide de gloire, à mesure que le triomphe semblait lui en aplanir la voie, il avait composé une tragédie en cinq actes, *l'Orphelin de la Chine*, dont le sujet est le même que celui choisi par Voltaire dans la pièce du même nom, et l'avait présentée au théâtre de Drury-Lane.

A cette époque, Drury-Lane était dirigé par Garrick, en association avec une de ses anciennes camarades, mistriss Lacy (1).

Cette dernière, d'origine espagnole, avait toutes les passions qu'engendre le soleil brûlant de son pays. Quoique âgée de quarante ans, elle avait perdu peu de choses de ses grâces et de sa beauté. Elle avait une de ces fières et brunes figures du Midi que n'altèrent, ni les outrages du temps, ni les émotions de la vie, ni les passions de l'âme. Son cœur, dont l'âge avait respecté la jeunesse, s'indignait de la solitude à laquelle la condamnaient ses quarante ans révolus, et tentait d'inutiles efforts pour comprimer ses élans et ses aspirations vers un bonheur, qu'il ne lui était plus permis d'espérer. A défaut de l'amour, et pour satisfaire les besoins de son âme ardente, mistriss Lacy eût préféré la haine à l'absence de tout sentiment à caresser; cette ardeur dans les désirs, cette pétulance dans les passions étaient admirablement servies par les tendances de son esprit: impérieuse, rusée, tenace dans ses résolutions, elle dominait tout le monde, et surtout Garrick qui, d'un caractère faible et timide, n'osait résister à ses emportements et à ses volontés. Cependant elle avait soin de respecter en public la dignité de son associé; mais de tous les habitués de Drury-Lane, nul n'ignorait le rôle important qu'elle s'était attribué dans l'administration du théâtre.

Murphi, malgré son initiation à ces secrets de ménage, avait trop de fierté pour demander la protection de mistriss Lacy; il éprouvait même à son égard un éloignement instinctif que rien n'expliquait ni ne justifiait; loin de là, c'était à la bienveillance de cette femme, il le reconnaissait lui-même, qu'il devait ses débuts dans la carrière dramatique et la représentation de ses deux comédies. Sans doute il avait pour elle de la reconnaissance, mais il la sentait étouffée dans son cœur par quelque chose dont il ne pouvait se rendre compte. L'Espagnole souffrait des dispositions hostiles du jeune homme, et plus d'une fois elle lui en avait adressé d'amers reproches, en comparant sa conduite avec la sienne. Murphi s'inquiétait peu de ces récriminations et n'y prenait pas garde. Tout entier à l'amour dont

(1) Les détails concernant Garrick et son associée, Murphi, John Foote et Anne Cibber, et ceux relatifs aux démêlés de Garrick avec Murphi au sujet de *l'Orphelin de la Chine* sont historiques. L'auteur les a puisés dans les mémoires de Garrick et dans les lettres de Murphi.

son cœur était rempli, et trouvant dans son intérieur domestique le bonheur et la réalisation de ses goûts, il s'était fait une solitude d'où il ne voulait pas sortir, et dans laquelle il n'admettait que Foote, dont l'amitié était une source constante de douces émotions et d'innocents plaisirs.

Édouard n'était cependant pas jaloux : vivant maritalement avec une jeune femme dont l'amour était tout à lui, et, semblable à l'avare couvant son trésor, il jouissait sans entraves de ses voluptés et ne voulait initier personne à son culte et à sa religion.

Sa maîtresse était Anne Cibber, premier rôle à Drury-Lane. Cette femme, d'une nature exceptionnelle, aurait rempli pour Murphi tout un monde de dévouement. Ne comprenant l'amour que par les sacrifices qu'il impose, elle effaçait toujours sa personnalité des rêves à travers lesquels elle se plaisait à entrevoir l'avenir de son amant, et réclamait constamment pour elle les larmes à répandre et les peines à supporter.

Entrée toute jeune dans la carrière dramatique, sous les auspices de mistriss Lacy, elle était parvenue, grâce à ses heureuses dispositions et à son travail, à occuper les premiers rôles à Drury-Lane. C'était à ce théâtre qu'elle avait pour la première fois rencontré Murphi. Sa candeur, sa timidité et son innocence avaient impressionné le poëte, beaucoup plus vivement que ses charmes et sa beauté; pourtant, les solides et éminentes qualités de son cœur se reflétaient sur sa blanche figure, où les roses de la jeunesse s'épanouissaient à peine, dans le regard long et triste de ses yeux bleus, et jusque dans les boucles de ses beaux cheveux blonds qui avaient, comme le saule-pleureur, quelque chose de mélancolique et de tendre, en tombant sur ses joues fraîches et veloutées. Sa taille moyenne, mais bien prise, se balançait avec une sorte de nonchalance créole et semblait avoir calqué ses mouvements sur l'état habituel de son âme.

Mistriss Cibber s'était attachée à son amant avec toute la force d'un premier amour et en avait fait son dieu, au culte duquel elle avait juré de consacrer sa vie tout entière.

Depuis cette liaison, mistriss Lacy avait retiré à la jeune actrice la protection qu'elle lui avait jusqu'alors accordée, et refusait de la recevoir, à cause, disait-elle, de l'immoralité de sa conduite. Mistriss Cibber, qu'aucune puissance au monde ne pouvait plus distraire de son adoration, s'était révoltée contre l'insulte jetée à sa religion, et avait entièrement rompu avec son ancienne protectrice. Sans un traité qui la retenait à Drury-Lane, il est probable qu'elle se serait brisée contre la rancune de la directrice, et qu'elle eût payé de son renvoi du théâtre, la constance et la fermeté de ses sentiments.

Murphi était initié à la querelle des deux femmes, mais rapportant à lui-même la cause du mécontentement de mistriss Lacy, il avait pris le sage parti, ne voulant pas rompre le lien qui l'attachait à l'actrice, de paraître ignorer ce mécontentement, tant qu'il ne se traduirait pas par des actes hostiles à la position et à l'honneur de sa maîtresse. Pour lui, il se croyait à l'abri de toute atteinte et assez fort pour intimider l'audace de l'associée de Garrick.

Foote, plus clairvoyant, ne partageait pas la sécurité de son ami et, tout en vidant avec lui, à la taverne de Bott-Court, une bouteille de porter, il manifestait hautement les craintes que lui inspirait, sur le sort de *l'Orphelin de la Chine*, la rancune de mistriss Lacy.

— Depuis que les dieux, dit-il sur le ton de plaisanterie qui lui était familier, ont perdu l'habitude de fréquenter la terre, ils ont légué à chaque peuple un souvenir de leurs plaisirs : A l'Italie ils ont donné l'amour, le rire à la France, les voyages à l'Angleterre, et à l'Espagne, la vengeance. Mistriss Lacy est Espagnole et ne me paraît pas avoir répudié l'héritage des dieux.

— Pour moi? fit Édouard; je ne relève que de mon talent et de ma plume...

— Peut-être, interrompit Foote; pour se produire, ton talent a besoin d'une scène, et ta plume d'un éditeur; mistriss Lacy dispose de la scène et pourrait bien étouffer à sa naissance *l'Orphelin de la Chine*.

— Si j'étais en droit de penser, s'exclama Murphi avec un geste de colère...

— Ce n'est qu'une supposition de ma part, interrompit Foote; j'ai mal auguré de l'avenir de ta pièce, lorsque j'ai vu miss Anne (1), qui est catholique, prier pour elle; les catholiques ne manquent jamais de prier pour les morts.

A cette explication bizarre, Murphi se calma et laissa errer un sourire sur ses lèvres.

— Ma tragédie, poursuivit Édouard en se levant, a été reconnue pleine de beautés par les hôtes de Bolt-Court, et Garrick a trop de goût et de connaissances en littérature dramatique, pour se trouver en opposition avec des juges si experts en pareille matière.

— Miss Anne a prié pour ta pièce, répéta sir Foote en prenant le bras du poëte, et miss Anne est catholique.

Murphi sourit de nouveau, et entraînant son camarade :

— Allons vérifier la bonté de ton augure, dit-il, et si tes prévisions ne se réalisent pas...

— Je jure d'embrasser mistriss Lacy, interrompit John en riant.

(1) Les personnes un peu versées dans la littérature anglaise savent qu'à l'époque où se passe notre récit, on désignait indistinctement une demoiselle par les mots de *miss* et de *mistriss*. Shakspeare entre autres fait souvent cette confusion, qui n'est plus admise aujourd'hui. Nous resterons fidèle aux habitudes de langage qu'avaient nos personnages.

Et ils se dirigèrent vers Claring-Cross, quartier dans lequel habitait Murphi.

A leur arrivée, mistriss Anne Cibber était assise près d'une table, la main sur un manuscrit déplié, qu'elle considérait à travers les larmes qui mouillaient ses paupières.

Au bruit que firent son amant et son ami, elle essuya rapidement ses yeux, et voulut dérober le manuscrit aux regards des deux jeunes hommes; ceux-ci ne lui en donnèrent pas le temps, et Murphi s'avança le premier; et ne voyant tout d'abord que la tristesse de son amante :

— Anne, lui dit-il en prenant affectueusement ses mains, tu pleurais pendant mon absence; pourquoi me cacher tes peines et me priver de ma part de tes douleurs?

Mais apercevant le manuscrit resté ouvert sur la table :

— Ah! Garrick n'a pas voulu de ma pièce!, s'écria-t-il avec plus d'abattement que de colère.

— A quelque chose malheur est bon! observa sir Foote, voulant, par une plaisanterie, faire diversion à la contrariété de son ami; je n'embrasserai pas mistriss Lacy.

Murphi était trop vivement frappé pour se laisser distraire dans ses fâcheuses préoccupations, il gardait un morne silence et restait debout, sans regard et sans mouvement, comme si toutes ses facultés se fussent anéanties.

Mistriss Cibber semblait avoir prévu cette scène : elle s'agenouilla aux pieds de son amant, lui prit les mains qu'elle couvrit de larmes et de baisers et chercha à le tirer de son désespoir, en l'appelant des noms les plus tendres.

En face de ces deux douleurs si vraies et si vivement senties, Foote n'eut plus le courage de rire, et s'associant à la souffrance de ses deux amis, il vint au secours de la jeune femme, pour redonner un peu d'espoir au cœur du malheureux poëte.

— Il est impossible, dit-il, que Garrick ait repoussé ta tragédie; non, cela ne peut pas être, il y a eu méprise, j'en suis sûr.

— John a raison, rien n'est désespéré encore, reprit miss Anne, que le concours d'un auxiliaire rendait plus pressante; Garrick reconnaîtra son erreur et te rendra justice.

Murphi releva lentement la tête et, arrêtant sur Foote un regard où la vie commençait à renaître :

— Mistriss Lacy, dit-il lentement, n'est pas étrangère au coup qui me frappe.

Miss Anne pâlit et cacha son trouble avec ses mains.

Et s'adressant à sa maîtresse :

— En renvoyant mon manuscrit, Garrick a dû, selon son habitude, me donner l'explication de ses refus. — Où est sa lettre?

La pauvre femme aurait voulu éviter un nouveau coup à son amant.

— Je ne sais, répondit-elle, en feignant de chercher la missive du directeur de Drury-Lane.

Édouard devina le mensonge au trouble de miss Anne :

— Je suis préparé à tout, dit-il avec un accent mélancolique et tendre tu peux me montrer cette lettre, je suis calme et résigné.

Mistris Cibber, confiante en la parole de Murphi, alla chercher la lettre qu'elle avait déjà cachée au fond d'une armoire.

Le poëte la parcourut rapidement et ne s'arrêta qu'à cette phrase qui la terminait : « *Je vous renvoie donc votre pièce comme ne convenant nullement au théâtre.* »

Après un moment de solennel silence, pendant lequel une révolution terrible sembla s'opérer dans son âme, Murphi jeta loin de lui la lettre, et brandissant son poing avec rage :

— Ah! Garrick! s'écria-t-il, quel que soit le mobile qui te pousse à me déclarer la guerre, je l'accepte avec joie; dès à présent c'est entre nous deux un combat à outrance, sans trève, ni merci! la lutte commence; elle ne finira qu'avec ma mort ou mon triomphe!!!

Et, sans expliquer sa pensée, il laissa son ami et sa maîtresse étonnés et effrayés tout à la fois de son emportement.

Revenant bientôt de sa stupeur, mistriss Cibber voulut suivre son amant, soit pour partager ses dangers, soit pour conjurer les malheurs qui pourraient le menacer; Foote la retint, et la forçant à s'asseoir :

— Ce que va faire Édouard, lui dit-il, je l'ignore; mais il ne court pas se jeter dans la Tamise; ce serait donner gain de cause à Garrick; il ne va point le provoquer en combat singulier, car notre ami est poëte, et les poëtes ne se battent jamais qu'avec la plume.

— Hélas! fit la jeune femme, essayant d'apercevoir son amant à travers la fenêtre entr'ouverte.

— La plume est une arme sûre entre les mains d'Édouard, poursuivit Foote, sans s'arrêter à la préoccupation de l'actrice; et Garrick, tout Roscius qu'il est (1), sera percé d'outre en outre.

— Garrick est moins coupable que vous ne pensez, fit mistriss Cibber reprenant sa place près de John.

— Je devine, interrompit celui-ci, le fauteur de toute cette affaire : mistriss Lacy ne vous porte pas une amitié bien grande et...

— Qui a pu vous dire? interrompit à son tour la jeune femme avec une émotion évidente.

(1) Garrick était appelé, même de son temps, le *Roscius de la Grande-Bretagne.*

— C'est un bruit qui circule à la taverne de Bolt-Court.

— Y connaît-on, à la taverne, les motifs de cette inimitié?

— On l'attribue assez généralement au puritanisme de la directrice, puritanisme d'autant plus ardent qu'il est de fraîche date.

L'actrice laissa errer sur ses lèvres un sourire d'incrédulité, et se rapprochant de son interlocuteur :

— John, lui dit-elle à voix basse, vous sentez-vous au cœur assez de dévouement pour m'aider à assurer le bonheur d'Édouard?

— Mais il me semble, répondit Foote avec un sourire, que de ce côté rien ne lui manque.

— Ne riez pas, ami, et répondez à ma demande.

— Mon passé vous est garant de mes sentiments...

— Il faut alors que je vous confie un secret que seule au monde je connais peut-être.

— Vous me faites frémir, miss Anne; ma conscience est bien légère pour une si lourde responsabilité.

— Vous refusez, sir Foote?

— Moi? mais j'accepte avec empressement et je jure...

— Ne jurez pas, interrompit l'actrice, votre parole me suffit.

Et se recueillant un moment en elle-même, comme pour mieux coordonner ses pensées, elle poursuivit :

— Mistriss Lacy avait été la camarade de ma mère dans la carrière théâtrale. En souvenir de l'amitié qui les avait unies, elle m'accorda toute son affection, quand je devins orpheline. Elle aplanit pour moi la voie ordinairement si pénible des débuts, et sa sollicitude, lors de son association avec Garrick, m'ouvrit les portes de Drury-Lane. Hélas! cette tendresse a fui et son cœur ne nourrit plus pour moi que la haine. A mesure qu'Édouard me prodiguait ses assiduités et ses hommages, je vis s'éloigner les douces prévenances, les soins affectueux dont m'entourait naguère mistriss Lacy; enfin, son dépit et sa colère ne connurent plus de bornes, quand j'avouai hautement que Murphi partageait mon amour. Les reproches qu'elle me fit, vous les savez: elle m'accusa de perdition et d'immoralité. Mais au milieu de ses injures et de ses attaques, je sus deviner le véritable sentiment qui la faisait agir; elle aussi était amoureuse de Murphi, et sa défaite remplit son âme de rage et de jalousie.

—Quoi! s'écria John en riant, cette vieille coquette s'est éprise de mon jeune et bel ami! Ah! l'histoire est plaisante et fera les délices ce soir de la taverne de Bolt-Court.

— Vous m'avez promis le secret, observa mistriss Cibber, tâchant de ramener son interlocuteur au sérieux de son maintien.

— Sans doute; mais les bonnes plaisanteries sont trop rares pour que je ne m'engage jamais à en priver les joyeux habitués de la taverne.

— Si vous avez quelque amitié pour Édouard, répliqua l'actrice, et si vous me portez aussi quelque intérêt, gardez-vous de divulguer un mot de ma confidence, car vous nous perdriez tous les deux; ah! vous ne savez pas combien mistriss Lacy est vindicative; pour vous donner un aperçu de ce qu'elle pourrait faire, voyez ce qu'elle fait aujourd'hui.

— Ainsi, vous croyez que le renvoi de *l'Orphelin de la Chine* est un effet de sa vengeance et de son dépit amoureux?

— J'en suis persuadée; avec son astuce et sa rouerie ordinaires, elle aura circonvenu Garrick et l'aura forcé à subir sa volonté.

— Voilà d'étranges prétentions! s'écria Foote en riant, et une étrange façon de gérer les affaires commerciales de ce monde! qu'en dites-vous, miss Anne, et ne pensez-vous pas qu'une femme renonce à la direction de son cœur, en se faisant directrice de théâtre?

— Vous ne changerez donc jamais, fit la jeune femme ne pouvant comprimer un sourire, et vous plaisanterez toujours sur les choses les plus graves.

— Vous appelez chose grave l'amour de mistriss Lacy? mais si notre jeune ami savait...

— Ah! gardez-vous de lui faire seulement soupçonner ma confidence, interrompit vivement miss Anne.

— Ce serait sans danger, observa John en riant; Murphi déteste les brunes en général, et celles de quarante ans en particulier.

— Je suis sûre de l'amour d'Édouard, répliqua l'actrice avec impatience, et c'est moins contre lui que contre moi, si j'en juge par sa première attaque, que ma rivale dirigera ses coups. Elle a vu dans *l'Orphelin de la Chine* le rôle brillant que m'avait préparé mon amant, et elle n'a pas voulu me donner la satisfaction d'un succès et d'un bonheur nouveau. Oh! je vous le dis, Foote, cette femme me fera bien du mal!!

En cet instant, Murphi rentra, toujours sous l'empire de l'exaltation et de la colère.

— La victoire est certaine! s'écria-t-il en jetant son feutre sur une chaise, j'ai trouvé un éditeur.

— Un directeur de théâtre eût mieux fait ton affaire, répondit John toujours prêt à épiloguer.

— Garrick, poursuivit le poëte sans s'arrêter à l'observation de son ami, a méconnu, je ne sais pourquoi, les règles éternelles de l'art; le renvoi de ma pièce est évidemment l'effet d'un parti pris d'avance, et non le résultat d'un examen sévère. Il est inutile de faire appel à sa raison et à sa science, et j'ai résolu, sur l'avis de deux habitués de Bolt-Court que je viens de consulter, de le faire capituler par la force (1).

(1) « Quoi qu'il en soit, étant encouragé par deux amis dont je connaissais le juge-
» ment et l'intégrité, je commençai une guerre de plume. Je savais que Garrick était

Et après un moment de silence, prenant Foote par le bras et l'entraînant vers la table de travail :

— A l'œuvre ! s'écria-t-il, à moi ton fiel et tes sarcasmes ! à moi le fouet de Némésis ! à moi les épigrammes et la satire !

Et sa main convulsive répandit sur le papier toute l'amertume de son cœur.

II.

Les prévisions de Murphi ne furent pas trompées : Garrick s'émut du pamphlet lancé contre lui et il redouta d'autant plus les conséquences de cette querelle que, dans sa conscience, il reconnaissait les beautés contenues dans l'*Orphelin de la Chine* et que, par conséquent, il n'avait pas le bon droit de son côté. En refusant la tragédie d'Édouard, il avait cédé à la volonté impérieuse de son associée et avait fait plier son opinion propre sous celle de mistriss Lacy.

— Voyez ce que me vaut votre entêtement ! disait-il à cette dernière, en lui montrant le libelle de Murphi ; je suis déchiré, lacéré à plaisir et à juste raison.

— Il est heureux, répondit dédaigneusement la directrice, que tous les faiseurs de rapsodies ne sachent pas votre caractère méticuleux et craintif.

— Mais la tragédie de sir Murphi, interrompit Garrick, me paraît remarquable sous tous les rapports.

— Je ne comprends pas, répondit mistriss Lacy, votre engouement pour cette pièce.

— Et moi, je comprends encore moins votre acharnement à la poursuivre.

Et après un moment de silence :

— Au reste, ajouta-t-il, un ami commun jugera la question en litige.

— Qu'est-il besoin, interrompit mistriss Lacy, d'initier des étrangers aux affaires de notre administration ?

— Mais le renvoi ou l'acceptation de l'*Orphelin de la Chine* est une question purement artistique, et c'est dans nos intérêts mêmes que j'invoque cet arbitrage.

— Vous ne pouvez, sans manquer à votre dignité, revenir sur votre décision.

— Il n'est jamais trop tard pour réparer une faute, et si Whitehead, que j'attends, me donne le conseil de jouer l'*Orphelin de la Chine*, je le jouerais.

L'ami de Garrick, répondant à l'appel qui lui avait été fait, se présenta

» excessivement timoré sur tout ce qui pouvait concerner sa réputation ; il tremblait à » la moindre attaque. C'était son côté faible, ce fut par là que je l'attaquai. » (*Lettres de Murphi.*)

dans ce moment à nos deux interlocuteurs. Après que le sujet de la querelle, soulevée entre les deux associés, lui eut été expliqué, et après avoir pris connaissance du pamphlet de Murphi, Whitehead formula ainsi sa sentence :

— Garrick est un bon juge en fait de tragédie, et, puisque tel est son avis, *l'Orphelin de la Chine* doit être digne du théâtre ; je crains que le public, que Murphi commence à initier au procès, ne partage cette opinion ; en cette occurrence et après les motifs dont il a accompagné le renvoi de la pièce, je pense que, dans vos intérêts bien entendus, Garrick devra sacrifier un instant sa réputation d'homme éclairé et de bon goût, et s'exposer au jugement de Holland-House.

— Pour une pareille transaction, répondit mistriss Lacy, il faut le consentement de sir Edouard, et je doute que Murphi, au point où en sont les choses, consente à cet arrangement.

— Vous me permettez de ne point partager vos craintes, répliqua Whitehead, sir Murphi ne peut redouter le jugement des personnages illustres dont s'entoure sir Fox.

— D'ailleurs, ajouta Garrick, si Édouard refuse d'aller à Holland-House, nous serons parvenus à mettre le bon droit et le public de notre côté.

— Je me charge de voir sir Murphi, dit Whitehead en se levant, et de surmonter tous ses scrupules.

Et après avoir accueilli les recommandations de Garrick, il se dirigea vers la taverne de Bolt-Court où il était presque sûr de rencontrer le poëte.

Mistriss Lacy fut loin d'être satisfaite de cette solution. Holland-House était le tribunal suprême où se discutaient et se résolvaient les plus hautes questions artistiques et littéraires. La famille Holland se transmettait depuis des siècles cet heureux et brillant privilége, et avait su le conserver intact, en attirant dans son palais tous les littérateurs et les artistes de l'Angleterre. En 1760, époque à laquelle se passe notre récit, Holland-House était habité par sir Fox, le père de l'orateur, dont le nom occupe une si large place dans les fastes parlementaires de la grande Bretagne, et son commensal le plus assidu était le poëte Walpole.

Murphi, convaincu de la bonté de sa pièce, devait accepter avec joie l'arbitrage de Holland-House ; il savait que toute influence de coterie s'arrêtait à la porte de ce haut tribunal, et que les juges n'étaient accessibles à aucune considération étrangère à l'art et aux belles-lettres.

Ainsi disposé, il accueillit favorablement la proposition que venait lui faire Whitehead, et tous deux convinrent de l'heure à laquelle il se rendrait à Holland-House en compagnie de Garrick.

Fox ne voulut pas assumer seul la responsabilité du jugement et manda Walpole qui devait donner à la décision force de loi par l'éclat de son nom et de ses lumières.

Cette décision fut toute en faveur de Murphi, et Garrick, atteint et convaincu d'erreur, promit de représenter la pièce avant le mois d'octobre prochain.

Mistriss Lacy s'attendait à cette issue du procès ; elle accepta sa défaite comme une nécessité absolue et s'étudia, devant son associé, à réparer, par une sollicitude exagérée dans la mise en scène et dans les répétitions de l'ouvrage, l'injustice dont elle s'était rendue coupable envers *l'Orphelin de la Chine.*

Le caractère de cette sollicitude n'échappa point à la perspicacité de mistriss Cibber.

Murphi avait écrit pour sa maîtresse un rôle magnifique et destiné à faire briller d'un vif éclat les qualités de la jeune femme ; celle-ci avait, pour ainsi parler, dirigé la main du poëte et lui avait fait créer les situations les mieux appropriées à son talent et à ses tendances naturelles. Elle était guidée, dans ses inspirations créatrices, bien plus par son cœur que par son intelligence et son amour-propre, car son triomphe, à elle, se résumait dans celui d'Édouard. Elle ne s'incarnait ainsi dans son rôle que pour assurer le succès de la pièce et s'identifier avec les sentiments et les pensées de son amant ; il lui semblait qu'en s'appropriant ces sentiments et ces pensées, elle contentait un besoin de son âme et que, de même qu'elle était tout entière à Murphi, elle devait recueillir de lui jusqu'au moindre rayon de son génie ; elle était heureuse dans cette étude, dans cette dissection, pour ainsi dire, de chaque mot de son rôle ; elle se plaisait à revenir vingt fois sur une intonation, sur un geste, sur une entrée ou sur une sortie ; son miroir se fatiguait à refléter sa démarche, ses pauses et ses mouvements ; son imagination s'usait à allier dans son costume la fidélité à l'élégance, les traditions de l'histoire à l'éclat de la richesse et à la simplicité du bon goût.

Hélas ! dès la première répétition mistriss Cibber eut un pressentiment funeste. La directrice annonça vouloir diriger elle-même les études de ses pensionnaires, et apporter à la représentation de *l'Orphelin de la Chine* tous les soins et toute l'attention dont elle était capable.

Miss Anne connaissait trop le caractère rusé et vindicatif de mistriss Lacy, pour croire à la vérité de cette sollicitude ; elle entrevit un piége sous ces dehors bienveillants et se mit en garde contre toute éventualité.

Sa vigilance fut inutile et ne lui servit qu'à constater de nouveau la haine de sa directrice.

A mesure que les répétitions de *l'Orphelin de la Chine* se succédaient, mistriss Lacy trouvait constamment à critiquer dans le rôle écrit pour miss Anne : tantôt c'était un passage qu'il fallait retoucher et tantôt un mot qu'il importait d'effacer ; à l'en croire, des scènes entières devaient disparaître et la pièce être mieux charpentée.

Murphi repoussait avec énergie toute correction et à plus forte raison toute coupure; il s'indignait à juste titre des prétentions littéraires de mistriss Lacy, et quelquefois, emporté par son caractère bouillant, il avait hautement manifesté son déplaisir d'une pareille conduite.

L'Espagnole saisissait avec empressement ces sujets de querelle et les faisait servir à interrompre les répétitions et à ajourner indéfiniment la représentation de la pièce.

Mistriss Cibber souffrait cruellement de tous ces retards : longtemps elle crut, avec Foote et Murphi, que la directrice voulait, par les ennuis de l'attente et la fatigue de luttes incessantes, lasser la patience du poëte et le forcer à retirer sa pièce; mais un jour, sur un simple mot recueilli par hasard, elle crut avoir deviné la pensée secrète de mistriss Lacy, et le moyen d'aplanir tous les obstacles soulevés contre *l'Orphelin de la Chine.* Sa détermination fut bientôt prise, et le soir même, comme elle se trouvait seule avec Foote :

— John, lui demanda-t-elle, connaissez-vous un médecin discret et dévoué?

— Ils disent tous qu'ils le sont, répondit Foote en souriant, cela fait partie de leur état.

— Connaissez-vous un médecin discret et dévoué? répéta l'actrice en fixant ses deux grands yeux bleus sur le jeune homme.

— Vous me faites peur, miss Anne; auriez-vous des projets criminels?

— De grâce! John, répondez à ma question, fit la comédienne avec une voix mélancolique et suppliante.

— Sir Cooper m'a prodigué trois fois ses soins et jamais il n'a eu l'indélicatesse de me rappeler mes maladies.

— Ce n'est point de cette discrétion dont j'ai besoin.

— Je le sais, miss Anne, et je vous ai mise dans la confidence de mes secrets, pour vous convaincre qu'un homme, capable d'une pareille abnégation, devait être discret et dévoué.

— Puis-je le voir aujourd'hui?

— A l'instant même; sa vie se passe à guérir quelquefois, à soulager souvent et à consoler toujours.

— Si je ne craignais d'abuser de votre bienveillante amitié, je vous prierais, Foote...

— Vous savez, miss Anne, interrompit celui-ci, combien je vous suis dévoué, et de quel bonheur est pour moi une occasion de vous être agréable; je ne vous cacherai donc pas que votre caprice m'intrigue et que je voudrais savoir...

— Le véritable dévouement, interrompit à son tour mistriss Cibber, ne raisonne jamais et ne traite point de caprice ce qu'il ne connaît pas.

Foote prit les mains de l'actrice et les serrant affectueusement :

— Vous avez raison, dit-il, le cœur de la femme a des délicatesses de sentiment que nous sommes incapables de deviner.

Et il sortit, en promettant de revenir bientôt avec le médecin.

Il ne se fit pas attendre longtemps, et, comme il se retirait, après avoir présenté sir Cooper à la comédienne, celle-ci le rappela et lui dit :

— Prévenez, je vous prie, Garrick que je suis malade et que je ne pourrais jouer ce soir.

Restée seule avec l'Esculape, elle le fit asseoir à côté d'elle, et laissant errer sur lui un regard mélancolique et rêveur :

— Sir Cooper, dit-elle, j'ai à vous faire une confidence et à vous demander un service tout à la fois ; me promettez-vous de garder l'une et de réaliser l'autre?

— Je serai muet comme la tombe et heureux de vous être utile.

— Merci, oh! merci! s'écria miss Anne, en s'emparant des mains du docteur et en les serrant avec reconnaissance.

Et se plaçant de manière à n'être entendue que de son interlocuteur, elle poursuivit :

— Édouard Murphi n'a que le titre de mon amant, mais il est pour moi l'air que je respire, le soleil qui m'échauffe, la lumière qui m'éclaire, l'intelligence qui me conduit, le cœur qui me fait sentir, en un mot, il est mon univers et mon Dieu ; je ne vis pas en moi, je suis toute en lui. Mon existence n'est rien en comparaison de la sienne, que dis-je? en comparaison d'un seul de ses bonheurs, et c'est pour lui donner ce bonheur, qui depuis quelque temps semble le fuir, que j'ai recours à vous, sir Cooper, et que j'appelle votre dévouement à mon aide.

L'actrice lui raconta alors ce que nous savons déjà ; après lui avoir exposé les phases diverses par lesquelles était passé *l'Orphelin de la Chine ;* après lui avoir dépeint l'amour de mistriss Lacy pour Édouard, lequel amour s'était changé en haine devant l'indifférence et même les dédains de Murphi ; après avoir fait ressortir qu'à cette haine devaient être rattachés les obstacles que la directrice soulevait journellement contre la représentation de la pièce, miss Anne poursuivit :

— Mistriss Lacy nous a enveloppés, mon amant et moi, dans la même rancune et dans la même inimitié : elle sait que *l'Orphelin de la Chine* doit être pour Édouard et pour moi un double sujet de gloire et de bonheur, et, ayant été forcée d'accepter la pièce, elle veut ne pas m'y voir l'interprète des sentiments de Murphi. Seule dans le moment je fais obstacle à la représentation de l'ouvrage, et je sens qu'il est de mon devoir de me retirer moi-même.

Et, après avoir essuyé une larme que lui arrachait la pensée de la renonciation à son rôle, elle reprit :

— Je ne puis confier ma résolution à Murphi ; je trouverais chez lui une résistance insurmontable; il faut que mon sacrifice soit complet, et c'est à vous, sir Cooper, que j'ai pour cela recours.

Et, regardant le docteur, comme pour connaître d'avance sa réponse ;

— Je veux être malade, dit-elle, pendant deux mois au moins.

— Mais ce mensonge... répondit le médecin.

— Est œuvre méritoire, interrompit l'actrice.

Et, entendant le bruit de pas dans l'escalier :

— Voici mon amant, dit-elle, en joignant les mains et en les élevant vers l'Esculape; je n'ai plus espoir qu'en vous, sir Cooper.

Celui-ci n'eut pas le temps de répondre ; Foote et Murphi entrèrent.

Le docteur, se levant à leur approche :

— Mistriss, dit-il, en s'adressant à l'actrice pâle d'incertitude, votre santé a besoin de beaucoup de ménagements, et, puisqu'il m'est permis de vous donner un conseil, je vous engage à quitter le théâtre pour quelque temps. Votre rétablissement est à ce prix.

Comme il allait se retirer, Murphi l'arrêta par le bras :

— Docteur, lui dit-il, votre décision m'étonne; mistriss Cibber ne s'était jamais plainte d'être malade.

— Je le sais, répondit avec assurance sir Cooper ; c'est précisément parce que le mal a été longtemps comprimé, qu'il demande aujourd'hui une médication rigoureuse.

— Pauvre amie ! dit le poëte en embrassant l actrice, pourquoi m'avoir caché tes souffrances?

— Pour ne pas t'affliger et obscurcir notre bonheur, répondit mélancoliquement miss Anne.

Et, prenant la main du docteur qu'elle serra avec reconnaissance :

— N'oubliez pas votre malade, sir Cooper, elle a besoin de tous vos conseils.

— Et vous, répondit le médecin, suivez exactement mon ordonnance.

— S'il le faut, dit Foote d'un air sérieux, je me charge d'obtenir pour elle un congé à Drury-Lane.

Et, emmenant le docteur avec lui :

— Cette femme est céleste d'amour, lui dit-il, j'ai tout deviné, et vous devez être heureux, sir Cooper, d'avoir favorisé un pareil sacrifice.

— Je vous remercie, répondit l'Esculape avec attendrissement, de m'avoir fait connaître mistriss Anne Cibber.

III.

Grâce à Whitehead qui était encore intervenu entre la direction de Drury-Lane et Murphi, et grâce surtout à la maladie feinte de mistriss

Cibber, les répétitions de *l'Orphelin de la Chine* marchèrent assez rapidement. Mossop était chargé du rôle du jeune prince, Holland de celui d'Hamet, et Garrick de celui du mandarin Zamti. Le rôle de Mandane, créé tout entier pour miss Anne, fut donné à mistriss Yates, jeune actrice pleine de talent et que la mort a trop tôt enlevée à la scène anglaise.

Le jour de la première représentation, une heure avant l'ouverture des portes de Drury-Lane, Foote, Murphi et sa maîtresse, étaient silencieusement assis autour d'une table, se préparant aux émotions de la soirée.

— Rien ne manquerait à la fête, dit le poëte, si Anne pouvait y assister et concourir à ma gloire.

— Qu'importe une première représentation, répondit l'actrice en embrassant son amant; le docteur ne m'a-t-il pas promis de me rendre bientôt à la scène?

— De la première représentation, observa mélancoliquement Édouard, dépend souvent le succès d'un ouvrage! et puis, ce soir, tout ce que Londres compte de riches, de savants et d'artistes, sera réuni à Drury-Lane, et j'eusse été bien heureux de te voir interpréter *Mandane.*

— Mistriss Yates n'est pas inférieure à son rôle, répondit l'actrice en hésitant.

— Oui, mistriss Yates a du talent; mais où trouvera-t-elle ces inspirations que je puisais dans notre amour? Saisira-t-elle ces élans du cœur que me donnait chacun de tes baisers? Non, non, toi seule pouvais rendre ces mouvements rapides, ces émotions de l'âme que tes caresses m'avaient enseignées; toi seule pouvais répéter ces paroles brûlantes que je recueillais au milieu de nos embrassements; toi seule enfin pouvais dignement interpréter un rôle que je créais dans tes bras.

Chaque parole de Murphi était un coup de poignard pour le cœur de la pauvre femme. Mais celle-ci, dont l'âme était un trésor inépuisable d'abnégation, de dévouement et d'amour, comprimant la douleur qu'elle ressentait :

— Calme ta généreuse exaltation, dit-elle en baisant au front le poëte; bientôt je prendrai le rôle que ton génie a écrit pour moi! Oh! ce jour-là je promets à la Vierge une messe d'actions de grâces.

— Et moi, s'écria Foote, voulant par une plaisanterie dissiper la tristesse de ses deux amis, je m'engage à assister à la messe et, foi de protestant! à bénir votre Saint-Père le pape, miss Anne.

Sept heures sonnèrent à l'horloge de la tour de Londres.

— Il est temps, dit John en se levant, de nous rendre à Drury-Lane.

Et, pendant que Murphi était allé terminer sa toilette, il s'approcha de la comédienne et lui dit :

— Voudriez-vous assister au triomphe d'Édouard?

— J'aurai peut-être trop à souffrir, répondit l'actrice en étouffant un sanglot ; d'ailleurs je ne veux pas inutilement donner à ma rivale le spectacle de ma défaite et servir de pâture à ses railleries.

Murphi était prêt.

— Allez, dit la comédienne en embrassant son amant et en tendant la main à Foote ; accourez m'annoncer le succès de la pièce, en attendant je prierai pour elle.

— Mauvais augure, s'écria John en emmenant son ami et en répétant la plaisanterie que nous connaissons déjà, mistriss Cibber est catholique, et les catholiques prient toujours pour les morts.

Cette fâcheuse prévision ne se réalisa pas. *L'Orphelin de la Chine* réussit au contraire au-delà de toute espérance. Garrick, au dire des auteurs de l'époque, se surpassa lui-même, et sembla vouloir faire oublier l'injustice dont il avait frappé la pièce. Mistriss Yates fut à la hauteur de Garrick, et, s'il n'eût été attaché à miss Anne par les liens de l'amour, Murphi aurait eu peu à regretter l'absence du premier rôle de Drury-Lane.

Cependant quelque chose manquait au bonheur d'Édouard ; il lui semblait que son triomphe ne serait complet que lorsque le rôle de *Mandane* pourrait être rempli par sa maîtresse. Tant que la santé de celle-ci parut exiger le repos, il sut imposer silence à son amour-propre d'auteur, et, malgré son impatience bien naturelle, il n'eût jamais engagé l'actrice à remonter sur les planches, si mistriss Cibber, croyant son dévouement accompli après les deux mois écoulés et surtout après la victoire de sa rivale, n'eût elle-même manifesté le désir de reparaître au théâtre.

Murphi, après avoir pris l'avis du docteur, consentit à la demande de sa maîtresse, et voulut qu'elle fît sa rentrée dans le rôle de *Mandane;* mistriss Yates aquiesça à abandonner un rôle qui ne lui était pas destiné, mais la directrice opposa à ce changement une résistance insurmontable. Elle prétexta que, la pièce ayant réussi avec mistriss Yates, il était contraire aux intérêts de l'administration de courir les chances d'un nouveau début, et que d'ailleurs la direction de Drury-Lane ne pouvait ainsi se prêter aux caprices des poëtes.

Murphi mit tout en usage pour vaincre cette obstination, et menaça même de retirer l'ouvrage ; mais mistriss Lacy se montra d'autant plus intraitable qu'elle avait cette fois pour elle Garrick ; celui-ci en effet, suivant son associée sur le terrain où elle s'était placée, ne voyait dans le procès qu'une affaire administrative et financière, et nullement une question d'art.

Mistriss Cibber était avertie par Foote de tous les incidents de la querelle.

Dans son amour, si plein de dévouement et d'abnégation, elle souffrait cruellement des tracasseries mesquines de sa directrice ; elle se préoccupait vivement des peines et des ennuis d'Édouard, et, dans son exaltation, elle se reprochait son affection comme un crime et se disait que sans elle, Murphi serait riche, heureux et honoré. Parfois dans son esprit naissaient des idées bizarres : elle aurait voulu ne plus être aimée; elle enviait le sort de mistriss Lacy qui, si elle n'avait pas les douces joies de l'intimité, était du moins sans remords et sans repentir; mais bientôt, elle trouvait cette pensée horrible et lui préférait celle de la mort; le trépas, à ce qu'il lui semblait, serait doux à son cœur, s'il fallait que Murphi passât par sa tombe pour arriver à la gloire et à la fortune; c'est que son affection n'était pas de ces affections vulgaires, qui ont le plaisir ou la vanité pour mobile; mistriss Cibber aimait Murphi pour lui et non pour elle-même, et elle ne reconnaissait aucun sacrifice à la hauteur duquel son dévouement ne pût monter : déjà, une première fois, elle avait renoncé à son amour-propre d'actrice, pour assurer le triomphe d'Édouard, et maintenant, en présence des nouvelles difficultés, élevées par mistriss Lacy, il lui sembla que son cœur avait de nouveaux et plus rigoureux devoirs à remplir.

Elle était décidée et prête à toutes sortes d'abnégations, car elle sentait que nulle peine au monde ne pouvait contrebalancer le bonheur d'être aimé par Édouard; cependant elle voulait que le nouveau sacrifice qui lui serait imposé eût pour son amant un résultat plus décisif que le premier, et, afin d'atteindre sûrement ce but, elle eut l'inspiration étrange de demander à sa rivale elle-même, le prix auquel elle mettait la cessation de sa haine.

Craignant d'être arrêtée dans une démarche de la bonté de laquelle elle était convaincue, elle cacha son projet à tout le monde, et un jour, à l'heure où Murphi était d'habitude à la taverne de Bolt-Court, elle se rendit chez la directrice.

Le but de sa visite avait donné à son cœur un courage qui lui manquait d'ordinaire, et sa figure s'était empreinte d'une certaine fermeté, qui déguisait mal la résignation à laquelle elle s'était condamnée. C'était une victime qui cachait, sous une force d'âme factice et sous un sourire contraint, son abattement et sa peur du supplice.

Mistriss Lacy montra tout d'abord plus d'étonnement que d'indignation, et reçut sa visiteuse avec les apparences de la plus complète politesse.

— Je crois deviner le sujet qui vous amène, lui dit-elle quand toutes deux furent assises, et malgré mon désir de vous être agréable, je ne pourrai vous accorder ce que j'ai refusé à sir Foote et à sir Murphi.

Ces dispositions hostiles ranimèrent dans le cœur de miss Anne le courage qu'avait ébranlé la vue de son ennemie :

— Je ne viens point, lui répondit-elle avec une sorte de fierté, vous demander grâce et merci; si je ne l'avais perdu d'avance, vos paroles m'auraient enlevé tout espoir.

— Vous êtes injuste à mon égard, répliqua la directrice heureuse d'humilier sa rivale; depuis la mort de votre mère, je vous ai entourée d'une affectueuse sollicitude et je n'ai jamais trouvé chez vous qu'oubli, je pourrais même dire ingratitude.

— L'ingratitude n'a pas accès en mon âme; mais lorsqu'il m'a fallu choisir entre votre amitié et l'amour de Murphi, je ne m'appartenais plus, j'étais toute à mon amant.

— Cette liaison portait atteinte à votre honneur, que votre mère en mourant avait mis sous ma sauvegarde.....

— Mistriss Lacy, interrompit la jeune femme, j'ai pénétré le secret de votre conduite, et il n'est convenable ni pour vous, ni pour moi, que nous restions plus longtemps dans les termes d'un mensonge qui, je vous le répète, n'a plus aucune raison d'être.

— Qu'est-ce à dire? s'écria la directrice, craignant que, malgré ses précautions, on n'eût découvert la plaie de son cœur.

— Édouard, murmura miss Anne, a des attraits qui le font remarquer parmi les jeunes hommes qu'il fréquente.

— Eh bien! fit mistriss Lacy tout à la fois impatiente et craintive.

— Édouard a de nobles et belles qualités de cœur.

— Eh bien!

— Édouard a une haute intelligence et de remarquables facultés de poëte.

— Eh bien!

— Eh bien! je m'explique qu'Édouard vous ait séduite et que vous l'aimiez.

L'Espagnole poussa un éclat de rire beaucoup trop strident pour être vrai et, se renversant sur le dos de sa chaise:

— Oh! la plaisanterie est charmante! s'écria-t-elle, et malgré votre témoignage, on croira difficilement à mon amour pour Murphi.

Mistriss Cibber fut un peu déconcertée par cette assurance et cette hilarité; mais, se rappelant peu à peu tous les indices auxquels elle avait reconnu les sentiments de sa rivale, elle se fit une nouvelle conviction plus forte et plus profonde que la première.

— Oui, répondit-elle avec fermeté, vous aimez Édouard et, malgré votre science en ces sortes de matières, vous n'avez pu lui faire partager votre amour. Plus heureuse que vous, j'ai inspiré à Murphi une affection inaltérable, et c'est pour me faire expier ma conquête, que vous me poursuivez de votre haine et de votre vengeance.

— Vos fables, répondit la directrice, pourraient être faites avec plus d'art et surtout avec plus de vraisemblance.

— Si vos coups ne portaient que sur moi, poursuivit miss Anne sans s'arrêter à la raillerie de son interlocutrice, je ne ferais pas attention à votre haine, parce qu'elle ne monterait jamais à la hauteur de ma félicité; mais vous avez compris dans votre inimitié un homme, pour le bonheur duquel je n'ai pas assez de jours à sacrifier, et c'est pour lui, pour Édouard, que je viens vous demander grâce et miséricorde.

— Parce que vous êtes folle de votre amant, répondit mistriss Lacy sur un ton dédaigneux, vous croyez que tout le monde s'occupe de lui; vous lui donnez une importance qu'il n'a pas, miss Anne, et pour ce qui me regarde, je ne le hais ni ne le prise plus qu'il ne vaut.

— Plût au ciel que vous n'eussiez jamais eu pour lui que de l'indifférence!!

Mistriss Lacy se leva, et prenant un air impérieux :

— Je n'ai ni le temps, ni la patience, dit-elle, d'écouter vos récriminations et vos dithyrambes sur Murphi; que me voulez-vous? si vous venez m'importuner afin que je vous donne le rôle de Mandane, vous aurez fait une démarche inutile; mistriss Yates a concouru pour sa part au succès de l'ouvrage, et, outre qu'il serait injuste et peu convenable de lui retirer le rôle, il est de l'intérêt de l'administration de ne pas compromettre ce succès, par un changement d'acteurs que rien ne légitime ni n'excuse.

— Je connaissais votre détermination à cet égard, répondit mistriss Cibber sur un ton résigné, et en me présentant chez vous, je n'avais ni l'intention ni la prétention de vous en faire changer. Je désirerais savoir si ce sera là le dernier terme de vos poursuites contre nous, ou s'il faut me préparer à quelque nouveau sacrifice.

— Je vous répète, miss Anne, que je ne suis animée d'aucun mauvais sentiment contre Murphi et que je regarde comme une invention de votre esprit malade, l'amour que vous dites exister en mon cœur.

— S'il est vrai, s'écria l'actrice, ne voyant qu'hypocrisie dans la froideur de sa rivale; s'il est vrai que vous ayez ou que vous ayez eu pour moi quelque affection, rapportez-la tout entière sur Murphi et réservez pour moi seule les effets de votre courroux. Oh! dites-moi ce que je dois faire, afin de payer le bonheur dont m'inonde l'amour d'Édouard; rien ne me coûtera, rien, excepté mourir ou ne plus l'aimer. Faut-il renoncer au théâtre? je suis prête; faut-il me faire sa servante où la vôtre? oh! dites, mistriss, je suis décidée à tout, pour lui donner le bonheur, la gloire et la fortune.

Et la pauvre femme s'empara des mains de la directrice qu'elle arrosa de larmes.

L'Espagnole attira l'actrice sur son sein et, déposant un baiser sur son front :

— Miss Anne, lui dit-elle, je ne vous ai jamais reproché votre liaison avec Édouard que parce qu'elle était contraire à votre honneur et à vos intérêts; brisez cette liaison, et je vous pardonne.

A cette proposition terrible mistriss Cibber se dégagea des bras de son interlocutrice, et, séchant les larmes qui voilaient ses beaux yeux :

— Que je renonce à l'amour de Murphi ? s'écria-t-elle, mais tant vaut me proposer de mourir et de m'ensevelir dans la Tamise. Renoncer à l'amour de Murphi ! ! mais vous ne savez donc pas que cet amour est mon unique bien sur la terre et que seul il me faire croire en Dieu et au paradis ! Depuis que j'aime Édouard, je comprends qu'il est des félicités auxquelles les mortels ne peuvent atteindre et que Dieu réserve seulement à ses élus. Oh ! vous m'ordonnez de renoncer à ces voluptés infinies que seule peut-être j'ai entrevues dans ce monde... Si vous avez compté sur mon assentiment, mistriss Lacy, votre espoir est insultant et dérisoire.

— Je n'ai compté sur rien, miss Anne, répondit dédaigneusement la directrice ; mais tant que vous serez avec Édouard, je vous regarderai et vous traiterai comme une femme sans pudeur ni vergogne.

— J'y consens, s'écria l'actrice, je ne rougis pas de mon amour ; mais vous contenterez-vous d'une victime et respecterez-vous Édouard ?

— Je n'ai ni à le tourmenter ni à l'absoudre ; seulement quand il se trouvera au travers de ma justice, je le briserai.

— Rien ne peut donc vous fléchir ?

— Renoncez à votre déshonneur et rompez votre union criminelle.

— Il me faudrait une force que je n'ai pas, mistriss Lacy.

— Sachez alors supporter les conséquences de votre fol amour.

Et, jetant sur l'actrice un regard de dédain, elle se retira et la laissa seule.

IV.

Après la conversation qu'elle venait d'avoir avec sa directrice, mistriss Cibber était tombée dans un découragement profond, dans une sombre tristesse d'où les baisers de Murphi n'avaient même pas le pouvoir de la tirer. A force de se remémorer et de se répéter les paroles de mistriss Lacy, elle était arrivée à cette conséquence logique, qu'il lui fallait ou renoncer à l'amour d'Édouard, ou se résigner à entraver sa carrière et à briser peut-être son avenir. Sa détermination ne pouvait être douteuse, mais ses forces, hélas ! n'étaient pas à la hauteur de son courage, et souvent elle se surprenait à désirer la mort, plutôt que de traîner une vie privée des caresses de son amant.

Ces sourdes angoisses, auxquelles elle n'avait initié personne, donnaient à son esprit une préoccupation fâcheuse qu'irritait davantage encore la solitude à laquelle elle s'était vouée.

Murphi avait essayé de pénétrer la cause de cette douleur muette et, au milieu des vagues excuses que lui donnait sa maîtresse, il avait cru en trouver l'explication dans l'impossibilité d'obtenir le rôle de *Mandane*.

Foote au contraire, confident des secrets de la coulisse, comme on dit, et comprenant tout ce que cette amertume avait de véritable et de fondé, n'essayait plus de consoler la pauvre femme, mais tentait seulement de la distraire par ses plaisanteries habituelles.

Miss Anne était si cruellement frappée, qu'elle avait même désappris à sourire; cependant elle aimait à se trouver en la compagnie de John, ce confident dévoué de toutes ses peines, pour satisfaire ce besoin commun aux malheureux, de parler de son infortune et de trouver un écho aux plaintes de son âme.

— Hélas ! je le vois maintenant, lui disait-elle un jour, il faudra me séparer d'Édouard, renoncer à entendre l'harmonie de sa voix et à m'enivrer de la douceur de son regard ! il me faudra briser un bonheur auquel j'avais donné pour piédestal ma liberté, ma vie et tous les dons que j'avais reçus du ciel; il me faudra, errante et désolée, pleurer sur un amour que j'avais entrevu à travers le prisme enchanteur de toutes les félicités...

— Plus je vous écoute, interrompit Foote avec un sourire, et moins je puis m'expliquer votre amour. Je me suis trouvé dans votre position deux ou trois fois dans ma vie, et jamais, je puis le dire sans crainte d'être démenti, il ne m'est venu la pensée de faire le sacrifice de ma maîtresse au bénéfice de mon rival : j'aurais préféré la mort à cette satisfaction de mon ennemi et à cette honte de moi-même.

— Jamais Édouard ne cédera aux poursuites de mistriss Lacy.

— Les Espagnoles ont le sang chaud, répondit Foote toujours souriant, et près de ces sortes de femmes, l'esprit est prompt et la chair bien faible !!

— Si le bonheur et la gloire d'Édouard sont à ce prix, je saurais imposer silence à mon cœur et courber ma tête résignée.

— Mistriss, se récria Foote, je n'ai fait aucune personnalité et je crois notre ami incapable...

— Que m'importe, interrompit vivement l'actrice, j'aime Édouard pour lui et non pour moi-même. Ma vie, mes illusions, mes espérances et mon bonheur doivent se taire, quand il s'agit de Murphi; si votre amitié est, comme mon amour, aussi pleine de dévouement et d'abnégation, vous devez aider mes forces et mon courage à m'éloigner d'Édouard.

— Jamais, répondit Foote en se levant, votre départ serait pour Murphi un sujet éternel de douleur et de désespoir.

— Il le faut cependant; mistriss Lacy...

— Eh ! laissez donc mistriss Lacy, cette anomalie du genre humain dont la raison, contrairement aux lois de la nature, se trouve en proportion inverse des années.

— Mais le bonheur d'Édouard ?

— N'est point attaché à cette femme, tandis qu'il est tout entier en vous.

Après un moment de silence, Foote reprit :

— Croyez-moi, miss Anne, renoncez à la folle détermination de fuir notre ami ; les entraves apportées à la marche de l'*Orphelin de la Chine* sont de ces petites misères dont la vie est parsemée et qui sont des aiguillons puissants à des bonheurs nouveaux.

Et lui tendant affectueusement la main :

— Me promettez-vous, dit-il, de renoncer à votre absurde projet?

— Je ne désire rien tant, répondit l'actrice en essuyant une larme, mais je crains de compromettre à jamais l'avenir d'Édouard.

— L'avenir, répondit Foote en se retirant, travaillez à l'embellir et non pas à le gâter.

Mistriss Cibber, sans abandonner complétement son dessein, avait suivi les conseils de son ami et avait apporté un peu de calme à son esprit ; mais ce calme n'était qu'à la surface, et à chaque nouvel incident de la querelle de Murphi avec la direction de Drury-Lane, son imagination revenait avec plus d'exaltation encore à sa pensée favorite.

Le poëte, persuadé que sa maîtresse n'avait d'autre douleur que celle de ne pouvoir remplir le rôle de *Mandane*, usa toutes les ressources de la persuasion auprès de Garrick, et furieux enfin de la résistance qu'on lui opposait, il retira sa pièce du théâtre.

Dès ce moment, la détermination de miss Anne fut irrévocablement prise. Son influence sur la destinée de son amant n'était plus chose chimérique; c'était bien maintenant à son occasion qu'il perdait le fruit de son talent et de ses veilles. La pauvre femme se reprochait son amour comme un crime, et, dans son douloureux délire, elle s'accusait d'être le mauvais génie de Murphi.

Oh! qu'il lui fallut du courage pour penser aux préparatifs du départ! durant les premières heures, ce ne fut que sanglots et que larmes : elle embrassait avec une sorte de fureur tout ce qu'avait touché la main d'Édouard, ou tout ce que ses yeux avaient remarqué. Elle voulut écrire à son amant, mais ses doigts se refusèrent à tenir la plume, et ses regards se voilèrent de pleurs. Enfin après des combats sans nombre, livrés entre sa conscience et son cœur, elle parut s'armer d'une énergie indomptable, et, disant un dernier adieu à cette maison où elle avait été si heureuse, elle se dirigea vers la Tamise, où l'attendait un navire. faisant voile pour la France.

Avant d'abandonner les bords où elle laissait l'âme de sa vie, elle voulut donner sa dernière pensée à Murphi, et écrivit au crayon ces simples mots : *Je reviendrai*, que devait mettre sur la table du poëte le domestique qui l'avait accompagnée jusqu'à bord du bâtiment.

Son courage était à bout, et au moment où le navire levait l'ancre, elle était évanouie dans sa cabine.

V.

Trois ans après les événements que nous venons de rapporter, Garrick, ayant cédé la direction de Drury-Lane. par suite de la rupture de son association avec mistriss Lacy, fit son second voyage en France.

A l'époque de sa première visite qui datait de treize ans, c'est-à-dire en 1750, il avait prédit un brillant avenir à mademoiselle Clairon qui faisait alors ses premiers débuts. Sa prédiction s'était complétement réalisée, et quand il revint pour la seconde fois parmi nous, il voulut consacrer le souvenir du pronostic qu'il avait porté ; il fit exécuter par Gravelot le portrait de mademoiselle Clairon, couronnée par Melpomène, et écrivit au bas ces quatre vers, les seuls qu'il ait jamais faits en notre langue :

J'ai prédit que Clairon illustrerait la scène,
Et mon espoir n'a pas été déçu :
Elle a couronné Melpomène,
Melpomène lui rend ce qu'elle en a reçu.

Cette galanterie d'un nouveau genre fit beaucoup de bruit et valut à son auteur les compliments de la cour et de la ville, comme on disait alors.

Un jour, une femme voilée et toute habillée de noir se présenta à lui :

— Sir Garrick, lui dit-elle, le quatrain que vous avez fait en l'honneur de mademoiselle Clairon m'a appris votre voyage en France; permettez-moi de m'informer auprès de vous d'un jeune poëte que nous avons tous les deux connus et qui travaillait pour Drury-Lane. Sir Édouard Murphi est-il heureux? A-t-il acquis la gloire et la fortune?

— Hélas! répondit l'acteur anglais, si vous avez connu sir Édouard, vous devez savoir son amour pour une jeune actrice de Drury-Lane, qui, par un sentiment trop exalté de délicatesse, l'a fui pour toujours. Depuis cette époque, Murphi a dit adieu au monde et au théâtre; retiré à Richemont, il pleure nuit et jour son amour délaissé, et personne, pas même sir Foote, n'a le pouvoir de le tirer de sa douleur.

— Mistriss Cibber a bien pleuré anssi, dit la visiteuse avec une voix émue.

— La connaîtriez-vous? interrompit vivement l'acteur anglais.

L'inconnue releva son voile et laissa voir sa figure labourée par la douleur et ses yeux creusés par les larmes.

— Mistriss Cibber! s'écria Garrick, vous, en France! si près d'Édouard! ah! vous êtes bien cruelle, mistriss.

— Ne me condamnez pas sans m'entendre, répondit miss Anne, contenant avec peine son émotion; je ne me suis éloignée de mon amant que pour assurer son bonheur et son avenir.

Et elle raconta dans tous ses détails sa rivalité avec mistriss Lacy et la haine dont cette dernière la poursuivait ainsi que Murphi.

Garrick ne put retenir ses larmes au récit de tant de dévouement et d'amour.

— Revenez à Londres, lui dit-il en embrassant la main de l'actrice; mistriss Lacy a pour toujours quitté l'Angleterre, poursuivie par les malédictions de tous ceux qui l'ont connue. Rendez au théâtre un talent qu'en avait éloigné votre fuite, et venez vous-même reprendre parmi nous la place qui vous est due.

Mistriss Cibber ne pouvait refuser et, quelques jours après cette conversation, elle partait pour l'Angleterre en compagnie de Garrick.

Nous craignons de ne pas trouver des expressions convenables pour dépeindre la joie qu'éprouvèrent les deux amants en se revoyant. Il est des bonheurs que l'on sent, mais que l'on ne peut écrire.

Murphi, tant la douleur avait abattu ses facultés, resta longtemps avant de pouvoir reprendre sa vie de travail. Grâce aux soins de sa maîtresse, sa santé se remit peu à peu, et quand la dispense arriva de Rome, elle était assez rétablie pour lui permettre d'épouser mistriss Anne Cibber.

Les nouveaux époux conservèrent la petite maison de Richemont, où, deux fois par semaine, Garrick et Foote vinrent se mêler au bonheur qui la remplissait.

Paris. — Imprimerie de L. MARTINET, rue Mignon, 2.

L'ART DU DENTISTE.

L'Art du dentiste, arrivé à un certain degré de perfection, resta longtemps stationnaire, dans la croyance où furent les praticiens qu'il n'y avait plus rien à faire pour le perfectionner. William Rogers a détruit cette erreur en nous montrant tous les ans quelque nouvelle découverte pour son amélioration. D'abord, ce sont ses *dents osanores* posées sans crochets ni ligatures, et sans extraction des racines, particulièrement recommandées pour leur légèreté dans la bouche aux vieillards ou personnes dont la bouche irritable ne pourrait supporter une forte pression ou tension, soit de ressorts, de plaques ou de crochets. Après de nombreux essais plus ou moins fructueux, *William Rogers* parvint à donner à ses dents une plus grande transparence, jointe à une solidité à toute épreuve, et sous le nom de *dents osanores indestructibles*, nous fit voir le chef-d'œuvre de l'art dentaire ; ces mêmes dents fabriquées aujourd'hui à la mécanique, avec une promptitude et une précision sans égale, sont néanmoins d'un prix très modéré. *William Rogers* n'a pas été moins heureux dans les recherches qu'il a faites pour les autres branches de son art ; *son ciment pour plomber ses dents soi-même* est encore une invention précieuse et à la portée de tout le monde par la modicité du prix. Ce *ciment* ou *émail inaltérable* s'applique facilement et sans douleur, adhère à la dent, en devient à l'instant même partie, et fait disparaître toute trace de carie ; *son eau Rogers, pour embaumer les dents* quand elles sont trop douloureuses pour être plombées, est encore un de ces secrets bienfaiteurs qu'on ne saurait trop apprécier. Chaque flacon de ces deux articles se vend 3 fr. chez l'inventeur, 270, rue saint-Honoré, et chez les principaux pharmaciens.

Nous venons de parler des différentes améliorations apportées par *William Rogers* dans la pratique de son art ; il nous reste à parler des *ouvrages remarquables* dont il a doté la *science dentaire* pour le développement de ses théories. D'abord son *Encyclopédie* du dentiste, récapitulation des pratiques employées par les anciens dentistes, et des différentes phases de progrès obtenus dans l'art dentaire, depuis son origine jusqu'à nos jours. Prix, 7 fr. 50 c.

Dictionnaire des sciences dentaires, publié dernièrement par *William Rogers*, le plus étendu et le plus complet des ouvrages écrits pour sa profession. Cet ouvrage est un résumé, non seulement des doctrines de l'auteur, mais encore de tous les perfectionnements apportés dans l'odontotechnie ; c'est le divulgué détaillé de la fabrication des dents artificielles jusqu'à la découverte des osanores et des différentes améliorations apportées dans ces dernières par l'inventeur. Prix, 10 fr. Nous devons encore à *William Rogers* plusieurs ouvrages utiles et d'un mérite incontestable, que l'on peut se procurer chez lui, rue Saint-Honoré, 270, à Paris.

(Extrait de l'*Annuaire médical.*)

Paris. — Imprimerie de L. MARTINET, rue Mignon, 2.